David Carroll

Laßt die Kinderseele wachsen

David Carroll

Laßt die Kinderseele wachsen

Ein Elternbuch der spirituellen Erziehung

Verlag Hermann Bauer
Freiburg im Breisgau

Die Deutsche Bibliothek – CIP-Einheitsaufnahme

Carroll, David:
Lasst die Kinderseele wachsen : ein Elternbuch der spirituellen Erziehung / David Carroll. [Dt. von Angela Roethe]. –
1. Aufl. – Freiburg im Breisgau : Bauer, 1993
    Einheitssacht.: Spiritual parenting ⟨dt.⟩
    ISBN 3-7626-0467-3

Die amerikanische Originalausgabe erschien 1990 bei
Paragon House Publishers, New York, unter dem Titel
Spiritual Parenting
© 1990 by Paragon House Publishers

Deutsch von Angela Roethe

1. Auflage 1993
ISBN 3-7626-0467-3
© für die deutsche Ausgabe 1993 by
Verlag Hermann Bauer KG, Freiburg im Breisgau
Alle Rechte der deutschen Ausgabe vorbehalten
Einband: Peter Wloch, Albstadt
Satz: CSF ComputerSatz GmbH, Freiburg im Breisgau
Druck und Bindung: Franz Spiegel Buch GmbH, Ulm
Printed in Germany

Inhalt

Vierter Teil
Ein Heim mit Herz: Die Umgebung
des Kindes spirituell gestalten

Fünfter Teil
Kindern Werte und Tugendhaftigkeit vermitteln

Sechster Teil
Kinder in Meditation unterweisen

Erstes Kapitel

Was ist spirituelle Elternschaft?
Eine Einführung

Gottes größtes Geheimnis

In einer alten Hindu-Schrift gibt es eine tiefgründige Geschichte, die damit beginnt, daß Gott und ein Weiser namens Narada Seite an Seite über eine endlose Wüste laufen und auf die große Leere hinausstarren. Nach einiger Zeit wendet sich Narada an Gott und fragt: »Oh, größter Herr, was ist das Geheimnis hinter den Erscheinungen der Welt und dem Leben, das alle Geschöpfe darin führen?«

Gott lächelt und schweigt.

Sie gehen weiter. »Kind«, sagt Gott nach einer Weile und schaut zum Horizont, »die Hitze der Sonne hat mich durstig gemacht. Wenn du ein kleines Stück weiter gehst, wirst du einen Fluß finden. Folge ihm, bis du zu einer Stadt kommst, gehe dann in ein Haus und hole mir einen Becher kühlen Wassers.«

»Sofort«, antwortet Narada und wandert los.

Als er etliche Minuten durch die Wildnis gelaufen ist, trifft Narada tatsächlich auf einen Fluß. Dahinter liegt eine geschäftige Siedlung. Er nähert sich einem ordentlich aussehenden Bauernhaus und klopft an die alte Holztür. Sofort öffnet ihm eine wunderschöne junge Frau. Ihre Augen sind strahlend und merkwürdig. Sie erinnern ihn an die Augen des Großen Herrn. Sobald Narada in diese Augen blickt, vergißt er Gottes Anweisungen und den Zweck seines Besuches.

Das Mädchen bittet ihn herein, bietet ihm eine Erfrischung an. Drinnen scheinen die Eltern des Mädchens auf die Ankunft des Weisen gewartet zu haben, und es steht eine Auswahl an köstlichen Speisen bereit. Niemand fragt, warum er gekommen ist oder was er hier will. Es ist, als sei er einfach ein alter Freund, der viele Jahre weg war und nun wieder da ist. Narada bleibt bei dieser liebenswürdigen Familie, genießt ihre Gastfreundschaft und bewundert insgeheim die Schönheit der jungen Frau. Eine Woche verstreicht, dann eine zweite. Narada beginnt, sich an den täglichen Verrichtungen auf dem Bauernhof zu beteiligen, und bald fordert die Familie ihn auf, als Dauergast zu bleiben. Froh willigt er ein, und es vergeht noch mehr Zeit. Nach vielen idyllischen Tagen bittet Narada schließlich um die Hand des Mädchens. Der Vater ist hoch erfreut. Er meint, genau das hätten alle erhofft.

Narada und die junge Frau heiraten und richten sich im Haus ihrer Familie ein. Bald schenkt sie ihm einen Sohn, dann einen zweiten und schließlich eine Tochter. Narada macht im Dorf einen kleinen Laden auf, der bald floriert. Als die Eltern seiner Frau sterben, wird er zum Familienvorstand. Die Zeit vergeht, und die Leute aus dem Dorf verlassen sich in finanziellen und persönlichen Angelegenheiten immer mehr auf Narada. Bald wird er zu einem wichtigen Mitglied des Rates. Schließlich besteht sein Leben ganz aus den natürlichen Freuden und Sorgen, die mit der Existenz in einer kleinen Stadt einhergehen. So verläuft das Leben viele Jahre lang sinnvoll und gedeihlich.

Da verdunkeln sich eines Morgens in der Regenzeit die Himmel, und ein ungewöhnlich starker Regensturm bricht hernieder. Bald tritt der Fluß über die Ufer, und das Wasser steigt so hoch, daß es die Stadt zu vernichten droht. Ganze Häuser werden einfach weggespült.

Gegen Abend scheint es gewiß, daß der Sturm nicht nachlassen wird und daß es keine Möglichkeit gibt, das Dorf zu retten. Narada warnt die Einwohner, sammelt dann seine Familie um sich und führt sie in die dunkle Nacht. Er hofft, auf höher gelegenem Gelände in Sicherheit zu kommen. Seine Frau und die beiden Söhne klammern sich an seine Taille und kämpfen gegen die tosenden Winde an. Die kleine Tochter hält er in seinen Armen fest an die Brust gedrückt.

Aber die Winde blasen so stark, und das Wasser ist so hoch gestiegen, daß Narada stolpert, als er gegen die Regenwand ankämpft. Die wütenden Elemente reißen einen seiner Söhne mit sich fort. Er streckt den Arm nach dem Kind aus und verliert dabei den zweiten Sohn. Einen Augenblick später entreißt ihm ein mächtiger Windstoß seine kleine Tochter, und dann wird auch seine geliebte Frau in die tosende Dunkelheit fortgetragen.

Narada bricht in hilfloses Wehklagen aus und streckt die Arme gen Himmel. Aber seine Rufe gehen in einer haushohen Welle unter, die aus den Tiefen dieser gräßlichen Nacht aufsteigt und ihn bewußtlos zu Boden wirft. Sein Körper wird von dem gewaltigen Wasser hin und her geworfen und kopfüber in den Fluß gerissen.

Es vergehen viele Stunden, vielleicht sogar Tage. Langsam, schmerzhaft kommt Narada wieder zu sich und muß feststellen, daß er auf eine Sandbank weit flußabwärts gespült worden ist, fast nackt und halb tot. Es ist Tag, und der Sturm hat sich verzogen. Aber es findet sich nirgendwo ein Zeichen seiner Familie noch irgendeines anderen lebendigen Geschöpfes.

Narada liegt eine Weile mit dem Gesicht auf dem harten Sand, voller Schmerz und einsam, fast verrückt vor Kummer und Verlassenheit. Der Fluß trägt Strandgut mit sich, und in der Luft liegt der Geruch des Todes. Nun ist alles von ihm genommen; nichts ist geblieben; alles, was lieb und teuer war, ist in dem wirbelnden Wasser verschwunden. Es scheint nicht viel anderes zu tun zu geben als zu schluchzen.

Da hört Narada plötzlich eine Stimme. Sie läßt ihm das Blut in den Adern gefrieren. »Kind«, sagt sie, »Kind, wo ist mein Becher kühlen Wassers?« Narada dreht sich um und sieht Gott neben sich stehen. Der Fluß ist verschwunden, und sie sind wieder allein inmitten einer endlosen Wüste. »Wo ist mein Wasser?« fragt Gott wieder. »Ich warte nun schon fast ganze fünf Minuten.«

Narada wirft sich dem Herrn zu Füßen und bittet ihn um Vergebung. »Ich habe es vergessen«, ruft er immer und immer wieder. »Ich habe es vergessen, Großer Gott, vergib mir!« Gott lächelt und sagt: »Nun, Narada, verstehst du nun das Geheimnis hinter den Erscheinungen dieser Welt?«[1]*

Wir kommen, um zu lernen

Wenn Sie an die Existenz einer höheren Macht glauben und der Meinung sind, das Leben habe eine letztlich spirituelle Bedeutung, sind Sie vermutlich auch der etwas unmodernen Überzeugung, wir Menschen seien – wie Narada – auf diese Welt geschickt worden, *um etwas zu lernen*. Die Unterweisungen begleiten uns natürlich von der Wiege bis zur Bahre, und in vieler Hinsicht

---

* Die hochstehenden Ziffern beziehen sich auf die Anmerkungen, die am Schluß des Buches ab Seite 367 kapitelweise zusammengefaßt sind.

werden sie mit zunehmendem Alter immer anspruchsvoller. Aber das, was man uns als Kinder gelehrt hat, hat eine ganz eigene Qualität. Es lebt in einer eigenen Kammer in unserem Herzen und unserem Hirn, einer Kammer, die sich nicht wieder öffnen läßt, wenn die Kindheit vorbei ist, die sich aber auch nie ganz abriegeln läßt. Diese Lehren sind die einflußreichsten, die wir in unserem ganzen Leben erhalten. Einmal gepflanzt, kann kein Mensch sie ganz ausreißen. Einmal angenommen, kann man sie nie wieder ganz los werden. Tropfen für Tropfen, Tag für Tag formen sie unseren Charakter und unser Schicksal, zum Guten oder zum Schlechten. »So wie wir durch wiederholte Handlungen zu Trunkenbolden werden«, sagt William James, »so können wir auch zu Heiligen werden.«

Das scheint besonders ironisch, wenn man berücksichtigt, daß wir in dieser ersten Zeit, die für unsere Prägung so entscheidend ist, paradoxerweise am *wenigsten* über unser eigenes Schicksal bestimmen können. In einem Alter, in dem wir im Idealfall sorgfältig die Einflüsse auswählen sollten, die uns als Erwachsene formen werden, läßt die Natur uns so hilflos wie – nun, wie Neugeborene. Gott hat uns in seiner unendlichen Weisheit nicht nur die Sache der frühen Persönlichkeitsformung aus den Händen genommen, er hat sie zudem zwei vollkommen Fremden anvertraut: unseren Eltern.

Dieses Buch ist für Sie

Da Sie sich die Zeit nehmen, dieses Buch zu lesen, darf ich annehmen, daß Sie:

1. Mutter, Vater, Großeltern, werdende Eltern, Stiefeltern, Paten, zukünftige Eltern oder mit jemandem befreundet oder verwandt sind, auf den diese Beschreibung zutrifft; und/oder:
2. jemand sind, der sich zu spirituellen Lehren hingezogen fühlt;
3. jemand sind, der daran interessiert ist, Kinder auf spirituelle Weise großzuziehen.

Ich bin selbst Vater und habe entdeckt, daß mein eigenes Engagement mit allen drei Kategorien zu tun hat. Als mein erstes Kind geboren wurde, habe ich außerdem zu meiner großen Enttäuschung entdeckt, daß es sehr wenige Bücher für diejenigen gibt, die diese Anliegen teilen.

Es gibt allerdings etliche religiöse Verlage unterschiedlichster Glaubensrichtungen, die Schriften über die Erziehung von Kindern aus ihrer jeweils eigenen Perspektive anbieten. Einige davon sind hervorragend. Zudem haben spirituell orientierte Erzieher, Philosophen und New Age-Denker über die Jahre einige erstklassige Bücher über Elternschaft verfaßt. Aber für all die anderen Eltern, die ihre Kinder ohne Anbindung an eine bestimmte Religion dennoch mit einem bestimmten *Konzept des Heiligen* aufziehen wollen, gibt es bisher erst sehr wenig Veröffentlichungen. Als professioneller Autor, Vollzeit-Vater und Manchmal-Lehrer beschloß ich, mich auf den riskanten Versuch einzulassen, diese Lücke zu schließen – mit ein wenig Hilfe von meinen Freunden. Was Sie hier lesen werden, ist daher eine Auseinandersetzung mit dem uralten Thema der Kindererziehung, diesmal aus einer nicht konfessionellen, aber tief *religiösen* Perspektive – wobei ich mit religiös das Verlangen der menschlichen Seele meine, das Göttliche zu erkennen. Ich hoffe, daß jemand, der ein überzeugter Christ, Jude, Moslem, Buddhist oder Hindu ist, dieses Buch mit gleichermaßen viel Zustimmung und einem Minimum an Einwänden lesen kann. Und dazu wünsche ich mir, daß spirituell orientierte Menschen, die keiner bestimmten Richtung oder Kirche angehören, die aber an eine höhere Macht glauben und das auch für ihr Kind erstreben, diese Lektüre nützlich und passend finden.

Spirituell oder religiös

Das Manuskript dieses Buches habe ich einigen Freunden mit der Bitte um kritische Stellungnahme vorgelegt. Zwei von ihnen sind Lehrer, zwei arbeiten auf dem Gebiet der Kindererziehung, einer ist Redakteur, einer Pfarrer, einer Kinderpsychologe. Obwohl die meisten von ihnen das Projekt insgesamt mochten, waren einige gar nicht davon angetan, daß die Begriffe *spirituell* und *religiös* als Synonyme verwendet werden. Sie protestierten, priesterlicher »Pomp« wie Mantras, Rosenkränze und Statuen von Christus oder Buddha hätten nichts mit der wahren spirituellen Reise zu tun; Spiritualität bezöge sich auf brüderliche Liebe und Achtung vor dem Leben, nicht auf Gesänge und Räucherwerk. Alle Hinweise auf organisierte Religionen sollten aus diesem Buch verbannt werden wie Götzenbilder aus den Tempeln. Ich verstehe, worauf dieses Gefühl beruht. Aber ich kann dem nicht zustimmen, und ich hoffe, Ihnen wird es ähnlich ergehen. Viele weise und gütige Ratgeber, deren Namen auf den Seiten dieses Buches auftauchen werden, halten sowohl den inneren kontemplativen Prozeß als auch die äußere religiöse Form für notwendig, wenn ein Kind ein Gefühl für das Heilige entwickeln soll. »Ohne Glauben«, schreibt ein scharfsinniger Autor, »ist das Ritual dürr und leer; aber ohne Ritual ist der Glaube auseinandergerissen und ungezügelt.«

Gerade in der heutigen Zeit gibt es viel Verwirrung über den Unterschied zwischen »religiös« und »spirituell«, was sich auch in der Kritik meiner Freunde zeigte. Einer forderte: »Du mußt eine Unterscheidung zwischen dem Spirituellen einerseits und der Religiosität andererseits aufzeigen.« Ein anderer meinte: »Wir sind in diesem Buch auf einer spirituellen Suche, wir sind auf der Suche nach Andacht vor dem Leben, allem Leben. Auf diesem Weg taugen Vaterunsergebete, Kreuze, Davidsterne oder Pilgerfahrten zur Kaaba von Mekka nicht viel.«

Wir können uns zunächst darauf einigen, daß im Kern der vorherrschenden Uneinigkeit eine vage, halbdefinierte Vorstellung seitens meiner Freunde steckt, alles, was sozial oder ethisch zuträglich sei, sei ipso facto auch spirituell. Es ist dies die weitverbreitete Ansicht, man sei automatisch ein »spiritueller« Mensch, wenn man zu Ehepartnern und Nachbarn nett ist, vegetarisch ißt und orientalische Übungen macht, die Rechte von Tieren achtet, zu Channeling-Sitzungen geht, Naturmedizin bevorzugt und für den Weltfrieden demonstriert.

Wenn Ihr Leben so aussieht, sind Sie wahrscheinlich ein sozial bewußter Mensch und vielleicht auch ein rechtschaffener. Aber spirituell sind Sie nur dann, wenn Sie auch an eine höhere Intelligenz glauben und sich aktiv darum bemühen, ihren heiligen Namen zu erkennen. Sonst praktizieren Sie das, was die Moslems *shirk* nennen, was so viel heißt, wie die Zeichen Gottes als Gott selbst anzubeten. In den Worten des Ersten Gebotes aus der Bibel hieße das: *Du hast andere Götter neben mir.* Im Zen-Buddhismus kommt derselbe Gedanke, wenn auch etwas unvollständiger, in diesem ehrwürdigen Gebot zum Ausdruck: »Ein Finger zeigt auf

den Mond; aber verwechsle den Finger nicht mit dem Mond.«
»Spirituell« bezeichnet in diesem Buch daher ausschließlich den
Glauben an *spiritus* – an den Atem des Göttlichen.

Was die äußerlichen Kennzeichen von Religion betrifft, die
Kreuze, Rosenkränze, Davidsterne, vielarmigen Götter und all die
anderen Symbole, durch die sich Nichtreligiöse und Areligiöse
irritiert fühlen, so sind sie nichts anderes als kontemplative Hilfen,
die dazu bestimmt sind, an heilige Prinzipien zu gemahnen und
bei Gebet und Meditation als Konzentrationsstützen zu dienen.
Zudem besitzen sie nach Ansicht vieler esoterisch orientierter
Menschen eine eigene, inhärente, transformative Kraft. Manche
glauben, man brauche diese Symbole nur zu sehen, zu hören oder
zu berühren, um daraus spirituell Nutzen zu ziehen.

Die Tatsache, daß Ritual und Spiritualität Teil desselben heiligen Gewebes sind, wurde den vielen Intellektuellen deutlich, die
in den fünfziger Jahren die Schriften von D. T. Suzuki und Jack
Kerouac gelesen und sich dann für praktizierende Zen-Buddhi-
sten gehalten haben. Dabei interpretierten sie Zen als frei-flie-
ßende, nicht an Regeln gebundene Lehre, die auf Zeremoniell
verzichtete und konventioneller Moral nicht viel Verständnis ent-
gegenbrachte. Viele von diesen Leuten waren schockiert, als sie
leibhaftige Zen-Meister kennenlernten, die in den Sechzigern aus
Korea und Japan in den Westen kamen. Diese nüchternen, strengen Männer, die in Rätseln sprachen, brachten eine fest geformte
Lehre mit, die von ihren Anhängern nahezu übermenschliche
Anstrengungen forderte. Junge Menschen, die sich zu dem von
ihnen erwarteten lockeren Leben hingezogen fühlten, spürten
voller Überraschung den Schlag mit dem Zen-Stock, wenn sie
während der Meditation unruhig wurden. Die Moralgesetze, denen sie nun folgen sollten, standen ihrem bisherigen freien Le-
bensstil diametral entgegen. Und zu ihrer großen Verblüffung
lernten sie, daß sexuelle Enthaltsamkeit ebenso einen zentralen
Bestandteil der Zen-Erfahrung bildet wie der absolute Gehorsam
gegenüber den Anordnungen des Lehrers. Und dann mußten sie
die Göttlichkeit auch noch in Form von Götter- und Göttinnen-
Figuren anbeten. Da staunt der Laie!

Eine ähnliche Enthüllung erlebten die Anhänger und Schüler
des Sufismus. Idries Shah hat mit seinen betörenden Geschichten
in den sechziger und siebziger Jahren viele Anhänger gefunden.
Die Leser nahmen es wörtlich, als er sagte, die Sufis seien keiner

organisierten Religion verpflichtet, sondern Mitglieder einer freien, nicht organisierten magischen Geheimgesellschaft, die ihre Wurzeln bis zu Pythagoras zurückverfolgen kann. Als in den folgenden Jahren jedoch zuverlässigere Informationen über den Sufismus zugänglich wurden, zeigte sich auch deutlich, daß alle großen Sufi-Meister recht energisch die Bedeutung von formalen islamischen Praktiken betonen – Gebet, Fasten, Pilgerreise zur Kaaba in Mekka und Koranlesungen – und daß heute jede echte Sufi-Schule im Westen wie im Osten nur orthodoxe Moslems aufnimmt.

Was ist spirituelle Elternschaft?

Ich werde daher im folgenden nicht versuchen, Sie in einen »Gläubigen« zu verwandeln oder davon zu überzeugen, daß der beste Ansatz in der Kindererziehung der spirituelle sei. Ich gehe davon aus, daß Sie ohnehin schon mit diesem Gedanken sympathisieren. Zumindest sind Sie nicht vollkommen dagegen.

Vorausgesetzt wird auch, daß Sie bereits etliche Zweifel an der Art haben, in der Kinder in der modernen Gesellschaft aufwachsen, und daß Sie beispielsweise nicht zu den Eltern gehören, die elektronische Todesspiele, denaturierte Nahrung, satanische Musik, expliziten Sex und Darbietungen, bei welcher höllische Schrecken gezeigt werden, über die man in den meisten traditionellen Gesellschaften nicht einmal spricht (geschweige denn sie stolz vorführt) als natürlichen Bestandteil der Erziehung betrachten. Angenommen wird auch, daß es Ihnen nicht zusagt, der Jugend zu erzählen, unsere wunderbare Welt sei eine geistlose Maschine, in der alles nach blindem Zufall laufe, in der mechanische Reaktionen die einzig realen Wirkungen seien. Ich nehme an, daß Sie menschliche Geschöpfe für mehr als zufällige Mutationen halten, deren einzige Aufgabe es ist zu essen, sich zu vermehren, Vergnügen zu suchen und immer Thema Nummer eins im Kopf zu haben.

Da Sie sich darüber hinaus, wie ich annehme, Sorgen um die negativen Einflüsse machen, denen Ihre Kinder routinemäßig ausgesetzt werden, bedauern Sie den heutigen Mangel an positiven Einflußmöglichkeiten auf junge Köpfe und Herzen.

Schließlich gehe ich davon aus, daß Sie Kinder für von Geburt aus gut und für etwas Besonderes halten. Theodore Geisel, besser bekannt als Kinderautor Dr. Seuss, hat es sehr gut formuliert: »Ein Kind ist jemand, für den ich nie ›von oben herab‹ schreiben muß. Es interessiert sich für das, was ich sage, wenn ich es interessant mache. Es allein hat außerdem Sinn für Humor, der mit dem Älterwerden verschwindet. Dann lacht es nur noch so, wie es die anderen, die Gesellschaft, die Politik oder Rasse wollen. Dann wird es zum Erwachsenen. Und ein Erwachsener ist ein abgenutztes Kind.«

Viele Menschen glauben, daß Kinder bei der Geburt mit dem Potential für höhere Bewußtseinszustände ausgerüstet sind. Aber durch die persönliche und soziale Erziehung, die die Erwachsenen ihnen aufdrücken, geraten sie, wie der weise Narada, bald in einen Zustand spiritueller Vergeßlichkeit. Sie wissen nicht mehr, woher sie gekommen sind – von ihrem Höheren Selbst – und wohin sie gehen müssen – zurück zu diesem Höheren Selbst. Sie werden von der Welt buchstäblich in Schlaf versetzt. »Der Mensch«, heißt es im Koran, »ist wahrlich sehr vergeßlich, sehr irregeführt.« Eine anschauliche Beschreibung der Mechanismen, die diesem Prozeß der spirituellen Sabotage zugrundeliegen, liefert der Literaturkritiker und spirituelle Philosoph A. R. Orage. Er war ein Schüler des Mystikers G. J. Gurdjieff und arbeitete viele Jahre daran zu erforschen, welche Auswirkungen die Einflüsse von Erwachsenen auf junge Menschen haben, und durch welche Prozesse Kinder von bewußten, aufnahmefähigen Geschöpfen zu verschlossenen, mechanisch agierenden Erwachsenen werden.

Die Ursache für diesen Prozeß findet sich nach Orage in einem einzigen entscheidenden Faktor: Suggestibilität, die Neigung von Kindern, das zu glauben, was andere ihnen sagen, wenn sie es nur oft genug hören. »Man hat uns als Kindern gesagt«, schreibt er, »reich zu sein, sei ein glücklicherer Zustand als arm zu sein; Menschen seien, je nach ihrer Stellung im Leben, nach Besitz oder Ausstrahlung, nach Erziehung oder Begabung mehr oder weniger wert ... Man lehrt uns zu glauben, daß natürliche Größe ein Zustand individuellen Glücks sei, daß Unterhaltungen unterhalten, daß erlauchte Gesellschaft brillant sei, daß das Lob anderer Menschen notwendig sei und ihr Mißfallen entkräftend wirke, daß Bücher, Bilder und Musik stimulieren, daß Muße ohne Arbeit wünschenswert sei, daß es möglich sei, nichts zu tun, daß Ruhm und der Besitz von Macht, Titeln und Erfolg echten Wert hätten.«[2]

Die einzelnen Punkte auf Orages Liste sind, metaphorisch
gesehen, Synonyme für die junge Frau in der Geschichte von
Narada. Dieses Symbol irdischen Materialismus, dem wir überall
begegnen, heißt bei den Buddhisten und den Hindus Maya,
Illusion. Ohne die Hilfe Gottes (oder vielleicht mysteriöserweise
gerade, weil sein Plan es so will) wird selbst der wissende Weise
hilflos, wenn er in die lachenden, lang nachwirkenden Augen
dieser Göttin schaut. Dann vergißt er, wie wir alle, daß »alles,
was hier ist, vergeht und nur das Angesicht deines Herrn
bleibt«.

Symbolisch betrachtet ist darüber hinaus auch der Moment der
Geburt eines Menschen eine Neuinszenierung von Naradas Fall.
»Wir taumeln aus dem Jenseits in den Äther«, heißt es in einem
hinduistischen Text, dann durch das Tor des Mutterleibes auf
diesen harten Planeten und wissen nicht, ob freiwillig oder ge-
zwungenermaßen. Von dieser schimmernden Welt berauscht, vergessen wir schnell unseren heiligen Ursprung, so wie Narada den
göttlichen Befehl. Wir sind gezwungen, ganz von vorn zu beginnen, als Kinder, mit der Welt als Schulhaus und zwei Fremden als
Lehrern. »Der Mensch wird betrunken geboren«, sagt ein japani-
sches Sprichwort, »und stirbt schlafend.« Und doch »kann sich
keiner vorstellen, was für eine wunderbare Gelegenheit es ist, als
Mensch geboren zu werden«, wie es in Tibet heißt. Eine andere
Geschichte erzählt von einem Kind im Mutterleib kurz vor der
Geburt. Das Kind wiederholt immer und immer wieder: »Ich
werde mich daran erinnern, wer ich bin, ich werde mich erinnern.« Aber leider ist der erste Schrei des Kindes nur ein Echo
dessen, was alle Kinder bei der Geburt rufen: »Oh, ich habe es
vergessen! Ich habe es vergessen!« Dieses Buch beruht daher wie
jedes andere, das sich so großen Themen wie spiritueller Erziehung widmet, auf der Annahme, daß es die Pflicht aller Eltern sei,
ihren Kinder dabei zu helfen, Verbindung zu ihrem eigenen spirituellen Potential aufzunehmen. Dieses Potential ruht in jedem
von uns, wartet wie die Prinzessin im Märchen darauf, geweckt zu
werden, *ruft sogar nach uns*. Spirituelle Eltern glauben, daß Kinder,
die man ermutigt hat, diesen inneren Impuls zum Ausdruck zu
bringen, an irgendeinem Punkt in ihrem Leben die ultimativen
Fragen stellen werden: »Wer bin ich? Woher komme ich? Wo
gehe ich hin?« Und die Menschheit glaubt seit Ewigkeiten, daß
der ernsthaften Beschäftigung mit diesen Fragen die Suche nach

dem Heiligen so selbstverständlich folgt wie, laut dem *Dharmapada*, der Wagen dem Pferd.

Manchen Leuten scheint es nicht sehr bedeutend, Kinder großzuziehen, sondern eher etwas, das man möglichst rasch hinter sich bringen sollte, damit die Eltern sich wieder um ihr eigenes Leben kümmern können. Aber das ist es nicht. Es ist eine wichtige Angelegenheit, eine große Möglichkeit. So groß, daß Sie gleich jetzt anfangen sollten, so lange das Eisen heiß ist und das Kind willig. Damit Sie nicht eines Tages zum Chor des Schriftstellers Christopher Morley und ungezählter anderer Eltern gehören, die alle nostalgisch klagen: »Wir hatten kein Glück mit unseren Kindern – sie sind alle groß geworden.« Vorwärts! Aufwärts!

Erster Teil

Spirituelle Erziehung von Kindern

Zweites Kapitel

Spirituelle Erziehung
beginnt bei der Geburt

Mit der spirituellen Erziehung eines Kindes kann man nicht früh genug beginnen. Selbst die Stunde, in der es seinen ersten Atemzug tut, ist nicht zu früh. In der Welt des Islam flüstern Väter ihrem Neugeborenen, in dem Moment, in dem es das Licht der Welt erblickt, noch bevor es gewaschen oder abgenabelt wird, ins Ohr: »*La ilahu illa Allah*, es gibt keinen Gott außer Gott.« In manchen christlichen Sekten wird dem Kind, noch bevor es eine Stunde alt ist, das Vaterunser vorgebetet. Bei den Stämmen der Laguna-Pueblo-Indianer im Südwesten der USA baden die Eltern das Neugeborene in Palmlilien und beten dabei laut; kurz bevor die Sonne untergeht, bemalen sie dann den kleinen Körper mit weißem Ton und streuen darauf ein bißchen Asche. Dies erinnert die neugeborene Seele daran, daß auch sie eines Tages wieder zu Staub werden wird. Die spirituelle Erziehung des Kindes hat begonnen.

Oscar Wilde hat einmal gesagt, die zeitgenössischen Tapeten seien so häßlich, daß jemand, der ihnen von Kindheit an ausgesetzt gewesen sei, das vor Gericht als Begründung dafür angeben könne, daß er sich einer kriminellen Existenz zugewandt habe. Wilde zeichnet damit, wie üblich, eine Karikatur. Aber wie an den Übertreibungen der Satiriker, ist auch an seiner Geschichte etwas Wahres. Was wir als Neugeborene hören, schmecken und riechen, bleibt uns nach Ansicht vieler religiöser Denker und Schriftsteller und einiger Wissenschaftler wie ein Brandmal auf unserer Psyche erhalten. Es produziert psychische Wellen, die sich im Laufe der Zeit in konzentrischen Kreisen ausbreiten und unser Verhalten in allen Stadien unseres Lebens beeinflussen.

Dieser Prozeß beginnt in der ersten Stunde. Stellen Sie sich vor, wie merkwürdig und riesig die undeutlich aufragenden Wände eines Zimmers einem Säugling vorkommen, der seine neue Welt zu fokussieren versucht, wie ungeheuerlich groß ihm die über die Wiege gebeugten Familienmitglieder erscheinen. Wie monumental und lebendig die Comic-Figuren auf der Tapete sind, oder die Decke mit wunderbaren Flüssen aus feinen und groben Rissen, oder die Stoffhasen und Teddybären, die wie gutmütige Riesen vom Regal heruntergrinsen. Noch gibt es keine Wahrnehmungsgewohnheiten, keine richtige oder falsche Art, die Dinge zu betrachten. Alles ist neu:

> Wie engelgleich kam ich hernieder!
> Wie hell sind alle Dinge hier!
> Als ich ganz neu in seine Schöpfung kam,
> Oh, wie krönte mich ihr Glanz,
> Die Welt glich seiner Ewigkeit,
> In der meine Seele wandelte;
> Und alles, was ich sah,
> Sprach mit mir ...   Thomas Traherne, *Poems of Felicity*

Carlos Castaneda präsentiert in *Der Ring der Kraft*, dem fünften seiner berühmten Bücher über Don Juan, ein erstaunlich lebendiges Bild von der Sinneswelt eines Säuglings. Im Rahmen seiner Ausbildung als *brujo* oder Schamane bei den Yaqui-Indianern erlebt er Erinnerungen an seine früheste Kindheit. Ob diese Beschreibungen Castanedas literarischer Phantasie oder tatsächlicher visionärer Erfahrung entstammen, werden wir vermutlich nie erfahren. Aber diese merkwürdige, fast psychedelische Passage muß eine der erstaunlichsten Beschreibungen sein, die es von der Wahrnehmung bei Säuglingen gibt. Sie ist es wert, ganz zitiert zu werden:

»Ich war immer noch in einem Traum oder in einer Vision befangen ... Ich brauchte lange, bis ich wußte, wo ich war. Tatsächlich, ich lag auf dem Bauch, und zwar auf einem ganz sonderbaren Fußboden. Als ich ihn näher untersuchte, konnte ich mir ein Gefühl der Ehrfurcht und des Staunens nicht versagen. Ich begriff nicht, woraus er gemacht war. Unregelmäßige Platten von irgendeiner unbekannten Substanz waren höchst kunstvoll und doch einfach zusammengesetzt. Sie waren zwar zusammengefügt, aber nicht am Boden oder aneinander befestigt. Sie waren elastisch und gaben nach, wenn ich versuchte, sie mit dem Finger auseinanderzuschieben, aber sobald ich losließ, schnellten sie wieder in ihre Ausgangslage zurück.

Ich versuchte aufzustehen, unterlag aber der befremdlichsten Störung meiner Sinne. Ich hatte keinerlei Kontrolle über meinen Körper; tatsächlich schien mein Körper nicht einmal zu mir zu gehören. Er war schlaff, und ich hatte zu keinem seiner Teile eine Verbindung, und als ich aufzustehen versuchte, konnte ich die Arme nicht bewegen und plumpste hilflos auf den Bauch, wobei ich zur Seite rollte. Der Schwung des Sturzes ließ mich beinahe eine komplette Drehung vollführen und wieder auf dem Bauch landen. Aber meine ausgestreckten Arme und Beine bremsten die Drehung, und ich kam auf den Rücken zu liegen. In dieser Position fiel mein Blick auf zwei seltsam geformte Beine und die formlosesten Füße, die ich je gesehen hatte. Das war mein Körper! Ich war anscheinend in eine Decke eingehüllt. Mir kam der Gedanke in den Sinn, daß ich mich vielleicht selbst in einer Szene als Krüppel oder Invalide erlebte. Ich versuchte, mich aufzurichten und meine Beine anzuschauen, aber mein Körper ruckte nur matt. Ich schaute direkt in einen gelben Himmel, einen tiefen, strahlend zitronengelben Himmel. Er wies Rillen oder Vertiefungen von dunklerem Gelb auf und eine Unzahl von Ausbuchtungen, die wie Wassertropfen herabhingen. Die Gesamtwirkung dieses unglaublichen Himmels war atemberaubend. Ich konnte nicht feststellen, ob jene Ausbuchtungen Wolken waren. Als ich meinen Kopf hin- und herdrehte, entdeckte ich auch Schatten und Flecken in anderen Gelbtönen.

Dann zog etwas anderes meine Aufmerksamkeit an; eine Sonne, genau am Zenit des gelben Himmels, direkt über meinem Kopf, eine milde Sonne – nach der Tatsache zu urteilen, daß ich sie anstarren konnte –, die ein sanftes, gleichförmiges, weißliches Licht ausstrahlte.

Noch bevor ich Zeit fand, über all diese unirdischen Bilder nachzudenken, wurde ich heftig geschüttelt. Mein Kopf ruckte und schaukelte hin und her. Ich wurde hochgehoben. Ich hörte eine schrille Stimme und Kichern – und ich war mit dem erstaunlichsten Anblick konfrontiert: einer gigantischen barfüßigen Frau. Ihr Gesicht war rund und riesig. Ihr Haar war zu einem Pagenkopf geschnitten. Ihre Arme und Beine waren monströs. Sie hob mich auf und legte mich über ihre Schulter, als wäre ich eine Puppe. Mein Körper hing schlaff herab. Ich schaute ihren kräftigen Rücken herab. Um die Schultern und

am Rückgrat entlang hatte sie einen feinen Flaum. Als ich über
ihre Schulter hinabschaute, sah ich wieder den wundervollen
Boden. Ich hörte, wie er unter ihrem gewaltigen Gewicht elastisch nachgab, und ich sah die Fußabdrücke, die sie auf ihm
hinterließ.
Vor einem Gebilde, einer Art Bauwerk, legte sie mich auf den
Bauch . . . Das gigantische Mädchen setzte sich neben mich und
ließ den Fußboden knarren. Ich berührte ihr riesiges Knie. Sie
roch nach Bonbons oder Erdbeeren. Sie sprach mit mir, und ich
verstand alles, was sie sagte. Sie zeigte auf das Bauwerk und
sagte mir, hier wohne ich.
Als ich den Schock, mich hier zu befinden, allmählich überwunden hatte, schien sich auch meine Beobachtungsfähigkeit
wieder zu bessern. Jetzt bemerkte ich, daß das Bauwerk vier
großartige, aber funktionslose Säulen hatte. Sie hatten nichts zu
tragen; sie befanden sich auf dem Dach des Gebäudes. Ihre
Form war die Schlichtheit selbst; es waren lange, zierliche Gebilde, die sich in jenem furchterregenden, unglaublich gelben
Himmel zu verlieren schienen. Diese nutzlosen Säulen erschie-
nen mir als die reine Schönheit. Ich hatte einen Anfall von
ästhetischem Überschwang . . .
Das gigantische Mädchen schob mich auf dem Rücken in das
Bauwerk hinein. Die Decke war schwarz und niedrig , und sie
war von symmetrisch angeordneten Löchern übersät, die den
gelblichen Glanz des Himmels hereinscheinen ließen und die
erstaunlichsten Muster bildeten . . . Meine Beglückung war so
heftig, daß ich weinen – oder für immer hier bleiben wollte.
Aber irgendeine Kraft oder Spannung oder sonst etwas Undefi-
nierbares zog an meinen Beinen. Plötzlich befand ich mich
außerhalb des Bauwerks, immer noch auf dem Rücken liegend.
Das gigantische Mädchen war da, aber bei ihr war noch ein
anderes Wesen, eine Frau, die so groß war, daß sie bis in den
Himmel reichte und die Sonne verdunkelte. Verglichen mit ihr
war das gigantische Mädchen nur eine Zwergin. Die große Frau
war böse. Sie packte das Bauwerk an einer seiner Säulen, hob es
auf, drehte es um und stellte es auf den Boden. Es war – ein
Schemel!
Diese Erkenntnis wirkte wie ein Katalysator auf mich; sie löste
einige überraschende Erkenntnisse aus. Ich durchlief eine
Reihe von Bildern, die zwar nicht zusammenhingen, aber als

Sequenz aufgefaßt werden konnten. Schlag auf Schlag erkannte ich, daß der wundervolle, unbegreifliche Boden eine Strohmatte war; der gelbe Himmel war die Stuckdecke eines Zimmers; die Sonne war eine Glühbirne; das Bauwerk, das einen solchen Begeisterungstaumel bei mir ausgelöst hatte, war ein Stuhl, den ein Kind auf den Kopf gestellt hatte, um Häuschen zu spielen.«[1]

Schützen Sie Ihr Neugeborenes vor störenden Beeinflussungen

Die Philosophie des bemerkenswerten Pädagogen, Philosophen und Mystikers Rudolf Steiner bestätigt diese Vision von Castaneda. Steiner, in Österreich geboren und aufgewachsen, verbrachte seine Jugend damit, eine Theorie des universalen Wissens zu formulieren, und verwandelte in seinen späteren Jahren diese Theorie in eine »Wissenschaft des Geistes«, die er Anthroposophie nannte.

Neben Beiträgen zur Metaphysik, zu Tanz, Malerei, Medizin, Architektur und Landwirtschaft hat die Anthroposophie eine Methode der spirituellen Erziehung für Kinder entwickelt, die noch heute an Waldorf-Schulen in aller Welt praktiziert wird. Ein wesentlicher Teil dieser Lehre besagt, daß Kinder bei der Geburt reine Lichtgefäße sind und in den ersten Jahren sorgfältig beschützt werden müssen, wenn ihre Fähigkeiten intakt bleiben sollen. Der Kinderarzt Norbert Glas warnt uns im Geiste Steiners, daß die Seelen der Kinder in der allerersten Zeit noch ihre richtige Lage im Körper suchen. Da kann das Überstimulieren der Sinnesorgane diese prekäre Verbindung stören:

»Ein neugeborenes Kind kann man sich so vorstellen: Der kleine Körper mit seinem überentwickelten Kopf . . . dieser kleine Körper ist von der unsichtbaren Seele und dem Geist umgeben. Wenn das Kind wächst, finden diese Schritt für Schritt ihren physischen Ausdruck. Die Seele muß langsam in den Körper eindringen. Die Menschen in der Umgebung des Kindes sollten daher darauf achten, daß nichts allzu hastig geschieht, nichts mit Gewalt getan wird, sondern alles mit reiner Liebe.«[2]

Dr. Glas schlägt vor, für die ersten Monate ein Bett zu besorgen, in dem sowohl die Eltern wie das Kind Platz haben. Und er fügt hinzu: »Man könnte sogar erwägen, eine Art kleine Wiege in das große Bett hineinzubauen. Wenn aber keine dieser Alternativen in Frage kommt, sollten wenigstens die Wiege oder das Körbchen so nah wie möglich bei der Mutter stehen, damit sie immer das zarte Atmen des Babys hören kann.«

Manche Eltern glauben sogar, Vater und Mutter sollten solange, bis die Kinder groß sind, oder mindestens in den frühen Jahren, gemeinsam mit ihren Kindern in einem Raum schlafen. Deborah Jackson, eine englische Journalistin, die ausführliche Studien und Interviews zur Frage der Schlafarrangements in Familien mit kleinen Kindern gemacht hat, liefert überzeugende Beweise dafür, daß ein gemeinsames Bett ein Gefühl von Angstlosigkeit und Frieden in einem Kind erzeugt, das ein ganzes Leben lang anhalten kann.[3]

Jackson meint, viele der Probleme in der Kindheit seien darauf zurückzuführen, daß Kinder alleine schliefen. Auch wenn die Eltern vielleicht im Nebenzimmer liegen, kann es dem Kind in seiner unreifen Denkweise so erscheinen, als sei es in ein dunkles, schreckensvolles Exil geschickt worden. Untersuchungen zeigen, daß Kinder in den Ländern der Dritten Welt, die im selben Bett schlafen wie ihre Eltern, meist nicht unter den Unsicherheiten leiden, die wir im Westen mittlerweile für einen unvermeidlichen Teil der Kindheit halten (Alpträume, nächtliches Erwachen, Angst vor der Dunkelheit, Schlaflosigkeit und dergleichen). Was die Frage der Sexualität betrifft – wie, so fragen Eltern, können wir uns lieben, wenn ein Kind mit im Bett liegt? Da gibt es verschiedene Möglichkeiten:

- Lassen Sie die Kinder in einem anderen Zimmer einschlafen und tragen Sie sie dann später in Ihr Bett.
- Lassen Sie die Kinder immer bei sich schlafen, außer in den Nächten, in denen Sie sich lieben wollen.
- Wählen Sie sich, wenn möglich, eine andere Tageszeit, um sich zu lieben.
- Wenn das Kind sehr jung ist, können Sie einfach eine Schlafecke vom übrigen Raum mit einem Vorhang abtrennen. Schlimmstenfalls wird es aufwachen und weinen.

Selbst bei der Geburt

Manche Ärzte glauben, daß sogar unangenehme Eindrücke während der Geburt ein Kind prägen. Dr. Frederick Leboyer, ein französischer Arzt, dessen Pionierarbeit im Bereich der Geburtshilfe vielen Eltern und Ärzten die Augen geöffnet hat, besteht schon lange darauf, daß Neugeborene sich ihrer Umgebung überaus bewußt und die ersten Stunden nach der Geburt vielleicht die wichtigsten im Leben des Kindes seien. In seinem mittlerweile berühmten Buch *Geburt ohne Gewalt* stellt Leboyer verschiedene Geburtstechniken vor, die darauf ausgerichtet sind, das Kind in dieser Welt willkommen zu heißen, statt es roh in sie hineinzuschubsen. Dazu gehören folgende Ratschläge: [4]

- Sorgen Sie für eine angenehme Atmosphäre im Kreißsaal. Alle nicht dazugehörigen Beobachter (einschließlich der unvermeidlichen Medizinstudenten) werden aus dem Raum verbannt.
- In dem Moment, in dem der Kopf des Kindes zu sehen ist, werden alle hellen Lichter gelöscht und laute Geräusche abgestellt. Das Kind wird in einer ruhigen, entspannten, dämmerigen Umgebung zur Welt gebracht. Leboyer erklärt, daß die meisten Kinder unter solchen Bedingungen nicht schreien. Manche lächeln sogar.
- Sobald das Kind ganz geboren ist, wird es der Mutter auf den Bauch gelegt, die Nabelschnur bleibt intakt. Das macht man, so Leboyer, um die postnatale Bindung zwischen Mutter und Kind herzustellen und dem Kind den zusätzlichen Sauerstoff für eine bessere Atmung zu lassen. Die Nabelschnur wird erst dann durchtrennt, wenn sie aufgehört hat zu pulsieren. »Der Säugling ist seiner Mutter nicht entrissen worden«, erklärt Leboyer. »Die beiden sind einfach getrennt worden.«
- Neugeborene leiden darunter, daß sie sich nicht mehr gegen weiche, fleischliche Grenzen drücken können, und müssen jetzt auf dem Wege der Berührung Vertrauen finden. Sie werden in bestimmte sichere Lagen gebracht, in denen sich ihre Wirbelsäule richtig strecken kann und ihre Atmung nicht behindert ist. Der direkte Hautkontakt ist in diesen Minuten sehr wichtig, und das Baby wird liebevoll in den Händen der Mutter gewiegt. »Die Haut des Neugeborenen verfügt über kaum vorstellbare

Intelligenz und Sensibilität«, erklärt Leboyer. Er schlägt vor, die Eltern sollten den Rücken des Kindes in Wellenbewegungen streicheln, um es an die menschliche Berührung zu gewöhnen, es massieren, liebkosen, und ihm durch die liebevolle Energie der Fingerspitzen Sicherheit vermitteln.

- Nach fünf bis sechs Minuten Streicheln wird das Neugeborene in ein vorbereitetes warmes Bad gelegt (etwa 36 bis 37 Grad Celsius), was Leboyer für eine ideale Übergangshilfe von der Gebärmutter in die Welt hält. Viele Kinder öffnen in diesem Augenblick ihre Augen, betont er, strecken die Arme aus und beginnen sogar zu spielen. Anders als das weinende, zusammengekrümmte Kind nach einer Geburt im OP hat das lächelnde Leboyer-Baby vom ersten Moment an von seiner Umgebung liebevolle Signale erhalten. Es hat keine Angst mehr.

- Schließlich wird das Kind ganz kuschelig in vorgewärmte Windeln und Decken gewickelt und darf sich ausruhen. Anders als in der geräuschvollen Gebärmutter lernt es hier »in schweigendem Erstaunen das Unbekannte kennen: Stille«.

Untersuchungen an älteren Kindern, die nach der Leboyer-Methode zur Welt gekommen sind, zeigen, daß diese Kinder ruhiger, zufriedener und sozial anpassungsfähiger sind als die, die unter gleißenden Operationslampen geboren wurden. Sie haben weniger Schlaf- und Eßprobleme und entwickeln so die Berichte, in der Regel im Laufe der Jahre hervorragende Beziehungen zu ihren Eltern.[5]

Einer der Vorteile des Leboyer-Systems besteht darin, daß Mutter und Kind nach der Geburt zusammenbleiben und Zeit haben, eine intime Einheit zu werden. In der Tierwelt erkennt eine Mutter ein Junges, von dem sie gleich nach der Geburt getrennt wurde, nicht wieder und lehnt es oft ganz ab. Bei den Menschen sind die ersten paar Stunden und Tage von analoger Bedeutung, denn in dieser Zeit findet der entscheidende Prozeß des *bonding* statt. Joseph Chilton Pearce definiert in seinem bekannten Buch *Die magische Welt des Kindes* diesen Brückenschlag als ein genetisch bedingtes, hormonell ausgelöstes Ereignis, bei dem die Mutter und das Kind in den ersten Tagen des Lebens physisch zu einer symbiotischen Einheit zusammengeschmiedet werden.

Das kann, wenn es richtig durchgeführt wird – wenn die Mutter also immer stillt, das Kind streichelt, mit ihm spielt – eine fast übernatürliche Kommunikation zwischen Mutter und Kind bewirken. Pearce weist darauf hin, daß Ärzte und Anthropologen aus Uganda berichten, die Kinder dort trügen keine Windeln, machten sich aber selten dreckig oder naß. Die Mütter erklärten auf Befragen, sie gingen mit ihren Babys einfach in die Büsche. Woher sie denn wüßten, wann es Zeit dazu sei? Diese Frage verwunderte die Frauen. »Woher weißt *du* denn, wann es bei *dir* Zeit ist?« Man fühlt es. Der Brückenschlag, das *bonding*, zwischen Mutter und Kind ist so stark, daß sie wie zwei Menschen in einem Körper sind. Die ugandische Mutter kann das Bedürfnis ihres Kindes selbst spüren und sich schnell darum kümmern. [6]

Weitere Belege für die Sensibilität des Neugeborenen liefern neue wissenschaftliche Untersuchungen. William Condon und Louis Sander von der Boston University haben unter Verwendung von hochtechnisiertem Meßgerät und Filmen festgestellt, daß »die Bewegungen des menschlichen Neugeborenen bereits in den ersten Lebenstagen präzise und gleichmäßige Abschnitte bilden, die mit der artikulierten Struktur der Erwachsenensprache synchron sind.« Poetischer ausgedrückt tanzt das Kind geradezu im Einklang mit dem Steigen und Fallen der elterlichen Stimmen. [7]

Andere Untersuchungen von A. Meltzoff und M. K. Moore zeigen, daß Kinder fast von Geburt an die Mimik ihrer Eltern nachahmen und schnell die Mund- und Kopfbewegungen derjenigen imitieren, die von oben in ihre Wiege hineinschauen. [8] Dazu schreibt die bekannte Kinderpädagogin Dorothy Corkille Briggs: »Säuglinge sind schon in den ersten Augenblicken ihres Lebens für ihre Umgebung empfänglich. Sie wissen, ob sie von liebevollen oder verkrampften Armen hochgehoben werden. Lange bevor sie sprechen können, sind sich Säuglinge dessen bewußt, ob Töne und Blicke freundlich und gütig, schroff oder gleichgültig sind. Jeder Säugling wird von den ›Vibrationen‹ in seinem Umfeld beeinflußt. Und aus diesen Botschaften formt er verallgemeinerte Eindrücke darüber, wie sicher und vertrauenswürdig diese neue Welt ist.« [9]

Die moderne Psychologie hat im Neugeborenen bisher einen mit sich selbst beschäftigten Knirps oder eine tabula rasa gesehen. Neue Beweise sprechen allerdings für die Tatsache, daß es sich dabei um ein reaktionsfähiges und intelligentes Geschöpf handelt, das sich bei der richtigen Zuwendung von Anfang an freudvoll mit seinen Eltern verständigen kann. »Das Baby versteht uns mit

einer wundersamen Sicherheit«, schreibt Frederick Leboyer.
»Das Baby weiß alles. *Fühlt* alles. Das Baby sieht bis in den Grund
unseres Herzens, kennt die Farbe unserer Gedanken. All das ohne
Sprache. Das Neugeborene ist ein Abbild unserer selbst. Es liegt
an uns, ihm den Eintritt in eine Welt der Freude zu verschaffen.«

Die ersten Wochen nach der Geburt

Sowohl Leboyer wie Joseph Pearce warnen davor, Kinder sorglos
negativen Einflüssen auszusetzen. Andererseits ist jedoch anzu-
merken, daß zuträgliche Eindrücke sich ebenso stark zum Guten
auswirken können. T. S. Eliot berichtet, seine Mutter habe ihn
gelehrt, das Ziel sei, »aus jeder Fähigkeit das Beste zu machen«.

Sobald Sie Ihr Neugeborenes nach Hause bringen, sollten Sie
ihm eine Umgebung schaffen, die Schutz, Harmonie, Willkommen und Stille bietet. Stellen Sie sicher, daß die Wiege nicht
Zugluft, hellen Lichtern oder Lärm ausgesetzt ist. Eine Familie in
New York hat die Wiege in ein Zimmer zur Straße gestellt, damit
sich das Kind, so die Mutter, »schon frühzeitig an den Verkehrs-
lärm gewöhnen kann.« Das aber kann, so Dr. Wilhelm zur Linden, ein Anhänger der Steiner-Philosophie, für viele Kinder sehr
unangenehm sein. Zur Linden glaubt, daß die Seele eines Kindes
bei der Geburt in jedes Organ und jedes Glied des Körpers eintritt, und daß jeder Eindruck, den das Kind hat, sich bis in die
Zellen hinein auswirkt.

Demnach ist es offensichtlich, daß die Qualität der vom Baby
aufgenommenen Eindrücke von größter Wichtigkeit ist. Nicht
nur physischer Lärm und Unruhe oder grelle Lichter oder Kälte,
sondern auch emotionale Störungen, Zorn, Streit oder Haß haben
direkte Auswirkungen auf die Entwicklung des kindlichen Körpers. Allgemeine Disharmonie kann zu sofortiger akuter Krankheit führen oder in ihren Auswirkungen über Jahrzehnte unbemerkt bleiben und sich viel später in verschiedenen organischen
Schwächen zeigen. Ebenso helfen gesunde Eindrücke, angenehme Töne und Lichter, die richtige Wärme, Liebe und Harmonie dem Kind, seinen Körper in der richtigen Weise aufzubauen
und zu transformieren.[10]

Hier sind einige bewährte Methoden, das Neugeborene vor den
potentiellen Gefahren seiner frühen Tage zu schützen:

Den Bauch des Kindes schützen

Halten Sie das Kind in den ersten Lebenswochen gut warm und wohlverpackt. Achten Sie besonders darauf, daß der Bauch und der untere Rücken bedeckt sind. In der traditionellen östlichen Medizin gilt der Bauch als Sammelort der Lebenskraft, und verschiedene Akupunktur-Methoden sind darauf angelegt, diese Energie (bekannt als *chi* oder *ki*) aus dem Unterbauch heraufzuziehen, um die anderen Organe zu nähren. Im Fernen Osten glauben viele Mütter, der Bauch – in Japan als *hara* und in China als *Tan Tien* bekannt – sei der Sitz des Lebens; sie geben sich viel Mühe, diesen Bereich in den frühen Jahren gut eingewickelt zu halten, da sie befürchten, die Lebensenergie des Kindes könne bei Unterkühlung einfach »auslaufen«.

Wenn die Kinder dann älter sind und sich aufzusetzen versuchen, unterstützen diese Mütter sie dadurch, daß sie eine Hand auf den Unterleib und die andere an das untere Ende der Wirbelsäule legen. Nach Beobachtungen von Eltern reagieren Kinder auf der ganzen Welt auf diese angenehme Berührung, da sie zugleich psychisch vertrauenseinflößend und physisch unterstützend wirkt. Warme Hände auf Bauch und Rücken sind zudem eine wunderbare Methode, ein ängstliches Kind zu beruhigen oder ihm zu helfen, sich von einem Schreianfall zu erholen.

In Japan erinnern die Eltern ihre größeren Kinder immer wieder an die Bedeutung des Bauch-Zentrums, des *hara*, und an die darin ruhende Kraft. Dieses Konzept von der Kraft im Bauche bei Jung und Alt spielte und spielt in geringerem Umfang auch heute noch eine zentrale Rolle in der japanischen Kultur, wo es Teil jedes Lebensbereiches vom Kochen bis zum Zen-Buddhismus ist. Japanische Mütter sagen ihren Kindern, schlechte Körperhaltung schade dem *hara*. Sie werden angehalten, gerade zu sitzen, um *hara* nicht einzuquetschen. Und daran erinnern sich die jungen Leute, wenn sie später vielleicht die Meditationshaltung der Mönche einnehmen: Knie zusammen, auf den Fersen ruhend, der Rücken nach einer unsichtbaren Achse ausgerichtet, deren Schwerpunkt im Nabel liegt. Oder die Geisha, deren beherrschte, kniende Haltung das Gleichgewicht »der Stille in der Bewegung« spiegelt, wenn sie Blumen arrangiert oder Tee serviert.

»Dem Japaner wird von Kindheit an die Macht und Kraft des *hara* gelehrt.« Der Gelehrte Karlfried Graf Dürckheim schreibt:

»*Hara, Hara*, ruft der Vater dem heranwachsenden Jungen schon zu, wo er in einer Leistung zu versagen droht oder wo ein körperlicher Schmerz ihm die Haltung rauben und ihn übermannen will oder er in der Aufregung den Kopf verliert . . . Das ist so selbstverständliches Grund- und Allgemeinwissen, daß es einem Japaner gar nicht so leicht ist – wenn man ihn nach diesem seinem geheimen Schatz fragt – ihn ins Bewußtsein zu heben oder gar zu erklären.«[11]

Es werde Licht – aber langsam

Kinder verdoppeln ihr Gewicht in den ersten drei Monaten nach der Geburt und verdreifachen es im ersten Jahr. Von der Geburt bis zum sechsten Monat legen sie ungefähr alle vierundzwanzig Stunden zwei Gramm zu, eine Zuwachsrate, die sie später nie wieder erreichen werden.

Angesichts einer so großen »Beschleunigung« ist es unbedingt notwendig, sich in dieser Zeit besonders um die Babys zu kümmern. Schließlich gibt es ausreichend Beweise dafür, daß Kinder, die im ersten Jahr ohne angemessene Pflege waren (etwa in Heimen), weniger sozial angepaßt und körperlich widerstandsfähig wurden als ihre gut versorgten Altersgenossen.[12]

Zu diesem Prozeß der liebevollen Versorgung gehört auch, Neugeborene während der ersten Tage in einer eher schummerigen Umgebung geschützt zu halten und sie erst nach und nach mit dem Tageslicht vertraut zu machen. Achten Sie darauf, die Vorhänge nicht plötzlich aufzureißen oder das Gesicht direkter Sonnenbestrahlung auszusetzen. Diese Plötzlichkeit kann jungen Augen weh tun und sogar das empfindsame Nervensystem des Säuglings beeinträchtigen, das in den ersten Wochen noch besonders verletzlich ist. Manche Eltern lassen beim Wickeln ein direktes Licht auf das Kind fallen, aber man sollte ihnen dringend davon abraten. Ich kenne eine Familie, in der sich der sechsjährige Bruder des Neugeborenen gern nachts mit einer Taschenlampe an sein schlafendes Schwesterchen heranschlich, um es ganz genau betrachten zu können. Die Kleine wachte bei diesen Untersuchungen fast immer auf, schrie und zitterte.

Rudolf Steiner rät, Neugeborene in eine Wiege mit Himmel zu legen, der das Licht filtert und weicher macht. Bei Babys, die häufig schreien, empfiehlt er, ein orangefarbenes Tuch über den

Himmel zu breiten. Die Art von Licht, die dann durchdringt, hat nach Steiner eine beruhigende Wirkung auf das Kind.

Warmhalten

Da das Kind neun Monate lang im Bauch der Mutter gelegen hat, wo die Temperatur immer gleichbleibend war, ist es ratsam, diesen thermostatischen Effekt noch ein paar Tage nach der Geburt aufrechtzuerhalten. Stellen Sie sicher, daß es in der Umgebung des Kindes keine Zugluft gibt, drehen Sie im Winter ruhig die Heizung auf und packen Sie es auch in den Sommermonaten gut warm ein. Besonders wichtig ist es, den Kopf zu schützen: »Der Kopf«, warnt Dr. Norbert Glas, »sollte noch einige Zeit bedeckt bleiben, besonders die Fontanelle, so daß keine Wärme aus diesen Öffnungen in den Schädelknochen entweichen kann ... Direkt auf der Haut sollte es ein weiches Hemdchen aus reiner Wolle tragen, und auch das Köpfchen sollte durch ein Wollmützchen geschützt sein ... Auch der Rest des Körpers würde schnell auskühlen, wenn er nicht bedeckt wäre, und das gilt in den ersten Monaten gleichermaßen für den Kopf.«[13]

Vermeiden Sie laute Geräusche

Glas und zur Linden sind sich darin einig, daß es am besten ist, das Neugeborene gut vor lauten Geräuschen zu schützen. Nach einigen Wochen kann man es dann dem üblichen Haus- und Gartenlärm aussetzen, ohne ihm zu schaden. Die Geräuschkulisse spielender älterer Geschwister oder plaudernder Eltern kann sogar eine hervorragende Einführung in das soziale Leben sein.

Zugleich warnt zur Linden, schrille und harte Geräusche wie die des Staubsaugers so lange wie möglich zu vermeiden. »Töne aus Radio und Fernsehen, selbst Musik, sind besonders schädlich«, meint er. »Dagegen ist selbstgemachte Musik, besonders Gesang, ... für das Kind hilfreich.«[14]

Ihr Kind ans Freie gewöhnen

Manche Eltern glauben, man solle die Neugeborenen schon in der ersten Lebenswoche mit nach draußen nehmen, um sie frühzeitig an die Geschäftigkeit der Welt zu gewöhnen. Aber stellen Sie sich vor, wie verwirrend ein solcher Ansturm von Eindrücken für ein Kind sein muß, das plötzlich aus der Stille in Mutterleib und Wiege in den Radau einer Hauptstraße kommt. Als Faustregel gilt, zwei Wochen zu warten, bis man Kinder nach draußen bringt, und sie dann täglich nur kurze Zeit spazierenzufahren.

Wenn Sie am Stadtrand oder auf dem Land leben, können Sie sich bei Ihrem ersten Ausgang ein paar Minuten Zeit nehmen, um dem Kind die Blumen und Bäume, den Himmel und die Erde zu zeigen. Gehen Sie dann wieder heim. Am nächsten Tag gehen Sie wieder zu derselben Stelle und schauen dieselben Bäume oder Blumen an. An den darauffolgenden Tagen kann man das Baby dann immer wieder ein bißchen mehr sehen lassen. Nehmen Sie die kleinen Hände und berühren Sie damit einen Zweig oder ein Blatt. Sprechen Sie mit ihm. Babys sind in diesem Alter sehr empfänglich für Eindrücke. Jetzt kann man mit wenig Aufwand sehr viel vermitteln.

Wenn Sie in der Stadt leben, können Sie demselben Muster folgen, aber Sie sollten die Zeit vorsichtig dosieren, da städtische Umgebungen kleine Kinder schnell überfordern. Ideal wäre für die ersten Ausflüge ein Park oder sogar ein Spielplatz in Ihrer Nähe.

Bereiten Sie sich darauf vor, schon früh individuelle Charaktereigenschaften zu erkennen

Temperamentsunterschiede scheinen sich schon bei der Geburt zu manifestieren. Die Gründe dafür lassen sich den Erbanlagen, der Umgebung oder der Ernährung zuschreiben – oder, aus spiritueller Sicht, dem Schicksal, Karma, Gottes Willen, oder wie auch immer man es nennen mag. Der eine Säugling kuschelt sich friedlich in die Arme der Mutter. Ein anderer zetert und strampelt, wenn er aufgenommen wird. Wieder ein anderer stört sich nicht einmal an dem Krach einer Dampfwalze.

Was bedeuten diese frühen Unterschiede? Eine an der Northwestern University über vierzehn Jahre an 141 Kindern durchgeführte Untersuchung kommt zu dem Ergebnis, solche Charakteristika seien Ausdruck des angeborenen Temperaments des Kindes, und jedes Neugeborene bringe Verhaltenstendenzen mit, die sich bis ins Erwachsenenleben erhielten. Der Arzt, der eine meiner Töchter einige Tage nach der Geburt untersuchte, meinte, sie bleibe ja sogar friedlich, wenn er sie zwicken oder pieksen müsse. »Vermutlich wird sie so bleiben. Wissen Sie, ruhige Babys bleiben meist ruhig. Laute übrigens auch.« Er dachte einen Augenblick nach und fügte dann hinzu: »Mein eigener Sohn hat vom ersten Tag an Terror gemacht. Inzwischen ist er sechsunddreißig und macht *immer noch* alle unglücklich.«

Die Psychologen A. Thomas, S. Chess und H. G. Birch weisen darauf hin, daß bestimmte Charaktereigenschaften angeboren zu sein scheinen. Auf dieser Grundlage haben sie die Theorie formuliert, daß die Neugeborenen sozusagen fix und fertig in drei unterschiedlichen Grundtypen ankommen: die »Leichten«, »die Schwierigen« und die, die langsam warm werden. Zum Beispiel:

Leichte Säuglinge sind entspannt, weinen wenig, lächeln häufig und passen sich problemlos ihrer Umgebung an. Oft bleiben sie die ganze Kindheit hindurch und bis in die Pubertät hinein so freundlich.

Schwierige Säuglinge können recht entnervend sein. Sie reagieren heftig auf neue Gesichter, ungewohnte Situationen, selbst auf die zärtlichen Töne der eigenen Eltern. Wenn sie älter werden, können sie mürrisch und stur sein, aber auch energiegeladen, intelligent und voller Neugier auf die Welt um sie herum.

Die Langsamen sind zurückgezogen, abwartend, sanft und vorsichtig mit ihren Reaktionen auf die Welt. Anders als die schwierigen Kinder mit den Wutanfällen zeigen sie ihre Gefühle nicht gern, und anders als die einfachen Kinder neigen sie zu Schmachterei und Sehnsüchten. Die Autoren haben festgestellt, daß dieser Typ im späteren Leben oft Probleme in Beziehungen zu anderen Menschen hat und sich mit Wettbewerbssituationen schwer tut.[15]

Interessanterweise korrespondieren diese drei Typen mit einem alten Klassifikationssystem, das die Hindus nicht nur zur Kategorisierung von Menschen, sondern auch von Nahrung, Wetter, Krankheiten und fast allem benutzen, was einem einfallen könnte. Der Hinduismus lehrt, daß im Universum drei elementare Kräfte wirken: *sattva*, *rajas* und *tamas*.

Sattva ist die Kraft der Sanftheit, des Gleichgewichts, der Ausgewogenheit und des Wohlwollens. Ihretwegen scheint die Sonne, werden Streitfälle beigelegt, behält die molekulare Struktur der Materie ihre Kohärenz. »Sattvische« Kinder sind demgemäß locker, extrovertiert und glücklich – ähnlich den Kindern der ersten Kategorie.

Rajas, die zweite Urkraft, ist die der Gewalt, der Autonomie, des Ego, der Hitze, der Wut und der Energie. Sie verursacht Stürme und Erdbeben, führt zu großen Gedanken und Kriegen, setzt alles Leben in Bewegung. »Rajasische« Kinder sind wild, intelligent, unkooperativ, weinen häufig und neigen gelegentlich zu Hyperaktivität – ähnlich den Kindern der zweiten Kategorie.

Tamas ist die Kraft der Unbeweglichkeit, der Kälte, der Ruhe und des Verfalls. Auf der kosmischen Ebene produziert sie die Stille, die Dunkelheit und die Entropie. Auf der menschlichen Ebene sind »tamasische« Kinder sanft, scheu, schwerfällig. Sie können faul und schwer motivierbar sein, aber auch zäh und entschlossen, wenn sie erst einmal loslegen.

Man könnte hier auch das »humorale« System des Mittelalters nennen, demzufolge Menschen als *sanguinisch* (leicht), *cholerisch* (schwierig oder aktiv) und *phlegmatisch* (langsam) charakterisiert wurden. Aber was auch immer die Parallelen zwischen diesen Nomenklaturen sein mögen, nenne ich diese Kategorien nur, um Eltern verstehen zu helfen, daß ihre Kinder mit vorgefertigten Neigungen auf die Welt kommen, die sich schon ganz am Anfang des Lebens, oft bereits in der Wiege, zeigen. Also lassen Sie sich darauf ein. Entwickeln Sie früh ein Gefühl dafür. Das ist es, womit Sie sich in den nächsten zehn oder zwölf Jahren auseinandersetzen müssen, wenn Sie den Charakter Ihres Kindes formen und polieren wollen.

Die Bedeutung des Bemutterns

Im ersten Lebensjahr hängt das physische und spirituelle Wachstum des Kindes im wesentlichen von der Mutter ab. In einer Studie, die über einen Zeitraum von sechs Monaten durchgeführt wurde, verzeichneten die Intelligenzmessungen bei Kindern, die aufmerksam bemuttert wurden, einen Zuwachs von fünf bis zwanzig Punkten. Eine andere Studie an Kindern im Alter zwischen zwölf und vierundzwanzig Monaten zeigt, daß qualitativ gutes mütterliches Verhalten zu einem höheren Spielniveau führte und die Fähigkeit verbesserte, mit anderen auszukommen.[16]

»Immer mehr Literatur legt jetzt nahe«, schreibt Alison Clarke-Stewart, »daß die Art und das Maß der Interaktion zwischen Mutter und Kind schon in den ersten Stunden nach der Geburt die spätere gegenseitige Verbundenheit beeinflußt ... Die kognitive Entwicklung scheint signifikant vom Verhalten der Mutter abhängig zu sein. Selbst in diesem frühen Alter (in den ersten sechs Monaten) steht die Stimulation durch die Mutter in direkter Beziehung zur allgemeinen Entwicklung des Kindes und zu dessen Intelligenzquotienten ... und zu spezifischen Aspekten der Wahrnehmungsfähigkeit und der kognitiven Entwicklung ... Im allgemeinen scheint die kognitive Entwicklung in Beziehung zu stimulierendem mütterlichem Verhalten zu stehen, wenn also die Mutter ihr Baby anschaut, mit ihm spricht und spielt.«[17]

In manchen religiösen Traditionen, besonders im Hinduismus und Taoismus, glaubt man, daß es zu der Nabelschnur, die Mutter und Kind verbindet, ein unsichtbares aus ätherischen oder »astralen« Substanzen gewirktes Gegenstück gibt. Anders als die physische Schnur wird das unsichtbare Band bei der Geburt nicht getrennt, sondern hält Mutter und Kind noch Monate und sogar Jahre danach verbunden. Von diesem Band glaubt man, es bleibe auch über große Entfernungen, selbst über Tausende von Kilometern hinweg intakt; doch zeigt sich eine Wirkung am besten, wenn Mutter und Kind beisammen sind.

Viele Menschen haben erlebt, wie Neugeborene krank oder erregt werden, wenn man sie von ihren Müttern trennt oder wie sie die Rückkehr der Mütter zu spüren scheinen: Bereits einige Minuten bevor die Mutter das Zimmer betritt, werden sie wieder heiter oder still. Eine meiner Töchter blieb im Alter von acht Monaten vier oder fünf Stunden mit einem Babysitter zu Hause, während meine Frau und ich auf eine Hochzeit gingen. Bei unserer Rückkehr hieß es, das Kind habe den größeren Teil des Nachmittags damit verbracht, nach einem Photo meiner Frau zu greifen, das neben dem Bett stand, und an ihrem Nachthemd zu riechen. Viele Menschen glauben, daß diese bindende Kraft mehr als nur psychisch ist. Es ist die unsichtbare spirituelle Energie, die zwischen Nährendem und Genährtem fließt und beide versorgt.

Wenn man diese Vorstellung betrachtet (und es macht keinen großen Unterschied, ob Sie das unsichtbare Band als tatsächliches Faktum oder als hilfreiche Metapher nehmen), verschenken Mütter, die wenige Monate nach der Geburt wieder in den Beruf zurückkehren, die große Chance, dem Kind die beste spirituelle Nahrung zu geben *und* selbst emotional von der Erfahrung zu profitieren. Oft läßt der finanzielle Druck natürlich keine andere Wahl, und dann muß man sich fügen. Wenn man aber frei entscheiden kann, lohnt es sich, daran zu denken, wie bedeutsam diese ersten Jahre in der Entwicklung des Kindes sind, wie kurz die berufsfreie Zeit ist, wenn man das ganze Leben als Maßstab nimmt, und wie sehr es beiden Seiten zugute kommt, wenn man diese Zeit ausschließlich dem Kind widmet.

Berühren ist Lehren

In diesem Abschnitt geht es um Hautkontakt. Babys genießen es ganz besonders, mit warmem Öl massiert oder beim Baden sanft eingeseift zu werden. Streicheln Sie den Hals Ihres Kindes, lassen Sie Ihre Handfläche den kleinen Rücken hinauf- und hinunter- gleiten. Nehmen Sie als Gleitmittel ein bißchen Kinderöl. Kon- zentrieren Sie sich beim Reiben und Streicheln darauf, Ihre Ener- gie in die Organe des Kindes fließen zu lassen.

Wissenschaftliche Studien haben gezeigt, daß Säuglinge, die häufig »geknuddelt« und liebevoll und »vernünftig« angespro- chen werden, gesünder und aufgeweckter sind als andere, die weniger oft berührt werden. Dr. Margaret Ribble zitiert eine Untersuchung bei Neugeborenen, die auf Grund einer Krankheit in ihrem häuslichen Umfeld einige Wochen nach der Geburt im Krankenhaus bleiben mußten und in dieser Zeit nur ein Minimum an zärtlicher Behandlung erfuhren. Obwohl die Babys von den Krankenschwestern gut versorgt wurden, litten überproportional viele bald unter Gewichtsverlust, Vergrößerungen von Kopf und Leber, Apathie und schwerem Energieverlust. Diese Symptome verschwanden, so Dr. Ribble, fast alle, sobald die Kinder mit nach Hause genommen wurden und liebevollen physischen Kontakt erlebten.[18]

Der bekannte Anthropologe Ashley Montagu weist in seinem außergewöhnlich gut dokumentierten Werk über die soziale und psychologische Bedeutung der menschlichen Berührung, *Körper- kontakt*, darauf hin, daß Hautkontakt zwischen Mutter und Kind nach der Geburt eine Vorbedingung für den glatten Verlauf der späteren Entwicklung ist:

»Die Mutter wird während der Schwangerschaft in jeder nur möglichen Weise darauf vorbereitet, die Verbindung zwischen dem Kind und sich zu erhalten, seine Bedürfnisse zu erfüllen, wie nur sie es kann. Nicht nur das Kind braucht sie, sie braucht ebensosehr das Kind. Die biologische Gemeinschaft, die Symbiose, die zwischen der Mutter und dem ungeborenen Kind während der Schwangerschaft besteht, hört bei der Geburt nicht auf. Nach der Geburt wird die gegenseitige Abhängigkeit sogar noch stärker als während der Entwicklung im Uterus – wie die Natur es auch ausdrücklich plant. Nach der Geburt kümmert sich die Mutter intensiver als je um das Wohlergehen des Kindes. Ihr ganzer Körper ist bereit, seine Bedürfnisse zu erfüllen, sie möchte es streicheln, zärtlich mit ihm sprechen und es nähren.«[19]

Laut Montagu belegt eine Zusammenfassung von acht klinischen Studien über die Auswirkungen von Berührungen in der Säuglingszeit, daß Kinder, die häufig von ihren Müttern liebkost werden, weniger weinen und mehr lächeln und kichern als die der Kontrollgruppen, die nur ein Minimum an taktiler Stimulation erhielten. Dieses Ergebnis deckt sich mit der Arbeit von Dr. Myron Hofer von der Abteilung für Psychiatrie am Albert Einstein College für Medizin in New York. Nach Hofer führt die Berührung durch die Mutter tatsächlich zu positiven physiologischen Veränderungen im Kind. Sie dient beispielsweise dazu, Erregbarkeit zu reduzieren und physiologische Funktionen wie Herzschlag und Stoffwechsel im richtigen Rhythmus zu halten. Dr. Hofer glaubt, eine frühe Trennung von der Mutter mit dem daraus resultierenden Mangel an taktiler Stimulation und, ebenso wichtig, dem Verlust der Muttermilch, sei das gleiche, wie dem Kind eine hochgradig wichtige genetische Information vorzuenthalten. Hofer stellt die These auf, es sei möglich, daß das zentrale Nervensystem des Kindes im frühen Entwicklungsstadium durch die Muttermilch darüber »informiert« wird, über wieviel Nährstoffe es verfügt und es den Herzschlag entsprechend reguliert.[20]
Montagu hält es weiter für möglich, daß der Mangel an physischem Kontakt zwischen Säugling und Eltern für viele der körperlichen Leiden und neurotischen Bedürfnisse verantwortlich sein könnte, die sich im Erwachsenenleben entwickeln. Das Fehlen liebevoller Kontakte könne sich später so äußern, daß es den Menschen buchstäblich »juckt«, geliebt zu werden – er entwickelt ein Ekzem. Und ist nicht vielleicht die immer häufiger auftretende Gewohnheit von Mann und Frau, in getrennten Betten zu schlafen, auf die abnehmende taktile Beziehung zwischen Mutter und

Kind zurückzuführen? »Man fragt sich, ob es möglich ist, daß der
Twist und ähnliche später aufgekommene Tänze mindestens teilweise einer Reaktion auf den Mangel an früher taktiler Anregung,
einer Entbehrung also, zuzuschreiben sind, der der Säugling in
der antiseptischen, entmenschlichten Welt unserer Entbindungs-
heime ausgesetzt ist.«[21]

Umgeben Sie Ihr Kind mit guten Gedanken

Auch wenn man die Kraft von Gedanken nicht auf einer Richter-
Skala messen kann, wissen doch viele Eltern instinktiv, daß die
Qualität ihrer Gedanken und Gefühle die Atmosphäre im Hause
beeinflußt und daß diese Atmosphäre wiederum ihrerseits auf die
Kinder wirkt und sie fröhlich, verdrießlich oder melancholisch
macht.

Ich kenne eine Mutter, die sich bewußt jeden Morgen und jeden
Abend jeweils zehn Minuten an die Wiege ihres Kindes setzt und
sich vorstellt, sie schicke aus ihrem Herzen eine Kugel aus Licht,
Wärme und Liebe in das ihres Kindes. Sie malt sich aus, daß die
Kugel das Kind umgibt, es einhüllt, und durchdringt. Sie visuali-
siert, daß das Kind dieses Licht in sich aufnimmt, es in Energie
und Entschlossenheit umwandelt, mit der Kugel spielt, sie den
Engeln zuwirft und wieder auffängt. Sie stellt sich vor, wie die
Kugel durch die Luft jagt und einen silbernen Schweif hinter sich
herzieht, der das ganze Zimmer füllt. Sie malt sich aus, das Kind
sei in himmlisches Licht gebadet, lache, kullere herum und lächle
vor Freude.

Hier sind drei Vorschläge von anderen Eltern zum selben
Thema:

1. Versuchen Sie, alle negativen oder lieblosen Gedanken zu vermeiden, wenn Sie in der Nähe eines ganz jungen Kindes sind.
   (Manche Eltern bemühen sich, nie in Gegenwart des Kindes zu
   streiten oder zu diskutieren.)
2. Bewahren Sie ein mentales Bild davon, daß das Kind gesund
   und stark wird, auch und besonders dann, wenn es Koliken hat
   oder krank ist.
3. Gewöhnen Sie sich an, still für das Wohlergehen des Kindes zu
   beten. (Manche Eltern bitten dabei, ihr Kind möge fromm und
   andächtig werden.)

Polly Berrien Berends schreibt in ihrem Buch über ganzheitliche Erziehung (*Whole Child/Whole Parent*): »Die wertvollsten Beiträge, die wir zur Entwicklung unserer Kinder leisten können, sind geistiger Art. Dadurch, daß wir immer wieder das ideale Selbst des Kindes, seine essentielle Vollkommenheit vor Augen haben, geben wir ihm die Freiheit, die wahre Freiheit zu suchen.«[22] Dem fügt Norbert Glas hinzu: »Es ist klar, daß ein Kind in einer Atmosphäre der richtigen Gedanken aufwachsen sollte. Wenn in seiner Umgebung eine Unwahrheit ausgesprochen wird, nimmt das Kind durch seine Möglichkeit, Gedanken zu spüren, schädliche Gedankenkräfte auf. Liebevolle Gedanken der Mutter werden das Kind vor Freude springen lassen. Sie sind für seine Seele so gesegnete Nahrung wie reine Milch für seinen Körper.«[23]

Den Säugling massieren

Säuglinge zu massieren ist zwar im Westen relativ neu, wird aber in Indien und dem Fernen Osten seit Menschengedenken praktiziert. Es geht darum, das Kind zu entspannen, zu reinigen, seine empfindliche Haut zu schützen, seine Organe zu stimulieren und ihm warme, pulsierende Gefühle von Liebe zu schicken. Sowohl Mutter wie Vater können sich an dieser genüßlichen, befriedigenden Sache beteiligen; man braucht keine Vorbildung. Nehmen Sie warmes Senf- oder Olivenöl und beginnen Sie, Schultern, Rücken und Brust des Babys damit einzureiben. Vollziehen Sie langsame, kreisende Bewegungen mit der Innenfläche der Hand und den Fingern. Wiederholen Sie jede Bewegung dreimal. Kneten Sie sanft die Arme und Beine – die Arme in sanften Bewegungen von den Fingern zu den Schultern, die Beine von den Oberschenkeln hinab zu den Zehen. Zum Schluß massieren Sie den Bauch mit festen, kreisförmigen Bewegungen. Mit ein wenig Übung werden Ihre Hände von selbst die beste Art entdecken.

Unterstützen Sie den Spieltrieb

Der Spieltrieb ist ein Impuls, den die meisten Kinder schon früh haben, manchmal bereits in den ersten Wochen, und er scheint ein ebenso hochentwickelter kindlicher Instinkt zu sein wie Hunger oder der Wunsch zu stehen. Fördern Sie ihn, selbst zu diesem frühen Zeitpunkt. Später wird das dem Erwachsenen helfen, die herausragendste aller Charaktereigenschaften zu entwickeln, nämlich ein Gefühl für Spaß und Freude.

Allgemein kann man sagen, daß Kinder unter zwölf Monaten kein kommerzielles Spielzeug aus dem Laden brauchen. In diesem Stadium bietet ihnen die Interaktion mit Eltern und Geschwistern bessere Unterhaltung: Hoppe, hoppe Reiter, Schaukeln, Versteckspiel. Als Spielzeug empfehlen sich jetzt einfache, ungefährliche Objekte aus der Schatzkiste der Natur: Blätter, Blumen, Schwämme, Flocken von Schafwolle. Diese sind weich und werden das Kind mit den Bausteinen der natürlichen Welt vertraut machen: Wasser, Feuer, Luft und Erde.

Wasser
Wasser entdecken die Kinder schon beim Baden und lernen es schnell zu schätzen. Planschen und Schöpfen sind wunderbare Unterhaltungen für die ersten Monate. Wenn die Kinder älter werden und allein sitzen können, kann man ihnen Holzschüsseln mit Wasser füllen und sie in einer geschützten Umgebung auf den Boden stellen. Dazu einen hölzernen Kochlöffel und eine Tasse, und das Kind wird sich über einen längeren Zeitraum damit amüsieren.

Feuer
Feuer ist zwar für keine Altersstufe das richtige Spielzeug, aber Eltern können ihre Kinder in den kälteren Monaten mit dieser elementaren Kraft vertraut machen, indem sie sich mit ihnen an den Kamin oder Ofen setzen und sie in die Flammen schauen lassen. Die meisten Säuglinge sind zunächst fasziniert, werden dann ruhig und schlafen schließlich ein. Probieren Sie es aus. Es ist kein Zufall, daß eine der grundlegenden Meditationen die auf eine brennende Kerze ist und daß diese Praxis seit Jahrhunderten als Mittel empfohlen wird, die Nerven zu beruhigen und den Geist zu zentrieren. Manche Eltern stellen ihren Kindern abends Kerzen ins Zimmer und lassen sie mit den warmen Schatten und hellen Strahlen einschlafen. Natürlich muß man in solchen Fällen *unbedingt Sicherheitsvorkehrungen treffen.*

Luft
Viele Säuglinge genießen es, wenn ihre Eltern ihnen auf die
Hände und die Füße blasen. Das bewirkt ein merkwürdiges Prik-
keln auf der Haut und bereitet Kinder auf die stürmischen Tage
vor, die ihnen noch bevorstehen. Ein wenig später machen Spielsachen wie Windräder, Drachen und Fächer Kinder mit den Geheimnissen des Windes vertraut. Ich kenne einen Vater, der an
windigen Tagen immer mit seiner Tochter spazierenging und sie
unterwegs fragte, ob sie verstünde, was ihr der Wind zu erzählen
versuche.

Erde
Eine andere Familie ließ ihre Tochter in den Sommermonaten
meist draußen in ihrem großen Garten. Als die Kleine noch nicht
sitzen konnte, bauten sie ihr mit Decken ein gemütliches Lager
auf der Erde, wo sie still liegen und in den Himmel hinaufschauen
konnte, während die Familie gärtnerte. Liegt das Kind gut geschützt »parterre«, können die subtilen Erdvibrationen in den
Körper des Kindes gelangen, während die Gerüche der Natur ihre
stillen Botschaften vermitteln. Wenn das Kind dann sitzen kann
und anfängt, mit Objekten umzugehen, werden Sand, Kürbisras-
seln und Tonstückchen es weiter an das Element Erde gewöhnen.

Babys mit neuen Menschen bekannt machen

Seien Sie zurückhaltend, wenn Fremde oder entfernte Bekannte
Ihr Baby auf den Arm nehmen wollen. In diesem frühen Alter sind
Kinder, so der Sufi-Meister Hazrat Inayat Khan, wie photographische Platten: Alle Eindrücke, die auf diese Platten fallen, bleiben auf ihnen verewigt. Inayat Khan wirkte in Indien viele Jahre
als spiritueller Lehrer und Verfechter einer stark vom Hinduismus
beeinflußten Form des Sufismus. Seine Schriften haben viel dazu
beigetragen, den Westen mit der Sufi-Lehre vertraut zu machen.
Seine Arbeit wird heute von seinem Sohn weitergeführt, Pir
Vilayat Khan.

Mit dem Buch *Erziehung* hat Inayat Khan einen der wenigen
wahren Klassiker zum Thema spirituelle Elternschaft geliefert.
Lesen Sie selbst!

Zur Frage der frühen Sozialisation des Kindes sagt uns Khan:

»Im Orient hat es abergläubische Vorstellungen gegeben, wonach sich eine unerwünschte Person dem Säugling nicht nähern durfte. Wenn die Eltern oder Verwandten merkten, daß ein bestimmter Mensch nicht in der Gegenwart des kleinen Kindes sein sollte, so wurde jener Mensch aus eben dem Grunde gemieden, weil der Säugling wie eine photographische Platte ist: Die Platte nimmt die erste Einwirkung auf, die auf sie fällt. Die Seele ist ›negativ‹, reagiert leicht und ist für jeden Einfluß empfänglich; und der erste Eindruck, der auf eine Seele fällt, schlägt Wurzeln in ihr . . .

Auf die gleiche Art und Weise ist eine photographische Platte zuerst negativ; wenn später eine bestimmte Lösung auf sie aufgetragen wird, wird sie positiv. Das ist der Vorgang, den die Seele in ihrer frühesten Kindheit durchläuft. Dann geht sie durch eine bestimmte Entwicklung. Alles das, was sie von den höheren Sphären und von ihrer Familie mitgebracht hat, wird entwickelt, wird positiv und fest, es wird – mit anderen Worten – verdichtet; denn in dieser Zeit wird der Geist geformt, zu jenem Zeitpunkt wird der Geist positiv.«[24]

Die Bedeutung von Rhythmus

Nach der hinduistischen Lehre ist alle phänomenale Existenz ein göttlicher Tanz und Gott selbst der galaktische Choreograph, der mit seiner eigenen ursprünglichen rhythmischen Energie über endlose Zeitzyklen Welten über Welten erschafft und zerstört. »Der Kosmos ist sein Theater«, schreibt Ananda Coomaraswamy; »zu seinem Repertoire gehören viele verschiedene Schritte, er selbst ist Schauspieler und Publikum.« Säuglinge sind ein besonders empfindsamer Teil dieser rhythmischen Bewegung und reagieren daher leicht auf Kadenzen, auf Taktschläge, Klatschen und Bewegungen, auf Rasseln und gedämpfte Töne.

Wenn Kinder beispielsweise vor Hunger oder Schmerz weinen, kann rhythmisches Schaukeln sie beruhigen. Kinder zu wiegen sei überall dort üblich, wo die natürlichen Instinkte der Menschen noch nicht von der Zivilisation überdeckt sind, schreibt Wilhelm zur Linden. Die Frage, ob man das Kind damit verwöhne, erübrigt sich, denn ein paar Minuten Schaukeln reichen bereits aus, um es einschlafen zu lassen. Das richtige Tempo findet man mit Hilfe eines Wiegenliedes. Das sanfte Hin und Her ähnele, so zur Linden, dem Ein- und Ausatmen. Der sich wiederholende leichte Ruck zwischen den einzelnen Bewegungen trägt dazu bei, das Bewußtsein vom Nervensystem abzukoppeln und schickt das Baby in den Schlaf.[25]

Inayat Khan meint, Eltern könnten die innere Geschwindigkeit eines weinenden Säuglings verlangsamen und mit ihrer eigenen in Übereinstimmung bringen, wenn sie seine Aufmerksamkeit auf das Klappern einer Rassel oder Händeklatschen lenken. »Wie aufgeregt das Kind auch immer sein mag – lassen wir durch das Hervorbringen eines Geräusches einen bestimmten Rhythmus entstehen und verlangsamen diesen dann allmählich. Wenn beispielsweise eine Rassel oder etwas anderes zuerst im Rhythmus des Kindes und dann allmählich in einem anderen Rhythmus bewegt wird, so wird das Kind auf natürliche Weise zu jenem Rhythmus gelangen. Seine Erregung wird nachlassen. Die gesamte Gemütsverfassung des Säuglings, der Kreislauf, die Bewegungen, die Mimik – alles wird sich zu einem normalen Rhythmus hin verändern.«[26]

Weitere rhythmische Töne, auf die Kinder gut reagieren:

- Sanft eine Trommel oder ein Tamburin schlagen
- Mit den Fingern oder Füßen trommeln
- Sanfte, sich wiederholende Melodien singen
- Metrisch einfach Gedichte aufsagen. Manche Eltern lesen ihren weinenden Kindern auch aus Heiligen Schriften vor: Konfuzius, Bibel, Koran, Bhagavad – Gita oder dem buddhistischen Kanon.

Und bedenken Sie schließlich . . .

Alles in allem sind die wichtigsten spirituellen Botschaften, die Sie Kindern im ersten Lebensjahr vermitteln können, die, daß sie den Menschen um sie herum vertrauen können; daß ihre Umgebung sicher und wohltuend ist; daß ihre Eltern, besonders ihre Mutter, nahe und aufmerksam sind; und daß sie innig geliebt werden. Khan schreibt:»Sehr häufig geschieht es jedoch, daß die Eltern an Erziehung im Säuglingsalter überhaupt nicht denken. Sie glauben, das sei das Alter, in dem das Kind eine Puppe, ein Spielzeug ist, womit jedermann umgehen und spielen kann. Sie denken nicht daran, daß es sich um den wichtigsten Augenblick im Leben der Seele handelt und daß jene Gelegenheit zur Entwicklung für eine Seele niemals wiederkommen wird.«[27]

Drittes Kapitel

So geht's bei Kleinkindern

Wenn Kinder ins Laufalter kommen, sind sie reif genug, erste spirituelle Grundsätze zu lernen, und zwar vor allem den, daß wir in einer Welt beständiger Gegensätze leben – heiß und kalt, stark und schwach, ja und nein – und daß der beste aller Pfade durch dieses Labyrinth der mittlere Weg ist, die goldene Mitte zwischen den Extremen.

Um diese profunde Lektion zu lehren, kann man sich vieler unterschiedlicher Methoden bedienen, aber die beste ist zweifellos die, sich der Körperbewegungen des Kindes zu bedienen. Wieso? Weil Kleinkinder Informationen über die Welt hauptsächlich über ihre fünf Sinne aufnehmen. Sie beobachten ihre Umgebung sehr genau, das stimmt. Aber sie tun es mit den Fingern und der Zunge, mit der Haut, den Ohren und den Ellbogen. Der Schweizer Psychologe Jean Piaget bezeichnet dieses Stadium als die sensomotorische Periode, eine Zeit, in der die erste Bildung eher über ertastete und erfühlte Eindrücke läuft als über den Intellekt.

Ich war einmal mit einem Kleinkind auf einem großen Spielplatz in New York. Dort fielen mir eine Mutter und ihr kleiner Sohn auf, die etwas spielten, was ich zunächst merkwürdig fand. Die Frau hatte ein schmales, fast zwei Meter langes Brett vor ihrem Kind auf den Boden gelegt. An dem einen Ende des Brettes waren zwei kleine Füße ausgesägt, am anderen war ein Kuscheltiger mit ausgebreiteten Armen befestigt. Genau in der Mitte war eine dünne Linie aufgemalt, die die beiden Enden miteinander verband. Die Frau bediente sich dieser Erfindung offensichtlich, um ihrem Kind zu helfen, eine gerade Linie zu laufen. Die Idee schien weit hergeholt und recht konstruiert, aber je länger ich zuschaute, desto mehr Sinn machte das Ganze. Ich sah, wie die Mutter ihren Sohn an der Hand nahm und ihn die Mittellinie entlangführte. Geduldig lenkte sie seine Schritte, während er von einer Seite auf die andere wackelte und sich an der Linie orientierte, um das Gleichgewicht zu halten. Dabei machte seine Mutter ihn auf den lächelnden Tiger aufmerksam, der geduldig mit ausgestreckten Pfoten auf seinem Ende des Brettes wartete. Das Kind schien sich bei all dem köstlich zu amüsieren, und ich hätte schwören können, daß es schon nach wenigen Minuten mit größerem Selbstvertrauen lief.

Machen Sie das Laufen zu einer spirituellen Übung

Wenn man Kleinkinder bei ihren ersten Schritten dabei unterstützt, ein Gefühl von physischer und mentaler Balance zu spüren, wird dieses Gleichgewicht sowohl in ihrer Psyche wie auch in ihrem Körper Wurzeln schlagen und sich später (hoffentlich) in solchen Eigenschaften wie Haltung, Grazie und Selbstvertrauen zeigen. Wieso? Weil die psychischen Erfahrungen, die Kinder machen, wenn sie noch ganz klein sind, in der Form von Symbolen und Empfindungen assimiliert werden. Diese Symbole werden ihrerseits in »Muskelgefühl« und psychische Verhaltensweisen transformiert. Noch einmal Dr. Norbert Glas: »Man vermag (durch das Gleichgewicht) innerlich zur Ruhe zu kommen, um sich als Geist zu fühlen, wie Steiner es ausdrückt ... Wenn man der Individualität des Kindes nicht genügend Zeit vergönnt, um aus eigener Kraft die Aufrechtheit und das Gleichgewicht zu erringen, wird ihr etwas von der Möglichkeit genommen, sich als Erwachsener, innerlich ruheerfüllt, als selbständiger Geist zu erfühlen.«[1]

Wenn die frühe Erfahrung des Laufens für Kinder freudvoll ist, kann die Erinnerung daran, den magischen Punkt des Gleichgewichts gefunden zu haben (wieder hoffentlich), später bei der Suche nach der eigenen *spirituellen Mitte* als Hilfe dienen.

Wäre es eine Übertreibung zu sagen, daß viele solcher Metaphern im stillen unser Leben leiten? Jedenfalls haben zahlreiche Kenner auf dem Gebiet der Spiritualität diese Sichtweise vertreten. Hazrat Inayat Khan: »Der Augenblick, in dem der Säugling aufsteht und läuft, ist ein Augenblick, der ebenfalls mit größtem Interesse und mit Sorgfalt beachtet werden muß. Das ist der Zeitpunkt, wenn sich die Kräfte verkörpern ... In der Handlung, die ein Kind ausführt, gibt es nun eine Symbolik. Wenn das Kind schnurstracks auf etwas zugeht, so zeigt das die Geradlinigkeit seines Wesens. Ist das Kind unsicher, dann zeigt das einen Mangel an Willensstärke ... Wenn das Kind läuft und eine bestimmte Stelle erreicht, so ist es impulsiv und wagemutig; wenn es erwachsen ist, wird es sich voll in etwas hineinstürzen. Nimmt ein Säugling aber, so bald er zu laufen beginnt, einen angemessenen Rhythmus an und erreicht eine gewünschte Stelle, so ist jenes Kind sehr vielversprechend. Vom Säuglingsalter an zeigt es durch den Rhythmus seines Gehens Zielgerichtetheit und Ausgeglichenheit.«[2]

Eltern können auf ihre Art zu dieser Ausgewogenheit beitragen, indem sie den Laufversuchen ihrer Kinder mit dem genau richtigen Maß an Besorgtheit und Unbekümmertheit begegnen. Ich war dabei, als Johanna, die zwölf Monate alte Tochter von Freunden, sich außerordentliche Mühe gab, auf die Füße zu kommen. Ihre Eltern waren Mitglieder einer Meditationsgruppe, zu der auch ich gehörte, und sie glaubten fest daran, daß ihr Kind diese Aufgabe allein bewältigen müsse. Sie kamen zwar oft in Versuchung, sich einzumischen, hielten sich aber zurück und stützten sie weder, noch stellten sie sie auf die Füße. »Wenn sie anfängt das Gesetz zu lernen, daß es sich *lohnt*, sich anzustrengen«, meinte Johannas Mutter, »dann ist sie schon auf dem richtigen Weg.«

Zugleich achteten Johannas Eltern aber darauf, die Fortschritte ihrer Tochter mit inspirierenden Worten und Bildern zu ermutigen: »Ja, ja, so ist es richtig«, hörte ich sie eines Nachmittags im August sagen, als Johanna ihre ersten Schritte tat. »Du bist jetzt so gerade wie ein Baum. Ja, so – nun bist du ganz groß und reichst bis zum Himmel. Immer höher und höher, bis du den Himmel anfassen kannst. Du bist ein tolles Mädchen! Du wirst bald über die Sterne laufen! Was für ein riesengroßer Schritt! Was für einen riesengroßen Schritt zum Licht du machst!«

Ich habe später mit Johannas Eltern über ihre Erziehungsmethoden gesprochen. Zwar konnte Johanna nicht alles verstehen, was ihre Eltern ihr sagten, aber die beiden waren sich einig, daß sie einige grundlegende Worte erkennen konnte: *halt, geh, gut*. Wichtiger war, daß Johanna den Tonfall der Eltern intuitiv übersetzen konnte und dieser ihr bei ihrem Schwanken und Wackeln auf dem Weg zum Erfolg als wesentliche Stütze diente. Eine weitere Erziehungsmaßnahme dieser Eltern war, Johannas Handlungen verbal für sie zu veranschaulichen. Sie waren davon überzeugt, daß dies ihrer Tochter zugleich das Gefühl gab, aus eigener Kraft Erfolg zu haben, und die Gewißheit, daß die Aufmerksamkeit der Eltern immer ausschließlich ihr galt: »Platsch, da bist du hingefallen, Johanna! Bums! Versuch's noch mal. Jetzt stehst du wieder auf. So ist es richtig. Johanna steht auf. So ein großes, gerades Mädchen.«

Machen Sie Ihrem Kind bei seinen ersten Schritten dadurch Mut, daß Sie sich hinknien, die Arme weit öffnen und es ermuntern, auf Sie zuzulaufen. So können Sie das Kind auffangen, wenn es fällt, *oder* am Ziel sein, um es zu umarmen, wenn es den Weg geschafft hat. Das Ergebnis ist in beiden Fällen eine emotionale Belohnung.

Eine andere Technik, die von Inayat Khan empfohlen wird, ist die, Kleinkinder zu ermutigen, mit den ersten Schritten etwas spirituell Kostbares zu erreichen. Das können die Eltern selbst, das kann aber auch ein Objekt religiöser Bedeutung sein. In Thailand werden die Babys beispielsweise ermuntert, mit ihren ersten Schritten auf eine Buddhastatue zuzulaufen. Wenn das Kind willig darauf eingeht, feiert die Familie dies als gutes Omen und Hinweis darauf, daß Buddha dem Kind seine Gunst schenkt. Sie können natürlich jeden inspirierenden Gegenstand nehmen, der Ihnen richtig erscheint: ein Bild Ihres spirituellen Lehrers, ein heiliges Buch, ein Meditationsdiagramm – was auch immer. Auf diese Weise übermitteln Sie dem Kleinkind eine klare Botschaft und einen Ansporn: Wohin auch immer du im Leben laufen wirst, du wirst zum Licht gelangen.

Als Eltern werden Sie erkennen, daß Ihr Kind oft und zuweilen auch geräuschvoll zu Boden gehen wird und daß das Probieren samt harmloser Stürze noch immer der beste Lehrmeister ist. Es ist erstaunlich, wie unverzagt Kinder auch nach dem hundertsten Anlauf noch sind.

Bieten Sie Ihrem Kind sofort und vorbehaltlos Hilfe an, wenn es beim Laufenlernen in besonders ängstlicher oder bedürftiger Weise nach Ihnen greift. Es geht darum, die Erfahrung des Laufens soweit wie möglich von Konflikten freizuhalten. Necken Sie Ihr Kind nie in diesen Momenten. Ich kenne einen Vater, der sein Töchterchen durch das ganze Zimmer laufen ließ, indem er sich ihm in den Weg stellte, es ermunterte, für eine Umarmung auf ihn zuzulaufen, und dann, gerade als die Kleine sich in seine Arme werfen wollte, ein paar Schritte zurückging, um sie wieder mit Versprechungen weiterzulocken. Machen Sie so etwas nie mit

Ihrem Kind. Diese falschen Versprechungen können das Vertrauen untergraben. Symbolisch sagen sie dem Kind, daß man Vater und Mutter nicht glauben kann, daß die Sicherheit, die sie bieten, an Bedingungen geknüpft ist, daß es keine echte Sicherheit ist. Daher bietet Gott – so die implizite Botschaft – auch keine Sicherheit: Ich werde mein Leben in Angst und Mißtrauen verbringen.

Lernspiele für Kleinkinder (Alter 1 bis 4 Jahre)

Es gibt viele Möglichkeiten, Kleinkindern spirituelle Informationen zu vermitteln. Eine der besten ist das Spiel. Kindertherapeuten wissen, daß Kinder im Spiel ihre tiefsten Anliegen zum Ausdruck bringen. Wenn sie entspannt sind und Spaß haben, sind sie besonders empfänglich für jede Form von Lernen. Sie werden wahrscheinlich selbst bestimmte spirituelle Spiele entwickeln wollen, die genau auf die Persönlichkeit Ihres Kindes abgestimmt sind, aber hier sind ein paar Vorschläge für den Anfang:

Spielzeug für Kleinkinder sollte einfach sein

Die Engländer bezeichnen Kleinkinder als »Flitzer-Babys«, und das aus gutem Grund. Kinder in diesem Alter sind die geborenen Entdecker, Experimentierer, Flitzer und Meister im Umstoßen und Runterzerren. Sichern Sie Ihre Wohnung entsprechend, aber lassen Sie auch interessante (und harmlose) Sachen herumliegen, die das Kind berühren, untersuchen, fallenlassen und liebkosen kann. Spielsachen sind, wie ein Kinderpsychologe meinte, »die Lehrbücher der Kleinkindzeit«. Richtige Spielsachen für dieses Alter sind unter anderem:

- Weiche oder hohle Bausteine
- Wachsmalkreiden, Farbstifte, Wasserfarben, Fingerfarben, Knetmasse (Nichts mit Klebstoff; dafür ist es noch zu früh.)
- Stoffmuster
- Handgemachte Puppen und Stofftiere
- Kletter- und Schaukelgerüste
- Hölzerne Küchengeräte: Kochlöffel, Holzschüsseln, Becher
- Spielzeug zum Hämmern
- Natürliche Substanzen wie Sand, Wasser, Ton

- Sachen aus Holz zum Hinterherziehen (mit gut abgerundeten Ecken)
- Einfache Musikinstrumente wie Rumbarasseln, kleine Xylophone, Blechtrommeln, Tamburine, Triangel, Pfeifen, einfache Flöten, Metalltöpfe, die als Becken oder Trommeln dienen können.

Sorgen Sie in diesem Alter für schlichtes und »natürliches« Spielzeug. Die Anschaffung von kommerziellen Artikeln ist nicht notwendig. Kleinkinder finden praktisch alles, was man ihnen gibt, unterhaltsam. In jedem Montessori-Klassenzimmer wird man sogar ein paar größere Kinder finden, die immer noch sehr zufrieden mit Stoffresten, Geschirr aus Nußschalen, Holzklötzen und einfachen Haushaltsgegenständen wie Rührbesen oder Kaffeekannen spielen.

Sie können das Spielzeug für Ihr Kind sogar selbst herstellen, und das bringt mehrere Vorteile mit sich. Erstens wird es Ihrem Portemonnaie zugute kommen. Zweitens wird es Ihnen Spaß machen und Ihre Kreativität fördern und zugleich von besonderer Bedeutung für Ihr Kind sein (viele Erwachsene besitzen noch eine von den Eltern gebastelte Puppe, ein Boot oder eine Ziehente, wenn das gekaufte Spielzeug längst vergessen ist). Drittens können Sie Ihrem Kind ein Spielzeug »nach Maß« anfertigen.

Wenn Sie Spielzeug selbst herstellen, sollten Sie daran denken, daß es nicht nur der Unterhaltung, sondern auch spirituellen Zwecken dienen kann. Ein Vater und eine Mutter aus meinem Bekanntenkreis nehmen an den Treffen einer Sufi-Gruppe in New York teil und versuchen, ihr Kind unter dem Einfluß moslemischer Ideale großzuziehen. Sie besorgten sich die Photographie eines wirbelnden Derwischs und kopierten seine anmutige Bewegung mit den ausgebreiteten Armen, der hohen Mütze und dem fließenden Gewand auf eine zwei Zentimeter dicke Holzplatte. Dann schnitten sie die Figur mit einer Säge aus, bohrten ein drei Zentimeter tiefes Loch unten in die Figur und steckten einen Zapfen so hinein, daß er noch etwa einen Zentimeter herausragte. Nachdem sie den Derwisch mit leuchtenden Farben bemalt und mit islamischen Mustern dekoriert hatten, befestigten sie ihn, mit dem Zapfen nach unten, auf einer runden hölzernen Halterung, in deren Mitte sie ein Loch gebohrt hatten. Als sie fertig war, konnte sich die Figur auf dem Zapfen um die eigene Achse drehen, immer im Kreis herum wie die wirbelnden tanzenden Derwische in der Türkei. Der zweieinhalbjährige Sohn meiner Bekannten spielt stundenlang damit und hat ihm sogar einen Namen gegeben: »Drehkopf«.

In anderen Ländern sieht man Kinder oft mit Dingen spielen, die eine religiöse Bedeutung besitzen. In Indien gibt es ein weit verbreitetes Spielzeug zum Hinterherziehen in der Form eines Wagens, dessen Zügel der Gott Krishna als Kind hält. Kinder auf den Philippinen spielen mit Krippenfiguren Puppenhaus. In den buddhistischen Ländern Indochinas ist das erste Spielzeug eine kleine Buddha-Figur aus Ton. Bei den Pueblo-Indianern im Südwesten der USA erhalten alle Kinder, Jungen wie Mädchen, zur Geburt eine Katchina-Puppe, von der man glaubt, sie sei den Gottheiten und Geistern nachgebildet, die in den umliegenden Bergen leben. Von den Kindern wird erwartet, daß sie diese Puppe ein Leben lang behalten und eine besondere Beziehung zu dem ihr innewohnenden Geist herstellen. Eltern, die keiner bestimmten Religion angehören, aber dennoch wollen, daß ihr Kind ein Gefühl für heilige Objekte entwickelt, können Holzfiguren mit universalen Symbolen dekorieren: Kreuzen, quadrierten Kreisen, Medizinrädern, sechszackigen Sternen, Arabesken. Man kann auch aus Holz oder Papier Figuren von mythologischen Gestalten wie Göttern und Göttinnen herstellen. Eine Familie, die den Lehren Gurdjieffs folgte, gab ihrem Kind ein Stofftier, das Gurdjieffs Geheimzeichen, ein Enneagramm, auf den Bauch gestickt hatte. Eine andere Familie, die einer Tai-Chi-Schule angehörte, verfertigte für ihr Kind ein Holzpuzzle in Form des Yin-Yang-Symbols.

Führen Sie das Konzept von Ja und Nein ein

In diesen Jahren müssen die Kinder den Unterschied zwischen Ja und Nein lernen. Eine interessante Art, dieses Konzept einzuführen, besteht darin, es in der Vorstellung des Kindes mit einem visuellen Gleichnis zu konkretisieren. Dazu kann man ein Spielzeug oder etwas Ähnliches benutzen.

Etwa so: Ihr Kind verfügt vermutlich über eines der Lieblingsspielzeuge für dieses Alter, eine kleine Werkbank. Man muß für jedes Klötzchen das richtige Loch finden und dann das Klötzchen mit einem Holzhammer durchschlagen. Die Kinder hämmern lustig drauf los. Wenn sie versuchen, ein rundes Klötzchen in ein viereckiges Loch zu stecken, schütteln Sie den Kopf und sagen »*Neieiein!*« Wenn ein Blöckchen und ein Loch zusammenpassen und das Kind stolz draufhaut, reagieren Sie mit einem lauten, fröhlichen »*Ja!*«. Diese Kommentare können sie sogar mit einem urteilenden Ton unterlegen: Das Nein kann ernsthaft, das Ja fröhlich sein.

Der Ja- oder der Nein-Ton der Stimme kann dann von dem Spielzeug auf andere reale Situationen übertragen werden, besonders auf das Verhalten des Kleinkindes. Von nun an wird dieser kleine Mensch ein konkretes Bild davon haben, was *Ja* und *Nein* wirklich bedeuten. *Ja* paßt. *Nein* bleibt stecken.

Halten Sie die Lektionen einfach

Gehen Sie nicht davon aus, daß Kleinkinder von ein oder zwei Jahren in der Lage seien, beim Spielen komplexe ethische Prinzipien zu verstehen. Wenn sie den Hund am Schwanz ziehen, lohnt es nicht, in philosophische Erklärungen über Grausamkeit gegenüber Tieren einzusteigen, zu erklären, wie das Waldi weh tut und wie wir immer versuchen sollten, Gottes Geschöpfe gut zu behandeln. Das wird zu einem späteren Zeitpunkt angebracht sein; noch sind die Kinder zu jung, um den Schmerz eines anderen Wesens zu begreifen. Bringen Sie statt dessen das, was Sie kommunizieren wollen, in einem klaren Imperativ rüber, der die Dinge beim Namen nennt: »Schatz, das tut dem Hund weh. Bitte tu das nicht wieder.« Sagen Sie ganz direkt, daß diese Handlung Schmerzen verursacht und daß sie nicht wiederholt werden soll. Punktum.

Betonen Sie das Konstruktive

Unterstreichen Sie die kreative Seite von Kinderspielen und legen Sie keine Betonung auf die destruktiven. Vor kurzem habe ich einigen Kindern zugeschaut, die sich in einem Kindergarten mit verschiedenen Spielen vergnügten. Die Betreuerin war eine sensible Frau, die mir sagte, sie versuche, den Kindern sowohl mit ihrer Anwesenheit und ihrer Körpersprache wie durch ihre Worte positive spirituelle Botschaften zu übermitteln.

Besonders auffällig war die Art, wie diese Kindergärtnerin die Kinder mit den Bauklötzen spielen ließ. Sie begann damit, daß sie sie ermutigte zu bauen, wozu sie auch immer Lust hatten. Dabei lobte sie fröhlich die Plazierung der Klötze, die Wahl der Farben, die Versuche, die Blöcke aufeinanderzusetzen und so fort. Als die

Kinder dann schließlich das gebaute Haus kaputtschlugen, was mit den unvermeidlichen Freuderufen einherging, lächelte sie nur kühl. Auf die Begeisterung der Kinder ließ sie sich nicht ein. Genaugenommen sagte sie gar nichts, sondern schaute den Kindern einfach still zu. Dabei stand ihre Passivität in deutlichem Kontrast zu ihrem vorherigen Enthusiasmus. So übermittelte sie ihren Zöglingen auf sanfte und subtile Weise eine wichtige Botschaft: Aufbauen ist besser als Niederreißen.

Nehmen Sie an den Spielen Ihres Kindes teil

Mit einfachen interaktiven Spielen wie »Kuchenbacken« lernen Kinder als erstes, ihren Eltern und der Welt etwas zurückzugeben. Jedes Spiel, das diese Botschaft verstärkt, ist hervorragend. Versuchen Sie einmal, verschiedene bunte Sachen vor Ihrem Kind aufzubauen – Muscheln, Blumen oder farbiges Papier –, und lassen Sie es ein oder zwei davon aussuchen. Strecken Sie dann die Hand aus und bitten Sie das Kind, Ihnen das gewählte Objekt zu geben. Bedanken Sie sich herzlich, und wiederholen Sie das Spiel. Uralte Kinderverse wie »Das ist der Daumen, der schüttelt die Pflaumen« erheitern auch heutige Kinder maßlos. Es lohnt einen Versuch, die Geschichte etwas anders zu erzählen. Statt daß der Kleine die ganze Ernte allein verputzt, kann er sie auch mit seinen »Brüdern und Schwestern« an der anderen Hand teilen.

Die dunkle Seite

Eine andere Lektion ist in dem einfachen Spiel »Guck, guck, wo bin ich?« enthalten. Eben war das lachende Gesicht von Vater oder Mutter noch da, nun ist es fort. Verschwinden: Das Leben ist Gewinn, das Leben ist Verlust. Ohne die Sache überzustrapazieren kann man dieses Spiel sogar als eine Art Vorübung für den Umgang mit dem Tod ansehen. Dieser lustige kleine Zeitvertreib birgt eine ernste Wahrheit in sich: Alles vergeht. Die Lektion wird nicht gesprochen oder erklärt. Das Bewußtsein des Kindes wird die Botschaft auf seine eigene Weise und in der für ihn richtigen Geschwindigkeit empfangen. Zu den mehr spirituellen Spielen gehören:

Lassen Sie Kinder einfache Objekte auf einem Bild identifizieren. Die Bilder können Sie nach ihrem religiösen oder spirituellen Gehalt auswählen.

Zeigen Sie Kindern ein einfaches, inspirierendes Bild, auf dem ein oder zwei entscheidende Teile fehlen. Lassen Sie die Kinder sagen, was fehlt (dies Spiel funktioniert am besten mit Kindern im Alter zwischen Ende zwei und Anfang drei).

Singen Sie zusammen ein Lied. Lieder können einfach und inspirierend sein. Bleiben Sie beim Singen im Viervierteltakt – es heißt, Kinder könnten die Worte eines Liedes in diesem Takt am besten lernen.

Ermuntern Sie die Kinder zu tanzen. Machen Sie sie mit einem breiten Angebot an Musik bekannt: indischer Sitar-Musik, Volkstänzen aus Osteuropa, chinesischer Laute, marokkanischen Derwischliedern, irischen Jigs, Zen-Gesängen, dem indonesischen Gamelan.

Montessori-Spiele

Sehr interessant sind für spirituell orientierte Eltern auch die Spiele und Aktivitäten, die Maria Montessori für Kleinkinder entwickelt hat. Sie war die erste Frau, die in Italien ein Medizinstudium abschloß, und wurde eine Pionierin auf dem Gebiet der Arbeit mit geistig behinderten Kindern. Ihre Orientierung war entschieden spirituell, was man in ihren privaten Aufzeichnungen nachlesen kann. Außerdem war sie jedoch eine ausgesprochen praktische Pädagogin, die eine ganze Anzahl einfacher, auf den Punkt gebrachter Techniken entwickelte, die darauf abzielen, bei einem jungen Kind ein spontanes Interesse am Lernen zu erwekken. Mehrere Aktivitäten aus dem reichen Montessori-Reservoir werden sich darin hilfreich erweisen, die Sinneswahrnehmungen des Kleinkindes zu schärfen und seine Welt zu erweitern:

Spiel zur Entwicklung des Tastgefühls. Stellen Sie eine Reihe Flaschen oder Gläser auf, die jeweils mit heißer, lauwarmer, kühler und eiskalter Flüssigkeit gefüllt sind. Lassen Sie die Kinder die Behältnisse anfassen. Erklären Sie ihnen, daß dieses warm und jenes eiskalt ist. Dann sollen die Kinder selbst die verschiedenen Temperaturen definieren.

Spiel zur Farbwahrnehmung. Nehmen Sie eine Handvoll bunte Knöpfe – blaue, grüne, schwarze, braune oder rote. Sortieren Sie sie nun in verschiedene Schüsselchen und sagen Sie jeweils, welche Farbe Sie gerade in der Hand halten. Nun lassen Sie die Kinder das selber machen. Sobald sie es schaffen, die Farben richtig zu gruppieren, können Sie die Farbpalette erweitern.

Spiel zur Erweiterung des Tastgefühls. Legen Sie Stoffreste mit unterschiedlicher Textilstruktur in einen Korb. Lassen Sie das Kind durch Tasten die Stoffe heraussuchen, die etwa die gleiche Struktur haben. Und dann das Ganze noch einmal mit verbundenen Augen.

Spiel zur Entwicklung der Koordination und der visuellen Wahrnehmung von Dimensionen. Nehmen Sie sieben oder acht bunte Bausteine in abgestuften Größen. Bauen Sie sie auf dem Boden oder auf einem Tisch wie einen Turm auf, den größten zuunterst, dann abgestuft bis zum kleinsten ganz oben. Zählen Sie die Bausteine und benennen Sie die Farben, dann darf das Kind den Turm umwerfen. Zeigen Sie ihm, wie die leichten Bausteine fallen, die schweren stehenbleiben. Lassen sie es den gleichen Turm selber bauen.

Um Muskelkoordination zu lehren und Kinder mit Hausarbeiten vertraut zu machen. Besorgen Sie sich einiges Gerät zum Abwaschen: Spülmittel, Handtuch, Schürze, Schwamm, Bürste und so weiter. Ziehen Sie die Schürze an, lassen Sie das Wasser ein, tun Sie die Seife dazu und waschen Sie mit Schwamm und Bürste einige Teller ab. Lassen Sie dann das Wasser wieder ab, drücken Sie den Schwamm aus, trocknen Sie die Teller. Bieten Sie nun dem Kind an, dasselbe zu tun. Wenn die Aufgabe erledigt ist, ermuntern Sie das Kind, all die Gerätschaften wieder an ihren Platz zu räumen.

Um Kontrolle über die Finger zu entwickeln. Nehmen Sie eine Stoffserviette und legen Sie sie auf den Tisch. Falten Sie sie mehrmals zu unterschiedlichen Formen. Dann lassen Sie das Kind falten. Dabei benennen Sie jede Form: Quadrat, Viereck, Trapez, Dreieck.[3]

Viertes Kapitel

Spielregeln für ältere Kinder

Die innere Erziehung des Kindes beginnt erst richtig, wenn es zu sprechen gelernt hat. Es gibt nun schier unzählbare Möglichkeiten für spirituelles Wachstum, und man wird eine Familienstrategie brauchen, die sowohl eine Theorie wie eine praktische Handlungsanleitung für die Aufsicht über die täglichen Aktivitäten des Kindes umfaßt.

Wenn auch der Aufbau eines spirituellen Erziehungsplans für ältere Kinder (zwischen fünf und zehn Jahren) vom Charakter des Kindes und der Vision der Eltern abhängt, sind die folgenden Grundsätze doch mehr oder weniger universell anwendbar. Sie können, mit entsprechenden Abwandlungen als Basis für praktisch jedes langfristige spirituelle Programm seitens der Eltern dienen:

1. Kinder lernen am besten, wenn sie Spaß haben
Erziehung durch Strafen ist in jedem Zusammenhang (und übrigens in jedem Alter) eine außergewöhnlich ineffiziente Art zu lehren. Rudolf Dreikurs hat bereits vor einigen Jahrzehnten betont, was heute wenige Psychologen bestreiten würden: »Angst scheint im vegetativen Nervensystem Schutzmechanismen auszulösen, so daß über einen längeren Zeitraum weder der Verdauungstrakt noch die Durchblutung noch die Psyche effektiv arbeiten. Angst führt immer zu einem inneren Spannungsgefühl oder gar zu Panik: Das mag den erwünschten sofortigen Gehorsam herbeiführen, aber kein konstruktives Lernen oder echten Reifungsprozeß. Das Kind lernt vielmehr, brutale Gewalt zu fürchten und ihr nachzugeben, aber mit jedem Schlag wird ein bißchen von seiner Würde, seinem Mut und seiner Selbständigkeit zerstört.«[1]

In einer unterstützenden Atmosphäre absorbieren Kinder in erstaunlich wenig Zeit überraschende Mengen von Information. Aber sobald Schelte einem Kind das Gefühl gibt, dumm oder unzulänglich zu sein, macht sein psychisches System zu, und die

Empfänglichkeit geht dementsprechend zurück. Je fröhlicher also das Lernumfeld des Kindes ist, desto besser. Behalten Sie auf dieser Grundlage folgendes im Hinterkopf:

2. *Viele grundlegende Unterweisungen im Rahmen spiritueller Eltern-*
   schaft kann man Kindern in der Form von Spielen, Geschichten,
   Puzzles, Stegreifstücken, Kunst, Witzen und Spaß zukommen
   lassen.

Spirituelle Erziehung braucht – und sollte – man nicht als eine »bierernste« Angelegenheit oder eine formale Bildungsanstrengung betrachten. Spiele, Geschichten, Possen und Späße sprechen die Kleinen in der universalen Sprache der Kindheit an, und die heißt *Spiel*. Mit anderen Worten:

3. *Die beste Art von Unterweisung findet dann statt, wenn Kinder sich*
   nicht klar dessen bewußt sind, daß sie belehrt werden.

Im großen und ganzen haben Kinder etwas dagegen, für feierliche Vorträge oder »ernste« Gespräche still sitzen zu bleiben – was die Eltern bezeugen können, deren Kinder den Gesichtsausdruck von Zombies annehmen, wenn das »Religionsspiel« losgehen soll. Ein Trick, den Widerstand zu überwinden besteht darin, nicht zu sagen: »Ähm, ich werde mich jetzt über das folgende wichtige spirituelle Thema auslassen.« Bringen Sie spirituelle Gedanken statt dessen in Augenblicken der entspannten Interaktion ein, besonders bei Spielen, Geschichten und lockerem sozialen Austausch. Die folgenden vier Kapitel werden diese Technik aus vielen verschiedenen Perspektiven beleuchten. Eine zweite, verwandte Methode, die die erste ergänzt, besteht darin, diese Unterweisungen auf einer täglichen Basis in die Welt des Kindes zu integrieren. Das heißt:

4. *Machen Sie das Bewußtsein des Kindes in den genau richtigen*
   Augenblicken mit Ihren Anliegen vertraut; achten Sie darauf, daß
   das Gelehrte zum Zeitpunkt, zum Ort und zur Situation paßt.

Fangen Sie beispielsweise nicht an, über die göttliche Gnade zu sprechen, wenn die Kinder gerade ihre Lieblingssendung im Fernsehen anschauen oder völlig vertieft mit ihren Freunden Familie spielen. Sie werden zu diesem Zeitpunkt überhaupt nicht empfänglich sein und die Störung ablehnen. Andererseits gibt es bestimmte Gelegenheiten, die sich ganz natürlich für spirituelle

Gespräche anbieten. Etwa solche: Der sechsjährige Daniel und sein Großvater waren im Zoo. Sie sahen, wie eine Löwenmutter mit ihrem Jungen schmuste. Der Großvater ergriff die Gelegenheit, auf die Fürsorglichkeit der Löwenmutter hinzuweisen und zu erklären, daß Gott auf dieselbe Weise für uns sorgt. Ein anderes Mal kam Daniel mit einem toten Maulwurf und einigen direkten Fragen ins Zimmer seines Großvaters. Statt auf Platitüden auszuweichen, nutzte Großvater den günstigen Moment, um über den Tod und das Leben danach zu sprechen, Themen also, die sonst schwer in einer Unterhaltung mit jungen Kindern unterzubringen sind, für die der Gedanke an die eigene persönliche Sterblichkeit so weit weg ist wie die Sterne. Was auch immer das Thema oder die Situation – bedenken Sie:

5. *Wenn man Kindern etwas beibringen will, muß man es ständig wiederholen.*
Eine Falle, in die viele Eltern tappen, ist die Illusion, Kinder hätten wirklich etwas gelernt, wenn man es einmal, zweimal, sechsmal oder siebzehnmal wiederholt hat. Dummerweise funktioniert das nicht immer so. Nicht, weil Kinder dämlich wären. Sie sehen einfach nicht den geringsten Grund dafür, jede Woche in die Kirche zu gehen, nett zu ihrer kleinen Schwester zu sein oder auch nur, nicht mit Filzschreibern auf die Wand zu malen oder ein paar Seiten aus Ihren Bildbänden zu reißen. Zivilisiertes, freundliches, respektvolles Verhalten muß gelernt werden. Der einzig sichere Weg, diese Lektionen im Gehirn des Kindes zu verankern ist l-a-n-g-s-a-m. »Tag für Tag für Tag« heißt die Devise. Ganz egal, wie sehr wir uns wünschen, es wäre anders: Die Unterschiede zwischen brav und ungezogen, fair und unfair sinken nicht über Nacht in die kleinen Schädel ein. Tatsache ist, daß plötzliche, dramatische Lektionen *nicht* der schnellste Weg zum Lernzentrum eines Kindes sind.

Natürlich stimmt nicht jeder dieser Sichtweise zu. Vielleicht haben Sie Freunde (vermutlich kinderlose), die es für ihre Aufgabe halten, dies ganze »Geduldgesummse« abzukürzen und ihrem Kleinen die Art von Schock zu versetzen, vor der Sie als Eltern zurückscheuen würden. Solche Freunde meinen es in der Regel gut und halten Ihnen gern ernste Vorträge darüber, daß Sie sich nicht von Ihren eigenen Kindern einschüchtern lassen dürften. Sie hängen der alten Theorie an, daß ein paar physisch schmerzhafte Zurechtweisungen im richtigen Augenblick jedes Kind auf die Reihe bringen.

Ein Beispiel: Delia, eine impulsive junge Frau, hütete gelegentlich den Sohn ihrer Freundin. Der Kleine war vier Jahre alt, ungestüm und niedlich. Allerdings hatte er auch die unangenehme Angewohnheit, Erwachsene zu schlagen. Eines Tages begann das Kind seine entsprechende Technik mit Begeisterung an Delias Arm zu üben. Sie warnte ihn ein paarmal und bat ihn aufzuhören. Aber dann drehte sie sich schließlich um und schlug viel härter auf *seinen* Arm als nötig. Dabei schrie sie: »So, jetzt weißt du, wie sich das anfühlt!«

Sie hatte natürlich die Absicht, das Kind seine eigene Medizin schmecken zu lassen und ihm beizubringen, daß »andere auch Gefühle haben«.

Tatsächlich aber nahm das Kind, das von seiner Reife her unfähig war, etwas so Subtiles wie die Goldene Regel zu verstehen, diese Handlung einfach als ungerechtfertigten Angriff wahr. Es schrie entsprechend, und Delia konnte nie verstehen, warum der Kleine ihr von dem Tag an aus dem Wege ging.

»Das erste, was man erkennen muß«, schreibt der Kinderpsychologe Allan Fromme, »ist, daß Kinder primär von ihren Wünschen dominiert werden. Sie haben wenig oder keine Kontrolle über sie, und es wird viele, viele Jahre dauern, bis sie ausreichend Selbstbeherrschung entwickelt haben, um sich allein führen zu können. Es ist ein Fehler von uns zu glauben, wir könnten diesen Prozeß für sie abkürzen. Wir können einfach nicht erwarten, daß sie in wenigen Jahren den Wert von Aufschub, Kompromiß und Verneinung lernen – ganz egal, was wir tun. Noch können wir von ihnen erwarten, daß sie irgendeine Lektion aufgrund einer einzigen Erklärung oder Ermahnung lernen.«[2]

Man muß daher, mit anderen Worten, erkennen:

6. Gutes Benehmen und spirituelles Verhalten müssen erst allmählich zu einer Gewohnheit werden, bevor sie ganz assimiliert werden.
Der Sinn jeder Erziehung, ob spiritueller oder anderer Art, ist der, richtige Handlungen zu unterstützen, nicht aber falsche. Der einfachste Weg, das zu erreichen, ist der durch die Entwicklung oder Ablehnung von Gewohnheiten. Machen Sie das tägliche Zähneputzen, die Wahrheit zu sagen, die Haustiere zu füttern, zu beten, jede Woche ein paar Pfennige für die Armen zu geben und

beim Abwasch zu helfen zu einem Teil der Lebensroutine. Bestehen Sie kontinuierlich auf bestimmten Handlungen und raten Sie beständig von anderen ab, bis diese Verhaltensmuster in Fleisch und Blut übergegangen sind, bis sie dem Kind ebenso selbstverständlich geworden sind wie morgens aufzustehen und abends zu Bett zu gehen.

Führen Sie diese Gewohnheiten in einem angemessen frühen Alter ein – mit etwa zweieinhalb bis drei Jahren, wenn das Kind noch flexibel genug ist, etwas anzunehmen und sich anzupassen. Wenn Sie das jetzt versäumen, wird sich das Gesetz der Gewohnheit später gegen Sie richten. »Die Ketten schlechter Gewohnheiten sind zu schwach, als daß man sie spüren würde«, meint Dr. Johnson, »bis sie so stark sind, daß man sie nicht mehr zerreißen kann.«

Der Psychologe William James war der Ansicht, daß es so wichtig sei, in der Kindheit gewohnheitsmäßige »Jas« und »Neins« festzulegen, daß er dem Thema Gewohnheiten in seinem großen Werk *The Principles of Psychology* eigens ein ganzes Kapitel widmet. Ein paar seiner interessanteren Zitate machen diesen Punkt ganz deutlich:

»Bei aller Erziehung ist es daher sinnvoll, unser Nervensystem zu unserem Verbündeten zu machen, statt zu unserem Feind. Dazu müssen wir uns so früh wie möglich so viele nützliche Handlungen zur Gewohnheit machen, wie wir können, und uns davor hüten, Eigenschaften wachsen zu lassen, die uns vermutlich zum Nachteil gereichen werden.

Wenn die jungen Menschen nur erkennen könnten, wie schnell sie zu den reinsten wandelnden Gewohnheitsbündeln werden, dann würden sie viel mehr auf ihr Betragen achten, solange sie im biegsamen Stadium sind. Auch der kleinste Streif Tugend oder Untugend hinterläßt seinen winzigen Abdruck.

Unten bei seinen Nervenzellen und -fasern zählen die Moleküle alles, registrieren es und bewahren es auf, um es gegen ihn zu verwenden, wenn die nächste Versuchung kommt. In streng wissenschaftlichem Sinne wird nichts, was wir je tun, ausgelöscht.

Kein Jugendlicher soll sich um das Resultat seiner Erziehung sorgen, wie immer sie geartet sei. Wenn er jede Stunde des Arbeitstages treulich seine Pflicht erfüllt hat, kann er das Endergebnis getrost sich selbst überlassen. Er wird mit absoluter Sicherheit eines schönen Morgens aufwachen und feststellen, daß er einer von den Kompetenten ist.«

William James hat also folgendes sehr wohl verstanden:

7. *Der Prozeß, moralische und spirituelle Kategorien in das Leben eines Kindes einzuführen, ist eine langfristige Angelegenheit.*
Bemühen Sie sich um eine beständige, rhythmische Grundlage – jeden Tag ein bißchen. Dann scheinen diese Gedanken dem Kind nach einer Weile ganz natürlich und werden Teil seiner Routine. »Früh übt sich, was ein Meister werden will.« Bei Robert zu Hause achten seine Eltern darauf, mindestens einmal am Tag in seiner Hörweite zu sagen: Dafür danke ich Gott. Und das tun sie wirklich *jeden Tag*. Nach ungefähr einem Jahr merkten sie, daß Robert auch anfing, diesen Satz zu sagen. Das sind zwar vielleicht nur Worte, aber Worte sind Gedanken, und Gedanken haben eine Wirkung. Und schließlich:

8. *Seien Sie erfinderisch, flexibel, ernsthaft und haben Sie keine Angst vor Fehlern.*
Derjenige, der den witzigen Spruch geprägt hat, der Weg zur Hölle sei mit guten Vorsätzen gepflastert, schmort jetzt wahrscheinlich ebendort. Der Weg zum *Himmel* ist mit guten Vorsätzen gepflastert, nicht der zur Hölle, selbst dann, wenn diese Vorsätze nie positive Früchte tragen. In vielen spirituellen Glaubensgemeinschaften ist man sogar überzeugt, daß Gott den Menschen nicht nach dem Erfolg oder Mißerfolg der Handlungen beurteilt (der letztendliche Ausgang solcher Dinge fällt schließlich in *Seine* Abteilung), sondern nach der dahinterstehenden Absicht.

In Ihrem Enthusiasmus, Ihrem Kind die bestmögliche ethische Erziehung zu geben, werden Sie zweifelsohne Fehler machen. Jawohl. Und Sie werden sich deswegen schlecht fühlen. Sicher. Und Sie werden Dummheiten machen und sich wie ein Idiot vorkommen – zu all dem ein klares Ja. Aber seien Sie nicht zu hart mit sich selbst. Wenn ein Versuch fehlschlägt, dann schreiben Sie ihn als Erfahrung ab und starten Sie den nächsten. Bleiben Sie einfach dabei, und bleiben Sie konsequent. Die Kindheit ist ein langer Prozeß; spirituelle Elternschaft ist eine schwierige Aufgabe, und es wird unterwegs viele Gelegenheiten geben, die Fehler wieder wettzumachen. Wichtig ist, die Absicht zu haben, sich Mühe zu geben. »Wenn du einen Schritt auf mich zu machst«, sagt Gott nach moslemischer Überlieferung, »dann werde ich zehn zu dir hin tun.« Damit wären wir bei der Hauptfrage: Wie können Eltern, sowohl mit Worten wie ohne solche, die spirituellen Botschaften vermitteln, von denen sie wünschen, daß ihr Kind sie versteht?

Fünftes Kapitel

Geschichten als spirituelle Lehrmeister

Viele Eltern betrachten die traditionelle Kindergeschichte lediglich als Zeitvertreib oder als ein Mittel, die Vorstellungskraft ihres Kindes zu entwickeln. Wenn auch viele Mythen, Märchen und Sagen sicher beide Aufgaben erfüllen, ist doch der tiefere Zweck, dem sie über die Jahrhunderte hinweg gedient haben, weitgehend in Vergessenheit geraten. So sind sich viele Eltern beispielsweise dessen nicht bewußt, daß bestimmte Geschichten ursprünglich nicht nur erfunden worden sind, um moralische Lehren zu erteilen, sondern als Möglichkeit, Kinder mit spirituellen und esoterischen Wahrheiten bekannt zu machen. Viele von diesen Geschichten stammen aus der fernen Vergangenheit und sind uns aus einer Zeit überliefert, in der die Religion den Mittelpunkt aller sozialen Belange bildete. Nach Ansicht heutiger Psychologen und Pädagogen sprechen sie, oft in indirekter Weise, von magischen und göttlichen Dingen.

»Ohne Übertreibung läßt sich sagen«, so der berühmte Mythenforscher Joseph Campbell, »daß der Mythos der geheime Zufluß ist, durch den die unerschöpflichen Energien des Kosmos in die Erscheinungen der menschlichen Kultur einströmen... Das Seltsame ist, daß das charakteristische Vermögen, verborgene schöpferische Zentren anzurühren und zu wecken, auch dem geringsten Kindermärchen eigen ist, nicht anders als der Geruch des Ozeans in einem winzigen Tropfen oder das ganze Geheimnis des Lebens in einem Fliegenei enthalten ist.«[1] Andererseits müssen Eltern auch darauf achten, daß sie nicht in jeder alten Kindergeschichte nach versteckten höheren Botschaften suchen, denn nicht alle Märchen haben eine so erhabene Aufgabe. Vor einigen Jahren habe ich in einer Klasse von Elf- und Zwölfjährigen Literatur unterrichtet. Dabei verblüffte mich, wie jeder Schüler seine eigene Erfahrung in unsere Untersuchung der Volkserzählungen einbrachte. Irgendwann zitierte ich eines meiner Lieblingssprichwörter: »Bevor du liebst, lerne durch Schnee zu laufen, ohne

Spuren zu hinterlassen.« Ich fragte die Klasse, was dieser Spruch ihrer Ansicht nach wirklich bedeute. Ein aufgewecktes Mädchen in der ersten Reihe erklärte, für sie sage er aus, daß das Herz zart und feingesponnen sei und leicht verletzt werden könne. Bevor jemand zu lieben versuche, sagte sie, müsse er erst empfindsam und selbstlos werden, damit er keine »Spuren« auf dem Herzen des anderen hinterlasse. Diese Interpretation deckte sich mit meiner eigenen, und mehrere andere Schüler stimmten ihr zu. Dann meldete sich weiter hinten ein Junge. Bei ihm sei, sagte er mit einem verschmitzten Lächeln, eine etwas andere Botschaft angekommen. Für ihn bedeute dieses Sprichwort: Wenn man im Winter eine Freundin haben will, muß man erst lernen, so sorgfältig in ihr Haus hinein und wieder herauszuschleichen, daß keine für die Eltern sichtbaren Spuren zurückbleiben.

Ich mußte zugeben, daß diese Interpretation genauso gültig war wie die erste. Mythen, Geschichten, Sprichwörter und dergleichen arbeiten auf mehreren Ebenen gleichzeitig. Alle sind legitim, und alle sprechen die Zuhörer auf der jeweiligen Ebene ihres Verständnisses an. »Es liegt daran, daß sie lebendig sind, daß sie die Macht haben, sich selbst wiederzubeleben und daß sie zu einer immer wieder erneuerten, unvorhersagbaren aber in sich selbst beständigen Wirkung auf das menschliche Schicksal fähig sind«, schreibt der Indologe Heinrich Zimmer, »daß die Bilder aus der Folklore und dem Mythos jeden unserer Versuche zur Systematisierung vereiteln. Sie sind nicht wie Leichen, sondern wie Kobolde. Mit einem plötzlichen und schnellen Ortswechsel machen sie sich über den Spezialisten lustig, der sich vorstellt, er habe sie auf seiner Übersichtstafel festgepinnt.« Wahrscheinlich kennen Sie die von Zimmer erwähnten Motive aus den Märchen und Mythen Ihrer eigenen Kindheit. In einigen von ihnen stecken symbolische, spirituelle Bedeutungen, die das innere Ohr des Kindes erreichen. Zu den klassischen Beispielen hierfür gehören:

- Der *Held oder die Heldin*, die auf eine heilige Suche gehen (sie repräsentieren die menschliche Seele auf ihrer Reise zum Göttlichen; den Versuch des Frommen, zu seinem Höheren Selbst zurückzukehren)
- Die *Prinzessin*, die in einen Turm eingeschlossen ist oder von einem bösen Zauberer gefangengehalten wird (die in der Materie gefangene individuelle Seele)

- *Reisen in mystische Länder* (veränderte Bewußtseinszustände und mystische Erfahrungen)
- *Magische Tiere und Lichtwesen*, die dem Held oder der Heldin helfen, ihr Ziel zu erreichen (Geister, Seelenhüter und Engel)
- Die Figur des *weisen, alten Mentors* (der spirituelle Lehrer, der Guru)
- Das Erscheinen von *Feen, Riesen, Zwergen und Kobolden* (Bewohner der unsichtbaren Astralwelt)
- *Magische Worte und Beschwörungen* (Gebete und Mantras); *magische Stäbe, Ringe, Schwerter, Bücher, Statuen* (zeremonielle religiöse Objekte, Schriften und Meditationshilfen)
- *Drachen, Schimären, Ungeheuer* (Dämonen)
- *Böse Könige, Schwarzmagier, gottlose Hexen, mächtige dunkle Zauberer* (der Teufel)
- *Der gute König, der alles vergebende Vater, die Sonne, der siegreiche Löwe* (Gott)

Dies ist natürlich nicht der richtige Ort, eine mystische Analyse der Kinderliteratur durchzuführen. Eltern, die sich weiter mit dem Thema beschäftigen wollen, empfehle ich die Lektüre der Bücher von Heinrich Zimmer, Joseph Campbell, Mircea Eliade, Ananda Coomaraswamy, René Guenon und C. G. Jung. Hier geht es darum, Ihre Aufmerksamkeit auf die Geschichten zu lenken, die spirituelle Kraft haben und in direkter Weise so auf die höheren Teile der Vorstellungskraft einwirken, daß das Kind an heilige Wahrheiten erinnert wird.

Geeignete Kindergeschichten finden

Die meisten guten Geschichten kennen Sie vermutlich schon; viele von ihnen haben Sie selbst als Kind auch schon gehört. Aber wir sollten uns fragen, was es mit der zeitgenössischen Kinderliteratur auf sich hat. Enthält sie dieselbe Art von magischen Bildern wie die traditionellen Märchen und Klassiker?

Im allgemeinen: nein. Zwar gibt es glücklicherweise einige Ausnahmen, aber ein Großteil dessen, was heute geschrieben wird, ist bestenfalls leer, schlimmstenfalls untergräbt es das spirituelle Verständnis eines jungen Menschen. Geschichten über Hasenfamilien, die an Quizsendungen teilnehmen, über Planeten, die von freundlichen Robotern bewohnt sind, über Rehe, die einen Fanclub für einen Filmstar gründen – diese Themen mögen zwar niedlich und harmlos wirken, besonders wenn sie gut illustriert sind, aber in Wirklichkeit leisten sie so schlechte Dienste wie die täglichen Zeichentrickfilme im Fernsehen. Sie vermitteln triviale und oberflächliche Werte und stärken die Liebe zur fortschreitenden Mechanisierung unserer Welt.

Vergleichen Sie solchen »Schrott« mit den Klassikern, die junge Menschen schon seit Jahrhunderten fördern: mit den griechischen und nordischen Mythen, Grimms Märchen, den Fabeln von Äsop und Perrault, den Artussagen, mit *Tausend-undeiner Nacht*, der Bibel, den Volksmärchen aus Dutzenden von Ländern, mit *Alice im Wunderland* und *Robinson Crusoe* oder mit Episoden aus dem hinduistischen *Ramayana* und vielem anderen mehr. Wie oberflächlich viele der modernen Bücher sind, wenn man sie an diesen Klassikern mißt – wie formelhaft und einfältig!

Nehmen Sie sich die Zeit, in den Bergen zeitgenössischer Literatur herumzustöbern und sich auf das zu beschränken, was davon natürlich, lehrreich und (vor allem) inspirierend ist. Soweit Sie Einfluß darauf haben – und dieser Grundsatz gilt für Ihre gesamte Elternlaufbahn –, sollten alle Bücher und Bilder, mit denen Ihre Kinder konfrontiert werden, irgendeine Art von lehrreicher, *moralischer, sozialer* und/oder *spiritueller Botschaft* enthalten. Junge Menschen mit Geschichten vollzustopfen, die nichts sagen und nichts bedeuten, die sich mit Unsinn, Horror oder Trivialem beschäftigen, ohne den Geist zu erweitern oder das Herz zu wärmen, heißt, das Kind ohne Ideale aufwachsen und zu einem nihilistischen, chronisch gelangweilten Erwachsenen werden zu lassen.

Wie man Kinderliteratur aus einer spirituellen Perspektive wertet

Schließen Sie folgendes aus:

Geschichten, die keine signifikante Bedeutung
haben oder keine positive Lebensbotschaft vermitteln
Hüten Sie sich besonders vor Nonsens-Büchern und solchen mit sinnlosen Handlungen. Kinder genießen sie zwar vielleicht, weil

sie so albern sind, aber sie sind für kleine Köpfe verwirrend und beunruhigend.

Geschichten, die dem Kind falsche Lebensbotschaften vermitteln

Dazu gehören Bücher, in denen Menschen einander übervorteilen, Rache suchen, die von unfairem Wettbewerb, Eifersucht, falschen sozialen oder unmoralischen Werten handeln.

Geschichten, die Menschen wie Maschinen darstellen und Maschinen wie Menschen

Lassen Sie alle Bücher liegen, in denen sich freundliche Roboter einsamer Kinder annehmen. Das Maschinenzeitalter mit seiner Mechanisierung von fast allem und jedem, hat seine eigene Form von Public Relations. Die zugrundeliegende Strategie (wenn ich ein so paranoides Wort benutzen darf) heißt, sich über die Medien an die Kinder zu richten und sie davon zu überzeugen, daß ihre Eltern sie zwar lieben (oder auch nicht), daß sie der Computer aber, weil er so schlau ist, *versteht*. Und daß er ihnen dank seiner überlegenen kosmischen Intelligenz die *wirklichen* magischen Geheimnisse des Lebens zeigen wird. Darin steckt die Moral: Die Maschine ist Gott.

Geschichten, die die emotionale Kapazität des Kindes überfordern

Dazu können sowohl traditionelle wie moderne Geschichten gehören. Wenn Sie meinen, daß die Märchen von Hans Christian Andersen für das Alter und die Empfindsamkeit Ihres Kindes zu düster oder zu traurig sind, dann folgen Sie unter allen Umständen Ihrem Instinkt. Sie kennen Ihr Kind besser als sonst jemand. Meine eigene Tochter war von dem Märchen »Das kleine Mädchen mit den Schwefelhölzern«, in dem ein hungerndes kleines Mädchen ihre letzten Streichhölzer (und ihr Leben) gibt, um Bilder ihrer geliebten Großmutter heraufzubeschwören, vollkommen erschüttert. Nach dem Lesen mußte sie stundenlang weinen. Diese Geschichte hat deutlich ihre emotionalen Leitungen überlastet. Also seien Sie vorsichtig: Es empfiehlt sich immer, die Geschichten zu prüfen, selbst die alten Favoriten. Märchen können harter Tobak sein.

*Geschichten, die besonders makaber oder
erschreckend sind*
Derlei Geschichten können noch fünfzig Jahre später das Material
für Alpträume liefern. Ich weiß noch heute, welch entsetzliche
Angst ich als Kind nach einer scheinbar harmlosen Geschichte
über ein vorlautes kleines Waisenmädchen ausstand, das schließlich von zwei Kobolden entführt wird.

*Geschichten, die mit besonders grotesken,
erschreckenden, suggestiven oder schrillen Bildern
illustriert sind*
Antispirituelle Botschaften werden ebensogut auf visuellem Weg
vermittelt wie durch das geschriebene Wort.

*Geschichten, die von Gewalt um ihrer selbst willen
handeln oder in denen heftige Auseinandersetzungen
zwischen Menschen glorifiziert werden*
Hüten Sie sich vor Büchern, die aggressives Verhalten veranschaulichen, ohne auf die daraus resultierenden negativen Konsequenzen hinzuweisen. Lesen Sie Kindern nie Bücher oder Geschichten vor, in denen die handelnden Personen ungeschoren
davonkommen, wenn sie etwas Böses tun.

Suchen Sie die folgenden Arten von Büchern:

*Bücher, die durch die Taten der handelnden Personen
die positiven Ergebnisse von tugendhaftem Verhalten
und die negativen Folgen von Missetaten aufzeigen*
Ein Großteil des Materials, das kleiner Ohren würdig ist, wird diesem Standard gerecht werden; man kann sogar sagen, daß die
Frage, ob eine Geschichte ethisch wertvolle Prinzipien vermittelt
oder nicht, als Maßstab für die meiste Kinderliteratur dienen kann.
Als Prototyp können wir *Äsops Fabeln* nehmen, die von klugen
und dummen Tieren erzählen.

*Bücher, die eine erfindungsreiche, fantastische oder
faszinierende Geschichte erzählen*
Bücher in dieser Kategorie tragen dazu bei, die Konzentrationsfähigkeit und Vorstellungskraft des Kindes zu fördern und können
einen ganz eigenen kreativen literarischen Drang auslösen.

Traditionelle Volkssagen, Mythen und Märchen
Viele der alten Standardmärchen sind für Kinder im Vorschulalter
noch immer fesselnd. »Rotkäppchen«, »Das häßliche Entlein«,
»Aschenputtel«, »Schneewittchen«, »Rumpelstilzchen« und
»Der gestiefelte Kater« gehören sozusagen zur Grundausstattung. Schöne Märchensammlungen finden Sie in jeder Buchhandlung. Es gibt außerdem einige hervorragende Wiedererzählungen
von traditionellen Volkssagen.

Lustige und lehrreiche Kindergedichte
Die heutigen Kinder hören nicht mehr so begeistert Gedichte wie
das früher der Fall war. Über die Gründe ließe sich endlos debattieren, aber Tatsache ist: Wenn Sie anfangen, Ihren kleinen Kindern Gedichte in einfachen Rhythmen und Reimen vorzulesen,
werden sie bald selbst danach verlangen (und vielleicht sogar
selbst welche erfinden).

*Geschichten, die bilden und das Verständnis
des Kindes von der Welt erweitern*

*Geschichten, die die Wertvorstellungen Ihrer Familie
betonen oder Kindern helfen, mit Krisensituationen
fertig zu werden*
Sie sollten nicht davon ausgehen, daß solche Bücher ein Allheilmittel für familiäre Probleme sein könnten. Sie sind es nicht. Sie
können jedoch Diskussionen über familiäre und häusliche Probleme wie Scheidung, Tod eines Haustieres, Heimweh und dergleichen wirkungsvoll unterstützen.

*Geschichten, die den harmonischen Umgang von
Menschen miteinander zum Inhalt haben*

Geschichten, die zu Herzen gehen

*Abenteuer- und Entdeckergeschichten,
besonders solche,
die Opfer für einen höheren Zweck schildern*

*Geschichten über Mut und Tapferkeit
in Zeiten harter Prüfungen*

Tiergeschichten, die eine eindeutige Moral haben
oder Kinder mit der inneren Welt
und dem Lauf der Natur vertraut machen

Bücher, die Kunst und Kunsthandwerk lehren

Bücher, die Benehmen und Rücksicht auf andere lehren

Geschichten, die von erhabenen und spirituellen
Themen handeln.

Für mich sind die spirituellsten und zugleich unterhaltsamsten Bücher für etwas ältere Kinder die *Narnia*-Geschichten von C. S. Lewis (Betz Verlag). Auf den ersten Blick handelt es sich um eine reine Abenteuererzählung über vier englische Kinder, die durch einen magischen Kleiderschrank in das Königreich Narnia eindringen. Aber es wird schnell deutlich, daß das eigentliche Thema hier der ewige Kampf zwischen Gut und Böse, Sündenfall und Erlösung, Gott und dem Teufel ist.

Diese Tatsache bestätigt sich, wenn der Löwenkönig Aslan, Lewis' Symbol für Christus, am Ende der ersten Geschichte auftaucht, um die Welt wieder spirituell »zurechtzurücken«. Die Erzählungen weisen eine bemerkenswerte Ausgewogenheit zwischen Spannung und hochgradiger transzendentaler Kommunikation auf und sprechen damit direkt das innere Bewußtsein eines jungen Lesers an.

Die Narnia-Geschichten sind weder fromm noch kirchlich, aber es gelingt ihnen dennoch, die Art von inspirierenden Botschaften zu vermitteln, die vielen vordergründig religiösen Büchern abgehen.

Weitere Bücher mit lohnenden spirituellen Botschaften sind: *Der freigebige Baum* (Shel Silverstein; Middelhauve Verlag). Eine täuschend einfache Geschichte über einen Jungen und einen Baum, die dank der unbeirrbaren Loyalität des Baumes ein Leben lang Freunde bleiben. Dies ist eine der schönsten kurzen Kindergeschichten unserer Zeit, und sie betont Opferbereitschaft, Großzügigkeit und bedingungslose Liebe.

Der Herr der Ringe (Trilogie von J. R. R. Tolkien; Klett-Cotta Verlag). Wie die Narnia-Geschichten von C. S. Lewis ist dieses nun berühmte Werk für ältere Kinder eine nur schwach verhüllte

Morallegende über die Gottsuche der menschlichen Seele in ihrem Kampf gegen die Mächte der Finsternis. Mit einer wunderlichen Schar von mutigen Anhängern macht sich Frodo auf, einen magischen Ring in ein fremdes Land zurückzubringen, das von einem satanischen Wesen beherrscht wird. Die vielen Erfahrungen, die er und seine Gefährten unterwegs machen, lassen sich sowohl mit einer Moral wie als spannendes Abenteuer lesen. Diese Bücher sind für Kinder ab zehn ebenso wärmstens zu empfehlen wie der Einstiegsband *Der kleine Hobbit* (Deutscher Taschenbuch Verlag).

Die dunkle Seite

Geschichten, Mythen und Märchen gehören zu den ersten Begegnungen des Kindes mit der dunkleren Seite der Dinge: dem Tod, dem Bösen, der Krankheit und Verderbtheit, die in manchen Herzen lauert. Viele Kinderbücher behandeln diese Themen sowohl direkt als auch indirekt.

Wählen Sie sorgfältig, kritisch und intuitiv. Wenn Sie auch nur die geringsten Zweifel am Wert eines Buches haben, entscheiden Sie konservativ, und stellen Sie es wieder zurück ins Regal. Wie auch immer Sie sich entscheiden, vergessen Sie nicht, daß das, was in diesem sehr empfänglichen Alter in die kleinen Köpfe hineingeht, später sicher wieder herauskommen wird – nunmehr als Handeln, Verhalten und Ansichten.

Bettzeit: Geschichtenzeit

Die Gefühle, die junge Menschen kurz vor dem Schlafengehen haben, bringen eine bestimmte Gemütsverfassung beim Einschlafen mit sich. Diese Emotionen können das Gewebe für nächtliche Träume oder Phantasiespiele am nächsten Tag sein.

Heutzutage bedeuten die letzten Minuten des Kindertages vielen Eltern nichts Besonderes, aber traditionell hielten Menschen in aller Welt diese Zeit für besonders geeignet, spirituelle Ideale zu vermitteln. Bei den nordamerikanischen Indianern, die noch an den alten Stammesbräuchen festhalten, gilt die überlieferte Überzeugung, daß die Informationen, die man Kindern vor dem Einschlafen gibt, eine starke Wirkung auf das spirituelle Bewußtsein des Kindes ausüben. »Bevor das Kleine einschläft«, berichtet der

Crow-Indianer Henry Old Coyote, »singen die Großeltern ihm einige Lieder vor und erklären ihm deren Sinn und Bedeutung. Außerdem erzählen sie ihm Legenden, die den Charakter bilden sollen, oder eine Geschichte, in der jemand einen groben Fehler macht. All dies wirkt im Schlaf auf das Kind ein . . . Ja, die Gute-Nacht-Geschichten regen dazu an, zu schlafen und über etwas nachzudenken, das einen stärkt. Zugleich wünschen wir uns, das Kind möge einen Traum haben; einen guten Traum, keinen schlechten. Das ist in etwa so, wie wenn die Nicht-Indianer sagen: ›Träum süß!‹«[2]

Die zwischen Eltern und Kind in den letzten Augenblicken vorm Einschlafen geschaffene emotionale Atmosphäre ist daher auf ihre Art ebenso wichtig wie der Inhalt der Geschichten. Diese magische Zeit sollte entsprechend gut gestaltet werden.

In den ersten Jahren können Eltern, Großeltern oder ältere Geschwister vorlesen oder erzählen. Wenn das nicht möglich ist, kann auch ein vertrauter Freund der Familie diese Aufgaben übernehmen. Jetzt ist die Zeit für gemütliche Ruhe und kuschelige Nähe, für eine Bestätigung der Liebe in der Familie. Da die Geschichte in die letzte Wachzeit des Kindes fällt, schafft sie auch die letzten Eindrücke des Tages. Und die sind am besten nachdenklich, positiv, inspirierend und beschützend. Hier sind ein paar Tips, die Sie beherzigen sollten:

Schaffen Sie die richtige Umgebung

Manche Kinder genießen es, wenn man bei schummeriger Beleuchtung oder Kerzenlicht vorliest. Andere ziehen die Sicherheit eines Kaminfeuers vor oder möchten gern gemeinsam mit anderen Familienmitgliedern um den Tisch sitzen. Manche schmiegen sich beim Vorlesen gern an Mutter oder Vater an und betrachten jedes Bild ganz genau.

Erzählen Sie in Ihren eigenen Worten

Geschichten aus einem Buch vorzulesen ist gut. Aber sie mit eigenen Worten zu erzählen ist besser. Wieso? Weil Eltern, die eine Geschichte aus dem Gedächtnis erzählen, nicht so von dem festen Text auf einer Seite eingeschränkt werden. Es bleibt Raum für Spontaneität, Erfindungsreichtum und Überraschungen. Die

Hände des Erzählenden sind frei, er kann die Worte mit Gesten unterstreichen, lächeln, die Augenbrauen hochziehen und Grimassen schneiden, ganz mit der Geschichte mitgehen. Sein Körper kann stehen, sitzen, fallen, liegen. Die kreativen Energien des Erzählenden werden leichter an das Kind weitergereicht. Eine Geschichte spontan zu erzählen gibt den Eltern zudem die Möglichkeit zu improvisieren und sie den spezifischen emotionalen oder praktischen Bedürfnissen des Kindes anzupassen, indem sie individuell etwas hinzufügen oder weglassen. Wenn Ihr Sohn ein Problem mit Raufbolden auf dem Spielplatz hat, können Sie ihm vom tapferen Schneiderlein erzählen und betonen, welchen Mut der Schneider hatte, als er den bösen Riesen von Angesicht zu Angesicht gegenüberstand.

Es mag zunächst schwierig erscheinen, eine Kindergeschichte aus dem Gedächtnis zu erzählen, aber Sie haben viel mehr Material zur Verfügung, als Sie sich momentan vorstellen können. Märchen wie »Hänsel und Gretel« und »Rotkäppchen« oder »Pinocchio« bleiben uns ewig eingeprägt, und die Kinder hören sie immer wieder gern. Eltern, die sich nicht an die Details erinnern können, brauchen nur kurz vor dem Erzählen nochmal ins Buch zu schauen. Das bringt die Bilder sofort zurück, manchmal sogar blitzschnell. Was neue oder unbekannte Geschichten betrifft, so muß man sie ein- bis dreimal lesen. Wenn man sich den Handlungsverlauf zu eigen gemacht hat, kann man eigene Worte dafür wählen und dabei die Teile betonen, die man spirituell bedeutsam findet.

Machen Sie es spannend, lustig und abwechslungsreich

Ihre Erzählung soll »Schmackes« haben, das heißt: Unterschiedliche Stimmen für die verschiedenen Charaktere, einzelne Szenen zwischendurch ausspielen, singen, tanzen, rumalbern, loslassen, mitgehen. Sie werden nie wieder ein gutwilligeres, weniger kritisches Publikum haben als jetzt, also genießen Sie das Ganze. Seien Sie die Prinzessin, und lassen Sie Ihr Kind den schüchternen Frosch spielen. Oder Sie sind Schneewittchen und Ihr Kind die böse Hexe. Legen Sie sich richtig ins Zeug. Genießen Sie es!

Ich kenne eine Mutter, die ihrem Kind zu Beginn jeder Woche eine neue Geschichte vorstellt. An den ersten beiden Tagen lesen sie sie von Anfang bis Ende. Am dritten und vierten Tag erzählen sie sie sich gegenseitig aus dem Gedächtnis. Am fünften Tag spielen sie einzelne Szenen aus der Geschichte, und am sechsten basteln sie die Hauptpersonen als kleine Papierpuppen. Am letzten Tag der Woche präsentieren Mutter und Tocher den anderen Familienmitgliedern nach einem festlichen Mittagessen im Wohnzimmer das »Puppenspiel der Woche«.

Seien Sie komisch. Humor, behauptet Marie L. Shedlock in ihrer berühmten Abhandlung über das Geschichtenerzählen, *The Art of the Story-Teller*, sollte dazu beitragen, Kindern ihren wahren Platz im Universum zu zeigen und sie daran hindern, sich übermäßig wichtig zu nehmen. »Humor entwickelt das logische Denkvermögen und verhindert voreilige Schlüsse. Er führt zu einer klaren Wahrnehmung aller Situationen und versetzt das Kind in die Lage, den Blickwinkel eines anderen Menschen zu verstehen. Er vermittelt dem Kind unmerklich die ersten »philosophischen« Begriffe. Humor lehrt uns schon in jungen Jahren, nicht zuviel zu erwarten. Diese Philosophie kann ohne Zynismus oder Pessimismus entwickelt werden, ohne die Lebensfreude zu zerstören.«

Lassen Sie Ihrer Stimme und Ihren Gesten freien Lauf. Benutzen Sie übertrieben traurige Ausdrucksweisen, wenn Sie an pathetische Stellen kommen. Gestalten Sie die aufregenden Momente ruhig wie ein Schmierenkomödiant. In New York gibt es ein Theater, in dem die Darsteller noch ein bißchen Extraspannung in die Höhepunkte bringen: Mitten in einem Kampf oder einer Verfolgungsjagd frieren sie die Bewegung für eine Sekunde oder zwei ein und drehen dann sofort wieder auf volle Geschwindigkeit auf. Diese Technik hat eine merkwürdig erhebende Wirkung auf die Handlung.

Legen Sie im passenden Moment eine Pause ein, besonders vor einer wichtigen Enthüllung. Gerade dann, wenn die rote Kröte das Versteck der magischen Pantoffeln verraten will, gerade dann, wenn Hans die goldene Gans schnappen will – halten Sie einen Augenblick inne und schauen Sie das Kind ganz intensiv an. Dann enthüllen Sie das Geheimnis. Wirkt garantiert beeindruckend!

Verwenden Sie eine lebhafte, konkrete Sprache

Benutzen Sie einfache, kraftvolle Wörter im Präsens, eindeutige (also konkrete) nicht allgemeine Substantive und viele Aktions-Adjektive. Nicht einfach:

»*Rotkäppchen ging zur Tür und klopfte.*«

Versuchen Sie es statt dessen so:

Rotkäppchen schleicht langsam *zu Großmutters* alter Holztür. *Sie klopft dreimal* fest an: klopf, klopf, klopf!

Details helfen Kindern, die Handlung in ihrem eigenen Kopf ganz klar zu sehen. Sie halten das Interesse wach und steigern die imaginative Wahrnehmung. Aber erklären Sie dabei nicht zuviel von der Handlung, und vermeiden Sie unbedingt moralische Urteile über die einzelnen Figuren. Plötzliche Bemerkungen wie »War das nicht gemein von der Hexe, Schneewittchens Apfel zu vergiften?« oder »Siehst du, er war so nett zu seinem Bruder, obwohl der so häßlich zu ihm war«, mag den Wunsch der Eltern nach moralischer Aufrüstung befriedigen. Aber für ein Kind stören solche Einwürfe den Rhythmus einer Geschichte und lassen die kostbare Spannung des Staunens verpuffen.

Sprechen Sie hinterher darüber – manchmal

Der Abend ist noch nicht notwendigerweise zu Ende, wenn die Geschichte aus ist. Jetzt ist die Zeit, über die Bedeutung und die Moral der Geschichte zu reden. Fragen Sie Ihr Kind, wie es sich nun fühlt:

traurig? glücklich? aufgeregt? friedlich? komisch? auf Abenteuer aus? ganz danach, zu Hause zu bleiben?

Fragen Sie nach den einzelnen Personen:

Welche mag das Kind und welche nicht? Warum? Hat der Wolf etwas Böses getan? Wieso? Was hättest du – hätte ich – in derselben Situation getan? War der Prinz tapfer? Warum hat er so gehandelt? War der Zauberer böse? Was meinst du, warum benehmen sich manche Menschen so gemein?

Stellen Sie anregende Fragen, aber predigen Sie nicht über den Inhalt der Geschichte. Kommentare halten Sie, wenn Sie welche machen wollen, besser knapp und prägnant. Antworten Sie kurz und bündig, wenn Ihr Kind nach Details fragt, was wahrscheinlich ist, und zwar vermutlich nach dunklen oder traurigen Einzelheiten. Fragen Sie das Kind dann nach seinen Gefühlen zu der Sache. Sollten Kinder sich gegen nachfolgende Diskussionen über die Geschichte sperren, bestehen Sie keinesfalls darauf. Sie wollen die Geschichte wahrscheinlich auf ihre eigene Weise und in ihrem eigenen Tempo verdauen.

Die Geschichte illustrieren

Manche Eltern ermuntern ihre Kinder, die Gute-Nacht-Geschichten mit Stiften, Kreiden oder Wasserfarben zu illustrieren. Wenn die Bilder fertig sind, heften die Eltern die Seiten zusammen und machen daraus ein eigenes Buch mit dem Namen des Kindes auf der ersten Seite. Man kann die Kinder auch bitten, die Hauptpersonen aus einer Geschichte zu malen oder ein farbiges Muster zu machen, mit dem sie beschreiben, wie sie sich durch die Geschichte fühlen. Eine andere Variation dieses Themas: Zeigen Sie Kindern ein interessantes Bild und lassen Sie sich eine Geschichte dazu erzählen. Nehmen Sie beispielsweise die Reproduktion eincs Selbstporträts von Rembrandt und bitten Sie um eine Geschichte über diesen Mann. Wie fühlt er sich gerade, glücklich oder traurig? Wo wohnt er? Wie sieht sein Leben aus? Ist er ein guter Mann? An was glaubt er?

Lassen Sie sich die Geschichte vom Kind wiedererzählen

Ein weiteres interessantes Spiel nach der Gute-Nacht-Geschichte besteht darin, Kinder das wiedererzählen zu lassen, was sie eben gehört haben. Sie werden verblüfft sein, an wie viele Details sie sich erinnern und wie schnell sie begreifen, was entscheidend ist. Manche Eltern ermuntern ihre Kinder sogar, ihre Geschichten auf Tonband zu sprechen. Die Bänder verstauen sie dann für die Nachwelt, und wenn sie sie Jahre später anhören, dann immer voller Erstaunen und Nostalgie. Vielleicht werden eines Tages die Kinder Ihrer Kinder Spaß an diesen Aufzeichnungen haben. Es wird ihnen helfen zu verstehen, daß Mami und Papi selbst auch Spaß am Geschichtenerzählen hatten, als sie noch klein waren.

Manche Eltern ermutigen die Kinder auch dazu, ihre eigenen Erzählungen zu erfinden, frei zu assoziieren, alle Bilder zu verwenden, die ihnen einfallen. Der neunjährige Jason, der *Robinson Crusoe* von Anfang bis Ende erzählt bekommen hatte, erfand dann selbst eine Geschichte über einen Jungen, der auf einer Motorradfahrt durch den äußeren Kosmos gestrandet war. Sieben Jahre konnte er dort überleben, weil er »Raum-Mäuse« gegessen und Sterne getrunken hat. Auch die siebenjährige Lea hat eine Lieblingsgeschichte erfunden, und zwar gleich nach ihrer Blinddarmoperation: Donald Duck geht in den Supermarkt und ißt dort so viel direkt aus den Regalen, daß er furchtbare Bauchschmerzen bekommt, die Kontrolle über seinen Darm verliert und sich mitten im Gang erleichtern muß! Interessant.

Ein paar Tips von einem Zauberer

Professionelle, auf Kinder spezialisierte Zaubererkünstler wissen, wenn sie ihres uralten Gewerbes würdig sind, wie man neben der Darbietung eine gute Geschichte erzählt und wie man die Dramatik steigert. Der Magier Henning Nelms gibt in einem Buch für seine Kollegen ein paar Tips:

1. Vermitteln Sie ein Gefühl von Spaß. Lassen Sie die Kinder wissen, daß Sie sich gut amüsieren.
2. Unterstützen Sie die Geschichte so oft wie möglich mit Gegenständen: Zauberstäben, Ringen und so weiter. Legen Sie sich etwa, wenn Sie *Schneewittchen* erzählen, vorher einen Apfel zurecht und holen Sie ihn dann genau im entscheidenden Moment hervor.
3. Schaffen Sie die richtige Atmosphäre. Drehen Sie die Lichter herunter. Oder hoch. Lassen Sie im Hintergrund passende Musik laufen.
4. Führen Sie auf falsche Fährten. Beim Zaubern wird das so gemacht, daß das Publikum denkt, der Trick funktioniere auf eine bestimmte Weise, während er in Wirklichkeit ganz anders läuft. Nutzen Sie dies auch beim Erzählen – mit Überraschungen, Ablenkungsmanövern oder falschen Fährten.
5. Alle magischen Effekte sollten durch etwas ausgelöst werden: einen Zauberstab, ein magisches Wort, einen Fluch. Machen Sie das auch in Ihren Geschichten so. Damit bieten Sie den Zuhörern die Möglichkeit, teilzunehmen. Die Kinder können

das magische Wort mit Ihnen zusammen sprechen, den Zauberstab der Prinzessin schwenken, die Geheimschrift lesen oder den häßlichen Troll in die Flucht schlagen.

6. Setzen Sie auf den Wiederholungseffekt. Der wirkt in jeder Zaubershow und ebenso beim Erzählen. Machen Sie zum Beispiel jedesmal, wenn ein häßlicher Troll auftritt, ein merkwürdiges, schnaubendes Geräusch. Nach einiger Zeit wird das Kind schon darauf warten und sich kaputtlachen, wenn es kommt.[3]

Die dunkle Seite

Irgendwann müssen sich junge Menschen der Schattenseite der Dinge stellen, und Märchen bieten einen hervorragenden Weg, sie dort hinzuführen. Wenn Sie aber vorhaben, dunkle Gedanken in Ihre Erzählungen einfließen zu lassen, dann seien Sie vorsichtig, daß Sie dabei nicht allzu grobschlächtig vorgehen, und lassen Sie die besonders gräßlichen Einzelheiten weg. Man kann das Kind sehr viel wirksamer und sanfter mit der dunklen Seite des Lebens vertraut machen, wenn man Schlußfolgerungen, Symbole und Suggestion verwendet.

Statt einen beeindruckbaren Knirps mit wüsten Schilderungen wie »Der Wolf hatte große, weiße, blutige Hauer, lange, spitze Ohren, eine rote, stachelige Zunge und ein stinkendes Fell«, sagen Sie: »Stell dir das häßlichste, stinkendste, wütendste Geschöpf vor, das dir einfällt – das ist unser Wolf.«

Vergessen Sie nicht, daß eine gute Geschichte nicht die Absicht hat, das Interesse am Bösen zu erwecken oder die Kinder zu lehren, sich mit Morbidem zu befassen (und genau das tun die Horror- und Geistergeschichten). Ganz im Gegenteil. Ihr Ziel ist es, das innere, imaginative Auge zu wecken und die Aufmerksamkeit der kleinen Zuhörer auf intuitivem Wege zum Geheimnisvollen, zum Heiligen und zur Andacht zu lenken.

Sechstes Kapitel

Im Alltag
spirituelle Gedanken vermitteln

Ein Kind, das in einer traditionell religiösen Gesellschaft auf-
wächst (wie es sie im Abendland im Mittelalter gab und bis zu
einem gewissen Grad im Osten noch heute gibt), ist von Geburt
an mit einer großen Auswahl von verbalen und visuellen spirituellen »Gedächtnisstützen« umgeben. Und jede von ihnen, sei sie
auch noch so klein, lagert sich im Laufe der Tage im Unterbe-
wußtsein des Kindes ab und erzeugt in ihm über die Jahre hinweg
ganz subtil Vorstellungen von einer göttlichen Ordnung. So bereitet sich allmählich der Boden vor, in dem die spirituellen Erkenntnisse des Kindes später Wurzeln schlagen werden.

In religiösen Gesellschaften kommen die spirituellen Botschaften in tausenderlei Formen. Nehmen wir als Beispiel die traditionelle Kleidung, die der Sittsamkeit und der Bequemlichkeit beim
Beten dient, nicht aber modischer Zurschaustellung. Oder die
Umschläge der Schulbücher, die mit spirituellen Symbolen geschmückt sind. Den täglichen Klang der Kirchenglocken oder den
Ruf zum Gebet, den jedes Kind von seinem Fenster aus hören
kann. Den Geruch von Weihrauch auf dem Marktplatz. Dann die
feierlichen religiösen Prozessionen in den Straßen der Stadt, traditionelle Musik im Radio, Lesungen aus den heiligen Schriften
im Fernsehen oder ein Kruzifix über dem Schreibtisch. Alles
gewöhnliche Sachen, aber alles auch tiefsinnige Symbole.

In Teilen der moslemischen Welt werden Wendungen wie »Es
sei gesegnet« oder »Gott hat es so gemacht« so häufig in der
Alltagssprache verwendet, daß die meisten Leute sie völlig mechanisch sagen. Aber solche automatischen Gewohnheiten vermitteln
sowohl dem Sprechenden wie dem Zuhörenden heilsame unterschwellige Botschaften. Und wenige Moslems würden ihre Reise
zu einem Freund in der nächsten Woche oder den Beginn ihres
Urlaubs am Donnerstag ankündigen, ohne dem vorauszuschicken
»Inshah Allah« – »So Gott will«.

In Indien sind die Fassaden vieler Läden mit farbenprächtigen spirituellen Symbolen bemalt, und in die Fenstergitter von Privathäusern werden heilige Muster geschnitzt. Die Kinder sehen sie, wenn sie auf der Straße spielen oder zur Schule gehen. Und mit der Zeit setzen sich die symbolischen Botschaften in ihnen fest, nehmen Form an und tragen dazu bei, eine spirituelle Weltsicht zu formen, die ein Leben lang halten wird.

Eigene heilige Haussymbole schaffen

In unserer modernen Gesellschaft sind Kinder selten dieser Art von andachtsvollen Einflüssen ausgesetzt. Fromme Eltern müssen dieses spirituelle Defizit allein wettmachen. Aber wie?

Auf diese Frage hat natürlich jeder eine persönliche Antwort, aber in der Regel empfiehlt es sich, im eigenen Heim zu beginnen, und zwar im Rahmen der üblichen Alltagsverrichtungen in der Familie. Hierzu folgende Tips für den Anfang:

Gewöhnen Sie sich an, vor dem Essen dankzusagen

Sprechen Sie über Dankbarkeit und über die Tatsache, daß die großzügige Erde, die großzügige Pflanze, der großzügige Bauer, der großzügige Schöpfer die Familie mit diesem Mahl versorgen.

Lehren Sie die Kinder eine Morgen- und Abendandacht

Lassen Sie diese Gebete und Meditationen zu einer so selbstverständlichen Routine werden wie das Händewaschen oder das Zähneputzen. Kümmern Sie sich nicht um den alten Vorwurf, das Kind würde seine Gebete herunterleiern wie eine Aufziehpuppe. Das tut es zwar, aber das ist in Ordnung. Wenn die Gebete wirklich Gebete sind, haben sie eine ganz eigene Kraft. Sie werden ihre spiritualisierende Aufgabe ganz automatisch erfüllen. Vertrauen Sie dem Prozeß. Er ist schließlich uralt.

Lassen Sie jeden Tag für das Kind mit einem meditativen oder inspirierenden Gedanken beginnen

Wecken Sie das Kind mit einer Ankündigung wie: »Die Sterne und der Mond sind schlafen gegangen, die Sonne und die Wolken

sind aufgestanden und ganz wach am Himmel. Wollen wir uns
nicht zu ihnen gesellen?« Oder: »Die Vögel singen in den Bäumen. Wußtest du, daß ihre Lieder Gebete sind? Kannst du hören,
worum sie bitten?« Henry Old Coyote, ein Crow-Indianer, meint
zu dem morgendlichen Weckritual bei seinem Stamm: »Es ist in
Ordnung, wenn ein Kind schläft, denn es braucht die Ruhe. Aber
der Augenblick des Aufwachens ist eine bedeutsame Zeit. Wenn
der frühe Morgen kam, hat mein Großvater immer zu mir gesagt:
›Es ist in Ordnung zu schlafen, aber nun hast du deine Ruhe
gehabt. Der Schlaf ist nicht dein Verbündeter; der Schlaf ist nicht
dein Freund. Steh früh mit der Sonne auf und stell' dich dem
neuen Tag. Wenn du früh genug aufstehst, wirst du Glück haben.
Stell dich dem Alten Mann!‹ (womit die Sonne gemeint war). ›Er
sieht dich, und er wird dir etwas geben. Schau in den neuen Tag –
es ist, wie noch einmal geboren zu werden!‹ Das sind so einige der
Sprüche, die er kannte. Die sagte er mir.«[1]

Pflegen Sie zu Hause eine andachtsvolle Sprache

Wenn jemand niest, so sagen Sie: »Gott segne dich«. Wenn Sie
einer schwierigen oder gefährlichen Situation entronnen sind:
»Gott hat uns geholfen.« Wenn die Dinge gut laufen: »Gott ist
gütig« oder »Das ist Karma«. Wenn nicht: »Gott weiß es am
besten.«
    Und so weiter.

Feiern Sie Ihre eigenen spirituellen Festtage

Die moderne weltliche Gesellschaft ehrt kaum noch die Tage der
Heiligen. Zwar gibt es öffentliche Riten und Rituale, aber sie sind
zu Tributzahlungen an die neuen Götter der modernen Zeit ver-
kommen. Der Valentinstag, einst für das Gedenken an das liebevolle Opfer eines Heiligen eingerichtet, erinnert nun an Verliebt-
sein und sexuelle Liebe. In der Osterzeit sieht man mehr Schoko-
ladenhasen und Eier als christliche Symbole. Und bei unserer
größten Feier, dem Weihnachtsfest, wird der wichtigste aller Götter – das Geld – in unseren neuen Kathedralen des Glaubens
angebetet: den Warenhäusern und Einkaufszentren.
    Aber auch wenn unsere heutige Gesellschaft wenige heilige
Feiern anbietet, gibt es keinen Grund, nicht selbst welche zu

gestalten. Falls Sie einem bestimmten Glauben angehören, können Sie sich nach einem Kalender richten, der die wichtigen religiösen Ereignisse der Woche verzeichnet. Kreuzen Sie sie an und feiern Sie sie zu Hause. Hier können Sie ruhig aufs Ganze gehen. Machen Sie Geschenke, gehen Sie auswärts essen, dekorieren Sie das Haus, was immer Sie und Ihr Kind inspiriert. Die Kleinen werden sich an diese Zeiten erinnern und ihr ganzes Leben lang positive spirituelle Assoziationen dazu haben. Wenn Sie keiner bestimmten Glaubensrichtung angehören, können Sie einfach irgendeinen Wochentag zum »Tag der Güte« oder »Großzügigkeits-Nachmittag« erklären. Unterstützen Sie Ihr Kind darin, den ganzen Tag lang diese spezielle Tugend zu üben, und feiern Sie dann abends im Kreise der Familie, mit Kuchen und Kerzen oder dergleichen. Erfinden Sie Ihre eigenen Variationen.

Verwandeln Sie gewöhnliche Ereignisse in Lektionen, die spirituelle Prinzipien erklären

Wenn ein Spielzeug kaputtgeht, erklären Sie dem Kind, daß nichts ewig hält. Wenn eine Pflanze verwelkt ist, geben Sie ihr Wasser, lassen Sie sie wieder gedeihen und erzählen Sie dem Kind dann, daß es immer Hoffnung gibt, gleichgültig wie ernst eine Situation auch sein mag. Zitieren Sie vielleicht einen Spruch aus einer heiligen Schrift, etwa: »Habe deine Lust am Herrn; der wird dir geben, was dein Herz wünschet« (Psalm 37;4).

Wenn Sie im Wald oder auf der Straße ein totes Tier finden, erklären Sie, daß wir nach dem Glauben mancher Religionen viele Male sterben, daß unsere Seele von Körper zu Körper wandert, daß sie erst in Pflanzen eingeht, dann in Tiere und schließlich in Menschen. »Dieser Prozeß heißt Reinkarnation. Manche Menschen glauben, daß sie sich an frühere Leben erinnern können. Kannst du es?«

Wenn ein Nachtfalter ins Zimmer fliegt, scheuchen Sie ihn wieder zum Fenster hinaus, statt ihn zu töten. Erklären Sie dem Kind, daß jedes Geschöpf ein Recht darauf hat zu leben.

Wenn Sie mit dem Kind durch die Dunkelheit laufen und es fest an der Hand halten, erklären Sie ihm, daß sein Glaube später, wenn es groß ist, wie diese sichere Hand sein wird. Dieser Glaube werde es durch die dunklen Zeiten führen, in denen man seiner am meisten bedarf.

Wenn Sie in einem dunklen Zimmer eine Kerze anzünden, erklären Sie dem Kind, daß seine Handlungen wie die Kerzenflamme sind; ein klein wenig Liebe und Freundlichkeit können den finstersten Ort erhellen.

Wenn in einer Sommernacht die Glühwürmchen tanzen, gehen Sie mit dem Kind hinaus und gesellen Sie sich zu ihnen. Erklären Sie dem Kind, daß jeder Mensch sein eigenes Licht hat, wie die Glühwürmchen. »Es heißt die Seele.«

Wenn ein Haustier stirbt, erklären Sie, daß alles Lebendige stirbt, daß für dieses Geschöpf die Zeit gekommen war, die Welt zu verlassen. Manche Eltern machen eine kleine Abschiedsfeier mit Gebeten oder anderen Ritualen – eine kleine Abschiedsfeier für das Tier. Falls Sie ein neues kaufen wollen, machen Sie ganz deutlich, daß das neue nicht das alte Tier ersetzen kann, daß es ein ganz anderes Geschöpf mit einer völlig eigenen Persönlichkeit und seinem ganz privaten Schicksal sein wird. Betonen Sie die Tatsache, daß alles Lebendige in sich einzigartig ist.

Mehr spirituelle Lernspiele

Peggy Jenkins hat mehrere spannende Bücher über das Großziehen von Kindern geschrieben, von denen eines, *A Child of God*, eine Reihe erfindungsreicher, interaktiver Spiele vorstellt, die Eltern mit ihren Kindern zu Hause spielen können und für die man nichts braucht, was sich nicht im Haushalt fände.

Diese Übungen lehren, ohne zu predigen oder sentimental zu sein, die Grundlagen des Glaubens und spirituellen gesunden Menschenverstands. Hier einige Beispiele:

- Geben Sie Kindern ein Gummiband. Das sollen sie ein paarmal dehnen und zurückschnellen lassen. Erklären Sie ihnen, daß Gedanken wie Gummibänder sind. Wenn man etwas Gutes denkt, dann schnellt einem auch von anderen wieder Gutes zu. Wenn man etwas Schlechtes denkt, kommt auch wieder Schlechtes auf einen zu, genau wie bei dem Gummiband. Lassen Sie die Kinder experimentieren.
- Schütten Sie etwas Salz in eine Schüssel mit Wasser. Erklären Sie, daß wir ebensowenig ein einzelnes Salzkorn wieder herausfischen können wie wir gemeine Worte zurücknehmen können,

sobald wir sie einmal gesagt haben. Daher ist es notwendig, gut zu überlegen, bevor man spricht. (Jenkins fügt hinzu, daß diese Fehler korrigiert werden *können* und daß Fehler aus der Vergangenheit wiedergutgemacht werden können, wenn wir eine höhere Macht um Vergebung und Verständnis bitten.)

• Nehmen Sie Papier und Schere. Die Kinder sollen mehrere Muster ausschneiden. Dann weisen Sie darauf hin, daß es mit der Vorstellungskraft so ist wie mit der Schere – sie kann praktisch jedes Objekt aus dem universellen Gedankenbestand formen. Veranschaulichen Sie diese Behauptung dadurch, daß Sie ein neues Muster vorschlagen, zum Beispiel ein Haus oder ein Tier oder sogar eine Idee. Erst schneiden Sie selbst eine Form aus, die zu dieser Idee paßt, dann ist das Kind an der Reihe. Erklären Sie ihm, daß seine eigene Vorstellungskraft ein sehr mächtiges Werkzeug ist, das man für konstruktive und für destruktive Dinge nutzen kann, und daß man immer sorgfältig damit umgehen sollte. Geben Sie Beispiele dafür, wie die menschliche Vorstellungskraft in dieser Welt große und auch entsetzliche Dinge geschaffen hat.

• Kindern fällt es schwer, sich vorzustellen, daß wir von irgendeinem unsichtbaren Ort her in diese Welt gekommen sind und daß wir nach dem Tod wieder dorthin zurückkehren werden. Eine interessante Möglichkeit, diesen Glauben in konkreter Form zu demonstrieren, ist die, Eiswürfel in eine Schüssel mit Wasser zu legen. Die Würfel sind Menschen, und das Wasser ist die unsichtbare schöpferische Kraft des Universums. Durch einen bestimmten göttlichen Prozeß entstehen wir aus dem durchsichtigen, »unsichtbaren« Wasser, wie das Eis. Später, irgendwann einmal, werden wir wieder mit dem Wasser verschmelzen. »Wir kommen«, schreibt Jenkins, »vom Unsichtbaren zum Sichtbaren. Das Eis schmilzt und wird wieder Wasser, und so legen wir zum Zeitpunkt des sogenannten Todes unsere Körper beiseite, und unsere Seelen kehren zum Geist, zum Unsichtbaren zurück.«[2]

Sie verstehen worum es geht? Im allgemeinen ist es klug, nicht zuviel Aufhebens von diesen Metaphern zu machen, sie schlicht zu halten und nicht Dutzende von Assoziationen dafür zu bemühen. Vermeiden Sie auch zuviel Vorausplanung. Die besten Lektionen sind die spontanen – diejenigen, die sich aus der Situation heraus ergeben. Als Lehrobjekte können Sie alles verwenden, was gerade greifbar ist. Wenn Sie im Keller sind, können Sie Werkzeug oder Wäsche nehmen, um Ihre Geschichte zu erzählen. Wenn Sie gerade im Garten buddeln, geht es auch mit Hacke und Spaten.

Genauer gesagt: Nehmen wir an, Sie sitzen gerade beim Abendbrot. Da erzählt Ihr Kleines, daß es einen bestimmten Freund überhaupt nicht mehr leiden mag. Schütten Sie etwas Salz und Pfeffer zusammen, mischen Sie das Ganze und sagen Sie mit einem Augenzwinkern, daß die Gefühle Ihres Kindes für den Freund wahrscheinlich etwa so aussehen, ganz durcheinander, wie das Salz und der Pfeffer. Das Salz ist wie die guten Gefühle, der Pfeffer wie die zornigen. So geht es uns allen manchmal. Unsere Gefühle für einen bestimmten Menschen variieren oft sehr stark.

So haben Sie in bildhafter und unterhaltsamer Weise eine allgemeingültige und subtile soziale Lehre in einem jungen Kopf verankert: gemischte Gefühle.

Kleine Kinder spitzen stets die Ohren: Wie man Kinder im Gespräch mit anderen belehren kann

Eltern werden oft davor gewarnt, mit Dritten über anwesende Kinder so zu reden, als seien sie einfach herumstehende Möbelstücke. Jeder kennt eine Mutter, die lautstark verkündet, Hänschen sei ein miserabler Esser – während Hänschen dabeisitzt und ihm das Ei vom Kinn tropft. Oder einen Vater, der sich ausgiebig darüber verbreitet, wie unmöglich sich die kleine Jenny heute morgen beim Einkaufen benommen hat – Jenny sitzt während dieses Monologs am Tisch gleich daneben und malt – , und wie diese Göre ihn noch an den Rand eines Nervenzusammenbruchs treibt! Und so fort.

Was bringt manche Eltern dazu, so bloßstellende und potentiell verwirrende Dinge vor ihren Kindern zu sagen? Es gibt viele Gründe, aber zwei der wichtigsten sind sicher zum einen, daß sie nicht annehmen, die psychische Reife ihrere Kinder reiche dazu aus zu verstehen, was über sie gesagt wird, und zum anderen, daß sie annehmen, ins Spiel vertiefte Kinder bekämen nicht mit, was um sie herum vorgeht.

Aber das Bild täuscht. Was Dinge betrifft, die über sie gesagt werden, so ist die Auffassungsgabe von Kindern im Alter von fünf oder sechs Jahren erstaunlich weit entwickelt, und ganz gewiß erkennen sie die Bedeutung von »geht mir auf den Keks« oder »treibt mich zum Wahnsinn«.

Es ist vielmehr sogar so, daß Kinder derlei Äußerungen nur allzugut verstehen, jedenfalls auf einer oberflächlichen Ebene. Kinder haben die Tendenz, Aussagen wörtlich zu nehmen. Was also sollen sie anderes glauben, als daß sie wirklich genau das sind, was ihre Eltern sagen: frech, unerzogen, wild, lästig, einfach böse? Kinder, die oft hören, wie schlecht sie sich benehmen, beginnen diese Botschaft zu glauben und die Rolle zu spielen, die von ihnen gefordert zu sein scheint.

Auch wenn es nicht immer deutlich wird, auch wenn Kinder im allgemeinen das, was sie gehört haben, nicht kommentieren oder darauf reagieren, sie folgen doch den Gesprächen der Eltern, und zwar meist mit gespitzten Ohren.

Die Botschaften, positive wie negative, die dabei mitgehört werden, landen dann in den unreifen Gedankenprozessen des Kindes, oft als grotesk verzerrte Fehlinterpretation.

Die positive Seite

Daß Kinder die Neigung haben zu lauschen, ist, wie so viele Elemente der Kindheit, ein zweischneidiges Schwert, das sich im richtigen Moment auch für positive Lehrzwecke einsetzen läßt. Das funktioniert deswegen, weil das Lauschen in einem passiven Zustand stattfindet. Da das Kind nicht direkt angesprochen wird, ist sein Abwehrsystem auf Niedrigstufe, genau wie bei Erwachsenen, wenn sie Radio hören oder den Gesprächen anderer Leute folgen. In diesen Augenblicken kann man quasi durch die Hintertür eine Menge Informationen vermitteln, die im Zustand wacher Aufmerksamkeit nicht ankommen.

In seinem faszinierenden und tiefgründigen Buch *Begegnungen mit bemerkenswerten Menschen* stellt der griechisch-armenische Mystiker Georg Gurdjieff eine Methode vor, die er *Kastousilia* nennt. Das geht so: Eine Person richtet in Gegenwart des Kindes eine unvorbereitete und spontane spirituell-symbolische Frage an eine andere Person. Diese antwortet ohne Eile, ruhig und sachlich, fast so, als würden sie über den Kartoffelpreis sprechen.

Gurdjieff erzählt, daß er als Junge in Armenien oft in der Schreinerei seines Vaters saß und ihm bei der Arbeit zuschaute. Eines Tages kam ein Priester, der ein besonderes Interesse an der Erziehung des jungen Gurdjieff zeigte und ihn zu der Zeit in religiösen Themen unterrichtete, in die Werkstatt und fragte den Vater unvermittelt: »Wo ist Gott in diesem Augenblick?«

Ohne Zögern antwortete Gurdjieffs Vater: »In diesem Augenblick ist Gott im Gebiet von Sari Kamish.«

»Was tut Gott dort?« wollte der Priester wissen.

Der Vater erwiderte, Gott mache dort Leitern für die ungewöhnlich hohen Kiefern, die in den Wäldern von Sari Kamish wüchsen. Oben auf diese Leitern lege er Glück, so daß einzelne Menschen und auch ganze Nationen diese Leitern hinauf- und auch wieder hinunterklettern könnten.

Symbolträchtige Unterhaltungen bei Tisch

Solch merkwürdige Unterhaltungen, die Gurdjieff damals bedeutungslos vorkamen, waren voll spiritueller Symbolik und beeinflußten ihn auf einer sehr tiefen, unterbewußten Ebene. Eltern können heute mit ihren Kindern eine ähnliche Methode anwenden, indem sie in Hörweite der Kleinen allegorische Dialoge führen und dadurch kosmologische und metaphysische Begriffe erklären, die Kinder ansonsten vielleicht uninteressant fänden. Je nach religiöser Überzeugung oder spiritueller Richtung könnten Eltern sich wie Gurdjieffs Vater in metaphorischer Weise über Reinkarnation, Vergeltung oder Illusion äußern. Ein Beispiel:

Eine Mutter sagt zu einem Vater, während das Kind daneben sitzt: »Ich habe heute eine Krähe im Apfelbaum sprechen gehört. Was meinst du, was sie mir erzählt hat?«
Der Vater antwortet: »Ich glaube, sie hat gesagt, daß sie gerade aus einem fernen Land zurückgekommen ist, wo sie drei große Städte in Flammen gesehen hat. In der Mitte einer jeden Stadt stand ein kleines Kind. Aber die Flammen konnten keinem der Kinder etwas anhaben, denn sie waren alle so rein und gut.«

Und so weiter. Auf der Basis Ihrer persönlichen spirituellen Vorstellungen und je nach Temperament Ihres Kindes können Sie

Ihre eigenen Dialoge entwickeln. Auf vorheriges Üben kann man verzichten, aber Eltern könnten sich zuvor darüber absprechen, welche Themen erörtert werden sollten.

Warum altmodische Begriffe verwenden, um Dinge auszudrükken, die sich auch umgangssprachlich sagen ließen? Wieder deswegen, weil die parabolische Sprache der Symbole und Metaphern an vielen Abwehrmechanismen des kindlichen Ichs vorbeiläuft und das junge Unterbewußte direkt anzusprechen scheint. Zugleich gibt es für Eltern andererseits keinen Grund, nicht auch offene und nicht-symbolische spirituelle Unterhaltungen zu führen, wenn das Kind in der Nähe ist. Das kann am Eßtisch sein, im Auto, im Wohnzimmer, wo auch immer.

Kinder mögen an dem, was dann gesprochen wird, nicht sehr interessiert erscheinen, besonders wenn es sich um Themen mit einem intellektuellen Anspruch handelt. Dennoch wird *irgendein Teil* des Gedankenaustauschs in sie eindringen, besonders wenn er in einer warmen und aufrichtigen spirituellen Atmosphäre stattfindet.

Im Falle spiritueller Botschaften ist ein bißchen schon sehr viel. Eine Zen-Geschichte erzählt von einem Knaben, der in einem Kloster lebte, wo er einem großen Abt diente. Eines Tages kam das Kind mit den Scherben dessen zum Abt, was bis dahin eine von diesem sehr geschätzte Teeschale gewesen war.

»Wie ist sie zerbrochen?« fragte der Mönch gereizt.

»Ich habe sie fallenlassen«, antwortete der Knabe.

Der Abt wollte ihn gerade belehren und bestrafen, als das Kind hinzufügte: »Ich habe zufällig mitbekommen, wie du gesagt hast, daß alles in der Schöpfung eine Zeit hat, geboren zu werden, eine Zeit zu leben und eine Zeit zu sterben. Ich habe gehört, wie du das gesagt hast, und als ich die Schale fallengelassen hatte, wußte ich, daß es für sie die Zeit war zu sterben. Ich war einfach zufällig derjenige, der ihr geholfen hat, die Welt zu verlassen.«

Der Mönch lächelte und ließ die Sache auf sich beruhen.

Direkte religiöse Gespräche mit Kindern führen

Kinder haben leicht das Gefühl, man wolle sie belehren. Sobald ihre Eltern über göttliche Mächte dozieren, Vorträge über Gebete halten oder ähnliches, fühlen sie sich leicht in die Enge getrieben

oder von oben herab behandelt. Oder sie langweilen sich. Wie
man es macht, ist es falsch: Spricht man mit den Kindern über
»wichtige Dinge«, entwickeln sie Widerstand. Läßt man es sein,
lernen sie sie vielleicht nie. Was also tun?

Die Erfolgsquote von spirituellen Unterhaltungen hat mit dem
Wie und Wann ebensoviel zu tun wie mit dem, was Sie sagen. Das
ist wirklich die Crux an der Sache, aber hier sind ein paar nützliche
Tips für Ihre Versuche, direkt über spirituelle Themen zu kommunizieren:

Vermeiden Sie es, von oben herab zu reden

Sagen Sie, was Sie zu sagen haben, ohne lehrerhaft oder dozierend
zu klingen; drücken Sie sich so aus, als ob der Zuhörer ein Gleich-
altriger oder ein Freund wäre. Kinder spüren es, wenn man ihnen
Sachen per geistiger Zwangsernährung eintrichtern will, von
oben herab spricht oder ihnen standardisiertes Material anbietet.
Sie werden entsprechend reagieren. Das ist wichtig. In dieser
Hinsicht sind besonders Thomas Mertons Bemerkungen über die
Methoden, mit denen sein Vater die spirituelle Erziehung betrieb,
sehr interessant:

»Die einzige wirklich wertvolle Unterweisung in Religion und
Moral, die ich je als Kind bekommen habe«, sagt Merton, »erhielt
ich durch meinen Vater, nicht regelmäßig, sondern hier und da
und mehr oder weniger spontan im Laufe gewöhnlicher Unterhaltungen. Vater hatte nie die ausgesprochene Absicht, mich Religion zu lehren. Aber wenn ihm etwas Spirituelles im Kopf herum-
ging, kam das mehr oder weniger natürlich heraus. Und das ist die
Art der religiösen Unterweisung, oder auch jeder anderen Art des
Lehrens, die am meisten Wirkung zeitigt.«[3]

Eine ähnliche Beschreibung von spiritueller Elternschaft, die
deswegen so gut wirkte, weil sie einen unaufdringlichen, indirek-
ten Ansatz hatte, stammt von Peggy Scherer, der ehemaligen
Herausgeberin einer katholischen Zeitschrift. Auf die Frage nach
Erinnerungen an ihre religiöse Erziehung nennt Frau Scherer
besonders die stille Gläubigkeit ihres Vaters und die Art und
Weise, in der diese ihren eigenen Glauben beeinflußte. »Religion
war in unserem Hause unterschwellig, aber stark gegenwärtig«,
erzählt sie. »Ich wußte schon als kleines Mädchen, daß mein Vater
jeden Tag zur Messe ging. Darüber wurde nur wenig gesprochen,

aber ich nahm die Tatsache auf, daß es ihm sehr wichtig war. Zugleich konnte ich deutlich sehen, daß mein Vater ein sehr liebevoller und großzügiger Mensch war ... Dauernd half er den Nachbarn oder chauffierte Leute hierhin und dorthin. Ohne daß ich mich an irgend etwas erinnern könnte, was zu diesem Thema gesagt worden wäre, bekam ich ein Gefühl dafür, daß man anderen helfen soll. Und ich wußte, daß das irgendwie mit dem Glauben meines Vaters zu tun hatte.«[4]

Auch Georg Gurdjieff hat etwas über den direkten Stil seines Vaters zu sagen, der die Sachen ohne Umschweife vortrug:

»Mein Vater hatte eine sehr einfache, klare und recht bestimmte Ansicht über den Sinn des menschlichen Lebens. In meiner Jugend hat er mir oft gesagt, es sollte das fundamentale Streben eines jeden Menschen sein, sich selbst eine innere Freiheit gegenüber dem Leben zu erschaffen und sich auf ein glückliches Alter vorzubereiten ... Aber dieses Ziel könne man nur erreichen, wenn man von Kindheit an bis zum Alter von achtzehn Jahren für das beharrliche Befolgen der vier Gebote Punkte gesammelt habe:
Erstens – die Eltern zu lieben.
Zweitens – keusch zu bleiben.
Drittens – äußerlich mit allen unterschiedslos höflich zu sein, seien sie nun reich oder arm, Freund oder Feind, Machthaber oder Sklaven, welcher Religion sie auch immer angehören mögen, innerlich aber frei zu bleiben und nie viel Vertrauen in irgendwen oder irgendwas zu legen.
Viertens – die Arbeit um der Arbeit willen zu lieben, nicht wegen ihres Ertrags.«[5]

Fassen Sie sich kurz

Das ist schwierig, besonders wenn Sie Gedanken vermitteln wollen, die schon in sich komplex sind. Aber dennoch – was Kinder betrifft, liegt die Würze in der Kürze. Also halten Sie Ihre Sätze knapp. Fassen Sie Dinge zusammen. Lassen Sie sich nicht zu lang oder ausschweifend über spirituelle Themen aus – kleine Kinder können solchen Höhenflügen meist ohnehin nicht folgen. Im Koran gibt es eine Stelle über die Schöpfung, die einfach lautet: »Gott sagt ›sei‹ – und es ist.« Sechs Worte bilden eine perfekte

Antwort auf die Fragen eines Kindes, wie die Welt erschaffen wurde. Gott sagte einfach »Sei«, und es war.

Sehen Sie die Dinge aus dem Blickwinkel des Kindes

Der Prophet Mohammed hat einmal gesagt, wir sollten »mit jedem Menschen gemäß seiner Auffassungsgabe sprechen«. Das heißt nicht, daß wir mit jungen Menschen von oben herab reden sollten, sondern einfach, daß Gedanken dann am besten aufgenommen werden, wenn sie auf der Ebene des Kindes angeboten werden.

Wissen Sie noch, wie Sie selbst einst auf die Vorträge von Erwachsenen reagiert haben? Die, die sich endlos über didaktische Themen verbreiteten, wurden schnell langweilig. Wer in der Lage war, einen Gedanken in ein bis zwei geniale Sätze zu kleiden und sich einer Sprache zu bedienen, die dem kunstlosen Kauderwelsch eines Sechs- oder Achtjährigen nahekam, fand begeisterte Zuhörer.

Ich habe einmal einer wahren Meisterin unter den Sonntagsschullehrerinnen dabei zugeschaut, wie sie mit den religiösen Fragen ihrer aufgeweckten Sieben- und Achtjährigen umging. Ihre Antworten waren so prägnant und auf den Punkt gebracht und erweckten zugleich soviel Interesse bei den Kindern, daß ich sie aufgeschrieben habe. Ich zitiere hier mehr oder weniger das gesprochene Wort:

Frage: Was geschieht mit uns, wenn wir tot sind?
Antwort: Soviel ich weiß – und ich sollte euch gleich sagen, daß das nicht sehr viel ist, der Tod ist ein solches Rätsel– bleibt unser Körper hier, wenn wir sterben, und geht zurück in die Erde. Und ein anderer Teil von uns, der Seele heißt, geht an einen guten Platz, wo Gott ist. Mehr wissen wir darüber nicht.

Frage: Wie ist es im Himmel?
Antwort: Denk an den glücklichsten Augenblick, an den du dich erinnern kannst. Im Himmel ist es noch hundertmal schöner – und es kommt immer noch mehr Glück dazu.

Frage: Warum hat Jesus gesagt, wir sollten immer unseren Nächsten lieben?
Antwort: Genießt du es nicht, wenn jemand nett zu dir ist?

Fühlt es sich nicht gut an? Und du hast es doch gern, daß der andere so freundlich zu dir ist? Das haben wir alle. Weil dieser Mensch dich so behandelt, *wie du gern behandelt werden möchtest.* Denk einfach mal darüber nach. Wenn wir alle anderen so behandeln würden, wie wir selbst behandelt werden wollen, wären wir alle nett zueinander. Jeder wäre glücklich. Klingt gut, was? Vielleicht könnt ihr das nächste Woche in der Schule mit euren Freunden ausprobieren.

Frage: Wieso ist meine Schwester so krank geworden? Ob Gott sie nicht mag?
Antwort: Gott liebt uns alle, besonders die Kinder. Manchmal läßt er uns schmerzhafte Dinge erfahren, die uns später helfen. Vielleicht wäre deine Schwester, wenn sie nicht zu Hause im Bett geblieben wäre, von einem Auto angefahren und noch viel schlimmer verletzt worden. Oder vielleicht lernt sie durch ihre Krankheit, wie es ist, krank zu sein, damit sie später, wenn sie groß ist, Ärztin wird und anderen helfen kann. Oder vielleicht hat sie durch ihre Krankheit mehr Zeit, mit dir zusammen zu sein, so daß ihr bessere Freunde werden könnt. Du siehst, die Dinge sind nicht immer, was sie zu sein scheinen, wenn man über Gottes Plan spricht. Auch wenn etwas jetzt weh tut, kann es dir vielleicht später helfen. Gott weiß es immer am besten.

Verwenden Sie Metaphern, Mythen,
Humor und Bildersprache,
um abstrakte Themen anschaulich zu machen

Keine Angst vor witzigen Vergleichen, Analogien, anschaulichen Bildern und selbst historischen Beispielen, wenn Sie einem Kind spirituelle Gedanken näherbringen wollen. Gewöhnlich sollten diese Sprachbilder sich auf Dinge beziehen, die Kinder verstehen und die etwas mit ihrem Alltag zu tun haben. Aber nicht immer. Ein Vater griff beispielsweise auf seine Kenntnisse der klassischen Archäologie zurück, um etwas zu verdeutlichen. Seine Geschichte war zwar allem, was das Kind je gehört hatte, vollkommen fremd, aber sie war lebendig und eignete sich hervorragend für die Visualisation. Er erzählte, wie vor langer, langer Zeit in einem Land namens Ägypten junge Knaben in besonderen Tempeln von heili-

gen Männern ausgebildet wurden. Wenn ein Knabe während
dieser Ausbildung eine Lüge erzählte, wurde er auf besondere
Weise bestraft: Er mußte sich auf einen großen, hölzernen Stuhl
setzen, der mit Löwen bemalt war, und dort mehrere Stunden
lang immer wieder die Worte seiner Lügen wiederholen. Später
kamen dann seine Lehrer herein, wischten die Löwenbilder weg
und malten neue. Auf die Frage, warum sie die Bilder entfernt
hätten, erklärten sie, daß die Löwen nun all die Lügen des Knaben
gefressen hätten, so daß er davon erlöst sei. Aber von all diesen
Lügen seien die Löwen schwach und müde geworden, und nun
brauche man neue Löwen, um die alten zu ersetzen.

Die Geschichte ist in mehrerlei Hinsicht effektiv. Sie pflanzt in
den Kopf des Kindes ein lebhaftes Bild von den Auswirkungen, die
Lügen haben. Sie impliziert, daß es andere Arten zu strafen gibt,
als Gewalt anzuwenden. Sie trägt dazu bei, die Vorstellungskraft
des Kindes zu entwickeln. Und sie macht ihm bewußt, daß es in
dieser Welt viele merkwürdige und wunderbare Dinge gibt, die es
noch nicht kennt.

Ein anderes Beispiel: Um einem Kind die ziemlich abstrakte
Information nahezubringen, daß verschiedene Menschen dasselbe
Ereignis auf ganz unterschiedliche Weise wahrnehmen – und man
daher davon Abstand nehmen solle, ein Urteil zu fällen, bevor
man alle beteiligten Parteien gehört hat – könnten Sie mehrere
Kinder, die einen bestimmten Vorfall (etwa einen Verkehrsunfall
oder einen Streit) mit angesehen haben, getrennt darüber berichten lassen, während Sie mit Ihrem Kind auf die Unterschiede
achten. Dies ist eine gute Methode, um es erkennen zu lassen, daß
es gar keiner Absicht bedarf, um Dinge falsch darzustellen, sondern daß jeder je nach persönlichem Temperament, Vorurteilen
und momentaner Stimmung eine Sache unterschiedlich betrachten wird. Die Moral: Bevor wir über irgend jemanden oder irgend
etwas urteilen, sollten wir zunächst unsere eigenen Herzen
prüfen.

Auch Parabeln vermitteln versteckte spirituelle Botschaften.
Nehmen wir beispielsweise die von dem Rennen zwischen dem
Hasen und der Schildkröte. Zunächst klingt diese Geschichte wie
eine einfache Warnung an die allzu Eiligen. Aber unter der Oberfläche hat sie eine tiefere und schwerwiegendere Bedeutung. Die
Schildkröte steht nicht nur für Ausdauer, sie ist auch ein traditionelles Symbol für hohes Alter und Tod. Und der Hase steht mit

seiner Naivität, seiner überzogenen Energie à la Roger Rabbit und seiner Unfähigkeit, die ausdauernde Kraft seines Gegners richtig einzuschätzen, für die Jugend.

Die Schildkröte stapft vom Beginn des Rennens an entschlossen weiter und läßt sich nicht von der Tatsache beeindrucken, daß der Hase so weit vorn liegt. Sie hat Vertrauen in ihre Erfahrung und die Unvermeidlichkeit. Sie weiß, daß der leichtsinnige Hase bald seine ersten Kräfte verbraucht haben und sich ablenken lassen wird, nur um dann am Ende von der ernsten Beharrlichkeit der Schildkröte besiegt zu werden. So erfährt das Kind auf unterschwellige Weise, daß auch es selbst eines Tages vom Alter eingeholt werden wird, daß aber das Alter auch Gutes zu bieten hat: Weisheit und Erfahrung und ein reifes Verständnis davon, wie das »menschliche Rennen« wirklich zu meistern ist.

Eine weitere Möglichkeit, Wahrheiten nahezubringen und Situationen auf sinnvolle Weise prägnant zu erklären, ist, besonders im Umgang mit älteren Kindern, der Gebrauch von Aphorismen und Sprichwörtern. Sorgfältig ausgewählte Sprüche können in einem einzigen Satz zusammenfassen, wie sich ein Kind fühlt. Mehr braucht man dazu nicht zu sagen. Zum Beispiel:

Ein Neunjähriger kommt von einem Freund nach Hause und beschwert sich, dieser habe ihn den ganzen Nachmittag geärgert und entsetzlich angegeben. Die Eltern sagen einfach: »Na ja, jeder Hund bellt im eigenen Hof am lautesten.« Damit ist alles gesagt.

Ein Zehnjähriger gibt furchtbar an und macht viel Aufhebens um nichts. Da sagt jemand in seiner Nähe: »Leere Fässer tönen am lautesten.«

In Christians Leben findet eine plötzliche Veränderung statt. Seine Mutter sagt zu ihm: »Das Rad des Lebens dreht sich immer weiter, und wir drehen uns mit ihm.«

Wilhelm war gerade auf seiner ersten Beerdigung. Auf dem Heimweg sagen Vater oder Mutter leise: »Wir kommen mit leeren Händen auf die Welt und verlassen sie auch wieder mit leeren Händen.«

Und schließlich das Allerwichtigste . . .

Imitation. In den ersten sechs bis sieben Jahren und in geringerem Umfang auch noch bis zum Beginn der Pubertät sind Sie für Ihr Kind Gott. Alles, was Sie sagen, wird wiederholt werden. Alles, was Sie tun, wird sich zum Besseren oder zum Schlechteren auf die Persönlichkeit Ihres Kindes auswirken.

Das heißt: Wenn Sie dem Leben gegenüber eine andachtsvolle Haltung einnehmen, wird Ihr Kind das auch tun. Wenn Sie ernsthaft an eine höhere gute Macht, an rechtes Verhalten, letztendliche Gerechtigkeit und Belohnung glauben – und Ihren Prinzipien folgen –, dann wird Ihr Glauben dem Kind helfen, auch ein Glaubender zu werden.

Wenn alles gesagt und getan ist, alle erbaulichen Geschichten erzählt, alle frommen Spiele gespielt, die tiefen, lehrreichen Erzählungen weitergegeben sind, dann können Sie Ihr Kind am besten zu einer andächtigen Haltung führen, indem Sie sie selbst leben. So sicher wie der Wagen dem Pferd folgt, werden Kinder sehen, was Sie tun und Ihnen nacheifern.

Zweiter Teil

Disziplin mit einem spirituellen Einschlag

Siebtes Kapitel

Autorität sein, ohne autoritär zu sein

Disziplin

Disziplin: Dieser Begriff beschwört Bilder von Ohrfeigen und Tränen herauf, von eingeschüchterten Massen und Befehlen im Kasernenhofton. Selbst im Zusammenhang mit Kindern denkt man bei diesem Wort an Schmerz; und so meinen Eltern, Disziplin und Bestrafung seien ein und dasselbe. Das ist schade, denn heilsame Grenzen setzen und Herzen brechen muß nicht – und sollte nicht – das gleiche sein. »Statt zu verbessern und zu heilen«, schreibt José Maria Rivorola, »ziehen die Menschen es vor zu bestrafen. Das ist viel einfacher.« Für spirituell denkende Eltern muß Disziplin etwas Positives und Konstruktives sein. Im rechten Licht betrachtet gehören dazu Übung, Wissen, die Bereitschaft zu lernen und die Fähigkeit, das Kind von dem wegzuführen, was ihm weh tut, und hin zu dem, was ihm hilft. Die Wurzel des Wortes liegt in dem lateinischen Wort für lernen, *discere*. Disziplin hat also weniger mit Bestrafung zu tun als mit dem *Bilden von Charakter*. Zusammengefaßt heißt das:

- dem Kind dabei helfen, die Regeln annehmbaren Sozialverhaltens zu lernen,
- den Instinkt für Rücksicht, Güte, Grenzen, Selbstkontrolle und den Unterschied zwischen Recht und Unrecht wecken,
- das Kind auf ein gesundes und empfindsames Erwachsenenleben vorbereiten.

Die meisten Eltern haben die Ziele der Charakterbildung klar vor Augen, sehen aber nicht immer deutlich die besten und richtigsten Methoden, sie zu erreichen. Es gehört schließlich auch zu den schwierigsten Aufgaben, herauszufinden, wie man mit ungezogenem Verhalten so umgehen kann, daß man zugleich effektiv und »göttlich« ist. »Wenn man zu nachgiebig ist, zieht man ein verzo-

genes Ekel heran«, sagte mir einmal die Mutter eines Neunjährigen. »Wenn man zu streng ist, bricht man den Willen des Kindes.
Wenn man zu liebevoll ist, wird daraus ein abhängiges Mutter-
söhnchen. Wenn man ihn unbeaufsichtigt seinen eigenen Weg
gehen läßt, wird er mir entfremdet. Man muß schier Buddha sein,
um es richtig zu machen!« Nicht ganz. Sie müssen nicht Buddha
sein, um ein Kind richtig zu erziehen, wenn auch einer der wesentlichen Grundsätze des Buddhas Sie in die richtige Richtung weisen kann. »Suche immer den mittleren Weg«, heißt es beim
Erleuchteten. Was die elterliche Überwachung der Kinder angeht, birgt diese Regel goldene Anwendungsmöglichkeiten.

Was ist der mittlere Weg? Er besteht darin, ein Gleichgewicht
zwischen einer toleranten, unterstützenden, großzügigen und
freien Einstellung einerseits und wachsamer, rigoroser, strenger
und konservativer Beschränkung andererseits herzustellen. Viele
Eltern haben entdeckt, daß eine Störung dieses Gleichgewichts,
mehr Nachgiebigkeit und Permissivität als Disziplin und Strenge
(oder umgekehrt), die Mehrzahl der Verhaltensprobleme mit sich
bringt, die Eltern die Wände des Kinderzimmers hochgehen läßt.

Dieses Gleichgewicht zwischen dem harten und dem weichen
Weg kennen Theologen schon seit vielen Jahren. Zum Beispiel
Reinhold Niebuhr: »Gerechtigkeit hat einen harten und scheußli-
chen Aspekt, der im Gegensatz zur Liebe steht. Sie ist aber deshalb nichts Schlechtes. Gerechtigkeit ist gut, und Strafe ist notwendig. Aber Gerechtigkeit allein bewirkt noch keine Reue.«

Diese Einstellung herrscht auch unter Kinderpsychologen vor,
wenngleich mit etwas anderem Schwerpunkt. Diana Baumrind,
eine Pädagogin an der University of California in Berkeley, gehört
zu der überraschend kleinen Zahl von Fachleuten, die die Beziehung zwischen elterlicher Disziplin und den Verhaltensmustern
von Kindern untersucht haben. In ihren Schriften zum Thema
unterscheidet sie zwischen *autoritären* und *permissiven* Eltern. Diesen beiden Kategorien setzt sie eine dritte entgegen, und zwar die
der Eltern, die *Autorität sind*. Ihre Analyse sieht so aus:

1. *Autoritäre Eltern.* Sie versuchen, das Verhalten des Kindes zu
   kontrollieren und sogar zu dominieren. Hierzu bedienen sie
   sich einer strengen, vorgefertigten und unveränderbaren Anzahl von Regeln und Vorschriften.
2. *Permissive Eltern.* Sie reagieren auf das Fehlverhalten eines

Kindes ohne zu strafen und auf annehmende und bestätigende Weise.

3. *Eltern, die Autorität sind.* Sie versuchen je nach der jeweiligen Situation ein Gleichgewicht zwischen permissivem und autoritärem Verhalten herzustellen.

»Diese letzte Elterngruppe ging am meisten auf die Wünsche ihrer Kinder nach Aufmerksamkeit ein, gab aber keinen unbilligen Forderungen nach«, schreibt Dr. Stella Chess über Baumrinds Beobachtungen. »Zudem erwartete sie vom Kind ein seinem jeweiligen Entwicklungsstand entsprechend reifes und unabhängiges Verhalten. Diese Eltern hatten meist die sozial kompetentesten Kinder ... Die Kinder von autoritären Eltern waren launisch, vorsichtig, passiv, feindselig, streßanfällig, weniger glücklich; die von permissiven Eltern waren eher impulsiv-aggressiv.«[1]

Das Gleichgewicht zwischen den Erziehungsmethoden ist daher nach Ansicht vieler Menschen ein fundamentales spirituelles Gebot für den Umgang mit Kindern, und es bietet uns das beste Modell für unseren Glauben. Gott selbst, lehrt man uns in vielen Religionen, handelt nach zwei universalen und scheinbar gegensätzlichen Prinzipien: Gnade und Gerechtigkeit. Gnade ist seine Güte, seine Gerechtigkeit, sein Bestehen darauf, daß wir seinen Gesetzen gehorchen – oder die unvermeidlichen Konsequenzen tragen.

Die Kabbala spricht beispielsweise von den »drei Säulen der Sefiroth«. Die mittlere Säule steht für die materielle menschliche Existenz. Auf der einen Seite daneben die Säule der Gnade, auf der anderen die des Gerichts. Die Kabbalisten glauben, alles menschliche Verhalten hinge von der Spannung und der Interaktion zwischen diesen drei Säulen ab.

Im Christentum kommt dieselbe Vorstellung, wenn auch etwas weniger offensichtlich, in dem Begriff der Dreifaltigkeit von Vater, Sohn und Heiligem Geist zum Ausdruck. Im Hinduismus finden wir eine Parallele in der Existenz von Shiva, dem Zerstörer, und Vishnu, dem Bewahrer. Und auch das Konzept von Yin und Yang im Taoismus erinnert hieran. »Gott«, sagt der Sufi Sahl Al-Tustari, »erkennt man nur durch die Vereinigung von Gegensätzen.«

Da die Menschheit danach streben sollte, das Göttliche widerzuspiegeln, wie es in vielen spirituellen Schulen heißt, tragen

Mutter und Vater die Verantwortung, ihr Kind in einem Haushalt
großzuziehen, in dem Gnade und Gerechtigkeit gut ausgewogen
sind. Bleibt diese Symmetrie aufrechterhalten, so erwächst daraus
ein ausgewogener Mensch. Wie Konfuzius schrieb: »Der voll-
kommene Mensch ist derjenige, der das Mitgefühl des Yin und die
Stärke des Yang hat; das Wissen des Yin und die Geradlinigkeit
des Yang; die Tiefe des Yin und die Höhe des Yang; die Weichheit
des Yin und die Härte des Yang.«

Was heißt all das in bezug auf praktische Elternschaft? Wie
übersetzen wir so abgehobene Theologie in Kindererziehung?
Beginnen wir mit der Gnade. Göttliche Gnade kann auf unterschiedliche Weise zur Erde gebracht werden, zum Beispiel durch:

- Liebevolle Unterstützung
- Vernünftige Großzügigkeit
- Geduld und Nachsicht mit ungezogenem Verhalten
- Eine fröhliche Haltung und ein Gefühl für Humor
- Vergebung und warme, beschützende Liebe
- Toleranz und *in dubio pro reo.*

Das gilt auch für die göttliche Gerechtigkeit, die in elterliche
Gerechtigkeit umgesetzt werden kann:

- Festlegen von Grenzen und Regeln
- Vorbeugung gegen die und Kontrolle der selbstsüchtigen, bös-
  artigen und selbstzerstörerischen Impulse des Kindes
- Gerechte Strafen für widerspenstiges und eigensinniges Be-
  nehmen
- Lektionen über die moralische Natur der Welt
- Hilfe dabei, schädliche Einflüsse zu erkennen und zu vermeiden
- Unterweisungen in Respekt, Ehre, Bescheidenheit, Mäßigung
  und Selbstbeschränkung.

Dieses Paradigma von Gottes Gnade und Gottes Zorn als miteinander abwechselnde Kräfte einer einzigen göttlichen Totalität läßt
sich noch weiterführen.

Yang	Yin
Beurteilung	Mitgefühl
Zorn	Vergebung
Eigenschaften elterlicher	Eigenschaften elterlicher
Gerechtigkeit	Gnade
Strenge	Nachgiebigkeit
Bestrafung	Belohnung
Regeln	Freiräume
Mäßigung	Verwöhnen
Lernen	Spielen
Schule	Zuhause
Unterweisungen	Spiele
Nein	Ja
Die ernste Seite des Lebens	Die lustige Seite des Lebens

Disziplin ist demnach ein Akt andauernden Jonglierens, bei dem Vater und Mutter gleichberechtigte, aber unterschiedliche Rollen spielen. Das Ziel: die guten Eigenschaften im Kind zu fördern und ihm die schlechten abzugewöhnen. Unter diesem Gesichtspunkt gibt es viele Dinge, die Eltern tun können, um die negativen Impulse des Kindes auf positive Weise zu beschränken.

Achtes Kapitel

Das Tao der Disziplin

Die erste erzieherische Maßnahme lautet, *Kinder so gesund zu halten, daß sich Krankheit nicht festsetzen kann.* Wenn Ihnen dieses Kunststück gelingt, wenn Sie das Verhaltensproblem noch im Keim erkennen und es berichtigen können, bevor es sich zu einem Baum auswächst, wird Strafe kein Problem sein, weil es kein Fehlverhalten geben wird. Die folgenden Absätze werden Ihnen dabei helfen, diese Aufgabe zu meistern.

Die Prinzipien taoistischer Disziplin

Zu den Grundvorstellungen, die die alte Religion des Taoismus ausmachen und die, mit geringen Abweichungen, auf die Kindererziehung angewandt werden können, gehören:

Die Welt besteht aus dem Zusammenspiel zweier grundlegender Kräfte: des Positiven und des Negativen, des Starken und des Schwachen, des Männlichen und des Weiblichen. Taoisten nennen sie *yin* und *yang.* Das Gleichgewicht zwischen diesen beiden ebenbürtigen und einander ergänzenden Kräften ist bekannt als das *Tao.*

Das Tao ist sowohl ein Weg wie ein Naturgesetz. Seine Prinzipien kommen auf allen Ebenen des Seins zum Ausdruck. Das Tao kann man zwar nicht mit Worten beschreiben, aber tief im Innern weiß jeder, was es ist; jeder spürt es, versteht es. Aber nicht jeder folgt ihm.

Wenn man Tugendhaftigkeit praktiziert, kooperiert man mit dem Tao: Das natürliche und unvermeidliche Ergebnis wird Harmonie sein. Auf Untugend folgen dagegen Unglück und Chaos. Der Sinn des Lebens ist daher, dem Pfad der Tugend zu folgen.

Für den Taoisten ist ein wenig Energie zur rechten Zeit am rechten Ort wirkungsvoller als viel Energie zur falschen Zeit zu verschwenden.

Für den Taoisten hat alles im Universum seinen eigenen Rhythmus und Zyklus. Unsere Aufgabe als Menschen ist es, diese Zyklen zu erkennen und mit ihnen zu kooperieren.

Für den Taoisten gibt es für jede Handlung die richtige Zeit. Dinge zu erzwingen oder zu übereilen, für die die Zeit noch nicht reif ist, heißt, dem Versagen zuzuarbeiten. (»Man kann das Gras nicht dadurch zum Wachsen bringen, daß man es ausrupft«, hat ein weiser Taoist geschrieben.) Läßt man andererseits Böses zu lange geschehen, ohne es abzustellen, fordert man die kosmische Disharmonie heraus. »Die rechte Zeit ist alles«, sagt Laotse.

Alles im Universum strebt ganz natürlich nach Einheit und Harmonie. Sanftheit siegt am Ende über Stärke. Das Gute besiegt das Böse.

Wie kann man diese verkürzt und zugegebenermaßen auch vereinfacht wiedergegebenen Gedanken auf den Prozeß der Kindererziehung anwenden?

1. Gehen Sie die Frage elterlicher Erziehung immer von einem positiven Standpunkt aus an. Geben Sie, wie es ein Taoist täte, zu, daß Ihr Kind gut ist und daß Sie als Eltern die Aufgabe haben, dafür zu sorgen, daß sich diese angeborene Eigenschaft manifestieren kann.
2. Beachten und heilen Sie potentielle Verhaltensstörungen eines Kindes, bevor sie Zeit haben, sich zu größeren Problemen auszuwachsen.
3. Verändern Sie Ihre Lebensumstände so, daß potentiell schädliche Einflüsse aus der Umgebung des Kindes verbannt werden. Gehen Sie unveränderbaren Problemstellen dadurch aus dem Weg, daß sie das Kind von ihnen fernhalten.
4. Wenn schon geringes Eingreifen etwas bringt, dann lassen Sie es dabei bewenden. Wenn ein paar urteilende Worte genügen, dann vermeiden Sie weiteres Schimpfen. Wenn eine hochgezo-

gene Augenbraue oder ein mißbilligender Blick wirken, dann vergessen Sie die Rute. Gehen Sie mit Ihren Kräften haushälterisch um; versuchen Sie mit wenig Anstrengung viel zu erreichen. Im Taoismus nennt man das *wu wei*, absichtsloses Handeln.

5. Lassen Sie die Kinder ihre eigene Unterscheidungskraft und Energie dazu einsetzen, die richtigen Ziele anzustreben. Sie als Eltern müssen ihnen einfach nur die richtige Richtung weisen. Gute Eltern sind wie der kluge Herrscher im *Tao te king*, der wenig sagt. Wenn aber seine Arbeit getan und sein Werk gelungen ist, wundert sich das Volk überrascht, wie problemlos und natürlich alles geschehen ist.

6. Vermeiden Sie, wann immer möglich, Zorn zu zeigen. Der Ausdruck von negativen Emotionen kann selten etwas heilen; sie dienen dem Empfänger lediglich als Vorbild. Seien Sie andererseits klar und streng; strafen Sie, wenn es sein muß, und bleiben Sie bei Ihren Grundsätzen. Aber tun Sie es liebevoll, nicht mit Groll oder Bösartigkeit.

7. Lassen Sie ältere Kinder sich durch ihr angeborenes Gerechtigkeitsgefühl selbst zu einer korrekten Einschätzung von »Richtig« und »Falsch« führen. Sie als Eltern müssen nur die Bühne aufbauen und das Rohmaterial liefern.

Die folgenden Hinweise und Hilfen beruhen alle auf diesen grundlegenden sieben Prinzipien.

Halten Sie das Kind beschäftigt

Halten Sie Kinder von Schaden fern, indem Sie sie beschäftigt halten. »Was das Auge nicht sieht«, so ein chinesisches Sprichwort, »danach sehnt sich das Herz nicht.« Konkret heißt das:

- Betrachten Sie das Kinderzimmer und den Garten. Gibt es dort ausreichend Spielzeug und Geräte, um junge Hände in Bewegung und junge Gehirne beschäftigt zu halten?
- Sind Sie mit Ton, Stiften, Papier und Scheren, Bauklötzen, Puppen und Puppenhäusern, Geschicklichkeitsspielen, Geräten wie Schaukeln, Rutschen und Klettergerüsten versorgt? Wenn das Kind gut unterhalten werden soll, sind die Quantität *und* die Qualität des Spielzeugs von Bedeutung.

- Ist Ihr Haus oder Ihre Wohnung für die Bedürfnisse des Kindes und auch Ihre eigenen eingerichtet? »Die Sorge um die Gesundheit des Mobiliars ist verständlich«, schreibt der Kinderpsychologe Haim Ginnot, »aber sie sollte nicht schwerer wiegen als die Sorge um die Gesundheit der Kinder.«
- Planen Sie Spielzeiten mit Freunden im voraus, so daß die Zeit des Kindes gut ausgefüllt ist. Wenn Sie in ein Restaurant gehen, nehmen Sie eine Tasche voller Malbücher, Stifte, kleiner Figuren mit – oder was auch immer sich gut transportieren läßt.
- Packen Sie für lange Autofahrten außer belegten Broten auch reichlich Dinge zur Ablenkung ein. Besonders, wenn Sie mehr als ein Kind auf dem Rücksitz haben, tun Sie gut daran, diesem Rat zu folgen. Helfen Sie Ihren Sprößlingen, buntes Zellophanpapier auf die Seitenfenster zu kleben, damit sie eine bunte Welt vorbeirauschen sehen können. Nummernschilderspiele, Entfernungen- und Geschwindigkeitenraten, Geschichtenerzählen, Kassetten und Rätsel werden die Kleinen beschäftigt halten.
- Ob zu Hause oder unterwegs, planen Sie alle Spiele im voraus, so daß Sie sofort damit beginnen können. Dieser »Voraus-Faktor« ist von entscheidender Bedeutung. Wenn das Kind erst einmal gelangweilt ist und sich danach umsieht, was es anstellen könnte, kann es zu spät sein. Das Tao im Umgang mit Kindern heißt, das Problem vorauszusehen, bevor es entsteht.

Lassen Sie ein Kind nie zu müde werden

Am Tage der Geburt der kleinen Britta nahm der Onkel des stolzen Vaters ihn beiseite und meinte, es sei zwar nicht seine Art, Ratschläge zu erteilen, aber ein kleines Stückchen Weisheit wolle er ihm doch zukommen lassen. »Laß sie nie, *nie*, NIE müde werden«, riet er mit wissendem Lächeln. Zehn Jahre später erzählte dieser selbe Vater, daß eben jener Rat seines Onkels das weiseste gewesen sei, was ihm je irgend jemand zum Thema Kinder gesagt habe.

Die Seelen der Kinder wachsen in der Kindheit ebenso wie ihre Körper, und jede Schlafstörung wird dieses psychische Entfalten ebenso stören wie die körperliche Gesundheit. Setzen Sie Bettzeiten fest und halten Sie sich daran, auch wenn das Kind um Auf-

schub bettelt. Ihr Junior mag in diesem kritischen Moment besonders charmant sein, wenn er mit großen Augen um »nur noch fünf
Minuten« bittet. Aber bleiben Sie hart, wenn auch nur die geringsten Anzeichen von Erschöpfung zu sehen sind. Es wird für alle
besser sein.

Denken Sie daran, daß Schlafentzug eine weit verbreitete Methode der Gehirnwäsche ist und Folterer sie benutzen, um ihre
Opfer wahnsinnig zu machen. Wenn Ihre Kinder sich also das
nächste Mal höchst ungezogen aufführen, dann vergessen Sie Ihre
Gedanken an Verbannung oder Exorzismus und überlegen Sie
lieber, ob die Kleinen eigentlich früh genug ins Bett kommen.
Probieren Sie es mit einer halben Stunde früher und schauen Sie,
was passiert. Dieser Punkt ist nicht zu unterschätzen.

Was das Auge nicht sieht,
danach sehnt sich auch das Herz nicht

»Aus den Augen, aus dem Sinn«, sagt der Volksmund. Und recht
hat er. Wenn Sie verhindern wollen, daß ein Kind nach Süßigkeiten lechzt, dann sorgen Sie dafür, daß es im Haus keine gibt.
Wenn Streitereien zwischen Geschwistern zu einem Problem
werden, dann trennen Sie sie in den schwierigen Stunden des
Tages. Wenn Sie Ihre Kinder von der Ich-brauche-jede-Woche-
ein-neues-Spielzeug-Haltung heilen wollen, halten Sie sie vom
Werbefernsehen und von bunten Prospekten fern. Wenn plötzlich
üble Redewendungen in Ihrem Haushalt kursieren, überprüfen
Sie Ihre eigenen Worte; wenn es nicht an Ihnen liegt, stellen Sie
fest, welche Freunde das schlechte Beispiel geben. Wenn Sie nicht
wollen, daß Ihre Kinder sich dem dreifachen Credo von Waffen,
Mord und Totschlag verschreiben, dann halten Sie sie von Mili-
tärspielzeug, gewalttätigen Comics und Kriegsfilmen fern. Alles
in allem ist es am einfachsten, Kinder von einer bestimmten
Versuchung fernzuhalten, wenn sie gar nicht wissen, daß es sie
gibt. Unwissenheit ist Glückseligkeit, solange man sie aufrechterhalten kann – Seligkeit für die Kinder und für Sie.

Verwenden Sie Ablenkungsmanöver

Mehr Tao: Statt Kinder frontal deswegen anzugreifen, weil sie
sich ungezogen aufführen, versuchen Sie einfach, ihre Aufmerk-

samkeit zu verlagern. Lenken Sie ihr Bewußtsein auf etwas Neues. Das ist, wie Sie vermutlich wissen, besonders bei Säuglingen und Kleinkindern sehr wirksam. Wenn Kinder in diesem Alter anfangen zu weinen, kann schon das Klappern einer Rassel oder eine Veränderung ihrer Lage die Tränen versiegen lassen.

Wenn das Kind älter wird, gilt dasselbe Prinzip, nun aber auf einer etwas anspruchsvolleren Ebene. In der Säuglingszeit haben Sie die Kinder durch ihre Sinne abgelenkt. Nun arbeiten Sie mit ihrem Denken und ihren Gefühlen. Wann immer etwa Jakobs Mutter sieht, daß er gleich in Tränen ausbrechen wird, »pflanzt« sie ein ablenkendes Bild in sein Bewußtsein. Als Jakob zu meutern begann, weil er seine Hände von der frisch gestrichenen Wand lassen sollte, sagte seine Mutter: »He, erinnerst du dich an das Buch mit den Masken zum Ausschneiden, das Oma dir gebracht hat? Das suchen wir jetzt mal. Ich hole das Buch. Du holst diese komische grüne Plastikschere aus der Küche. Jetzt werden wir viel Spaß haben!« Und siehe da! Mit lebendigen, beschreibenden Worten, die Jakobs Gedanken weit von der Wand wegführen, hatte sie das Problem umgangen – ohne lautstarke Auseinandersetzungen. Geschickt angewendet funktioniert diese Methode erstaunlich lange. Manchmal sogar noch bei Teenagern.

Wutanfälle im Keim ersticken

Ablenkende Taktiken funktionieren am besten, wenn die negative Emotion noch im Anfangsstadium ist. Hat der Wutanfall erst einmal richtig Form angenommen, werden Sie ihm nicht dadurch Einhalt gebieten können, daß Sie eine lustige Grimasse schneiden oder vorschlagen, Pizza essen zu gehen. Die zornige Energie hat jetzt – bildlich gesprochen – wie der Geist die Flasche verlassen und richtet sich schnell gegen das Kind, gegen Sie, gegen die ganze Welt. Christliche Mönche nennen diesen Zorn den »Sklaven, der seinen Herrn verzehrt«.

Der Trick besteht darin, zornige Energie dann in ihrer Entwicklung zu bremsen, *wenn sie sich noch im Anfangsstadium befindet, wenn die Negativität noch so klein ist, daß man sie unter Kontrolle bringen kann.* Dies gleicht dem taoistischen Prinzip, den Baum zu entwurzeln, solange er noch ein junger Trieb ist: Wenn Sie das Problem nicht sofort in den Griff bekommen, bekommen Sie es überhaupt nicht mehr unter Kontrolle. Dies ist ein universales

Prinzip, das für alle Variationen von Unannehmlichkeiten gilt.
Wie Will Rogers einmal sagte: »Wenn der Ärger erst einmal
aufgewacht ist, ist es gar nicht so einfach, ihn wieder ins Bett zu
bringen.«

In unterschiedlichen Altersstufen wirken unterschiedliche Taktiken. Gegen Wutanfälle bei Drei- bis Sechsjährigen hilft besonders gut:

Stellen Sie dem Kind eine Frage, wenn der Anfall beginnt, und lassen
Sie mehrere Fragen folgen

Bleiben Sie bei diesem schnellen Verhör. Vielleicht muß das Gespräch ein paarmal hin und her gehen, bevor die Aufmerksamkeit
ganz verlagert ist, aber indem Sie das Kind in einen Dialog zwingen, werden Sie schließlich bewirken, daß es Gefühle durch Gedanken ersetzt. Dann verraucht die Wut auf ganz natürliche
Weise. Manchmal merkt das Kind nicht einmal etwas davon. Hier
ist eine für diese Technik typische Unterhaltung:

MUTTER (deren Fünfjähriger gerade einen Streit anfangen will):
Wart' mal, singt da draußen nicht ein Vogel?
KIND: Weiß ich nicht.
MUTTER: Nein, nein, komm mal her. Hörst du ihn? Das bedeu-
tet irgend etwas ganz Wichtiges. Weißt du was?
KIND (horchend): Was?
MUTTER: Da, dieser hohe Ton beim Fenster. Hörst du ihn?
Juhu! Das heißt, der Frühling ist da. Wie wollen wir ihn feiern?
KIND (zuckt die Achseln)
MUTTER: Na komm, hast du gar keine Ideen? Was hältst du
von . . .?

Stellen Sie eine Frage und verwenden Sie dann die Antwort des Kindes
für nachfolgende Handlungen

KIND: Ist mir egal. Laß mich in Ruhe!
MUTTER: Sag mal, haben wir eigentlich daran gedacht, die
Einkäufe aus dem Auto reinzubringen?
KIND (zuckt die Achseln)
MUTTER: Denk doch mal mit mir nach. Haben wir's gemacht?

KIND: Weiß ich nicht.
MUTTER: Wart mal! Haben wir sie mit reingenommen, als wir
aus der Schule zurückgekommen sind?
KIND: Ich kann mich nicht erinnern.
MUTTER: Ich auch nicht. Gehen wir mal nachsehen.
KIND: Na gut.

*Stellen Sie eine Frage, um einem Kind sein ungezogenes Verhalten
bewußtzumachen*

Dr. Thomas Lickona, Autor von *Raising Good Children*, einem
hervorragenden Buch über Erziehung, rät Eltern von widerspen-
stigen Kindern, keinesfalls mit ihnen zu argumentieren. Statt
dessen schlägt er einen Ansatz vor, der auf »fragen statt sagen«
hinausläuft. Dabei müssen Kinder Fragen zu ihrem eigenen Verhalten beantworten und so das Problem mit eigenen Worten
benennen.
Statt beispielsweise Kindern zu erklären, was alles Schreckliches passieren wird, wenn sie weiter die Tapete im Eßzimmer
abkratzen, fragen Sie:

»Was wird passieren, wenn du immer weiter an der Tapete
rumkratzt, obwohl ich dich gebeten habe, es sein zu lassen?«

Der logische Verstand des Kindes wird es zwingen, die leeren
Stellen folgerichtig auszufüllen. Oder der Vater fragt, wenn das
Kind sich ungebührlich aufführt:

»Was glaubst du, wie ich dein Verhalten finde?«

Oder:

VATER: Was machst du gerade?
KIND: Stören.
VATER: Richtig. Was möchte ich statt dessen?
KIND: Daß ich damit aufhöre.

Lickona schlägt auch vor, Fragen zu stellen, die das Kind an die in
der Familie gültigen Regeln erinnern:

MUTTER: Es ist nach acht, und du hast dir noch nicht die Zähne geputzt. Was ist die Abendregel?
KIND: Erst Zähneputzen, *dann* eine Geschichte.
MUTTER: Genau.

In diesem Fall reicht der Dialog von Frage und Antwort völlig aus, um das Problem aus der Welt zu schaffen, ohne sich auf Drohungen verlegen zu müssen.

Was aber sollten Eltern tun, wenn die Fragemethode nicht zu einem sofortigen Ergebnis führt? Lickona meint hierzu: einmal wiederholen, und wenn das Kind wieder nicht antwortet, ihm klarmachen, daß es *verpflichtet* ist, eine passende Antwort zu geben. Zum Beispiel so:

MUTTER: Hast du deine Hausaufgaben gemacht?
KIND: Aber du hast mir versprochen, daß ich heute abend zu Fred gehen darf.
MUTTER: Richtig, das habe ich. Aber du hast meine Frage noch nicht beantwortet.
KIND: Das ist nicht fair!
MUTTER: Darüber sprechen wir gleich. Ein Teil von dem, worüber wir reden werden, hat mit der Antwort auf meine Frage zu tun, und die heißt...

Abrupt das Thema wechseln

Bei Drei- Vier und selbst Fünfjährigen sind die wildesten »Themensprünge« manchmal überraschend erfolgreich. Etwa so:

KIND: Nein, mache ich nicht!
VATER: Oha! Der Bauch des Löwen ist wieder grün! Schau.
KIND (bleibt sauertöpfisch und antwortet nicht)
VATER: Ich wette, du kannst nicht aussehen wie ein Löwe mit einem grünen Bauch.
KIND (keine Antwort, aber es ist abgelenkt)
VATER: Grünbauch, Gelbbauch, Stinkerbauch.
KIND (lächelt ein bißchen)
VATER (zeigt den Bauch): Da, versuch's mal. Siehst du, wie grün mein Bauch ist?
KIND (lachend): Dein Bauch ist gar nicht grün.

Bei älteren Kindern – etwa Sechs- bis Neunjährigen – können die
Ablenkungen direkter sein. Schicken Sie aufgebrachte Kinder in
ein anderes Zimmer. Manchmal ist schon ein Wechsel der Umgebung die halbe Lösung. Auch physische Ablenkung wirkt.
Nehmen Sie mitten in einem Wutanfall einen Ball und werfen Sie
ihn dem Kind zu. Bieten Sie ihm an, eine Geschichte zu erzählen
oder rauszugehen und etwas zu spielen. Zeigen Sie ihm ein
neues Spielzeug. Singen Sie ein inspirierendes Lied. Verwickeln
Sie das Kind in ein Gespräch über etwas, an dem es Interesse hat.
Manchmal reichen auch schon eine Umarmung und eine liebevolle Geste.

> Halten Sie das Gleichgewicht zwischen Gnade
> und Gerechtigkeit aufrecht, indem Sie
> Kindern Alternativen anbieten

Im Nahen Osten erzählt man sich viele Legenden über einen
weisen Narren namens Mullah Nasreddin, dessen befremdliche
Logik und unvorhersagbares Verhalten auf irgendeine Weise die
innere Wahrheit einer jeden Situation aufzudecken scheinen. Eine
solche Geschichte berichtet von einem Mann, der eines Tages
zum Mullah kam, als dieser den Posten des Dorfrichters inne-
hatte. »Mein Nachbar ist in mein Haus eingebrochen«, jammerte
der Mann und trug seinen Fall vor. »Er hat all mein Hab und Gut,
mein Geschirr, meine Möbel, meine Töpfe und Pfannen mitgenommen. Er muß bestraft werden.«
   »Da hast du absolut recht«, sagte Mullah Nasreddin.
   Der Beklagte wurde herbeigeholt und vor den Mullah geführt.
»So war es überhaupt nicht«, protestierte er. »Er ist in *mein* Haus
eingebrochen. Er muß verurteilt werden, Mullah.«
   »Da hast du absolut recht«, sagte Mullah Nasreddin.
   Ein Zuhörer, der den Argumenten beider Seiten gelauscht
hatte, war völlig verblüfft. »Euer Ehren«, wandte er sich an den
Mullah. »Der erste Mann erzählt seine Geschichte, und du sagst
ihm, daß er recht hat. Dann kommt sein Nachbar mit einer Aus-
sage, die dem genau widerspricht, und du sagst ihm, *er* habe auch
recht. Es können doch gewiß nicht beide Männer recht haben.«
   »Da hast du absolut recht«, sagte Mullah Nasreddin.
   Es gibt im Leben nur wenige Dinge, die wirklich eindeutig sind.
Daher können zu viele kategorische »Neins« ebenso zerrüttend

wirken wie zu viele »Jas«. Statt also bedingungslose Verbote auszusprechen, sollte man den Kleinen annehmbare alternative Vorschläge anbieten. Das wird dazu beitragen, das Gleichgewicht
zwischen Permissivität und Strenge zu wahren und auf den Goldenen Mittelweg weisen, der unvermeidlich und still zwischen diesen beiden verläuft.

Jeanette und ihre Schwester dürfen keine Süßigkeiten essen,
sich aber jederzeit Rosinen, Nüsse oder Eis aus gefrorenem
Fruchtsaft nehmen. Als Joseph einen Comic mitbrachte, den seine
Eltern nicht im Haus haben wollten, mußte er ihn zwar abliefern,
aber die Eltern boten Ersatz in Form eines die Phantasie anregenden Buches. Der siebenjährige Albert fragte, ob er helfen könne,
die Küche zu streichen. Seine Eltern schickten ihn nicht mit der
Bemerkung weg, Malen sei »Erwachsenensache«, sondern legten
Zeitungen aus, suchten einen alten Pinsel und ließen Albert
die Geheimnisse des Malerhandwerks auf einem alten Karton
entdecken.

Sandra, elf Jahre alt, war völlig versessen darauf, die Einladung
einer Freundin zu einem Rock-Konzert anzunehmen. Bei dieser
Veranstaltung sollte ein Sänger auftreten, dessen Darbietung ausgesprochen obszön war und der sich, wie jedermann wußte, ein
Vergnügen daraus machte, sich am Ende der Show scheinbar ans
Kreuz schlagen zu lassen.

Sandra sprach mit ihren Eltern nicht über dieses Konzert, weil
sie in ihrem Herzen bereits wußte, daß sie in deren Augen für
diese Art von Unterhaltung noch zu jung sei. Als der Zeitpunkt
des Ereignisses näher rückte, behandelte sie es wie eine vollendete
Tatsache: Würden ihre Eltern sie bitte ins Stadion fahren?

Die Eltern jedoch waren ärgerlich darüber, daß Sandra die
Einladung angenommen hatte, ohne sie zu fragen, und völlig
entsetzt über die Aussicht, sie könnte sich etwas anschauen, was
ihnen eine Mischung aus Sakrileg und Saturnalien zu sein schien.
Der erste Impuls von Mutter und Vater war also, richtig wütend zu
werden.

Statt dessen berieten sie sich kurz, atmeten ein paarmal tief
durch, setzten sich mit Sandra zusammen und erklärten ihr ausführlich, warum sie ihr den Besuch der Show nicht erlauben
würden. Sie machten deutlich, daß ihre religiösen Prinzipien in
direktem Gegensatz zum Verhalten des Sängers standen und daß
sie das Gefühl hatten, es würde Sandras spirituellem Glück scha-

den, sich einer solchen Erfahrung auszusetzen. Und dann boten
sie ihr Alternativen an: einen Ausflug in den Zirkus mit einer
Freundin ihrer Wahl oder eine Fahrt auf dem Segelboot von
Sandras Großvater.

Sandra war enttäuscht, aber nicht am Boden zerstört. Man hatte
ihr etwas Wichtiges genommen. Aber man hatte ihr dafür auch
etwas ähnlich Interessantes angeboten. Später nutzten ihre Eltern
dieses Ereignis, um Unterhaltungen über das Thema religiöser
Glaubensvorstellungen und die spirituellen Gefahren zu führen,
die manchmal hinter glitzernden Kulissen lauern.

Sagen Sie nicht einfach um des Neins willen nein

Dr. Jack Canfield berichtet von einer Studie, bei der untersucht
wurde, wie oft Dreijährige im Laufe eines einzigen Tages von
ihren Eltern positive und negative Befehle bekommen. Die Zäh-
lung ergab 432 negative gegenüber 32 positiven.[1] Diese Statistik
zeigt, wie leicht es zur Gewohnheit werden kann, »nein« zu sagen.
Es ist wie bei der Mutter, die zu ihrer Tochter sagt: »Schau nach,
was dein Bruder treibt, und sag' ihm, er soll damit aufhören!«

Eltern fallen hauptsächlich deswegen in die Nein-Falle, weil sie
glauben, so sei es einfacher. Sie denken: Sage nein, und das Kind
wird nicht in Schwierigkeiten geraten. Sage nein, und du wirst
nicht hundertmal aufspringen müssen. Sage nein, und das Leben
wird weniger anstrengend sein. Tatsache ist aber, daß zu viele
unnötige Neins eine Art negativen Netzes um die Familienbezie-
hungen knüpfen, was den Kindern letzten Endes den Eindruck
vermittelt, die ganze Welt sei eine einzige Verneinung, eine riesige
rote Ampel. Wenn sie zuviel davon abbekommen haben, fangen
Kinder an, auch zu ihren Eltern nein zu sagen. Die Gewohnheit ist
ansteckend. Auf diese Weise wird jegliches positives Verhalten
sowie der Impuls zu spiritueller Entdeckungslust frustriert, dann
unterdrückt und schließlich ganz zum Erliegen gebracht.

Es gibt natürlich reichlich Gelegenheiten, bei denen Eltern
nein sagen *sollten*. Aber seien Sie vorsichtig: Das kann zu einer
Reflexhandlung werden.

Im Supermarkt will Paul den Boden einer großen Packung
untersuchen. »Nein!« schreit die Mutter. »Du wirst sie umstoßen.«

Rebecca sagt, sie brauche ein Pflaster, um einen winzigen Kratzer zu versorgen. »Leg das zurück!« brüllt der Vater. »Das ist eine Verschwendung von gutem Verbandsmaterial.«

Konrad möchte mit Filzstiften ein Gesicht auf eine Pampelmuse malen.

»Du wirst dir die Hände schmutzig machen!« ist die einzige Antwort auf seinen kreativen Impuls.

Rosi fragt, ob sie ein paar Sprossen auf Papas Leiter hinaufsteigen darf, damit sie weiß, wie es sich anfühlt, »hoch oben« zu sein. »Nein«, verbietet der Vater, »du fällst runter!«

Willi möchte etwas ausprobieren und seine Milch löffelweise zu sich nehmen. »So wirst du die Hälfte verschütten!« droht der Onkel.

Nick fragt, ob er ein kaputtes Radio auseinandernehmen darf. Aber es heißt: »Damit machst du zuviel Unordnung.«

Und so fort. Immerzu werden potentiell lehrreiche Erfahrungen in Ablehnungen verwandelt. Der angeborene Wunsch, die Natur der Dinge zu ergründen, wird von der Nein-Gewohnheit vereitelt. Wann immer möglich, wann immer keine wirkliche Gefahr oder echter Schaden droht, sollte man den affirmativen Pfad wählen und »ja« sagen.

Immer das Positive betonen

»Das *Hauptprinzip* dabei, Kindern erwünschtes Verhalten beizubringen«, schreibt der bekannte Kinderpsychologe Fitzhugh Dodson, »ist sehr einfach. Und ich habe nie verstanden, warum Eltern und Lehrer diese Information nicht als Vorbereitung auf ihre Arbeit mit jungen Menschen mitgeteilt bekommen. Der Gedanke ist folgender: Wann immer Sie ein Kind sich gut verhalten sehen – das heißt, wenn es nicht unfreundlich ist oder auf andere Weise unangenehm auffällt–, belohnen Sie es dafür. Sie loben seine Handlungen, schenken ihm ein Lächeln, umarmen es oder klopfen ihm freundlich auf die Schulter. Sie tun etwas, um zu zeigen, daß Sie es für eine fabelhafte kleine Person halten.«[2]

Das ist ein einfaches Prinzip, aber es wird so oft vernachlässigt. Loben Sie jede positive Sache, die Kinder tun, und sie werden sie auch weiterhin tun wollen. Lob tut gut.

Helfen Sie Kindern dabei, nach jeder Aufregung
wieder zu ihrer spirituellen Mitte zurückzukehren

Eines der Grundprinzipien der Kampfkunst Aikido lautet: Wann
immer Ihnen jemand feindlich gesonnen ist und Sie angreift,
verläßt er seine spirituelle Mitte und stört damit auf seine eigene
Weise die universelle Harmonie.

Ihnen, dem Aikido-Kämpfer, obliegt es, diesen Menschen zu
seiner richtigen Mitte zurückzuführen und damit die Welt wieder
in ihren natürlichen Zustand der Ausgewogenheit zu versetzen.
Das erreichen Sie, indem Sie zulassen, daß die aggressive Vor-
wärtsbewegung Ihres Gegners ihn letzten Endes wieder in seinen
Ruhestand zurückkehren läßt – in diesem Fall kommt er flach auf
den Rücken zu liegen.

Während beim Aikido die Rückkehr zum harmonischen Zentrum wirklich physisch ausgelebt wird, bewirkt man dies bei Kindern mit Hilfe von Emotionen und Berührungen. Begegnen Sie
einem Kind, das aufgeregt und ungehorsam wird, nicht mit der
gleichen zornigen Energie. Atmen Sie statt dessen tief durch,
werden Sie in Ihrem Innern ganz still und nehmen Sie Kontakt zu
Ihrer spirituellen Mitte auf. Diese kann in Ihrem Herzen oder in
Ihrem Brustkorb liegen. Bei manchen Leuten befindet sie sich im
Solarplexus, bei manchen im Unterbauch. Finden Sie selbst heraus, wo die Ihre liegt. Sie werden sie an einem bestimmten Gefühl
von Ausgewogenheit oder Wärme und Sicherheit erkennen.

Wenn Sie an diesem Ort zentriert sind, wenden Sie sich dem
Kind zu und bringen Sie es auch zu seiner Mitte zurück. Versuchen Sie bei Zwei- bis Sechsjährigen die folgende Technik:

- Sagen Sie nichts zu dem Kind, während es im Begriff ist, wütend zu werden. Streicheln Sie ihm statt dessen einfach über
  den Kopf und reiben Sie seine Arme und Beine. Es kommt auf
  den Körperkontakt an. Wenn Sie in Ihrem Innern still sind,
  dann läßt sich diese Ruhe auch durch die Berührung übertragen. Für Kinder, die gerade in einen Wutanfall ausbrechen
  wollen, kann es äußerst ablenkend und beruhigend sein, wenn sie
  plötzlich umarmt und gestreichelt werden. Diesem Vergnügen
  verweigern sich nur wenige; irgend etwas in ihnen zieht das
  gemütliche Schmusen dem ärgerlichen Toben vor.
- Bei einem Kind zwischen zwei und vier Jahren kann man es

sogar schaffen, den eigenen Körper buchstäblich mit dem seinen zu synchronisieren. Versuchen Sie im gleichen Rhythmus zu atmen wie das Kind. Wenn es aufgeregt ist, wird sein Atem schnell und hart gehen. Atmen Sie genauso, und werden Sie dann allmählich langsamer. Erstaunlicherweise gleicht sich die Atmung der Kleinen oft der unsrigen an. Versuchen Sie, rhythmisch zu klatschen. Diese Methode ist besonders wirksam, wenn das Kind weint. Klatschen Sie am Anfang schnell, dann immer langsamer. Bitten Sie das Kind mitzuklatschen. Wenn es sich beruhigt hat, können Sie es liebevoll rubbeln und streicheln.

• Reden Sie mit Kindern über fünf Jahren, die emotional erregt sind, ruhig und leise. Sprechen Sie in einer tiefen, entspannten Stimmlage. Sagen Sie dem Kind, daß es sehr erregt ist, daß das aber nicht so sein muß. Erzählen Sie ihm, daß Friede und Glück auch jetzt in ihm sind und darauf warten, herauskommen zu dürfen. Wenn es will, kann es diesen schmerzhaften Zorn aufgeben und zur Mitte zurückkehren, wo es wirklich schön ist. Sie werden hier, je nach Temperament Ihres Kindes, eigene Worte finden müssen. Wichtig ist, liebevoll und aufrichtig zu sprechen und zu erklären, daß es auch jetzt, in diesem Augenblick, die Wahl eines friedlichen Weges hat. Alles, was es tun muß, ist dazu ja zu sagen.

• Versuchen Sie, ein zorniges Kind mit Singen zu besänftigen. Das wird inmitten eines feindseligen Ausbruchs so unerwartet sein und so entwaffnend wirken, daß es oft sogar bei älteren Kindern hilft. Bei manchen funktioniert es besser mit bekannten Schlagern, bei anderen können Sie es mit Volksliedern, Spirituals oder rhythmischem Singsang versuchen. Hauptsache, es wirkt. Versuchen Sie das Kind dazu zu bringen, mit Ihnen zu singen. Das mag ein bißchen Einsatz erfordern, aber der Erfolg schafft ein wunderbares Gefühl von Harmonie zwischen Eltern und Kind. Kinder, die sich von dieser Technik haben einfangen lassen, haben wieder beschlossen, nein zu dem Negativen in sich zu sagen und zum Ja zurückzukehren. Das macht sie glücklich und bestätigt, daß sich das Gute gut anfühlt und das Schlechte schlecht.

• Wenn Kinder im Alter zwischen sechs und zehn aufgeregt sind, können Sie sich neben sie setzen und stillbleiben. Halten Sie sich an den Gedanken an den Frieden, an die stille Mitte des

Kindes, an sein von Geburt aus gutes Wesen. Manche Eltern visualisieren eine Kugel aus reinem, weißem Licht, die über den Kindern schwebt und sie mit warmer, schützender Energie bedeckt. Andere stellen sich vor, wie das Kind an einem herrlichen Sommertag inmitten einer Blumenwiese spielt. Wieder andere denken an einen leuchtenden Energiestrahl, der aus dem eigenen Herzen kommt und in das des Kindes fließt. Sie stellen sich vor, dieser Strahl habe eine beruhigende, spiritualisierende Wirkung. Welches Bild Sie wählen, ist nicht so wichtig wie die Qualität der von Ihnen eingebrachten Emotion. Sie versuchen, Kinder in Ihrem Netz der Liebe zu fangen, um sie in ihren eigenen Zustand innerer Stille zurückzuführen. Kinder sind extrem empfindsam in bezug auf Gefühle. Wenn sie nicht völlig außer sich sind, werden sie spüren, was vor sich geht und entsprechend reagieren. Ihr Frieden wird auch ihnen Frieden geben.

Schaffen Sie keine Bedingungen, unter denen Kinder sich daneben benehmen *müssen*

An diesem Punkt zeigt es sich, ob sich die spirituellen Bemühungen von Eltern wirklich bewähren. Denn die Wahrheit ist, daß Eltern ebenso an dem mürrischen Verhalten ihrer Sprößlinge schuld sein können wie die Kinder selbst.

Ein »Antidot« ist das große, universale psychische Lösungsmittel, die *Selbsterkenntnis*: das Bemühen der Eltern, sich selbst im täglichen Umgang mit ihren Kindern zu sehen, zu hören, zu beobachten. Man kann versuchen:

Die möglicherweise widersprüchlichen Botschaften zu hören, wenn man die Kinder ausschimpft.
Die Unbeständigkeit der eigenen Forderungen wahrzunehmen.
Den haßerfüllten Unterton in der Stimme zu hören, wenn man kritisiert.
Sich bewußt zu werden, wie oft man nicht tut, was man versprochen hat.
Die eigenen einschüchternden Gesten und die Ausdrucksweise aus der Sicht des Kindes zu sehen.
Auf unterschwellig kommunizierte Langeweile oder Unehrlichkeit beim Aussprechen von Lob zu achten.

Zu sehen, wie häufig und automatisch man auf das Verhalten
von Kindern mit einem negativen Befehl reagiert.
Die eigenen eigennützigen Motivationen oder versteckten
Neurosen zu entdecken, die hinter Regeln und Anordnungen
stehen.

Eltern können sich im Laufe eines Tages ein dutzendmal dabei
erwischen, daß sie zwiespältige oder sogar destruktive Anweisungen erteilen. Ein wesentlicher Teil unserer Aufgabe als spirituelle
Erzieher besteht darin, uns dieser Widersprüchlichkeiten bewußt
zu werden und sie künftig nach Möglichkeit zu vermeiden. Hier
sind ein paar Beispiele für Verhaltensmuster, die aufmerksame
Eltern erkennen und korrigieren können:

- *Nörgeln*. Keiner mag das, am wenigsten das Kind, ein wahrer
  Freigeist. Bitten Sie es einmal, noch einmal und ein drittes Mal.
  Leiten Sie dann entsprechende disziplinarische Maßnahmen
  ein. Aber kanzeln Sie den kleinen Sturkopf nicht endlos ab.
  Nörgeln um des Nörgelns willen macht das Kind verrückt und
  erweist sich für die Eltern als vollkommen ineffektiv.
- *Überkritisch sein*. »Der wahre Guru«, heißt ein indisches Sprich-
  wort, »braucht den Rat nur zu flüstern.« Zwar wird es bei
  Kindern unter sechs selten mit einem Flüstern getan sein, doch
  ist es eine Tatsache, daß geistige Prügel in Form von dauernder
  Kritik der Stoff ist, von dem sich in den Erwachsenenjahren der
  Zorn nährt. Also kritisieren Sie wenig, liebevoll und geschickt.
  »Ratschläge sind wie Schnee«, schreibt Coleridge. »Je weicher
  sie fallen, desto länger bleiben sie liegen, und desto tiefer sinken
  sie ein.« Ein guter Rat.
- *Psychisch abwesend sein*. Sie haben sicher schon mehr als eine
  Mutter oder einen Vater gesehen, die in einer apathischen
  Singsang-Stimme mit ihrem Kind reden und es dabei anschauen, als sei es ein Stein oder eine Mauer. Der Körper dieser
  Eltern ist anwesend und sichtbar, aber ihre Aufmerksamkeit ist
  deutlich woanders, und die Kinder wissen das. Als Reaktion
  können sie versuchen, die Eltern zu irritieren, einfach um irgendwie zu richtiger Aufmerksamkeit zu kommen. Fitzhugh
  Dodson bezeichnet das als das »Gesetz des labbrigen Kartoffel-
  chips«. Ein Kind zieht natürlich einen frischen Chip vor, erklärt er. Aber wenn es nur einen labbrigen bekommen kann,

dann wird es den nehmen. Ein labbriger Chip ist besser als gar kein Chip. Genauso geht es ihm mit seinen Eltern – eine negative Reaktion ist besser als gar keine.[3]

- *Zu viele Regeln haben.* Halten Sie die Regeln knapp, vernünftig und einfach – und stellen Sie sicher, daß sie auch beachtet werden. Wenn es zu viele Gebote und Verbote gibt, verwandeln sie sich in eine Schlinge, die schließlich beide Seiten erdrosselt. Besser ist es, wenige, dafür aber sorgfältig ausgesuchte Hausregeln zu haben, und diese – komme, was da wolle – auch wirklich einzuhalten.

- *Zu barsch sein.* Dieses Verhalten führt unvermeidlich dazu, daß das Kind auch barsch wird – wenn nicht jetzt, dann später. Das ist das Gesetz des Spiegels. Versuchen Sie ruhiger und sanfter zu werden, wenn Sie sich selbst dabei erwischen, daß Sie einen zu scharfen Ton anschlagen.

- *Brüllen.* Meine eigene Tochter hatte in der ersten Klasse eine Lehrerin, die einen guten Teil der Unterrichtszeit damit verbrachte, ihre Kinder anzubrüllen. Jeden Mittag stieg meine Tochter voller Geschichten über diese junge Frau, die im ersten Berufsjahr stand, aus dem Schulbus:
Die Lehrerin hatte zwanzig Minuten am Stück gebrüllt oder einen armen Sechsjährigen so lange ausgeschimpft, bis er in Tränen ausgebrochen war. Diese Geschichten wurden später von anderen Eltern bestätigt, die zufällig am Klassenzimmer vorbeiliefen, als sich gerade wieder eine der Tiraden über die Kinder ergoß. Im November fand ein Elternabend statt, und ich schnitt das Thema ganz diplomatisch an. »Aber Herr Carroll«, antwortete die Lehrerin überzeugend aufrichtig, »ich brülle meine Kinder *niemals* an. Ich glaube, daß es ihnen psychisch schadet, angebrüllt zu werden.« Unbewußtheit tut allen weh.

Lenken Sie das Kind vom Grund der Aufregung ab

Dr. Charles Schaefer, ein angesehener amerikanischer Erziehungsberater, hat einige einzigartige und gelegentlich lustige Methoden entwickelt, ungezogenes Verhalten umzulenken.[4] Einige seiner Vorschläge sind so ehrlich und überraschend, daß sie geradezu zen-mäßig wirken. Probieren Sie ein paar davon aus:

- Wenn Sie Mühe damit haben, ein Kind dazu zu bringen, etwas zu tun, können Sie es mit einem Bild probieren statt mit Worten. Statt ihm beispielsweise zum zehntausendsten Mal zu sagen, es solle Struppi füttern, zeigen Sie ihm das Bild eines verhungernden Hundes.
- Wenn es Ihnen schwerfällt, die Aufmerksamkeit von Kindern zu erlangen, können Sie zu Hilfsmitteln greifen: Besorgen Sie sich eine Kuhglocke oder eine laute Hupe, und setzen Sie sie immer ein, wenn Sie Ruhe und Frieden wollen. Ihre Kinder können dann nie behaupten, sie hätten das Signal nicht gehört.
- Machen Sie während eines Wutausbruchs genau das Gegenteil von dem, was das Kind erwartet. Sagen Sie beispielsweise: »Das sieht aus, als würde es richtig Spaß machen«, und schmeißen Sie sich selbst wütend auf den Boden. Humor kann oft den Tag retten.
- Fordern Sie Kinder, die nicht tun wollen, was von ihnen erwartet wird, lieber heraus, als Sie zu schelten: »Ich wette, du kannst nicht . . .« oder »Meinst du, du könntest . . . ?« oder »Ich wette, du würdest das nie hinkriegen . . .«
- Heben Sie sich Ihre wichtigsten Wünsche und Forderungen für die Zeit bei Tisch auf. Es gibt Beweise dafür, daß Menschen beim Essen leichter auf Bitten eingehen.
- Setzen Sie die klassische »Salami-Taktik« ein. Bringen Sie das Kind dazu, auf eine kleine Forderung einzugehen. Dann steigern Sie Ihre Forderungen in kleinen Schritten. So fühlt sich das Kind nicht überwältigt. Nehmen wir einmal an, Sie wollten, daß die Kinder mehr im Garten helfen. Beginnen Sie damit, sie diese Woche ein Viertel des Rasens mähen zu lassen. In drei Wochen können Sie auf die Hälfte der Fläche erhöhen. Und einen Monat später können Sie sie dann alles mähen lassen.

Etablieren Sie Verhaltensmodelle durch Geschichten

»Ein Pueblo-Kind wird zu keiner Pflicht erzogen, bei der es sich mit dem nackten ›Tu das!‹ zufriedengeben müßte«, schreibt Marie Shedlock. »Es lernt für jede Aufgabe ein Märchen kennen, das erklärt, wie Kinder herausgefunden haben, warum es richtig ist, ›das zu tun‹, und es beschreibt, wie traurig die Folgen für diejenigen sind, die es nicht tun.

Manche Stämme haben richtige Geschichtenerzähler, Männer,

die viel Zeit darauf verwendet haben, die Mythen und Geschichten ihres Volkes zu erlernen. Sie verfügen nicht nur über ein gutes Gedächtnis, sondern auch über eine lebhafte Vorstellungskraft. Die Mutter schickt nach einem von ihnen und bereitet ihm und ihren Kleinen, die sich bei ihr ankuscheln, zunächst ein Festmahl. Dann erwarten sie die Märchengeschichten des Träumers, der die Gesellschaft nach dem Essen und seiner Pfeife stundenlang unterhält.«[5]

Viele Volksgeschichten wie die der Pueblo-Indianer vermitteln Kindern wichtige moralische Botschaften und stellen zugleich Helden vor, denen man nacheifern kann. Die meisten sagen unterschwellig, daß unser Verhalten unser Schicksal bestimmt und lassen sich daher im geeigneten Augenblick gut als subtile Form von Erziehung einsetzen. Zum Beispiel:

Wenn Kinder sich Schwächeren gegenüber unfair verhalten, zeigt ihnen »Aschenputtel«, wie Opfer eine solche Situation empfinden, und wie die Schikanierenden am Ende doch den kürzeren ziehen.

Wenn Kinder garstig zu ihren Geschwistern sind, erklärt »Hänsel und Gretel«, wie die gegenseitige Hingabe von Bruder und Schwester die Lage retten und Böses abwehren kann.

Kinder, die sich über das Aussehen anderer lustig machen, lernen aus »Die Schöne und das Biest«, daß wahre Schönheit im Herzen und nicht in der äußeren Erscheinung liegt.

Ignorieren Sie ungezogenes Verhalten, wann immer das möglich ist

Hier müssen Sie natürlich selektiv vorgehen, und selbstverständlich gibt es auch hier Grenzen. Aber in etlichen Fällen wird sich unerwünschtes Verhalten von allein geben, wenn Sie überhaupt nicht darauf reagieren. Sie brauchen nur Däumchen zu drehen und so zu tun, als geschehe überhaupt nichts Beunruhigendes. »Gehe nicht wie ein Widder mit den Hörnern gegen das Böse an«, sagt ein christlicher Mystiker des 18. Jahrhunderts, William Law. »Denn dann wirst du durch deine Wut und dein beleidigendes Verhalten selbst böse. Bleibe vielmehr ruhig und finde die für den Augenblick angemessene Maßnahme. Indem du dich Gottes

Licht zuwendest, statt dich in der Dunkelheit zu suhlen, machst du die Dunkelheit kleiner und das Licht größer.«

Als Robert in der ersten Klasse war, kam er eines Tages mit einem neuen Ausdruck nach Hause: Wichser. Plötzlich wurde jeder zum Wichser, einschließlich Mutter, Vater und Kanarienvogel. Statt Robert sofort zu verbessern, ihm zu erklären, was das Wort wirklich bedeutet und so weiter, überhörten die Eltern es einfach. Ohne die hochgezogenen Augenbrauen und Proteste (sprich Aufmerksamkeit), die Robert an sich mit seinem neuen Wort hatte herausfordern wollen, bestand für ihn kein Grund mehr, den Ausdruck zu benutzen, und er geriet schnell wieder in Vergessenheit.

Eltern können diese schweigende Behandlung einsetzen, um eine Menge potentiell explosiver Verhaltensweisen einschlafen zu lassen, besonders solche, die Kinder aus der Schule mitbringen, weil sie dort Mode sind (wie Zunge rausstrecken, Grimassen schneiden, Schimpfwörter rufen), die sich aber von allein in Wohlgefallen auflösen, wenn sie ignoriert werden.

Verwenden Sie Anreize statt Strafen

Kinder kann man eher durch Belohnungen auf dem rechten Pfad halten als durch Strafen. Das ist eine weitere von diesen östlichen Techniken, die Schwierigkeiten im Keim ersticken. Der Wunsch des Kindes nach einer versprochenen Süßigkeit bestärkt es darin, die elterlichen Gebote zu beachten; und wenn das Kind sich dennoch ungezogen aufführt, wirkt die Erinnerung an die Belohnung doch als hervorragendes Korrektiv (nicht jedoch, wenn Sie sie ihm, wie manche empfehlen, wieder wegnehmen).

Marcias Eltern, die ihre Tochter recht kompromißlos und streng erzogen hatten, nannten diese Methode Bestechung und erklärten, so tief würden sie nie sinken. Laylas Eltern antworteten, Bestechung sei etwas ganz anderes, nämlich »eine Sache oder Leistung, die gegeben wird, um einen anderen zu einer unehrlichen Handlung zu bewegen«, wie es im Lexikon heißt. Anreize, erklärten sie, belohnen *Ehrlichkeit*, nicht Unehrlichkeit. Sie verstärken empfehlenswerte Aktivitäten und setzen wertvolle Ziele.

Laylas Mutter wies auch darauf hin, daß viele psychologische Untersuchungen belegen, daß alle höheren Lebewesen, von Kindern bis zu weißen Mäusen, besser lernen, wenn sie für ihre

Bemühungen belohnt, als wenn sie für ihre Fehler bestraft werden.

Laylas Eltern sprachen aus Erfahrung. Die Fünfjährige fing jedesmal furchtbar zu maulen an, wenn sie ihr Spielzeug aufräumen sollte.

Schimpfen und Drohungen beeindruckten sie überhaupt nicht, und Strafen brachten eine trostlose Stimmung ins Haus. Eines Tages entdeckte Layla bei einem Museumsbesuch mit ihren Eltern am Kiosk ein blaues Nilpferd aus Porzellan. Sie verliebte sich auf der Stelle in das wunderliche Tier und bat ihre Eltern, es ihr zu kaufen.

Die Figur war teuer, und Mutter und Vater lehnten ab. Aber später am Abend besprachen sie die Sache noch einmal und beschlossen, sich dieses Nilpferds zu bedienen, um besser mit der häuslichen Disziplin zurechtzukommen. Also teilten sie Layla mit, sie hätten über ihre Bitte nachgedacht.

Ihre Mutter holte dann die Zeichnung eines Nilpferds hervor. Sie war mit blauer Wasserfarbe koloriert, und den Leib des Tieres schmückten viele kleine Kreise. Jeder Kreis, erklärte ihr die Mutter, war der Platz für einen goldenen Stern. Jedesmal, wenn Layla ihr Zimmer aufräumen, ihre Spielsachen im Garten zusammensuchen, beim Tischabräumen helfen oder etwas anderes Lobenswertes tun würde, dürfte sie einen goldenen Stern in einen der Kreise kleben. Wenn alle Kreise voll wären, würden sie zusammen wieder ins Museum gehen und die Porzellanfigur kaufen. Innerhalb eines Monats wurde Layla doppelt belohnt: Sie hatte ein blaues Nilpferd und ein immer – oder doch zumindest häufig – aufgeräumtes Zimmer.

Wiederholen, nicht schimpfen

Schimpfen und Strafen haben in der Kindererziehung ihren Platz. Das ist sicher, und wir werden bald darüber sprechen. Es ist nur so, daß diese Methoden später kommen sollten, dann, wenn andere, sanftere Alternativen wie Wiederholung versagen. Hier sind einige Variationen zum Thema:

Machen Sie Erinnerungszettel
Der Zettel verstärkt die Botschaft und gräbt sich in das Bewußtsein des Kindes ein. Er verhindert auch, daß Kinder mit der

universellen Entschuldigung aufwarten: »Das hast du mir nie gesagt!«

Nehmen Sie leuchtende Kontrastfarben für Ihre Erinnerungszettel und schreiben Sie in großen, klaren Buchstaben. Zeichnungen oder Aufkleber sorgen für noch mehr Aufmerksamkeit. Alle Mitteilungen sollten knapp und präzise sein. Ein paar Beispiele:

- Im Badezimmer: VOR DEM SCHLAFENGEHEN ZÄHNEPUTZEN
- Im Kinderzimmer: ZIMMER JEDEN DIENSTAG SAUBERMACHEN
- In der Küche: KÜHLSCHRANKTÜR ZUMACHEN
- Im Flur: KINDER, VOR DEM EINTRETEN SCHUHE ABSTREIFEN
- Im Bad: HANDTÜCHER WIEDER AUFHÄNGEN
- Im Keller: LICHT AUSMACHEN, WENN DU GEHST

Ganz egal, wo Sie die Nachrichten hinhängen, ob an die Haustür oder über Ihren Kopf: Nach einer Weile sieht sie keiner mehr. Das ist unvermeidlich. Dem kann man dadurch abhelfen, daß man die Zettel von Zeit zu Zeit umhängt oder, was noch besser ist, neue schreibt, wenn man sich zu sehr an die alten gewöhnt hat.

Lassen Sie das Kind Anweisungen wiederholen

Lassen Sie sich Ihre Anweisungen immer sofort vom Kind wiederholen. So wird die Botschaft durch den Klang der eigenen Stimme und der eigenen Worte verstärkt. Etwa so:

MUTTER: Thomas, ich möchte, daß all dies Spielzeug weggeräumt ist, wenn ich vom Einkaufen wiederkomme.
Thomas (keine Antwort)
MUTTER: Thomas. Daß alles weggeräumt ist. Hörst du mich?
THOMAS (nickt abwesend und baut weiter mit seinen Legosteinen)
MUTTER: Thomas, *was* soll passiert sein, bis ich zurück bin? Weißt Du's noch?
THOMAS: Das Spielzeug.
MUTTER: Was ist mit dem Spielzeug?
THOMAS: Ich muß es wegräumen.
MUTTER: Richtig, räum' es weg, bevor ich wiederkomme.

Wiederholen Sie Anweisungen, die nicht befolgt werden, sofort

Diese Taktik ist eine Variation der eben beschriebenen. Lassen Sie nicht zuviel Zeit zwischen der Mißachtung Ihrer Anweisung und Ihrer Ermahnung verstreichen. Andernfalls könnte das Kind, besonders wenn es jünger als sieben Jahre alt ist, den kausalen Zusammenhang zwischen seinem Fehler und der Ermahnung aus dem Auge verlieren. Später wird es ihm so vorkommen, als ob einfach unfair auf ihm herumgehackt würde.

Wiederholen Sie Ihre Anweisungen, wenn sie nicht oder falsch befolgt werden. *Sofort.* Später ist zu spät.

*Lassen Sie das Kind die Anweisungen
von mehr als einer Autoritätsperson hören*

Daran können sich Vater, Mutter und ältere Geschwister beteiligen. Jeder bekräftigt das, was der andere gesagt hat. Wenn die Botschaft sehr wichtig ist, kann man auch die Hilfe des Lehrers, des Pfarrers oder einer anderen Autoritätsperson erbitten. Robert ist sieben Jahre alt und lebt mit seiner Mutter, einem Großvater und einer älteren Schwester zusammen:

GROSSVATER (morgens am Frühstückstisch): Bitte denk' dran, die Zeitung reinzubringen, wenn du nachher zum Schulbus gehst, Robert.

MUTTER (später): Robert, Vater möchte, daß du die Zeitung zur Tür bringst, wenn du zum Bus gehst. Versuche, daran zu denken, ja?

Ältere Schwester (am Abendbrottisch): He, habt ihr schon gehört, Robert wird jetzt unser Zeitungsjunge.

GROSSVATER (am nächsten Morgen zu Robert, der draußen auf den Bus wartet): Nicht vergessen, mein Junge, die Zeitung. Danke.

Und so fort. Kontinuierliche Bestätigung von mehreren wichtigen Personen hilft Kindern meist besser, sich an Regeln zu erinnern, als wenn sie sie nur aus einer einzigen Quelle hören.

*Verwenden Sie Wortspiele, um Gebote
und Verbote plastischer zu machen*

Regeln, die sich reimen, lassen sich besser merken als andere. Die meisten Kinder lernen sie mit erstaunlicher Geschwindigkeit:

Zu Bett um acht, dann beginnt die Nacht.

Pfeift der Regen um das Haus, kommen die Gummistiefel raus.
Nach dem Klo und vor dem Essen Händewaschen nicht vergessen.
Heb' deine Sachen auf, sonst tritt der Nächste drauf.
Ferkeln und Kleckern bringt Mutter zum Meckern.

Sie können ganz nach Bedarf fröhlich drauflos reimen. Machen Sie sich keine Sorgen um den Stil – je alberner diese Verse, desto wirksamer werden sie sein.

Ein weiterer brauchbarer Wort-Trick besteht darin, Kinder die letzten Worte Ihrer Anordnungen selbst ergänzen zu lassen. Diese Methode verstärkt die Botschaft, da es die geistige Teilnahme des Kindes verlangt:

MUTTER: Iß jetzt erst auf, und dann bekommst du – was?
KIND: Den Pudding.
MUTTER: Richtig, aber erst wird aufgegessen.

GROSSVATER: Okay, Gesicht waschen, Haare kämmen und – was?
KIND: Zähne putzen.
GROSSVATER: Warum?
KIND: Damit sie sauber werden.

Sie können Ihre Anordnungen auch in die Form eines Rätsels kleiden:

VATER: Paß mal auf. Dreckige Hände und Wasser haben noch einen guten Freund. Wie heißt der?
KIND: Seife?
VATER: Richtig!

Hängen Sie zur Erinnerung Listen und Übersichten an die Wand

Malen Sie sie in auffallenden Formen und Farben und hängen Sie sie an gut sichtbaren Stellen auf. Lassen Sie ruhig das Kind dabei helfen. Sie werden ins Auge fallen, als Erinnerung und zu funktionellen Zwecken dienen:

Haushaltspflichten verkünden, Schlafenszeiten angeben oder aufzeigen, wie viele Punkte man schon für die ersehnte Belohnung gesammelt hat.

Hüten Sie sich davor, Botschaften zu vermitteln,
die wohlmeinend scheinen, aber in Wirklichkeit
die neurotischen Verhaltensmuster der Eltern reflektieren

Gerald Walker Smith hat in *Hidden Meanings*, einem Buch über
versteckte Bedeutungen, das von sehr viel Einsicht zeugt, eine
Sammlung der typischen widersprüchlichen Botschaften erstellt,
die wir einander täglich zukommen lassen. Wir benutzen sie, um
unsere wahren Gefühle und Absichten vor uns selbst und anderen
zu verbergen. Ein Kapitel dieses Buches ist den klassischen Formulierungen von Eltern gewidmet, die eine Sache zu sagen *scheinen*, aber etwas ganz anderes meinen.

Viele Kinder spüren instinktiv bei der Konfrontation mit einem
solchen Satz, daß sie nicht fair behandelt werden, daß darin irgendwo eine Falle steckt. Da sie aber nicht über die geistigen und
psychischen Möglichkeiten verfügen, unter die Oberfläche der
Erwachsenensprache und der Körpersprache zu schauen, können
sie nicht sagen, wie und wieso. Und falls Kinder sich doch wehren,
wenn ihre Eltern so manipulative klassische Phrasen äußern wie
»Wenn du mich wirklich lieben würdest, würdest du . . . « oder
»Ich sage dir das zu deinem eigenen Besten«, dann antworten die
verletzten Eltern mit Sätzen wie: »Das ist also der Dank dafür, daß
ich dir zu helfen versuche!« Eine Situation, in der das Kind nicht
gewinnen kann.

Und das ist sehr schade, denn wenn Kinder aufhören, sich
psychisch auf ihre Eltern zu verlassen, dann verlieren sie auch ihr
spirituelles Vertrauen.

Einige Beispiele:

Aussage der Eltern: »Frag' deine Mutter / Frag' deinen Vater.«
Mögliche versteckte Bedeutungen:

1. Ich traue mich nicht, nein zu sagen. Ich gehe den leichten
   Weg und delegiere diese heikle Aufgabe an meinen Partner.
2. Es gibt mir insgeheim Befriedigung, meinen Partner in die
   Enge zu treiben und ihm oder ihr die Rolle des Bösen zuzuschreiben.

Elterliche Aussage: »Benimm dich erwachsen.«
Mögliche versteckte Bedeutungen:

1. Ich kann dich mit dieser unmöglichen Forderung zurückweisen (das Kind kann sich schließlich nicht wie ein Erwachsener benehmen, bis es erwachsen *ist*).
2. Sei mehr so wie ich.
3. Zeig deine echten Emotionen nicht mit Tränen oder Gefühlsausbrüchen: Echte Gefühle machen mich unsicher.

Elterliche Aussage: »Tu, was du willst.«
Mögliche versteckte Bedeutungen:

1. Ehrlich gesagt ist es mir relativ egal, *was* du tust.
2. Ich tue so, als sei ich ein toleranter, großzügiger Erwachsener. In Wirklichkeit will ich meine Zeit nicht dafür opfern, mich mit deinen Entscheidungen und Bedürfnissen zu beschäftigen.

Elterliche Aussage: »Wir werden sehen.«
Mögliche versteckte Bedeutungen:

1. Nein.
2. Ich möchte mich jetzt nicht mit dieser Frage beschäftigen.
3. Ich kann mich jetzt nicht entscheiden, möchte aber nicht unentschlossen erscheinen.
4. Es hängt davon ab, ob ich andere Pläne habe oder nicht.

Zu den typischen versteckten Bedeutungen in Antworten von Eltern gehören auch:

- »Laß uns nicht gerade jetzt darüber sprechen.« (Wirkliche Bedeutung: Ich möchte mit der Sache nichts zu tun haben.)
- »Als ich ein Kind war, haben wir nie . . . « (Wirkliche Botschaft: Ich bin besser als du. War ich damals, bin ich heute.)
- »Nur zu, wenn du das willst.« (Wirkliche Botschaft: Ich kann nicht billigen, was du da tust. Also werde ich auf Nummer sicher gehen, dich tun lassen, was du willst, und dir zugleich deswegen ein schlechtes Gewissen machen.
- »So führst du dich auf nach allem, was wir für dich getan haben.« (Wirkliche Botschaft: Fühl dich schuldig, Kleines, denn deine Eltern führen genau Buch.)

Wenn wir hören, wie andere diese Finten einsetzen, erkennen oder erahnen wir sie zumindest. Leider ist es nicht so einfach, sich selbst dabei zu erwischen. Aber es geht.

Seien Sie ehrlich. Nicht: »Laß uns nicht darüber reden«. Sondern: »Ich möchte jetzt nicht über diese Sache reden; sie beunruhigt mich.« Statt: »Das ist deine Entscheidung«, das, was wirklich stimmt: »Ich bin einfach nicht in der Lage, jetzt eine Entscheidung zu treffen – tu du es für mich.« Versuchen Sie es statt mit: »Du bist zu jung, um das zu verstehen«, mit der Wahrheit: »Das ist eine komplizierte Angelegenheit, und ehrlich gesagt weiß ich nicht, wie ich sie dir erklären soll.«

Lesen Sie zwischen den Zeilen

Die letzte und vielleicht wichtigste Fertigkeit, die es zu kultivieren gilt, wenn Sie taoistische Disziplin beherrschen wollen, ist die, herauszufinden, was hinter der Aufsässigkeit des Kindes steckt, und dann diese Frage direkt anzusprechen. Das ist viel besser, als ein Verhalten zu bestrafen, das nur das Symptom einer tieferliegenden Störung sein könnte.

Fragen Sie sich selbst: Was versucht das Kind durch sein unangepaßtes Verhalten wirklich zum Ausdruck zu bringen? Welche wichtigen Tatsachen habe ich zwischen den Zeilen übersehen? Was ist das Ziel, die erwartete Belohnung für dieses Verhalten? Wie kann ich die Forderung des Kindes auf natürliche Weise erfüllen, so daß es nicht mehr das Gefühl hat, sich ungebührlich aufführen zu müssen, um etwas zu erreichen? Was tue ich selbst, was sein schlechtes Benehmen bewirkt oder verschlimmert?

Wie kann ich angemessene Änderungen vornehmen?

Der neunjährige Jeremias bestand beispielsweise darauf, einen harten Gummiball heftig gegen eine Tür im oberen Flur zu prellen. Man konnte ihm noch so oft sagen, er solle damit aufhören. Ein paar Stunden später fing er wieder damit an. Die Tür glich bald einer gepunkteten Kollage aus lauter häßlichen Ballspuren.

Seine Eltern dachten eine Weile über die Angelegenheit nach und kamen zu dem richtigen Schluß, daß die Zwanghaftigkeit, mit der der sonst ziemlich brave Jeremias diesen Ungehorsam fortsetzte, merkwürdig war.

Schließlich dämmerte es ihnen. Die Oberfläche, gegen die Jeremias seinen Ball schleuderte, war mehr als einfach nur eine praktische Türfläche. Es war die Tür zum Zimmer seines jüngeren Bruders, was sehr wohl auch heißen konnte, daß sie ihm als Ersatz für den Bruder diente. Hatten die Eltern Jeremias in letzter Zeit vernachlässigt? Hatte sein jüngerer Bruder zuviel Aufmerksamkeit bekommen? Vermutlich. Jedenfalls war dies die Botschaft, die Jeremias' Eltern sahen, und sie begannen sofort, Abhilfe zu schaffen.

Das Ballwerfen war mit anderen Worten das Symptom, nicht die Krankheit, und so ist es bei vielen Erziehungsproblemen in der Kindheit. Sie entstammen nicht der garstigen Natur des Kindes, sondern einem Ruf des Herzens, der nicht beantwortet wird oder dessen sich Eltern gar nicht bewußt sind.

Bevor Sie daher zu Zuckerbrot und Peitsche greifen, sollten Sie die Probleme genau auf versteckte und auch weniger versteckte emotionale Ursachen hin untersuchen.

1. Hat die Art und Weise, in der sich das Kind danebenbenimmt, ein bestimmtes Muster? Ist es an bestimmten Orten oder zu bestimmten Zeiten ungezogen? Beim Essen? Vor dem Zubettgehen? Wenn Gäste da sind? Mit Geschwistern? Im Schulbus? Besonders bei einem Elternteil? Das Wie, Wo und Warum des Ungehorsams liefert immer wertvolle Hinweise.

2. Denken Sie immer an diese Faktoren im Leben eines Kindes:
   – Das Bedürfnis nach Liebe
   – Die Angst, verlassen zu werden.
   Diese beiden Impulse gehören zu den essentiellen Triebkräften in der Psyche eines Kindes, und die Mehrzahl aller Kindheitsprobleme lassen sich zu irgendeiner Variation dieser beiden Themen zurückverfolgen. Gehen Sie alle Überlegungen zum beunruhigenden Verhalten eines Kindes mit der Annahme an, es habe etwas mit einem oder gar mit beiden dieser Faktoren zu tun.

3. Ist das ungezogene Verhalten des Kindes symbolisch? Kann seine Weigerung, abends ins Bett zu gehen, ein Zeichen von Unsicherheit im Schlaf sein? Wenn das Kind gern Frösche tötet und Hunde mit Steinen bewirft, wen will es dann wirklich treffen?

4. Gehen Sie nicht davon aus, daß Kinder ihre Ängste und Bedürfnisse verbalisieren werden. Das werden sie nämlich nicht – jedenfalls meistens nicht. Und machen Sie nicht den Fehler zu

glauben, daß direkte Fragen zur Enthüllung der Ursachen beitragen werden. Manchmal funktioniert das, manchmal aber auch nicht. Das Problem ist: Wenn junge Menschen nicht wissen, was sie plagt (und dem ist häufig so), dann werden sie auch nicht in der Lage sein, mit Ihnen darüber zu sprechen. Das gilt selbst dann, wenn man sie mit Fragen konfrontiert wie: »Hast du Angst?« »Bist du eifersüchtig?« oder »Bist du wütend?« Das Kind weiß es einfach nicht. Selbst-Bewußtheit zählt nicht zu den stärksten Trümpfen von Kindern.

5. Verlassen Sie sich nicht darauf, daß Kinder Ihnen explizite Informationen über ihre Psyche oder ihre Gefühle liefern. Rechnen Sie dagegen damit, daß sie ihre Probleme durch ihr Verhalten zum Ausdruck bringen werden. Sie müssen diese Verhaltensmuster wie Hieroglyphen entziffern und verstehen lernen.

6. Erprobt das Kind Ihre Grenzen? Viele tun das. Besonders, wenn Eltern nicht von Anfang an Grenzen gezogen haben. Don Fleming hat ein hilfreiches Buch mit dem Titel *How to Stop the Battle with Your Child* (Wie Sie den Kampf mit Ihrem Kind beenden) geschrieben, in dem er vorschlägt, Eltern sollten »Stufenpläne« für den Umgang mit jedem Bereich des Verhaltens erstellen. Um beispielsweise dem Verhalten an öffentlichen Orten wie Supermarkt oder U-Bahn Grenzen zu setzen, empfiehlt er Eltern: Sagen Sie dem Kind (1.) im voraus, wie es sich an diesem bestimmten Ort, zu diesem bestimmten Zeitpunkt verhalten soll. Erwähnen Sie (2.), was die Strafe (oder Belohnung) sein wird. Wenn das Kind darauf besteht, sich ungezogen aufzuführen, entfernen Sie es (3.) aus dem Umfeld. Bereiten Sie das Kind (4.) für den nächsten Ausflug in die Öffentlichkeit genauso vor und versichern Sie ihm auf positive Weise, sie wüßten, daß es diesmal besser klappen würde.

Ähnliche Stufenpläne können für Autofahrten, den Umgang mit anderen Menschen, Schlagen, Stehlen, Lügen und so fort entwickelt werden. Dieses schrittweise Vorgehen wird, meint Fleming, Eltern dabei helfen, ihren Modus operandi *im voraus* zu klären und zugleich die Kinder genau wissen lassen, was ihre Grenzen sind – und in jeder gegebenen Situation sein werden.

Warum sich Kinder danebenbenehmen

Dr. Rudolf Dreikurs, ein bekannter Psychologe und Autor, hat vier grundlegende Arten von Fehlverhalten identifiziert, die seiner Meinung nach auf dem immensen Bedürfnis des Kindes beruhen, anerkannt, respektiert und umsorgt zu werden:

1. *Aufmerksamkeit.* Wenn du keine positive Aufmerksamkeit, keine halbe Aufmerksamkeit oder gar keine Aufmerksamkeit bekommen kannst, dann zwinge deine Eltern, dich dadurch anzuerkennen, daß du ihnen in die Quere kommst. Das tust du, indem du den Hund oder deine Schwester schlägst, das Waschbecken überlaufen läßt oder dich vor den Fernseher stellst, wenn sie einen Film anschauen. Es gibt für ein erfinderisches Kind in der Tat schier endlose Möglichkeiten, Eltern zu entnerven, ihnen zu sagen: »Schau mich an, schau mich an – es gibt mich!« Es ist wieder das Gesetz vom labbrigen Kartoffelchip.
2. *Macht.* Wenn Kinder zu sehr kontrolliert oder eingeschüchtert werden, oder selbst wenn sie nur eine rebellische Phase durchlaufen, können sie unablässig die elterliche Autorität herausfordern. »Nein, tu ich nicht!« oder »Das muß ich nicht!« oder »Später, Mami, nicht jetzt!« sind typische Antworten von Kindern, die sich hilflos fühlen und/oder die Grenzen ihrer Macht austesten.
3. *Rache.* Da manche Kinder davon überzeugt sind, daß sie nicht geliebt werden, finden Sie ihre Nische in der Familie dadurch, daß sie die »Bösen« sind. In dieser Rolle fallen sie absichtlich durch Prüfungen, erzählen haarsträubende Lügen, machen in die Hose, wenn sie auf Mutters Lieblingssofa sitzen und so weiter. Kinder, die häufig für kleine Vergehen bestraft werden, wählen oft diese Verhaltensweise. Dies ist für Kinder, die sich schlecht behandelt fühlen, einer der wenigen Auswege, die ihnen das Gefühl geben, die Kontrolle behalten zu können.
4. *Unzulänglichkeit demonstrieren.* »Ich bin zu dumm, um diese Hausaufgaben zu machen«, sagt das Kind und verhaut die Arbeit. »Ich bin zu dämlich, als daß mich jemand mögen könnte«, sagt das Kind und beginnt sich den Klassenkameraden zu entfremden. Ankündigungen von Unzulänglichkeit können Bitten des Kindes nach Anerkennung und elterlichem Lob oder Anleitung sein. Man sollte auf sie hören.

Ähnliche Listen von anderen Experten bestätigen, daß ungezogenes Verhalten oft nicht so sehr von einer Rohheit des Geistes motiviert ist, sondern vielmehr von Vernachlässigung oder Fehlurteilen von seiten der Eltern.

Nicht, daß man ausschließlich den Eltern die Schuld zuschieben könnte. Alles hat zwei Seiten, und gewisse unerfreuliche Züge im Kind scheinen Teil der genetischen Ausstattung zu sein. Tatsache bleibt aber, daß es vergeblich und destruktiv sein kann, dem Fehlverhalten eines Kindes mit heftigen Gegenangriffen zu begegnen. Besser ist es, die zugrundeliegenden Bedürfnisse eines Kindes zu orten, sich ihnen offen zu stellen und im Laufe dieses Prozesses die eigenen Handlungen und Motivationen zu hinterfragen. Nehmen wir beispielsweise nach Dreikurs' Motivationsliste ein auffälliges Kind, das mehr Aufmerksamkeit und ein Gefühl persönlicher Macht und Kompetenz braucht. Fein. Geben Sie dem Kind die Aufmerksamkeit und Macht. Aber nicht dadurch, daß Sie zu permissiv werden, sondern dadurch, daß Sie sich psychisch mehr auf das Kind einstimmen.

Was heißt das? Schließlich ist es möglich, daß ein Kind vierundzwanzig Stunden am Tag mit seinen Eltern zusammen ist und sich dennoch vernachlässigt fühlt. Wieso? Weil die Aufmerksamkeit von Mutter oder Vater überall ist, nur nicht bei ihrem Sprößling. Eltern denken über unbezahlte Rechnungen nach, planen eine Party oder befassen sich mit tausenderlei Erwachsenen – Belangen. Sie nehmen sich selten die Zeit, sich genau auf das Hier und Jetzt zu konzentrieren. Für das Kind sind sie somit gar nicht präsent. Die Kleinen spüren diese Abwesenheit und reagieren mit Ungezogensein, um beachtet zu werden. Es ist, als würde man sie mit köstlich aussehenden Speisen füttern, die aber aus Pappe sind. Langsam und unerbittlich sterben sie an emotionaler Unterernährung.

Mütter und Väter, die Erfahrung mit Gebet oder Meditation haben, werden verstehen, wieso man den Geist von Gedanken befreien und im augenblicklichen Moment gegenwärtig sein soll. Sie werden diese Technik bei der Kindererziehung in folgender Weise einsetzen:

● Im Laufe des Tages können Sie mehrere Versuche machen, alles beiseite zu legen und sich *völlig* auf das Kind einzustellen. Sie hören auf, sich zu sorgen, zu planen oder vorauszudenken. Sie konzentrieren sich ganz auf die Existenz des Kindes – vollständig, wie Sie es bei einem Gebet täten. Nun gibt es nichts mehr außer Ihnen beiden. Nichts. Mutter oder Vater und Kind sind allein mit sich und mit ihrem Schöpfer. Es liegt in der Natur eines solchen Versuchs, daß dieser Augenblick Stille und etwas Besonderes in sich birgt. Kinder werden das spüren und entsprechend reagieren.

- Geben Sie Ihren Kindern *qualitativ hochwertige Zeit*. Lassen Sie Ihr Kind täglich für eine bestimmte Anzahl von Minuten zum Mittelpunkt Ihrer gesamten Aufmerksamkeit werden. Stellen Sie sich emotional einem jeden seiner Bedürfnisse. Eine Stunde so miteinander verbrachter qualitativ hochwertiger Zeit ist besser als eine ganze gemeinsame Woche, in der Sie abgelenkt sind.
- Eltern sollten versuchen zu *hören*, was die Kleinen sagen, wenn sie reden. Tun Sie ihre Worte nicht einfach als Kindergebrabbel ab. Vielleicht sind die Worte wirklich Babysprache, aber es ist die Babysprache *Ihres Kindes*. Es versucht, Ihnen etwas mitzuteilen, und es ist Ihre Aufgabe zuzuhören. Dann werden sich Kinder angehört, geliebt und anerkannt fühlen. Und sie werden ihr Verhalten entsprechend modifizieren.

Einer meiner Freunde, ein Ingenieur und sechsfacher Vater, hat mir neulich erzählt, sein eigener Vater habe die unfreundliche Angewohnheit gehabt, ihm beim Reden nicht in die Augen zu schauen und auf Fragen nur mit Schweigen zu antworten. Er berichtete, wie der Vater leer in die Ferne blickte, wenn mein Freund sprach, wie er aufstand und mitten in einem Satz einfach davonging. »Bis heute«, meinte er mit bemerkenswerter Offenheit, »fange ich an zu stottern und verwirrt zu werden, wenn jemand, mit dem ich spreche, das Interesse verliert. Also versuche ich bei meinen Kindern, absolut da zu sein, wenn sie mit mir reden. Ich merke, wie wichtig der Austausch von Aufmerksamkeit dafür ist, ihnen beim Entwickeln von Kommunikationsfertigkeiten zu helfen und sie zu lehren, vor anderen Menschen keine Angst zu haben.«

»Konzentrieren Sie sich auf seine Gefühle und seine Botschaft«, rät Don Dinkmeyer in einem Artikel darüber, wie man ein Kind Verantwortlichkeit lehrt. »Vermitteln Sie ihm mit Ihrem ganzen Wesen, daß Sie präsent und anwesend sind. Nehmen Sie Augenkontakt auf, folgen Sie ihm genau, ohne zu unterbrechen.

Hören Sie *alles* an, was gesagt wird, registrieren Sie aufmerksam,
welche Gefühle zum Ausdruck kommen. Teilen Sie ihm verbal
und non-verbal mit, daß Sie die Gefühle hinter den Worten erkennen . . . Vertrauen entsteht, wenn Erwachsene reale Personen
sind, nicht Rollenspieler.«[6] Das ist wieder fast wie eine Meditation; versetzen Sie sich in einen Zustand passiver Wachheit und
lassen Sie die Manifestationen des Kindes auf Ihre Empfänglichkeit einwirken.

Nehmen Sie sich Zeit und versuchen Sie, unter die Oberfläche
der Dinge zu schauen. Entwickeln Sie Röntgen-Augen und -Oh-
ren. Verwenden Sie alle Hinweise und Anhaltspunkte: Die kann
man im Spiel finden, in der Mimik und Körpersprache, in zufälli-
gen Bemerkungen, in emotionalen Ausbrüchen von Freude und
Kummer, in Dingen, die Kinder lieben oder hassen. Bleiben Sie
dran. Begegnen Sie Fehlverhalten mit Toleranz, Intuition und
sanften Mitteln, bevor Sie zu Ermahnungen und Strafen greifen.
Helfen Sie Kindern, sich selbst ihres falschen Verhaltens bewußt
zu werden, und unternehmen Sie dann die notwendigen Schritte,
ihnen Hilfe zur Selbsthilfe dafür zu geben. Denken Sie daran:
Wenn Sie nicht wollen, daß das Wasser in einem Topf überkocht,
stellen Sie besser die Flamme kleiner, anstatt immer fester auf den
Deckel zu drücken.

Neuntes Kapitel

Das Tao des Strafens

Im Laufe der Kindererziehung wird manchmal deutlich, daß sanfte Überredung nicht ausreicht, sondern Strafe und Deprivation erforderlich sind, um die Flut des Ungehorsams abebben zu lassen. Zweifelsohne: Wenn die toleranten Methoden versagen, muß das schwere Geschütz aufgefahren werden. Im letzten Kapitel lag das Gewicht auf der Gnade. Nun folgt die Gerechtigkeit.

Aber bedenken Sie, bevor strafende Maßnahmen zur einzigen Basis für die Aufrechterhaltung der Disziplin werden, daß es ebenso wie das Tao des Strafens das Tao des Verhinderns gibt. Diese subtile und wirksame Methode erfordert eine moderate Behandlung des Kindes und Eingriffe, die eher lehren als verletzen. Wenn man ihr sorgfältig folgt, kann sie den negativen Energieaufwand bei den Eltern verringern und ein glücklicheres, weniger traumatisiertes Kind »produzieren«. Alle profitieren davon. Das ist die Essenz spiritueller Elternschaft.

Die folgenden Methoden beruhen daher auf der Vorstellung, daß Strafen Lehren sein sollten, nicht Züchtigungen, und daß ein kleines bißchen Strafe im Rahmen der Erziehung weit trägt. (»Wenn man«, so ein taoistisches Sprichwort, »einen Klotz mit einer Hand bewegen kann, warum sollte man dann zwei benutzen?«)

Vor allen Dingen sollte Disziplin nicht entwürdigen, sondern den jungen Menschen veredeln. Sie sollte gute persönliche Qualitäten fördern, nicht den keimenden Willen zerstören. Sie sollte Vertrauen und Kraft hegen, nicht Sorge und Betrübnis säen. Sie sollte den Glauben an die eigenen Fähigkeiten fördern, nicht die Angst vor anderen. Disziplin sollte den Charakter formen und spirituelles Wachstum ermöglichen. Dafür ist sie da, darum geht es doch.

Passen Sie Ihre Erwartungen
dem Alter des Kindes an

Wenn man eine Disziplin-Strategie maßschneidern will, muß die Angemessenheit für das jeweilige Alter das erste Anliegen sein. Hier eine knappe Übersicht, was Sie in welcher Altersstufe erwarten können:

Alter	Angemessene disziplinierende Techniken für unterschiedliche Altersstufen
15-20 Monate	Beginnen Sie langsam, die Bedeutung von Ja und Nein zu verankern. Erwarten Sie von dem Kind nicht, daß es komplizierte Anweisungen befolgt. Nutzen Sie Schimpfen oder Deprivation nicht als Strafmittel. Das Kind wird das nicht verstehen. Wenden Sie in diesem Alter nie physische Strafen an.
2 Jahre	In diesem Alter sind Ablenkung und Zerstreuung vielleicht die besten Methoden, Kinder von Unfug abzuhalten. Sorgen Sie stets dafür, daß das Kind sehr beschäftigt ist. Klare Jas und Neins, Befehle, etwas zu tun oder zu lassen, sollten befolgt werden, wenngleich indirekte Methoden wie Ablenkung in diesem Alter am besten funktionieren. Gewähren Sie mehr Unabhängigkeit, besonders bei Fertigkeiten wie Anziehen und Essen. Forcieren Sie die Dinge nicht allzusehr.
3 Jahre	Kinder in diesem Alter wollen ihren Eltern gern Freude machen und sich Regeln anpassen. Ihr Beifall, Zeichen Ihrer Zuneigung, Mut machen und praktische Anleitung werden helfen. Gestalten Sie Ihre Anordnungen sehr genau und detailliert. Nun kann man kleine Pflichten einführen. Seien Sie sanft.
4 Jahre	Wieder eine rebellische Phase. Lob und Tadel sind weniger wirksam als bei Dreijährigen. Es sind direkte Anordnungen vonnöten. Beginnen Sie, den Begriff von Richtig und Falsch einzuführen. Sie können mit einfachen, kleinen Strafen beginnen, wie in der Ecke stehen oder auf den Nachtisch verzichten müssen.

Stellen Sie nur sicher, daß das Kind weiß, warum es bestraft wird. Kinder in diesem Alter haben Probleme mit der Ursache und der Wirkung einer Strafe und fühlen sich oft ungerecht behandelt. Nun beginnen sie zu sagen: »Das ist nicht fair!«. Es mag so aussehen, als sei das Kind ungehorsam, wenn es einfach die Anweisung vergessen oder die Aufmerksamkeitsspanne überzogen hat.

5 Jahre   Das Kind möchte und braucht reichlich Aufsicht und Ja/Nein-Anleitung. In diesem Alter kann man gelegentlich, aber nicht immer, die Rudimente des kindlichen Bewußtseins ansprechen. Es wird auf Lob und Beifall stärker reagieren als auf Schimpfen. Wiederholen Sie Anordnungen oft und sorgfältig. Wiederholung ist jetzt sehr wichtig. Blamieren oder bestrafen Sie das Kind nicht vor Freunden. Das gilt von jetzt ab bis über die Pubertät hinaus.

6 Jahre   Das Kind antwortet oft mit einem prompten Nein und tut dann doch, was es soll. Erklären Sie, warum Sie strafen und belohnen. Das Kind wird es verstehen und entsprechend reagieren. Wenn die Anordnungen einfach genug sind, können Sie sie auch an den kindlichen Verstand richten. Geben Sie dem Kind Zeit, auf Anweisungen einzugehen – vermeiden Sie es, sofortige Erfüllung zu verlangen. Indirekte Methoden funktionieren am besten. Das Kind möchte sich in gewissem Umfang wie der Kapitän seines eigenen Schiffes fühlen.

7 Jahre   Der Verstand des Kindes beginnt zu knospen, und sie können mit Ihren Forderungen an ihn appellieren: »Räum' dein Zimmer auf, weil es ein Saustall ist«, ergibt für einen Vierjährigen keinen Sinn, aber für einen Siebenjährigen schon. Dennoch muß man ihm mehrfach sagen, was er tun soll; er leidet oft unter sofortigem Gedächtnisschwund und braucht ständige Erinnerung. Erklären Sie, was zu tun ist, erinnern Sie ihn wieder und wieder daran und strafen Sie erst, wenn er trotz wiederholter Ermahnungen nicht dar-

auf eingeht. Dinge vor sich herzuschieben, gehört in diesem Alter dazu.

8 Jahre	Das Kind wird viel argumentieren wollen. Sagen Sie klar, was Sie zu sagen haben, und lassen Sie sich nicht in lange, unnötige Diskussionen verwickeln. Stellen Sie Regeln auf, erwarten Sie, daß das Kind sie befolgt, und machen Sie Strafe zu einer automatischen Konsequenz von Fehlverhalten. Bieten Sie reichlich Anreize – die bedeuten in diesem Alter viel. Sprechen Sie nicht von oben herab mit dem Kind, das nicht mehr als Baby behandelt werden will. Halten Sie die Anweisungen auf einem Minimum und geben Sie dem Kind das Gefühl, es könne mit ihnen fertig werden; sagen Sie einem Kind also beispielsweise nicht, *was* es, sondern *daß* es sich anziehen soll.
9 Jahre	Das Kind lernt, Pflichten vor sich herzuschieben und sich zu drücken. Es naht das Alter der Gerissenheit. Seien Sie vorsichtig. Achten Sie auf Lügen und strafen Sie angemessen. Wehren Sie sich jetzt gegen diese Angewohnheit, sonst wird sie in den Teenagerjahren ein größeres Problem. Nun ist ein subtilerer psychischer Austausch notwendig; das Kind wird auch mehr auf Ihre Körpersprache, auf hochgezogene Brauen und leises Lächeln reagieren.
10 Jahre	Kinder benehmen sich mit zehn und elf Jahren meist am besten. Aber lassen Sie sich nicht auf lange, ermüdende Diskussionen ein. Die Kinder sollten alle ihre Pflichten genau kennen und bereit sein, die Konsequenzen zu tragen, wenn sie sie vernachlässigen. Man wird sie trotzdem noch oft erinnern müssen. Das Kind will jetzt den Eltern gefallen und ein braver Junge oder ein liebes Mädchen sein. Nun beginnt in ihm der Wunsch zu reifen, der Gemeinschaft zu dienen. Ermutigen Sie es dabei!

Schimpfen, aber nicht bloßstellen

Wenn sie vier oder fünf sind, entwickeln Kinder ein soziales Schamgefühl, das auf dem Bedürfnis basiert, das Gesicht zu wahren. Wie die Erwachsenen untereinander, so wollen auch sie es mit anderen aufnehmen können und vor ihren Freunden nicht als Tölpel oder Dämlack dastehen.

Erwachsene übersehen dieses Bedürfnis oft und beschämen Kinder vor Freunden und Gleichaltrigen. Öffentlich blamierte Kinder mögen in dem Moment nichts dazu sagen, aber Sie können sicher sein, daß ihr Hang zur Nachahmung an der Sache arbeitet. Bald beginnen sie dann ihrerseits, ihre Freunde lächerlich zu machen:

Die von Ihnen gepredigten Prinzipien von Fairneß und Mitgefühl fliegen nur so zum Fenster hinaus. In seinem Inneren ist das bloßgestellte Kind brodelnde Lava; zu einem späteren Zeitpunkt wird dieser unterdrückte Ärger in Form von patzigen Antworten, Ungezogenheit und sogar Gewalt hervorbrechen. Bedenken Sie folgende Optionen, bevor Sie ein Kind vor anderen zurechtweisen:

- Schimpfen Sie mit Ihren Kindern dort, wo die Welt Sie nicht sieht und hört. Das bestätigt dem Kind, daß es sich zwar danebenbenommen hat, daß Sie es aber dennoch so sehr respektieren, daß es sich nicht vor der Familie und/oder Freunden schämen muß.

- Schlagen oder verhauen Sie ein Kind absolut *nie*, wenn Gleichaltrige in Sichtweite sind. Führen Sie diese unangenehme Aufgabe, wenn Sie denn wirklich physische Strafen anwenden müssen, ohne Publikum durch.

- Sprechen oder scherzen Sie im nachhinein nie vor anderen über die erfolgten disziplinarischen Maßnahmen.

- Greifen Sie sofort ein, wenn Geschwister das bestrafte Kind hänseln. Machen sie dennoch weiter, bestrafen Sie auf der Stelle den oder die Missetäter.

- Lassen Sie eine Angelegenheit mit erfolgter Strafe zu Ende sein. Reiten Sie nicht darauf herum. Die Frage ist erledigt, und von nun an ist jeder Augenblick neu.

- Strafen Sie nicht auf eine Weise, die körperliche Scham verursacht, wie beispielsweise Schläge auf den nackten Po. Es gibt auch beim Strafen eine Etikette, wie bei allem anderen. Sie gilt es zu beachten.

Anmerkung: Nach dieser Absage an öffentliche Bloßstellung muß allerdings eingeräumt werden, daß es schon eine mögliche Ausnahme gibt: Unter bestimmten Umständen und zu bestimmten Zeiten könnte öffentliche Zurechtweisung genau das sein, was dazu angetan ist, um ein Kind für besonders häßliches Verhalten zu beschämen. Wir werden am Ende dieses Kapitels näher darauf eingehen. Wie so viele Aspekte der spirituellen Erziehung sind auch Regeln etwas Relatives.

Stellen Sie sicher, daß die Kinder verstehen,
warum sie bestraft werden

»Du wirst bestraft, weil ich es sage«, brüllt der Vater und läßt den Riemen sprechen. »Aber was hab' ich denn getan?« schreit der Junior verzweifelt. »Nimm deine Strafe einfach wie ein Mann«, schreit Vater zurück und führt sein Vorhaben aus.

Die »Erklärung« des Vaters, die noch vor einigen Jahrzehnten ganz üblich war, wird heutzutage nirgendwo mehr akzeptiert. Besser ist es, mit der Einsicht zu disziplinieren, daß die Strafe aus einem bestimmten Grund erfolgt, daß man aber selbst beim Strafen ein gewisses Maß an Gnade walten lassen soll. Diese Gnade drückt sich darin aus, daß Sie

1. erklären, warum die Bestrafung erfolgt, und was sie bewirken soll;
2. dem Kind (manchmal) ein begrenztes Mitspracherecht an seinen Bestrafungen einzuräumen. Beispiel: »Was hältst du für die angemessenere Strafe für deine Lüge: diese Woche aufs Fernsehen zu verzichten oder auf den Pfadfinderausflug am Samstag?«
3. wenn es angemessen ist, eine zweite Chance geben;
4. die Tatsache klarstellen, daß die Strafe ein vorübergehendes Korrektiv ist, daß sie nicht mehr nötig sein wird, wenn das Ziel erreicht ist, daß nichts nachgetragen wird. Betrachten Sie diese zwei Szenen:

VATER: Zwei Vierer, zwei Fünfer. Ziemlich schwach, Lars. Ich fürchte, ich werde dich nicht mehr draußen spielen lassen können, bis deine Lerngewohnheiten besser geworden sind.

LARS: Ach komm, Vati!

VATER: Du hast deine Pflicht zu erfüllen – und das ist die Schule. Ich werde durchgreifen müssen, bis sich deine Noten bessern.

LARS: Muß das jeden Tag sein?

VATER: Nun, du kannst wählen: Du kannst das neue Angebot zur Hausaufgabenbetreuung nutzen, von dem mir dein Lehrer erzählt hat, und jeden Tag eine halbe Stunde länger in der Schule bleiben. Oder du kannst direkt nach Hause kommen und hier arbeiten. Was meinst du, was besser wirken würde?

LARS: Vermutlich die Zeit in der Schule.

VATER: Gut. Wenn das nichts bringt, werden wir uns einen anderen Plan ausdenken. Paß auf, mein lieber Sohn, ich möchte einfach sehen, daß deine Noten deutlich besser werden. Mir geht es nicht darum, dir den Tag zu verderben. Ich werde dir helfen, auf den richtigen Weg zu kommen, und dann machst du allein weiter.

MUTTER: Julia, das ist nun schon das dritte Mal, daß du den Hahn vom Gartenschlauch nicht zugedreht hast. Ich fürchte ich kann dir erst erlauben, ihn wieder zu benutzen, wenn du ein bißchen älter bist und gelernt hast, Verantwortung zu übernehmen.

JULIA (vier Jahre alt): Es war nicht meine Schuld.

MUTTER: Vielleicht nicht. Aber die Regel heißt: Wer den Schlauch zuletzt benutzt, stellt das Wasser ab. Das ist seine Aufgabe. Wenn man den Hahn nicht zudreht, ist das Wasserverschwendung, und das ist nicht gut. Außerdem kostet das Wasser auch Geld. Wir haben schon oft darüber gesprochen. Du kannst, wenn du willst, statt dessen die Gießkanne nehmen.

Verwenden Sie wenige, einfache Befehle

Die Versuchung, aus einer einfachen Anweisung eine ganze Ansprache zu machen, ist für viele schier unwiderstehlich. Ihr nachzugeben kann jedoch auch ein Fehler sein.

Wieso? Wenn man mit Kindern schimpft, fühlen sie sich in die Enge getrieben, als würde man auf ihnen herumhacken, als hätten die dunklen Kräfte des Universums gerade sie zu ihrem Opfer auserkoren. In diesem Augenblick wollen sie eigentlich nichts anderes, als dem so schnell wie möglich zu entrinnen.

Kinder sind also, während man sie zurechtweist, psychisch gar nicht erreichbar für lehrreiche Inhalte, und vieles von dem, was Sie sagen, wird auf taube Ohren stoßen. Später, wenn die größte Aufregung vorbei ist und die Ohren wieder aufgehen, können Sie ausführlich mit dem Kind darüber sprechen. Jetzt aber sollten Sie das, was Sie zu sagen haben, in wenige Worte fassen. Halten Sie sie einfach, direkt, deutlich und eindeutig:

»Zeit für den Abwasch, Kinder. Jetzt wird nicht mehr rumgespielt.«

»Nicht planschen, Mira. Ich sag das nicht noch einmal«

»Ich möchte nicht, daß du in diesem Ton mit mir sprichst. Das ist respektlos, und ich mag es nicht.«

»Kein Aufräumen – kein Minigolf mit Nicky. So wird's geregelt.«

Strafen Sie immer direkt

Kinder leben vollkommen im gegenwärtigen Augenblick. Ihre Welt ist eine zeitlose, in der das Morgen und das Gestern wenig Bedeutung haben und die Gegenwart ewig erscheint. Wenn man daher zuviel Zeit zwischen einer ungehörigen Tat und deren Bestrafung verstreichen läßt, können Kinder vergessen, warum sie überhaupt zurechtgewiesen wurden. Die Strafe erscheint ihnen dann wie ein ungerechtfertigter Übergriff und eine willkürliche Ablehnung. Anders als Erwachsene können sie keine Verbindung zwischen Ursache und Wirkung herstellen, wenn die beiden zeitlich zu weit auseinanderliegen.

Diesen entscheidenden Faktor muß man sich vor Augen halten, wenn man eine Strategie für Bestrafungen plant. Sobald Unfug stattfindet – handeln. Lassen Sie keine Zeit vergehen. Selbst zehn Minuten können zu lang sein. Man sollte dem Kind sagen, was es falsch gemacht hat, daß dies die Strafe ist und daß es sie aus diesem *bestimmten Grund* erhält.

Zum richtigen Zeitpunkt kann schon ein Wort Strafe genug sein. Ein siebenjähriger Knabe, Sohn orthodoxer Juden, spielte mit seinen Freunden in einer Wohngegened von Los Angeles auf der Straße. Die Jungen bespritzten einander mit Wasserpistolen und schaukelten sich gegenseitig hoch, wie Kinder das eben tun. Da kam zufällig ein alter Mann auf seinem Weg zur Synagoge, die nur ein paar Straßen weiter lag, an ihnen vorbei. Der Junge, der nun völlig außer Rand und Band war, spritzte ihn mit der Pistole an.

Der Mann blieb stehen, und der Junge stählte sich für die entsetzliche Standpauke, die nun über ihn hereinbrechen würde. Statt dessen blickte der alte Mann den Jungen lange mit besorgten, liebevollen Augen an und sagte dann in einem Ton völliger Ernsthaftigkeit einfach: »Das ist nicht richtig«, und ging weiter. Dieser Satz und die Erinnerung an den mitfühlenden Blick des Mannes prägten sich so tief in das Gedächtnis des Jungen ein, daß ihm noch dreißig Jahre später, als er mir die Geschichte erzählte, Tränen in die Augen stiegen, wenn er an diese Vier-Worte-Lektion von einem Fremden dachte.

Hören Sie, was das Kind dazu zu sagen hat

Man sollte Kindern erlauben, sich an den disziplinarischen Maßnahmen zu beteiligen, jedenfalls so weit, daß sie sich nicht als hilflose Opfer fühlen. Sie sollten erkennen, daß die Strafe ein echter Versuch Ihrerseits ist, eine üble Situation zurechtzubiegen – sie als eine lehrende Transaktion zwischen Eltern und Kind verstehen.

Eine Möglichkeit, das zu erreichen, ist die, Kinder zu Wort kommen zu lassen, bevor Strafen erteilt werden. Interessant an diesem Ansatz ist, daß manchmal die Erklärungen eines Kindes unerwartet Licht auf eine augenscheinlich völlig eindeutige Situation zu werfen schien. Zum Beispiel: Der neunjährige David kam fünf- oder sechsmal hintereinander morgens zu spät zur Schule. Der Lehrer schickte den Eltern eine Mitteilung, in der es hieß, David würde schwänzen.

Beide Eltern explodierten, als die Nachricht kam. Sie wollten gerade anfangen, Strafen festzulegen, als ihnen David durch einen Tränenschleier eine Geschichte erzählte, die nun wiederum ihnen das Wasser in die Augen trieb. In der Nachbarschaft wohnten drei rauflustige Achtkläßler, die David jeden Tag auf dem Schulweg abpaßten. Eines Morgens schnappten sie ihn und stießen ihn besonders heftig herum. In dem Gerangel wurden sein Schienbein und sein Handgelenk verletzt, und David bekam fast keine Luft mehr. Die Gewalttätigkeit des Vorfalls erschreckte ihn zwar, aber es war ihm peinlich, Erwachsenen gegenüber seine Hilflosigkeit einzugestehen – und petzen wollte er auch nicht. Also begann David einen anderen, weiteren Weg zur Schule zu gehen und kam von da an zu spät. Was zunächst wie ein Verstoß aussah, war in Wirklichkeit ein verzweifelter und in gewisser Weise auch edler Versuch von David, irgendwie allein zurechtzukommen.

Stellen Sie immer sicher, daß Sie die Situation wirklich erfaßt haben und daß es keine versteckten Gründe gibt, bevor Sie Ihr Kind bestrafen. Der Dialog und das Anhören des Kindes sind wichtig, wenn der Gerechtigkeit gedient sein soll.

Die Strafe muß zum Vergehen passen

In der komischen Operette *Mikado* von Gilbert und Sullivan besingt der Kaiser von Japan seine Absicht, Missetäter so zu bestrafen, daß die Strafe zum Vergehen paßt. Er beschreibt, wie Leuten, die quacksalberische Zahnmittel verkauft haben, die Zähne von Amateurzahnärzten gezogen werden sollen. Billardhaie, die ahnungslose Tölpel ausnehmen, sollen in einen Kerker gesperrt und gezwungen werden, auf einem unebenen Tisch, mit einem verbogenem Queue und elliptischen Bällen endlose Partien zu spielen.

Das trifft die Sache genau: Strafen funktionieren am besten, wenn sie eine offensichtliche Verbindung zur begangenen Missetat haben. Etwa so:

- Wenn die Kinder zum x-tenmal mit dreckigen Schuhen durchs Wohnzimmer laufen, lassen Sie sie selber die Schweinerei wegputzen.
- Wenn die Kinder ihr Essen nicht wollen, müssen sie eben hungrig ins Bett.
- Wenn Kinder an die Wand kritzeln, müssen sie so lange wischen und rubbeln, bis sie wieder sauber ist.

Versuchen Sie, Strafen so kreativ, interessant
und bedeutungsvoll wie möglich zu machen

Das mag merkwürdig klingen. Aber denken Sie einmal darüber
nach: Die Dynamik einer Strafe kann, wenn man sie mit guter
Vorstellungskraft steuert, zu einer Art sekundärer, spiritueller
Lektion werden. Warum nicht? Ich will nicht implizieren, daß
disziplinarische Maßnahmen zu Witzen oder einer Übung in
Nonsens reduziert werden sollten. Aber Sie sollten dennoch versuchen, aus jedem erzieherischen Akt soviel wie möglich heraus-
zuholen.

Sie werden natürlich Ihre eigenen Variationen für die jeweiligen Situationen finden müssen, aber die folgenden Beispiele
könnten Ihre Kreativität anregen:

Kinder, die ihren Eltern freche Antworten geben, müssen sich vor
einen Spiegel stellen und fünfhundertmal einen oder zwei der
wütenden Sätze wiederholen, die sie ihren Eltern gerade an den
Kopf geworfen haben: »Du sollst mir das holen!« »Du sollst mir
das holen!« »Du sollst mir das holen!« ruft Gregor immer und
immer wieder und beobachtet, wie sein eigenes Spiegelbild nach
dem zweihundertfünfzigstenmal ziemlich albern aussieht: »Du
sollst mir das holen!« »Du sollst mir das holen!« »Du sollst mir
das holen!« Dies kann letztlich nicht nur eine Übung für bessere
Manieren, sondern auch zur Selbstwahrnehmung werden.

Eine alternative Methode für freche Kinder ist die, sie eine Stunde
schweigen zu heißen – keinen Pieps von sich geben zu lassen. Für
jeden Ausrutscher hängen Sie weitere fünf Minuten an. Das
zwingt Kinder, Willen zu entwickeln, und macht ihnen nebenbei
klar, wie schwierig es ist, nicht zu reden, was für jedes Kind eine
gute Lektion ist. Der Kontrast wird sein Lehrer sein. Er wird ihm
auch helfen zu verstehen, daß das Schweigen seine eigenen Vorteile hat.

Die sechsjährige Sarah hat das *Monopoly* des elfjährigen Philipp
geholt. Die Teile liegen kreuz und quer in ihrem Zimmer ver-
streut, und die meisten »Straßen« hat sie im Aquarium versenkt.
Zur Strafe muß Sarah nun täglich Philipps Zimmer fegen, wofür
sie von ihren Eltern ein kleines »Gehalt« bekommt. Wenn sie

genug Geld verdient hat, wird Sarah in den Spielzeugladen gehen und ein neues *Monopoly* als Ersatz für das von ihr ruinierte kaufen. Hier werden Fleiß, das karmische Gesetz von Ursache und Wirkung, die Rolle des Geldes sowie das Prinzip der fairen Wiedergutmachung betont.

Florian hat in einem Wutanfall seinen kleinen Bruder verdroschen. Der hatte es vielleicht verdient, vielleicht auch nicht. Aber Florians Eltern finden solche Raufereien unerträglich und wollen Florian eine entsprechende Strafe zukommen lassen. In ihrem Hause wird jedoch jede Form von Gewalt abgelehnt. Deswegen geht Florians Vater nun jeden Tag nach der Schule mit ihm in den Garten und läßt ihn zehn Minuten lang ein hartes Übungsprogramm durchmachen – gute, harte körperliche Aktivität. Dieses Training muß Florian drei Wochen durchhalten (bei guter Führung hat er sonntags frei), oder so lange, bis seine Eltern finden, daß er seine Tat abgearbeitet hat. Florian muß mit anderen Worten mit gleicher Münze zahlen: physischem Schmerz – aber in diesem Fall ist es physischer Schmerz, der Ausdauer und Kraft aufbaut, und aus dem Florian moralisch etwas lernt.

Seien Sie streng – aber vergeben Sie auch

Kinder benehmen sich meist nicht absichtlich daneben. Ungezogenheit entsteht sehr häufig durch Unaufmerksamkeit oder Neugier, aus Überschwang oder überflüssiger Energie; dadurch, daß die Kleinen zu direkt darauf aus sind, *jetzt* ihren Willen zu kriegen oder Spaß zu haben. Kinder glauben ganz ernsthaft, sie könnten tun, was sie wollten, ohne dafür zahlen zu müssen.

Um diese Vorstellung geradezubiegen, müssen die Eltern einschreiten und winzige pädagogische Nachbildungen des kosmischen Prinzips, daß ein Vergehen bestraft wird, schaffen. Karma. Säen und ernten. Die Eltern als Ersatzgötter müssen für ihre Kinder durch disziplinierende Erziehung eine Miniaturwirklichkeit aufbauen, bis die Kinder alt und einsichtig genug sind, die Prinzipien selbst zu verstehen.

Wenn sie diese Lektionen nie erhalten, wenn sie in dem Glauben aufwachsen, sie könnten tun, was ihnen beliebt, ohne dafür einen Heller zu zahlen (überzogene Permissivität seitens der Eltern); oder wenn sie in dem Glauben erzogen werden, die Welt sei ein Gefängnis mit unflexiblen Gesetzen und halsstarrigen Menschen, die Freiheit nur denen gewähren, die Rebellen genug sind, sie sich zu holen (zu große elterliche Dominanz), werden sie sich elend fühlen und Selbsthaß entwickeln. So jedenfalls lehren es seit vielen Jahrhunderten die traditionellen spirituellen Disziplinen. Wenn man einen Stein aufhebt, wird er zur Erde fallen. Wenn man eine Lüge erzählt, wird sie zurückkommen und einem weh tun. »Die Auswirkungen unserer Taten kommen schließlich wie von selbst zu uns zurück«, sagt das *Dhammapada*. »Was wir heute sind, entstammt unseren Gedanken und Taten von gestern. Und unsere jetzigen Gedanken und Taten bauen unser Leben von morgen.« Spirituelle Eltern glauben, daß Gottes Gerechtigkeit so wirkt. So ist es. Das ist die Wirklichkeit.

Aufgabe der Eltern ist es daher, die Kinder daran zu erinnern, daß sie zwar geliebt werden, daß man sich aber auch auf sie verläßt; daß sie zwar Individuen sind, aber auch Teil der Familie und einer größeren sozialen Einheit; daß sie zwar vom Göttlichen geliebt werden, aber dennoch *Gutes tun müssen, um Gutes zu bekommen.* Disziplin ist in ihrer höchsten Form eine Methode, das junge Ich zu zügeln, ein Kind davon abzuhalten, immer nur von »mir« bis »mich« zu denken. In diesem Sinnne ist sie eine Vorbereitung auf die bevorstehende größere religiöse Reise, bei der der Suchende sich darum bemüht, sein Ich zu transzendieren.

Wenn Sie Disziplin in diesen Geist der Selbstlosigkeit eingebettet halten wollen, müssen Sie Raum für eigene Fehlzündungen und Mißgriffe lassen. Mit anderen Worten: Ist es angemessen – vergeben Sie. Das Kind macht Fehler. Aber als Sie in dem Alter waren, haben Sie auch Fehler gemacht – und wissen Sie noch, wie oft man Ihr schlechtes Betragen übersehen hat? Schlagen Sie den Pfad der Gnade ein und verzichten Sie auf Strafen, wenn Sie sehen, daß sich das Kind nicht absichtlich oder böswillig danebenbenimmt.

In dieser Situation gibt es auch eine gute Zwischenlösung: Sagen Sie dem Kind, es sei »auf Bewährung«, und künftige Strafen hingen von seinem künftigen Verhalten ab. Auf eine solche Mitteilung reagieren Kinder meist begeistert. Sie beinhaltet ein wenig von der Dramatik, die sie so lieben, und genug drohende Gefahr, um sie bei der Stange zu halten. Meist *wollen* sie gut sein, wollen es Ihnen recht machen. Ihre Energie und ihre Bedürfnisse lassen sie das nur immer wieder vergessen. Sie als Mutter oder Vater (und Gottersatz) müssen sie daran erinnern.

Eine Minute schimpfen

Gerald Nelson und Richard Lewark stellen in ihrem Buch *Who's the Boss?* eine geniale und erstaunlich unterstützende Bestrafungs-methode vor. Vom Standpunkt der spirituellen Elternschaft aus gesehen deckt sie mehrere unserer wichtigsten Prinzipien ab, einschließlich der Ausgewogenheit von Gnade und Gerechtigkeit. Diese Methode funktioniert so:

1. Die Eltern berühren oder halten das Kind und schelten es für das, was es getan hat. Sie erklären, warum geschimpft wird, und fahren fort, bis das Kind Anzeichen von Gefühlen zeigt: Tränen oder Traurigkeit. Das eigentliche Schimpfen dauert nie länger als dreißig Sekunden.
2. Dann hören die Eltern damit auf und wechseln die Gangart. Sie sagen dem Kind, wie sehr sie es lieben und bestätigen ihm dann, daß sie ihm helfen werden, sich in Zukunft richtig zu verhalten. »Ich werde dir helfen . . . jedesmal, wenn du es ver-gißt und deine kleine Schwester schlägst, werde ich dich aus-schimpfen. Bald wirst du von allein daran denken, daß wir nicht schlagen.« Die Eltern sind voller Wärme, bestätigend, und haben alles unter Kontrolle.
3. Nach dem negativen Schimpfen und der positiven Bestätigung prüfen die Eltern, ob die Lektion angekommen ist. Sie stellen Fragen wie: »Warum habe ich mit dir geschimpft? Weißt du das noch?« »Warum muß ich jedesmal mit dir schimpfen, wenn du deine Schwester schlägst?«
4. Das Schelten endet mit einer Umarmung, die Vergeben und Vergessen symbolisiert. Das gesamte Ereignis sollte von An-fang bis Ende nicht länger als eine Minute dauern.[1]

Wenn Strafe, denn Strafe

Wenn deutlich wird, daß eine Strafe angesagt und Verzeihen nicht angebracht ist, sollten Sie sofort und nachdrücklich handeln. Wenn Sie und ich etwas falsch machen, züchtigt uns unser Karma. Elterliche Strafen sollten dasselbe erreichen. Dies ist die falsche Zeit für Geschwafel oder Inkonsequenz. Strafen sind eine ernste Sache. Sie lehren Kinder das karmische Gesetz, daß es auf ihr Verhalten ankommt, daß auf Fehler Wiedergutmachung folgt.

Welche Form auch immer Sie für diese Botschaft wählen, bringen Sie ernsthafte Absicht zum Ausdruck.

Reduzieren Sie eine Strafe nur dann, wenn es ganz zwingende Gründe dafür gibt. Wenn ein Kind für zwei Wochen Hausarrest bekommt, hat es keinen Sinn, schon nach drei Tagen »aus Liebe« nachzugeben. Es geht nun um Gerechtigkeit, nicht um Gnade. Außerdem vermitteln solche Änderungen den Kindern vermischte Botschaften, die letzten Endes heißen: »Meine Eltern meinen es nicht wirklich ernst, wenn sie strafen. Folglich muß ich mir auch keine Sorgen um das machen, was ich treibe, denn schließlich komme ich doch ungeschoren davon.«

So viel zu Ihrer Liebe, die vom Kind als Schwäche begriffen wird. Wenn Sie sich also entschließen zu strafen, dann auch bis zum bitteren Ende.

Nicht nachtragend sein

Sobald die Bestrafung erfolgt ist, sollte Amnestie herrschen. Kummer nur widerwillig loszulassen ist eine Haltung, die zu nichts führt, sondern nur das Herz vergiftet. Ist der Fehler beglichen, kann man die Tafel abwischen. Auf diese Weise vermeidet das Kind Schuldgefühle wegen früherer Vergehen, die Eltern brauchen nicht die Last des andauernden Vorwurfs mit sich herumzuschleppen, und keiner nährt die scheußliche Gewohnheit, nachtragend zu sein.

In dieser Hinsicht können Eltern etwas von ihren Kindern lernen. Beobachten Sie, wie Kinder untereinander zanken und streiten. Da werden die gröbsten Beleidigungen ausgetauscht, Bemerkungen, die Erwachsene zu lebenslangen Feinden machen würden. Aber drei Minuten später ist das alles vergessen, und die Kinder spielen wieder fröhlich miteinander. Das ist so, weil das Ich des jungen Menschen und sein Selbstwertgefühl noch nicht so entwickelt sind wie beim Erwachsenen. Kinder haben noch nicht gelernt, Vorwürfe im Herzen zu verbuchen.

Das erinnert mich an die Zen-Geschichte von den beiden buddhistischen Mönchen Tanzan und Ekido. Sie stehen am Ufer eines Flusses und wollen gerade loswaten, als eine schöne junge Maid auf sie zukommt und fragt, ob sie ihr auf die andere Seite helfen könnten. Ohne Zögern hebt Tanzan das Mädchen auf seinen Rücken und trägt es über den Fluß. Auf der anderen Seite setzt er es ab, und die beiden Mönche wandern weiter. Nachdem sie eine Weile schweigend gelaufen sind, wendet sich Ekido schließlich an Tanzan und fragt: »Warum warst du so vertraulich mit der Frau da hinten? Du weißt doch, daß es uns verboten ist, mit einer Frau zu sprechen, geschweige denn, eine auf unserem Rücken zu tragen!« »Ach die«, antwortet Tanzan. »Ich habe sie dahinten am Flußufer gelassen. Du bist es, der sie noch mit sich herumträgt.«

> Besprechen Sie mit dem Kind nach der Bestrafung,
> was Sie beide tun können,
> um die Sache besser zu machen

Diese Methode, die aus dem bekannten P.E.T. (Eltern-Kind-Konferenz) von Dr. Thomas Gordon abgeleitet wurde, sieht vor, mit den Kindern nach Beendigung der disziplinarischen Maßnahmen ein ruhiges Gespräch darüber zu führen, was getan werden könnte, um zu verhindern, daß ein solches Problem noch einmal auftaucht.[2]

Seien Sie sich bei diesen Gesprächen darüber im klaren, was Sie geärgert hat, welche Veränderungen Sie gerne sehen würden und wieso Sie dieses Verhalten unannehmbar finden. Halten Sie dabei Drohungen und Wut zurück. Vermeiden Sie besonders feindliche »Du-Botschaften«. Sagen Sie beispielsweise zu Kindern:

> »Es macht mir Sorgen, daß mein Sofa so zugerichtet wird. Und ich möchte auch keine Strafen mehr dafür verteilen müssen, daß dauernd etwas darüber geschüttet wird. Was können wir dagegen tun?«

Nicht:

> »Du und deine Freunde habt das Sofa so gut wie ruiniert. Wenn du noch einmal was draufkleckerst, kannst du was erleben!«

Sagen Sie:

> »Ich möchte nach dem Essen ein Nickerchen machen. Wie wär's, wenn ihr Kinder jetzt in euren Zimmern spielt, bis ich aufwache?«

Nicht:

> »Jedesmal, wenn ich versuche, ein Nickerchen zu machen, weckt ihr mich! Ich habe das so satt! Von jetzt ab bleibt ihr, wenn ich schlafe, gefälligst in euren Zimmern, bis ich euch Bescheid sage.«

Gehen Sie die Dinge mit wissenschaftlichem Forschergeist an: Sie stehen vor einem Problem, und das Kind und Sie werden es gemeinsam lösen. Fragen Sie die Kinder, was sie für Vorschläge haben, dem Konflikt beizukommen. Besprechen Sie diese Ideen ganz fair, und hören Sie sorgfältig auch auf die Botschaften zwischen den Zeilen. Die Vorschläge des Kindes werden sicher manchmal vollkommen unbrauchbar sein (besonders, wenn Sie es mit ganz jungen Kindern zu tun haben). Aber kritisieren oder verwerfen Sie sie nicht. Sagen Sie überhaupt nicht viel. Hören Sie einfach zu. Wenn die Ideen etwas wert sind, was gelegentlich der Fall sein wird, sagen Sie es. Sie könnten sie sogar in einem besonderen Notizbuch festhalten, das nur diesen Zwecken dient. Das wird den Kindern schmeicheln und sie inspirieren, ihre eigenen Beschlüsse zu befolgen.

Wenn alle Vorschläge gemacht sind, gilt es, sie einzeln zu bewerten und gemeinsam zu entscheiden, ob sie angenommen werden oder nicht. Stellen Sie dem Kind direkte Fragen wie: »Meinst du, diese Lösung würde funktionieren?« »Wie wär's, wenn wir es eine Woche lang damit probieren und schauen würden, wie wir dann dazu stehen?« »Hast du diesen Ideen noch etwas hinzuzufügen?«

Wenn die von Ihnen gewählte Lösung kompliziert ist oder viele verschiedene Ge- und Verbote beinhaltet, schreiben Sie sie besser auf einen Zettel, den Sie an einen auffälligen Ort hängen. Bevor Sie die Konferenz beenden, gehen Sie die Punkte der Vereinbarung noch einmal durch und stellen Sie sicher, daß jeder sie verstanden hat. Nach einiger Zeit setzen Sie ein weiteres Treffen an, bei dem Sie auswerten, wie sich die Lösungen bewährt haben.

Dies ist eine erprobte Methode der Problemlösung in Familien, die nun schon mehr als ein Jahrzehnt praktiziert wird. Statt Kämpfe zu schüren und mit Vorhaltungen um sich zu schmeißen, beschäftigt sie sich mit der Krise von einem administrativen Standpunkt aus. Leidenschaftslos, liebevoll und objektiv definiert sie Probleme, identifiziert Schwachstellen und entwickelt Lösungen – und befriedigt bei jedem Beteiligten das Bedürfnis, wichtig zu sein und gehört zu werden. Darin liegt der primäre spirituelle Wert der Methode: Kinder lernen daraus, daß ein liebevoller Umgang mit Konflikten letzten Endes den Sieg über Wut und Haß davonträgt. Güte obsiegt, das soll und muß so sein.

Die dunkle Seite: Kindern helfen, wenn sie wirklich Böses tun

Einer meiner Freunde, ein Psychologe aus Cleveland, beriet lange Zeit Vietnam-Veteranen, die während des Krieges entsetzliche Greueltaten vollbracht hatten. Der Therapeut, ein überzeugter Katholik, versuchte diese Männer zunächst davon zu überzeugen, daß ihre Schuldgefühle unproduktiv seien. Er versicherte ihnen, sie hätten zwar falsch gehandelt, hätten aber unter so starkem Druck gestanden, daß keiner sie für ihr Verhalten in der Hitze des Gefechts zur Verantwortung ziehen könne.

Es wurde jedoch sehr bald offensichtlich, daß diese Methode nicht viel brachte. Innerhalb eines Jahres begingen zwei seiner Klienten Selbstmord. Er mußte einen anderen Ansatz finden.

Mein Freund dachte daran, wie er selbst nach der Beichte Buße tat und wie gereinigt er sich nach der Sühnezeit fühlte, und er beschloß, eine unorthodoxe therapeutische Methode zu wählen: Er schlug seinen Klienten diesen selben Beichte-Buße-Ansatz vor. Seine Therapie ging nun in eine andere Richtung: Ja, Sie haben etwas Schreckliches getan. Etwas Grauenhaftes. Zu leugnen, wie ernst diese Tat ist, hieße, sich über Ihre eigenen inneren Gefühle lustig zu machen. Diese Gefühle sind in Wirklichkeit gut. Durch sie spricht Ihr Gewissen mit Ihnen, fordert Sie dazu auf, schwärende psychische Wunden zu heilen. Und genauso muß man mit den Gefühlen umgehen. Zwar können Sie für die Opfer nichts mehr ändern, aber für sich selbst schon – dadurch, daß Sie wiedergutmachen. Therapeut und Patient setzten sich also zusammen und erarbeiteten ein Programm, nach dem der Patient eine Zeitlang bestimmte Bußhandlungen ausführte. Ein Mann schloß sich einer Gruppe an, die Emigranten aus Indochina dabei unterstützte, in den USA Fuß zu fassen. Ein anderer arbeitete bei einer Adoptions-Agentur, die auf asiatische Waisenkinder spezialisiert war. Ein Dritter widmete mehrere Abende die Woche unterprivilegierten Kindern. Alle diese Männer berichteten, der Schmerz der Vergangenheit suche sie noch heim, aber er habe sich verändert. Eine Art hoffnungslosen psychischen Drucks habe sich nun in ein merkwürdiges, tieftrauriges, fast mystisches Gefühl von Verbundenheit mit ihren Opfern gewandelt.

Das soll natürlich nicht heißen, daß ein Kind je so starke Medizin brauchen würde. Es geht mir nur um den Hinweis, daß die Vorstellung von Buße und Reue in unserer heutigen Gesellschaft schmerzhaft vernachlässigt wird. Schuldgefühle sind nicht modern, und viele Therapieformen versuchen, die Patienten von ihrer psychologischen Schuldlosigkeit zu überzeugen, ohne sie zugleich an ihre moralische Verantwortlichkeit zu erinnern.

So wurde in den letzten Jahren viel darüber geredet, daß Kinder sich *nie* wegen ihrer eigenen Handlungen schlecht fühlen dürften. Das ist gewiß in vielen Fällen ein Prinzip, das man ehren sollte. Aber man kann diese Denkweise auch überstrapazieren. Aus religiöser Sicht muß man auch im Leben des Kindes die Dinge beim Namen nennen: Eine Sünde muß eine Sünde bleiben. Manchmal tun Kinder beispielsweise Dinge, die wirklich falsch sind, sogar tatsächlich böse: absichtlich etwas Kostbares zu stehlen oder ein Tier zu quälen, in ein Haus einzubrechen, die Eltern zu schlagen, mutwillig fremden Besitz zu zerstören oder einem anderen Kind körperlich zu schaden.

Diese Taten sollten nicht unbestraft bleiben. Sie sind qualitativ anders als die üblichen Vergehen der Kindheit. Sie verlangen nach stärkerer Medizin, und manchmal ist der altmodische Akt der Buße die beste Wahl. Falls und wenn Sie von Ihrem Kind mit einer ernsten Missetat konfrontiert werden, können Sie es mit dem Gedanken vertraut machen, daß es besonderer Anstrengungen auf seiner Seite bedürfe, um dieses Unrecht wiedergutzumachen. Diese Bußhandlungen können sich danach richten, was anderen Menschen hilft oder dient. Zum Beispiel:

- Eine notwendige und überschaubare manuelle Aufgabe im Haus übernehmen – etwa Holz umsetzen oder ein Zimmer streichen.
- Sich an Wohltätigkeitsaktionen beteiligen.
- In der Kirche oder im Tempel eine bestimmte Zahl von Gebeten sprechen.
- Lieblingsspielzeug oder -buch an ein armes Kind verschenken.
- Freiwillig etwas aufgeben, was das Kind liebt: Schokolade, bestimmte Spielsachen, Fernsehen, Telefonate mit Freunden.

- Einmal die Woche freiwillig mit Behinderten arbeiten.
- Selbstverdientes Geld für einen karitativen Zweck spenden.

Stellen Sie sicher, daß die Kinder die Gründe für ihre Bußhandlungen – Reue und Sühne – wirklich verstehen, und daß sie erkennen, daß sie nur solange Buße tun müssen, bis alle der Ansicht sind, die Missetat sei abbezahlt. Außerdem müssen sie erkennen, daß Buße tun für den Büßer bedeutet, ein Opfer zu bringen, was mit gewissen Unannehmlichkeiten einhergeht. Und schließlich müssen sie verstehen, daß sie dem Zweck dient, das schlechte Gewissen zu entlasten und Vergebung und einen neuen Anfang zu schaffen. Machen Sie besonders deutlich, daß die Tafel vollkommen saubergewischt wird, wenn die Buße getan ist.

Praktizieren Sie selbst, was Sie den Kindern predigen

Ein letzter Hinweis in Sachen Disziplin: Eltern sind gut beraten, selbst sehr höflich zu sprechen, wenn sie ihre Kinder wegen deren Sprache zurechtweisen. Selbst hinter sich aufzuräumen, wenn sie von ihren Kindern Ordnung erwarten. Das zu praktizieren, was wir predigen, ist in sich eine kraftvolle Form des Lehrens.

Als Vater frage ich mich oft: Ist dieses ausschließlich ein Problem meines Kindes, oder habe ich damit auch etwas zu tun? Spricht da auch ein Teil von mir, wenn das Kind patzige Antworten gibt, einen Wutanfall bekommt, seine Schularbeiten vernachlässigt, lügt oder seinen Bruder haßt? Was kann ich tun, um diese Ausrutscher nicht nur bei meinem Kind, sondern auch bei mir zu unterbinden?

Jedesmal, wenn ich diese unangenehme Selbstbefragung durchführe, komme ich zu zwei Grundvoraussetzungen der spirituellen Elternschaft zurück: Wenn Kinder tugendhaft sein sollen, müssen die Eltern tugendhaft sein. Und wenn Kinder wachsen sollen, müssen die Eltern mit ihnen wachsen.

Langfristig wird Ihr Kind mehr aus dem lernen, *was Sie sind*, als aus dem, was Sie sagen. Ob Sie Moralpredigten halten, strafen oder den Rohrstock zücken, Tatsache bleibt, daß Sie das Rollenmodell für Gut und Böse sind. Kinder werden tun, was Sie sagen, manchmal. Häufiger werden sie sein, was Sie sind, und handeln, wie Sie handeln. Das ist langfristig das wahre Geheimnis: Das Kind ist der Spiegel der Eltern.

Dritter Teil

Tempel der Seele:
Kinder lehren, ihren Körper zu verstehen und zu benutzen

Zehntes Kapitel

Der unsichtbare Körper:
Uns selbst von innen kennenlernen

Timmy war sieben Jahre alt, als er sich die Hand an einer Thunfischdose verletzte. Der Schnitt war so tief, daß der Bub den Hautlappen hochheben und den Muskel betrachten konnte, der darunter zitterte und pochte. In der Notfallstation des Krankenhauses brauchten sie neun Stiche, um die Wunde zu schließen, und dann mußte Timmy noch einmal zum Arzt, um die Fäden ziehen zu lassen.

Einige Tage nach diesem traumatischen Erlebnis hatten sich die Dinge etwas beruhigt, und Timmy hatte Zeit gehabt, alles zu überdenken. Da konfrontierte er seinen Vater mit einer ernsten Frage: »Papi, wie kommt es eigentlich, daß wir einen Körper haben?«

Was würden Sie dazu sagen? Tims Vater hatte zunächst den Impuls zu antworten: Wir haben einen Körper, weil die Natur ihn uns gegeben hat.« Er wollte gerade sagen, so seien wir eben gemacht. Er stammte aus einer gläubigen, aber eher traditionell religiösen Familie, und dies waren die Antworten, die man ihm als Kind auf solche Fragen gegeben hatte. So, wie er nun als Erwachsener dachte, hielt er diese Antworten zunächst für ausgezeichnet, ganz prima.

Wirklich? Tims Vater dachte noch einmal darüber nach. Diesmal erinnerte er sich daran, wie leer solche Phrasen geklungen hatten, als er klein war, und wie unbefriedigend sie für den fragenden Teil tief in seinem Innern gewesen waren. Eigentlich war es eine »Nichtantwort«, ein geschicktes semantisches Ausweichen – nicht viel erhellender als auf die Frage: Warum leben wir? zu erwidern: Weil wir lebendig sind. Statt also eine rein mechanische Predigt zu halten, überdachte Tims Vater die Sache und erklärte dann, dies sei eine große Frage, die eine große Antwort verdiene.

Er wußte, daß die Jahre zwischen fünf und zwölf die Lebensphase bilden, in der ein Kind am offensten und neugierigsten ist und somit auch am empfänglichsten für spirituelle Gedanken. Das

Eisen war heiß und die Zeit reif. Noch am selben Tag begannen Vater und Sohn eine Reihe von Gesprächen, die sie während eines ganzen Jahres oder länger forsetzten.

Glücklicherweise war Tims Vater für diese Aufgabe gut gerüstet. Er verfügte über gründliche Kenntnisse in Naturwissenschaft und Physiologie (er hatte einige Semester Medizin studiert, bevor er sich entschloß, statt dessen Gestalt-Therapeut zu werden). Er war ein ernsthafter Adept östlicher und westlicher religiöser Traditionen, hatte seinen eigenen spirituellen Lehrer und meditierte schon seit vielen Jahren.

Ihre Diskussionen wurden im Laufe der Monate immer ausgereifter. Tims Bedürfnis, die Dinge zu verstehen, wurde allmählich befriedigt, und er begann sogar, das Gefühl zu entwickeln, er habe zu besonderen Informationen Zugang, von denen seine Klassenkameraden gar keine Ahnung hatten. Noch wichtiger aber war, daß ihm viele von diesen Gedanken über Jahre im Gedächtnis blieben und ihm schließlich dabei halfen, seinen eigenen Zugang zur spirituellen Suche zu finden.

Das Folgende ist nun also eine Beschreibung der Übungen, die ein spirituell orientierter Vater an seinen Sohn weitergegeben hat. Eltern, die Wert darauf legen, daß ihre Kinder sich ein über Gymnastik und Biologieunterricht hinausreichendes Verständnis unseres physischen Organismus erwerben, können diese Übungen als Arbeitsmodell und Ausgangspunkt für die Entwicklung eigener Meditationsmethoden benutzen.

Die Techniken beruhen auf christlichen und östlichen Gebets- und Meditationsformen und werden als hervorragende Einführung in die Praxis der psychischen Selbst-Bewußtheit dienen. Eltern sollten bei diesen Übungen eng mit ihren Kindern zusammenarbeiten und ihnen die ganze Zeit als Führer dienen. Im Idealfall beteiligt sich die ganze Familie daran. Die meisten Kinder nehmen gern an solchen magischen Abenteuern teil, besonders wenn Mutter und Vater auch mitmachen. Gehen Sie diese Übungen mit offenem Herzen, Humor und der Bereitschaft zu staunen an. Das Ziel heißt hier nicht, diese Techniken mit eisernem Willen zu beherrschen.

Wichtiger ist, daß Kinder sich der unsichtbaren, übersinnlichen Dimension ihres eigenen Organismus bewußt werden und ein Gefühl für die meditativ orientierten Techniken bekommen, auf denen so viel religiöses Training beruht. Im Erwachsenenleben werden diese Gedanken im Körpergedächtnis verwurzelt bleiben, so daß sie angezapft werden können, wenn der richtige Zeitpunkt dafür gekommen ist.

Einführung in den Körper

Kinder sind zwar in mancherlei Hinsicht bemerkenswert »bewußt«, in anderer jedoch auch erstaunlich wenig. Sie mögen sich in diesem Alter ihres Körpers zwar bewußter sein als Erwachsene, aber merkwürdigerweise *wissen sie nicht, daß sie wissen*. Man muß es ihnen sagen. Wie es in einem persischen Gedicht heißt:

Der, der weiß, und nicht weiß, daß er weiß,
der schläft.
Wecke ihn.

Der, der weiß, und weiß, daß er weiß,
der ist weise.
Folge ihm.

Der, der nicht weiß, und nicht weiß, daß
er nicht weiß, ist ein Narr.
Gehe ihm aus dem Weg.

Als Einstieg bewährt sich das Einmaleins der Anatomie. Aber begeben Sie sich bei diesem Unterricht auf die Ebene des Kindes, nicht auf die eines Lehrbuches.

Tims Vater bat seinen Sohn, mit Stiften und Kreiden ein Selbstportrait zu malen. Als er damit fertig war, lobte ihn der Vater, weil er Kopf und Beine so geschickt angefügt hatte. Aber fehlte nicht irgend etwas? Vielleicht. Sie würden das vor dem Spiegel überprüfen.

Dort entdeckte Tim, daß er vergessen hatte, die Hände mit Fingern zu versehen, und daß zwischen seinem Kopf und seinen Schultern noch ein Hals fehlte. Er verbesserte sein Bild. Dann nahm sich der Vater das Blatt vor und machte Tim auf interessante Tatsachen in bezug auf den menschlichen Körper aufmerksam. Zum Beispiel:

- War Tim je aufgefallen, daß die Nase des Menschen mitten im Gesicht sitzt? Warum wohl? Hatte Tim je bemerkt, daß Köpfe rund sind? Wieso?
- Hatte Tim beobachtet, wie sein rechter Arm nach hinten schwingt, wenn der linke Fuß nach vorn schreitet, und umgekehrt der linke Arm zurückschwingt, wenn der rechte Fuß vorgeht? Bemerkenswert, meinte der Vater, wie wenige Menschen sich dieser einfachen Tatsache bewußt seien. Sie beobachten sich einfach nie beim Gehen. Probier' du es einmal aus.
- Merkwürdig: Wir haben fünf Löcher im Kopf. Konnte Tim sie benennen? Zwei Nasenlöcher, zwei Ohrlöcher und einen Mund. Was tun diese Löcher?
- Tim hatte auf seinem Selbstportrait den Bauchnabel vergessen. Der Vater erklärte ihm, was der Bauchnabel ist und warum man ihn hat. (Tim hatte bis dahin geglaubt, den Bauchnabel würde einem der Arzt im Kreißsaal machen. Ein Schulfreund hatte ihn genau informiert: An der Stelle gibt dir der Arzt gleich nach der Geburt eine Spritze.)

Nun fertigte Tim ein zweites Selbstportrait an, und sie verglichen es wieder mit seinem Spiegelbild. Jedesmal, wenn sein Vater auf einen Körperteil zeigte, den Tim vergessen hatte, erklärte er auch gleich, welche Rolle die fehlenden Teile spielen. Er erklärte, wie die Augen und Ohren durch Nerven mit dem Gehirn verbunden sind, wie das Gehirn die Nachrichten »liest«, die es von diesen Nerven erhält, und wie es sie in Bilder und Töne übersetzt. Er erklärte, was mit dem Essen geschieht, wenn es im Magen landet, wie es in Nährstoffe und Abfallstoffe zerlegt wird, wie unser Herz schlägt, wieso unser Blut durch die Adern rauscht, wohin die Luft geht, wenn sie in die Lungen kommt. Er beschrieb, wie unser Atem voll unsichtbarer Nahrung ist und wie wir uns beim Atmen mit der uns umgebenden Atmosphäre verbinden.

Er verwies darauf, daß auch die Erde Blut hat: die Meere, mit den Flüssen als Adern. Und Knochen: die Kontinente. Eine Wirbelsäule: die Bergkette, die sich um das Erdenrund erstreckt. Und sogar eine Art Fleisch: den Erdboden. Der Vater hatte kürzlich über die Gaia-Hypothese eines britischen Geologen gelesen und erwähnte, es gäbe Hinweise darauf, daß die Erde ein lebendiger Organismus sei, bei dem alle Teile des riesigen Ökosystems miteinander verbunden, voneinander abhängig und selbstregulierend sind – wie unsere eigenen Körperorgane.

Mit poetischer Sprache, wissenschaftlichen Hinweisen und gut-plazierten Metaphern (und indem er diese Beschreibungen immer wieder zu Tims Spiegelbild in Beziehung setzte) geleitete der Vater seinen Sohn auf eine hervorragend geführte Reise durch den gesamten menschlichen Organismus.

Elftes Kapitel

Eine magische Reise nach innen

Diese ganze Anatomiekunde war jedoch für Tim und seinen Vater nur der Ausgangspunkt. Als der Junge die wesentlichen Fakten gelernt hatte, wurde es Zeit, diese Informationen in die Realität umzusetzen – Zeit, Tim erfahren zu lassen, wie sein Körper funktioniert, sozusagen vom Fahrersitz aus gesehen.

Um das zu erreichen, entwickelte Tims Vater eine Reihe von Übungen, die durch den Prozeß der direkten sinnlichen Erfahrung eine Art »psychische Physiologie« lehren sollten. Die meisten von uns haben keine Ahnung, was unsere inneren Organe treiben. Wir nehmen als gegeben hin, daß unsere Stimmungen davon abhängen, was wir denken und fühlen. Wir vergessen, daß unsere Gedanken und Gefühle ihrerseits mit unseren Drüsensekreten, unserer Verdauung, unserem Herzschlag und unseren Nervenimpulsen verknüpft sind – also mit unseren Organen.

Wenn diese Organe nicht vernünftig funktionieren, kommt es bald auch zu psychischen Störungen. Wenn sie gut arbeiten, fühlen wir uns wohl – glücklich, fröhlich, optimistisch, lebens- und liebeswillig. Daher ist es wichtig, Verbindung zu diesen inneren Körperteilen aufzunehmen, mit ihnen in irgendeiner Sprache zu reden und zu hören, was sie selbst sagen. Das geht so:

Die Hände
Tim sitzt still auf einem Stuhl und schließt die Augen. Auf Anweisung des Vaters streckt er die Arme waagerecht aus und wackelt mit den Fingern. »Mach' dir jetzt im Kopf ein Bild davon, wie die Finger aussehen«, sagt ihm der Vater. »Visualisiere sie auf deinem inneren Bildschirm, nutze deine Vorstellungskraft.«

Tim bewegt seine Finger erst langsam, dann schneller. »Bewege jeden Finger im Kreis, hin und her. Mach die Bewegungen langsamer. Fühl' sie von *innen*.«

Die Arme

»Die Augen bleiben geschlossen. Strecke die Arme gerade nach vorn aus und visualisiere, wie sie dort hängen. Fühle, wie schwer sie sind. Spüre ihr Gewicht. Fühle sie, ohne sie anzuschauen.

Nun öffne eine kleine ›Tür‹ am Handgelenk des rechten Arms und gehe hinein. Sag deinem Arm, daß du ihn besuchen kommst und daß du sehen willst, wie die Dinge hier drin so funktionieren. Laufe an den Muskelsträngen entlang und untersuche das System. Wie sehen die Muskeln aus? Siehst du irgendwelche Knochen? Ist es hübsch hier drin? Heiß? Kalt? Bewege deine Arme ein bißchen und schau, ob du dich innen drin spüren kannst, wenn sie sich strecken und anspannen. Wärest du wohl gern ein Muskel in deinem eigenen Arm?«

Die Beine und das magische Auge

»Richte deine Aufmerksamkeit jetzt auf die Beine. Ziehe Schuhe und Strümpfe aus und setze dich auf einen Stuhl. Hebe ein Bein an, halte es eine Minute hoch. Laß es fallen. Nun das andere Bein. Tu' während dieser Bewegungen so, als habest du ein magisches Auge. Dieses fabelhafte Organ kann hingehen, wo es will, und betrachten, was immer es mag. Es kann durch das Zimmer schweben, Materie durchdringen, es hat den Röntgenblick, es kann wie ein Mikroskop Gegenstände vergrößern, sich selbst in mehrere unterschiedliche Augen auflösen und viele Objekte zugleich beobachten. Genaugenommen kann es so ziemlich jeden Akt des Sehens ausführen, den du dir wünschst.

Schließe deine echten Augen und reise mit dem magischen Auge deine Beine hinauf und hinunter, untersuche sie von vorn und hinten, von innen und außen. Geh' mit dem magischen Auge in dein Kniegelenk hinein und untersuche es wie mit einem Mikroskop. Schau dir deine Zehennägel von ganz nah an und ›fahre‹ dann mit deinem magischen Auge die Ferse auf und ab. Versuche, beide Fersen auf einmal zu sehen. Gehe ins Bein hinein und benutze deinen Röntgenblick, um deine Knochen zu untersuchen.«

Die Zehen

»Wackele mit den Zehen und schau' dir mit dem schwebenden magischen Auge aus drei Zentimeter Entfernung dabei zu. Wackele erst schnell und dann langsam. Laufe im Zimmer umher und beobachte dabei deine Zehen. Wie sieht es da drin aus? Wie fühlt es sich an, in deinem eigenen großen Zeh zu sein? Stell dir vor, daß du eine riesige Nagelfeile nimmst und deinen Zehennagel putzt. Wie fühlt es sich in dem Zeh an, geputzt zu werden? Was würden deine Zehen sagen, wenn du sie fragtest, wie so ein Leben zu Fuß ist?«

Der Kopf

»Du sitzt immer noch mit geschlossenen Augen da. Laß den Kopf in eine Richtung kreisen, dann in die andere. Versuche, sein Gewicht zu spüren und verschiedene Teile mit dem magischen Auge zu untersuchen. Schau' in die Ohren, in die Augenwinkel, in die Nasenlöcher. Nutze seine mikroskopische Kraft, um die Haare auf dem Kopf zu studieren. Untersuche den Nacken mit sechs Augen gleichzeitig. Schneide nun ein paar Grimassen und versuche mit geschlossenen Augen, jeden Gesichtsausdruck von der anderen Seite des Zimmers aus zu sehen.«

Was man in welchem Alter erwarten kann

Diese Übungen sollten nicht länger als drei bis vier Minuten dauern, oder, wenn das Kind so lange aufmerksam bleiben kann (was meist nicht der Fall ist), auch ein bißchen länger. Die Konzentrationskraft hängt vom Alter ab.

Vier- und Fünfjährige werden höchstens ein bis zwei Minuten durchhalten, Sechsjährige ein bis drei Minuten. Kinder über sieben können sich meist ein Weilchen konzentrieren und genießen oft die neuartigen Empfindungen, die sie auslösen.

Das Ganze wird den Kleinen zwar zunächst merkwürdig vorkommen, aber der darin enthaltene Zauber wird sich ihnen schnell offenbaren, und dann geben sich die Kinder oft mit Leib und Seele diesem Spiel hin. Manche berichten, sie könnten sich tatsächlich von innen betrachten oder ihre eigenen Grimassen beobachten. Diese Techniken sind deutlich ein hervorragendes Mittel, latente übersinnliche Fähigkeiten oder wenigstens ein stärkeres Vorstellungsvermögen zu entwickeln. Der Hauptzweck ist der, Kindern ein direktes Gefühl für den Organismus zu vermitteln, der sie beherbergt, und Samen zu säen, die sich später zu wahrer Selbst-Bewußtheit entwickeln werden.

Weiter nach innen gehen:
Eine Tour durch die Organe

Tim ist durch die Gespräche über Physiologie und Anatomie gut
vorbereitet und möchte nun wissen, was tief in seinem Inneren vor
sich geht. Zu seiner Ausbildung werden Reisen in seine Organe
gehören sowie etwas handfeste »Feldforschung«. Wenn er damit
fertig ist, wird er eine recht gute Vorstellung davon haben, woraus
er innen besteht, und – was aus spiritueller Sicht wichtiger ist –
seine Organe nicht nur als Blutpumpen und Nahrungsverarbeiter,
sondern auch als Zentren psychischer Energie ansehen.

Das Gehirn

»Denk' etwas«, sagte Tims Vater, »und spüre, wo dieser Gedanke
herkommt. Aus deinem Magen? Aus der Brust? Dem Kopf?«

»Aus dem Kopf«, antwortet Tim. »Genau hier«, und er tippt
sich auf die Stirn.

»Ein Wissenschaftler würde sagen, das läge daran, daß dort
dein Gehirn sitzt«, meint der Vater. »Aber es ist merkwürdig.
Manche Leute fühlen, daß ihre Gedanken aus anderen Stellen des
Körpers kommen.« Die Tibeter sagen, sie stammen aus dem
Herzen, die Hindus meinen, aus dem Hals. Die alten Sumerer
glaubten, die Leber sei das Zentrum des Fühlens und Denkens.
Der Vater ließ Tim versuchen, aus seinem Brustkorb heraus zu
»denken« – dann aus dem Bauch und dann aus dem Rücken.

»Wie alt bist du?« fragte der Vater. Tim antwortete, er sei
sieben. »Ich werde dir dieselbe Frage noch einmal stellen«, sagte
der Vater. »Achte diesmal darauf, aus welchem Teil deines Gehirns die Antwort auftaucht: Aus der Stirn? Dem Hinterkopf?
Den Ohren?«

Diesmal schien es Tim, als kämen die Antworten aus mehreren
Körperteilen, hauptsächlich von vorn. Sie spielten dieses Frage-
spiel vier- oder fünfmal, und Tim begann zu spüren, daß in der Tat
irgendeine Art von Denken in seinem Gehirn stattfand und daß
die Antworten wirklich *aus ihm* kamen.

Tims Vater erklärte ihm, wie wir die Worte, die jemand an uns
richtet, in unserem Geist in Bilder umwandeln. Dann spielten sie
ein anderes Spiel. Der Vater sprach einen Satz, der mehrere einfache, aber lebhafte Beschreibungen enthielt; Tim versuchte sich
der mentalen Bilder bewußt zu werden, die er sich schuf, während

sein Vater sprach. Der sagte betont langsam: »Der dicke kleine Junge stolperte über ein Krokodil und fiel in ein Butterfaß«, oder: »Auf einer grünen Wolke kam eine Schar Flamingos an und landete mit den Füßen im Dreck«. Tim konnte dann selbst die mentalen Bilder aus seinem Geist fließen sehen. So wurde ihm bald deutlich, daß Denken mehr war als – nun, als einfach Gedanken zu haben.

Es war ein Prozeß, den man innerlich produzierte und den man betrachten konnte, fast wie einen Film im Fernsehen. Für viele Kinder ist die Erfahrung, *sich selbst beim Wahrnehmen wahrzunehmen*, fremdartig und erregend.

Tims Vater erwähnte, daß die Menschen schon seit Jahrhunderten darüber diskutieren, ob unser Gehirn Gedanken erschafft oder ob es sie einfach von einem höheren Ort empfängt. »Was meinst du?« fragte er seinen Sohn. Sie sprachen eine Weile über diese Sache, und der Vater versuchte, Tims spirituelle Neugier weiter zu stimulieren: Er erklärte ihm, daß manche großen Denker wie etwa der griechische Philosoph Platon glaubten, Gedanken seien wirklich »Dinge«, und Menschen könnten sie einfach aus der Luft auflesen, so wie ein Radio die elektromagnetischen Wellen. Der Vater sagte, solche Ideen würden in einer Art unsichtbarer, höherer Welt existieren, wo sie schon seit jeher waren.

Nun legte der Vater Tim eine anatomische Zeichnung des Gehirns vor. Er zeigte auf die äußeren Teile des Großhirns, wo die mentale Aktivität stattfindet, und auf das Kleinhirn und den Hirnstamm, die unsere unbewußten Aktivitäten wie das Atmen und den Kreislauf kontrollieren. Er bat Tim, die Augen zu schließen und sich vorzustellen, wie sein Gehirn mitten in seinem Kopf sitzt. »Stell' dir die linke Hälfte vor, und bleib' ein paar Sekunden bei diesem Bild. Dann stell' dir die rechte Hälfte vor. Tue so, als hättest du eine Taschenlampe und könntest den Strahl in dein Gehirn richten. Leuchte die linke Hälfte an, bleib' da eine Sekunde, dann die rechte Hälfte. Richte den Strahl erst auf den vorderen Teil, dann auf den hinteren. Versuche die Teile des Gehirns zu visualisieren, die du gerade beleuchtest.

»Bestimmte Teile deines Gehirns sind besonders empfindlich«, ergänzte Tims Vater. »Schau mal, ob du spüren kannst, wie sich das Leben da oben regt. Schau, ob du sehen kannst, *was deine Gedanken bewegt.*«

Tim schloß die Augen, befolgte die Anweisungen seines Vaters und richtete seine ganze Aufmerksamkeit auf eine Stelle zwischen den Augen. Als er sich eine Weile so konzentriert hatte, sagte ihm der Vater, er solle irgendeinen Gegenstand im Zimmer anschauen, solle versuchen, dessen Bild durch diesen Punkt zwischen den Augen »aufzusaugen«. Alles in der Welt ist Energie, erklärte der Vater. Wenn wir uns auf eine Sache konzentrieren und sie durch diesen Punkt in uns hineinzuziehen versuchen – ihre Farbe, Form und Gestalt –, können wir manchmal ihre Energie in uns aufnehmen und diese Energie für die Meditation nutzen.

Das Herz

Als er sich darauf vorbereitete, das Herz zu beschreiben, war Tims Vater zunächst versucht, eine Rede darüber zu halten, wieso dieses Organ die echte spirituelle Mitte des Menschen ist. Er wollte gerade erzählen, daß das physische Herz ein Gegenstück hat, das die Samen der spirituellen Transformation in sich trägt, daß sich das Herz in einem bestimmten Stadium der religiösen Entwicklung von einem gewöhnlichen Gefäß für Gefühle in eine Art spirituellen »Auges« verwandelt; daß die Heiligen sagten, mit diesem Auge würden wir göttliche Wahrheiten erkennen. Ein Satz ging dem Vater nicht aus dem Kopf – ein Satz, der ihn schon beim ersten Hören tief beeindruckt hatte. Das war Meister Eckharts berühmter Ausspruch: »Das Auge, mit dem ich Gott sehe, ist das Auge, mit dem Gott mich sieht.«

Aber solche Erklärungen schienen irgendwie fehl am Platze und für einen Siebenjährigen auch zu schwierig zu sein. Besser, die Theorie ganz wegzulassen und die Samen des Verständnisses direkt zu pflanzen. Also gingen Tim und sein Vater statt dessen Joggen. Als sie mehrere Minuten gelaufen waren, blieben sie stehen und versuchten, ihre Herzen schlagen zu fühlen. »Spür' dieses Klopfen in deinem ganzen Körper«, sagte der Vater. »Das Herz ist mit jedem Teil des Körpers durch ein System von Adern verbunden, wie die Bäche mit den Flüssen und die Flüsse mit dem Meer.«

Als sie nach Hause kamen, machten sie sich den Spaß, sich gegenseitig den Puls zu messen, und Tim horchte auch die Brust seines Vaters ab.

»Mach' dir nicht zuviel Gedanken darüber, wo das Herz genau sitzt«, meinte der Vater, als sie sich nochmal ihre Aufzeichnungen anschauten. »Wirklich wichtig ist, daß das Herz wie ein großes, starkes, liebevolles Licht ist, das in unserer Mitte strahlt. Dort kommen alle unsere guten Gefühle wie Zärtlichkeit, Vertrauen und innerer Frieden her. Wenn du zu jemandem gut bist, dann kommt diese Güte aus dem Herzen. Wenn du glücklich bist, dann ist dein Herz auch glücklich. Das Herz ist wirklich so wichtig, daß religiöse Menschen besondere Gebete für ihr Herz haben. Manchmal stellen sie sich vor, sie könnten dort Licht sehen.«

Tim und sein Vater setzten sich unter einen Baum und übten, sich auf das Herz zu konzentrieren. »Versuch' es jetzt zu spüren. So, wie wir hier sitzen. Schick' ihm wärmende, liebende Gedanken; schau, ob du dein Herz antworten hören kannst. Spüre dein Herz, als ob es ein Licht in deiner Mitte wäre. Laß dich davon wärmen. Sieh es als eine Art großen, glühenden Feuerballs, der goldene Strahlen verschießt. Schließe deine Augen und laß dein Herz so blitzen und brennen wie die Sonne. Jeder Strahl ist ein guter Gedanke und ein liebevolles Gefühl. Du schießt gute Taten in die Welt hinaus. Das kann dein Herz, wenn du es läßt.«

Die Lungen

»Nimm dazu dein magisches Auge«, sagte Tims Vater. »Geh in deine Brust hinein und sieh dich dort um. Schau, wie deine Lungen beim Atmen größer und kleiner werden. Wenn sie sich aufblähen, bringen sie frische Luft ins Blut. Wenn sie zusammenfallen, blasen sie die schlechte Luft hinaus und schaffen die Gifte weg. Schau, wie die Brustmuskeln arbeiten. Hör' auf ihre Geräusche. Stell' dir vor, du könntest die Luft sehen, wie sie rein- und rausgeht.«

Nach einigen Minuten Visualisation hielt Tim die Luft an. »Was hast du gefühlt, als du nicht atmen konntest?« fragte der Vater. »Daß ich Luft brauchte, Luft, Luft, Luft!«

»Das liegt daran, daß Luft Leben ist«, erklärte der Vater. »Alles, was lebt, ist mit der Luft verbunden. Die Luft ist unsere wirkliche Mutter, unser richtiger Vater. Nur ein paar Minuten ohne sie, und wir sind erledigt. Wenn du wissen willst, ob etwas lebt oder nicht, brauchst du dir nur eine Frage zu stellen: Atmet es? Wenn ja, dann lebt es; wenn nicht, dann nicht. Außerdem hat Gott speziell für Lebewesen besondere Sachen in die Luft getan. Diese Sachen sind schwer zu beschreiben oder zu erklären, und die meisten von uns können sie nicht sehen oder fühlen. Aber sie sind immer da, wie besondere Segnungen, besondere Arten von

Energien. Wenn du weißt, wie man das macht, kannst du beim Einatmen zusätzliche Mengen von diesen Substanzen aufnehmen. Sie helfen dir, dich stark und glücklich zu fühlen; und wenn du erst einmal erwachsen bist, werden sie dir sogar dabei helfen, Gott zu finden.«

Um seine Aussage zu beweisen, setzte sich der Vater mit Tim an ihren Lieblingsplatz und übte mit ihm eine einfache Atemtechnik. Ziel der Übung war es zu lernen, daß die Luft subtile Substanzen enthält und daß man diese spüren und sogar mit dem inneren Auge sehen kann, wenn man sie sich beim Ein- und Ausatmen vorstellt. Das funktioniert so:

1. Sitze still und schließe die Augen. Es ist besonders wichtig, den Rücken geradezuhalten.
2. Nimm drei oder vier tiefe Atemzüge. Entspanne. Versuche, an nichts Bestimmtes zu denken.
3. Atme tief ein. Stell dir vor, du würdest einen Faden reinen, silbernen Lichts in deine Lungen einatmen. Dieser Faden ist hell, funkelnd und wunderschön, wie Weihnachtslametta, und er geht mit großer Freude in deine Lungen. Du ziehst ihn buchstäblich in dich hinein, wenn du einatmest, und wenn er in deinem Inneren ist, gibt er strahlend weißes Licht ab.
4. Nach dem Einatmen hältst du ein paar Sekunden lang die Luft an und stellst dir vor, dein ganzer Oberkörper sei voll silbernen Lichts.
5. Atme nun aus. Dieses Mal stellst du dir vor, daß du dunkle, schmutzige Luft wegbläst, die schon lange in deinen Lungen gesteckt hat. Mach deine Lungen ganz leer. Richtig sauber. Manche Leute stellen sich vor, daß beim Ausatmen Schlangen und Eidechsen herauskommen. Andere sehen rauchige, verseuchte Luft.
6. Wiederhole diesen Zyklus von Ein- und Ausatmen fünfmal: einen silbernen Luftstrom einatmen und Dreckluft ausstoßen. Setz dich danach still hin und genieße die angenehmen Empfindungen.

Der Magen

Bei Tisch vergnügten sich Tim und sein Vater damit zu spüren, wie sich das Essen im Mund bewegte, wenn sie kauten. Als sie es heruntergeschluckt hatten, stellten sie sich vor, wie es in den

Magen hinabwanderte. Tim nutzte sein magisches Auge, um zu beobachten, wie das nunmehr breiige Huhn mitsamt den Kartoffeln in den Unterbauch wanderte, durch die oberen Eingeweide hinab bis zum Darm.

Tims Vater sprach darüber, daß der Bauch der zentrale Schwerpunkt im Körper ist. Wenn man die ganze Aufmerksamkeit auf diese Gegend gerade unterhalb des Nabels richtet, fällt man nicht so leicht von einem schmalen Sims oder kann länger auf einem Bein stehen (ein alter Zirkustrick). Wenn einem kalt ist, fühlt man sich wärmer, wenn man sich auf den Bauch konzentriert. Wenn man nervös ist, macht es einen ruhiger. Wenn man müde ist und zehn bis zwanzig Sekunden auf diese Stelle drückt, wird man gleich munterer.

Tims Vater stupste ihn leicht an der Schulter. Tim stolperte rückwärts. »Noch mal«, sagte sein Vater, »aber jetzt konzentrierst du dich ganz fest auf deinen Bauch.« Er schubste Tim wieder, aber dieses Mal blieb der Junge stehen. Sie wiederholten das Experiment, und es klappte jedesmal. »Konzentriere deine Aufmerksamkeit auf diesen Punkt, wenn du rennst oder wenn dich jemand umstoßen will«, riet Tims Vater. »Oder wenn du schwach auf den Beinen bist, wenn du im Zug oder Bus versuchst, dein Gleichgewicht zu halten – es wird dir das Gefühl geben, in der Erde verwurzelt zu sein. Diese kleine Stelle da gerade unterhalb des Nabels ist das Zentrum deines ganzen Körpers.«

Der Vater wußte aber noch mehr Interessantes über den Bauch zu berichten. Sie schauten sich einen Kunstband über alte Gemälde und Skulpturen an.

Der Vater machte Tim darauf aufmerksam, daß der Bauch in mittelalterlichen und Renaissance-Werken oft sehr groß, rund und stark dargestellt wurde. Sie betrachteten Bilder von chinesischen Statuen und taoistischen Weisen mit riesigen, vorstehenden Bäuchen, die zu reiben Glück bringen sollte. Sie sahen sich buddhistische Tempelgötter mit hartem, rundem Leib an. Viele Menschen wüßten das nicht, erklärte der Vater, aber im Osten glaube man, der Bauch sei der Ort, an dem die Lebensenergie verwahrt werde. Er beschrieb, wie japanische Soldaten ihre Kraft dadurch aufbauen, daß sie sich während der Meditation auf die Bauchgegend konzentrieren. Und er erzählte Tim, daß er selbst gesehen habe, wie in Kampfsportarten geschulte Männer unverletzt blieben, wenn man einen großen Stein auf ihren Bauch legte

und mit einem Vorschlaghammer darauf schlug. Er sagte, die
Meister einer Kampfkunst namens Aikido könnten durch Konzentration auf einen Punkt unterhalb des Nabels verhindern, daß
sie umfallen, selbst wenn sie von mehreren Männern gestoßen
würden. Auch seien sie imstande, soviel Energie vom Bauch in den
ausgestreckten Arm zu schicken, daß ihn drei starke Männer nicht
biegen könnten.

Tim und sein Vater probierten eine dieser Aikido-Übungen
aus. Sie setzten sich einander gegenüber und legten ihre Handflächen aufeinander. »Stell dir nun vor«, sagte der Vater, »daß dein
Bauch ein Ofen ist und Feuer in deine Hände schickt. Ich mache
dasselbe. Mal sehen, ob wir spüren können, wie unsere Hände
heiß werden. Wenn wir das schaffen, treten wir in Verbindung mit
unserer inneren Kraft. Die hat jeder, aber nicht jeder nutzt sie.
Manche Leute bedienen sich dieser Kraft, um Energie auszustrah-
len und andere zu heilen. Es ist starker Tobak.«

Die Sexualorgane

Als der Augenblick kam, über die Sexualorgane zu sprechen,
nutzte Tims Vater diese günstige Gelegenheit, aufklärerisch tätig
zu werden. Er hatte sich schon seit Jahren gefragt, wie er dieses
Thema angehen und Tim auf eine klare und dennoch spirituelle
Weise erklären könne, wie das alles so funktioniert. Nun war es
soweit.

»Die Sexualorgane sind bei Mann und Frau ein Ort«, der Vater
wählte seine Worte mit der Sorgfalt eines Mannes, der von Stein
zu Stein springt, um einen tosenden Bach zu überqueren, »an dem
die Kraft des Lebens in uns wirkt. Sie wurde uns bei der Geburt
von Gott gegeben, und wir tragen dieses Leben immer mit uns
herum. Bei einem Mann ist es in Millionen von kleinen Samen
untergebracht, die in seinen Hoden leben. Bei einer Frau liegt es
in den kleinen Eiern, die in ihren Sexualorganen produziert
werden.

Wenn ein Mann und eine Frau einander lieben und heiraten,
geben sie diese Lebenskraft durch ihre Sexualorgane weiter, durch
Penis und Vagina. Das ist eine der großen Freuden und Rechte der
Ehe. Man nennt es Geschlechtsverkehr oder Beischlaf, und wenn
es dazu kommt, kann man ein Baby machen. Das funktioniert so:
Der Mann benutzt seinen Penis, um seine Lebensenergie – seinen
Samen – in die Frau zu pflanzen. (Das ist gar nicht so anders, als es

der Gärtner mit den Samen im Garten macht.) Wenn der Samen in die Frau kommt, sucht er nach ihrem Ei – in dem *ihre* Lebenskraft aufbewahrt wird. Wenn er das Ei findet, verbinden sie sich, Samen und Ei, und es geschieht etwas Magisches, Wunderbares: Es entsteht Leben! Zusammen machen der Samen und das Ei einen neuen Menschen.

Dieser neue kleine Mensch beginnt nun im Bauch der Mutter zu wachsen und wird jeden Tag größer. Wenn alles gutgeht, wird er in neun Monaten herauswollen und geboren werden. Willkommen in dieser Welt! So geht das vor sich. So sind wir alle hierhergekommen.«

Tims Vater betonte, man müsse sich der Genitalien nicht schämen, auch wenn manche Kinder in der Schule vielleicht darüber lachen und dreckige Witze machen würden. Nachdrücklich wies er aber auch darauf hin, daß sie zugleich etwas sehr Privates seien, so etwas wie das »Geheimnis« eines Menschen. »Wenn du älter wirst und eine Frau heiratest, wirst du dieses Geheimnis mit ihr teilen und sie ihres mit dir. Ihr werdet einander nackt sehen und daran großes Vergnügen finden. Der menschliche Körper ist sehr schön. Du wirst den Geschlechtsverkehr genießen und vielleicht selbst ein Kind machen. Aber bis dahin sind unsere Sexualorgane etwas Persönliches, etwas Kostbares. Wir müssen uns bemühen, sie für uns zu behalten. Noch etwas zu den Sexualorganen: Sexuelle Energie ist eine starke Kraft, viel stärker als wir uns vorstellen können. Religiöse Menschen, die sich der spirituellen Erleuchtung widmen, werden oft etwas, das man ›keusch‹ nennt. Das heißt, daß sie nicht heiraten und keinen Geschlechtsverkehr haben. Nicht, weil sie Sex für schlecht oder häßlich halten, sondern weil sie ihren Samen oder ihr Ei in sich selbst bewahren wollen. Sie glauben, daß diese bestimmte Eigenschaften und Kräfte haben, die ihnen dabei helfen werden, spirituell weiterzukommen.

Viele Religionen glauben«, fuhr der Vater fort, »daß junge Menschen diese Energie brauchen, um richtig zu wachsen. Die Anhänger einer chinesischen Religion namens Taoismus sagen beispielsweise, das vitale Element in der sexuellen Energie mache den Geist junger Menschen stark, reguliere ihre Emotionen und helfe ihren inneren Organen, zur richtigen Größe heranzuwachsen. Das ist einer der Gründe dafür, daß man Kindern traditionell davon abrät, Sex zu haben«, erklärte der Vater. »Man kann den sexuellen Akt erst richtig verstehen, wenn man erwachsen ist. Außerdem wird die sexuelle Energie, die sich in den Sexualorganen von Mädchen und Jungen ansammelt, an dieser Stelle des Lebenszyklus benötigt, um zu einer harmonischen Entwicklung von Körper und Geist beizutragen. Sie sollte zu dieser Zeit nicht anders verwendet werden.«

Lernen, die Sinne zu kontrollieren

»Wenn es eine Sache gibt, die wirklich verwerflich ist«, verkündete Tims Vater bei einem ihrer Gespräche, »dann ist das die *Verschwendung*. Manche Leute verschwenden Nahrung. Manche verschwenden Zeit oder Geld. Aber am schlimmsten ist es, wenn wir unsere Energie verschwenden. Gott hat uns mit einer gewissen Menge davon ausgestattet, und wir haben die Verpflichtung, sie richtig zu nutzen. Eine Möglichkeit, die Energie in unserem Innern zu bewahren, ist die, zu lernen, wie wir unsere Sinne unter Kontrolle halten können.«

An diesem Punkt meinte Tim, er wisse eigentlich gar nicht genau, was die Sinne seien.

Der Vater erklärte ihm, daß wir fünf sogenannte Sinnesorgane haben: die Augen, mit denen wir sehen; die Ohren, mit denen wir hören; die Nase, mit der wir riechen; die Zunge, mit der wir schmecken, und die Haut, die eine Berührung unseres Körpers spürt. »Die Sinne sind merkwürdig. Wir benutzen sie so viel, daß wir sie nach einer Weile als völlig selbstverständlich betrachten. Dinge wie das Ticken einer Uhr, unser eigener Atem, das Gefühl eines Hemdes auf der Haut, die Außentemperatur – nach einer Weile vergessen wir einfach, daß es sie gibt. Zugleich gibt es in unserem Körper etwas, irgend etwas, das sie ganz deutlich bemerkt. Das heißt, daß dieses »Irgend etwas« in uns sich immer der Bilder und Gerüche, der Töne und Berührungen um uns herum bewußt ist.

Da wir unsere Sinne meist ausblenden, ist manchmal das Offensichtliche am schwersten wahrzunehmen. Unsere Augen wissen beispielsweise nicht, daß es draußen dunkel wird, bis jemand das Licht einschaltet. Das eigene Schlafzimmer hält man so lange für einen ruhigen Ort, bis man eine Nacht auf dem Land verbringt und über den Vergleich staunt. Die Sinne auszublenden, ist in vielen Fällen gesund. So schützen wir uns vor zuviel Sinnes-Daten auf einmal. Andererseits können wir auch lernen, uns dieser Töne und Gerüche bewußter zu werden und sie sogar in unseren Meditationen zu benutzen.«

Dann ging der Vater die Sinnesorgane einzeln durch und erklärte Tim, wie er lernen könne, die mit ihnen verbundene Energie zu konservieren.

Die Augen

»Wir haben äußere Augen und innere Augen – unsere Vorstellungen. Mit den äußeren Augen sehen wir die Welt, die Hülle der Dinge. Diese Hülle ist oft sehr schön, aber sie kann uns auch zu schaffen machen. Nehmen wir an, du versuchst, keine Süßigkeiten mehr zu essen, weil du weißt, daß sie nicht gut für dich sind. Dann sehen deine Augen einen Schokoriegel. Es ist jetzt gewiß viel schwieriger, auf ihn zu verzichten, als wenn du ihn nicht gesehen hättest. Wenn unsere Augen etwas Attraktives sehen, so ist es außerdem so, daß eine subtile Art von Energie aus ihnen heraus- und in das jeweilige Objekt hineinfließt. Wenn sie einmal weg ist, können wir diese Energie nie zurückbekommen. Wir müssen einfach mehr davon produzieren, und das kostet dem Körpermechanismus Zeit und Arbeit.

Daher ist es gut«, meinte der Vater, »uns selbst dahingehend zu trainieren, daß wir bestimmte Sachen zu bestimmten Zeiten *nicht anschauen*. Das ist gleichzeitig sehr einfach, sehr schwierig und sehr gut. Du kennst doch das Sprichwort: Aus den Augen, aus dem Sinn.« Der Vater gab Tim eine Übung auf: »Wenn du das nächste Mal draußen bist und dir etwas Schönes ins Auge fällt, ein schicker Wagen oder ein Spielzeug im Schaufenster, dann nimm deine ganze innere Kraft zusammen und *versuche, es nicht anzuschauen*. Ganz einfach so. Nicht, weil das Schöne schlecht wäre. Es kann sogar sehr gut sein. Das spielt überhaupt keine Rolle. Es geht darum, gegen das anzugehen, was deine Augen in dem Moment wollen, und statt dessen das zu tun, was dein Wille dir sagt. Versuch' es ein paarmal pro Tag. Du wirst es bald ganz gut können. Im späteren Leben wirst du entdecken, daß die Fähigkeit, wegzuschauen, ein starker Verbündeter sein kann. Sie wird dir Kraft geben, viel mehr Kraft, als du dir vorstellen kannst, und sie wird dir dabei helfen, dich von Versuchungen fernzuhalten, die anderen Menschen großen Schmerz verursachen könnten.

Gewöhnlich sagen uns die Sinne, was zu tun ist«, fuhr der Vater fort. »Die Augen sagen: ›Schau mal das schöne Bild an!‹ Die Ohren sagen: ›Hör mal auf die nette Musik!‹ Die Zunge sagt: ›Ich will was Süßes – jetzt!‹ Wenn du dich von diesen Stimmen herumkommandieren läßt, ohne dich dagegen zur Wehr zu setzen, fangen sie nach einiger Zeit an, die Regie zu übernehmen. Sie werden deine Meister. Du gehörst ihnen.

In deinem Leben«, fügte der Vater hinzu, »wirst du viele Menschen eine Menge über etwas reden hören, was sie ›Freiheit‹ nennen. Die meisten Leute werden dir sagen, daß Freiheit das Recht ist, zu tun, *was* man will und *wann* man es will. Genaugenommen ist das nicht wahr; es ist sogar das Gegenteil der Wahrheit. Zu tun, was immer ein momentaner Wunsch verlangt, kann eine Form der Sklaverei sein. Richtige Freiheit funktioniert anders. Es ist die Fähigkeit, *nicht* alles zu tun, wonach die Sinne verlangen, nicht der Diener jeden Wunsches und Impulses zu sein. Die Süßigkeiten *nicht* zu essen. *Nicht* wütend zu werden, wenn jemand deine Gefühle verletzt. Mit dieser Art von Freiheit hast du die Wahl, ja oder nein zu deinen Wünschen zu sagen, je nachdem, welche Konsequenzen dir dein Verstand verheißt oder was dein Gewissen als richtig oder falsch meldet. Diese Art von Freiheit muß man sich erarbeiten, auch wenn manche Leute etwas anderes behaupten. Man muß sogar sehr, sehr hart dafür arbeiten. Aber es ist *echte* Freiheit.«

Die Ohren

»Genauso ist es mit den Ohren. Wenn dich ein Freund zu etwas zu überreden versucht, wovon du weißt, daß es falsch ist, gibt es einen einfachen Ausweg: Nicht zuhören. Entferne deine Ohren vom Ort des Geschehens. Lauf weg. Bring' sie an einen Ort, an dem du nicht hören kannst, was er sagt. Das ist alles. Bleibe ihm einfach fern. Denn es gilt ebenso: Aus den Ohren, aus dem Sinn.

Interessant an den Sinnen ist auch, daß du einem deiner Sinne mit genügend Übung beibringen kannst, die Aufgaben eines anderen zu übernehmen. Glaubst du, beispielsweise, daß es möglich ist, mit den Ohren zu sehen? Versuchen wir es einmal.«

Tim und sein Vater hörten sich einige Symphonien von Beethoven an. Als die Hörner schmetterten, fragte der Vater, welche Bilder Tim in den Sinn kämen. Konnte Tim bei sanften Geigentönen die Noten in seinem Kopf wie seidene Fäden hinausfließen sehen? Wie sahen die Töne in seinem Kopf aus? Bei der »Pasto-

rale«, in der die Musik einen Frühlingstag auf dem Land und ein
Gewitter beschreibt, sagte der Vater seinem Sohn, er solle die
Töne Bilder in seinem Inneren malen lassen. »Kannst du die
Bäume und das Gras und die Wiesen visualisieren? Kannst du den
Regen sehen? Scheinen die Töne eine eigene Form und Gestalt zu
haben?

Manche Leute behaupten, sie hätten wirklich Noten aus Instrumenten aufsteigen sehen. Sie sagen, daß neben der Musik auch
jeder menschliche Gedanke und jedes Gefühl in der unsichtbaren
Welt eine ganz bestimmte eigene Form hat.« Der Vater zeichnete
einen Halbmond. »Dies ist nach Ansicht mancher Leute die
Form, die durch plötzliche Freude hervorgebracht wird.« Er
malte ein spitzes, zapfenförmiges Geschoß. »Das ist ein wütender
Gedanke. Er ist rot.« Er malte eine Wolke mit fedrigen Rändern.
»Das ist ein Gefühl von Zuneigung, und es ist rosa. Ich habe selbst
noch nie solche Formen gesehen«, sagte der Vater noch, »aber es
macht Spaß, darüber nachzudenken.«

Er schlug Tim vor, selber ein paar Zeichnungen anzufertigen,
zu malen, wie Freude in der unsichtbaren Welt aussehen könnte,
oder Angst oder Zufriedenheit oder Langeweile oder das Gefühl,
das man hat, wenn man eine Sternschnuppe sieht. Vater und Sohn
waren eine ganze Weile damit beschäftigt zu entscheiden, welche
Form zu welchem Gefühl und Gedanken paßt.

Und dann führten sie ein weiteres Hör-Experiment durch. Sie
setzten sich still in den Garten und versuchten, an nichts Besonderes zu denken; sie konzentrierten sich auf die Töne in der unmittelbaren Umgebung und blockten alle anderen Gedanken und
Wahrnehmungen ab. Es wurde bald deutlich, daß es viel mehr
Töne und Geräusche gibt, als wir im allgemeinen wahrnehmen.
»Unser Gehirn schaltet die meisten aus«, erklärte der Vater, und
Tim war sehr überrascht. Er horchte. So viele Töne! Er hörte
irgendwo weit weg eine Schreibmaschine. Er hörte das Klappern
von Geschirr. Er hörte jemanden im Nachbargarten. Er hörte ein
Flugzeug in den Wolken. Er hörte einen Hund bellen. Er hörte
jemanden schaufeln. All diese Geräusche fanden gleichzeitig statt.
»Wir befinden uns ständig in einem Meer von Bildern und Tönen
und Leben«, meinte der Vater. »Konzentriere dich auf die Geräusche in deiner Umgebung, und du wirst beginnen zu sehen –
oder zu hören –, wie groß die Welt ist und wie viel in jeder Minute
unseres Lebens ganz in unserer Nähe geschieht.«

Riechen

»Die meisten Leute achten kaum auf ihren Geruchssinn. Das ist ein Jammer. Geruch kann uns eine Menge über die Welt erzählen und darüber, was bei Dingen vor sich geht, die wir nicht sehen oder hören können. Besonders gut am Riechen ist, daß man es immer besser kann, je mehr man übt. Willst du's versuchen?«

In den nächsten Wochen übten Tim und sein Vater überall, wo sie hinkamen, das Riechen. Wenn sie an einer Hecke vorbeigingen, steckten sie die Nase hinein und schnupperten. Im Supermarkt rochen sie an Seifenschachteln, am Salat und am Käse. Über Tage und Wochen übten sie zu riechen: Traktoren und Tinte, Ameisenhügel und Lastwagen, Bücher, Menschen und Glühbirnen, Katzen, Computer und Tee. Manchmal versuchten sie mit geschlossenen Augen zu erschnuppern, was nebenan vor sich ging. »Tiere können sozusagen mit der Nase ›sehen‹«, erklärte der Vater. »Sie können die Form und Gestalt eines Gegenstands aus den gerochenen Botschaften erkennen – so etwa wie das beim Radar funktioniert.« Also versuchten die beiden auch, mit ihrem Geruchssinn »zu sehen«. Tim machte die Augen zu, und sein Vater hielt ihm etwas unter die Nase. Tim roch daran und versuchte, die äußeren Konturen zu visualisieren. »Du hast fünf ganze Sinne«, meinte der Vater, nachdem sie eine Weile mit diesem merkwürdigen Abenteuer beschäftigt gewesen waren. »Da kannst du sie auch ebensogut bis an ihre Grenzen ausschöpfen.«

Geschmack

Ein ähnliches Spiel spielten sie mit dem Geschmackssinn. Einer machte die Augen zu, schmeckte etwas und versuchte zu erraten, was es war. Beim Abendessen erklärte Tims Vater dann, daß wir meist nicht sehr auf das achten, was in unserem Mund vor sich geht. »Aber du kannst bewirken, daß dir dein Essen besser schmeckt, wenn du dich beim Kauen darauf konzentrierst und es mit deinem magischen Auge betrachtest.«

Also versuchte Tim als Experiment, eine ganze Mahlzeit mit verbundenen Augen zu sich zu nehmen und sich ganz auf die Bissen zu konzentrieren, die in seinen Mund kamen. Er achtete auf den Geschmack, die Zungenbewegungen beim Kauen, darauf, wie das Essen immer flüssiger wurde und wie es den Hals hinunterglitt. Als er fertig war, erklärte er, er habe nie gemerkt, wieviel es an einem einzigen Happen zu schmecken gibt.

Tasten

»Mach die Augen zu. Fahr mit den Händen über einen glatten Gegenstand, etwa ein Stück Stoff. Benutze deine Finger so, als hätten sie Augen. Versuche den Stoff, den du berührst, ›zu sehen‹.«

Tim experimentierte mit unterschiedlichen Oberflächen und Tastempfindungen so lange, bis sein Vater die Regeln änderte. Nun reichte er Tim verschiedene Gegenstände, die er identifizieren sollte, ohne sie anzuschauen – einen Korken, eine Brille, einen Hut, eine Dose Schuhcreme. Tim tat so, als hätten seine Finger Augen. Seine Hände glitten über die rätselhaften Dinge, und er versuchte, sie von innen *zu sehen*, die Essenz eines jeden Objekts zu erspüren.

Schließlich schlug der Vater noch eine Übung vor, die er als besonders merkwürdig ankündigte. Tim sollte mit offenen Augen einen Arm ausstrecken und versuchen, einen Stuhl auf der anderen Seite des Zimmers zu erreichen. »Stell' dir dabei vor, daß aus deinem richtigen Arm eine Art Phantom-Arm wächst und sich auf den Stuhl zubewegt. Der Phantom-Arm hat genau so eine Hand wie du, die packt jetzt den Stuhl, fühlt seine Maserung und sein Gewicht. Es ist, als ob ein Teil von dir sich einfach ausdehnt, wenn du nach etwas greifst – irgendein beweglicher, subtiler Teil von dir, der weite Entfernungen durch den Raum zurücklegen kann.« Tim und sein Vater verbrachten einige Zeit mit dieser Übung, langten nach verschiedenen Gegenständen im Zimmer und versuchten, sie mit ihren unsichtbaren Sinnesorganen zu erreichen. Sie machten sich mentale Bilder von bestimmten Orten und versuchten dann sogar, Gegenstände auf der anderen Straßenseite oder in der nächsten Stadt zu erreichen. Tim konzentrierte sich darauf, die Tafel in seinem Klassenzimmer zu berühren.

Der Vater bediente sich dieses Experiments, um Tim mit der Vorstellung der meisten spirituellen Glaubensgemeinschaften vertraut zu machen, daß wir nicht nur eine physische Form, sondern auch noch eine andere Art von Körper besitzen – oder sogar mehrere. »Derjenige, der uns jetzt am meisten interessiert, heißt im Christentum die ›Seele‹ oder manchmal auch der ›Körper der Auferstehung‹ «, erzählte der Vater. »Hindus bezeichnen ihn als *Sukshmasharira*. Andere sprechen vom Ätherleib. Wir alle erleben eine Welt«, fuhr der Vater fort, »die physische Welt. Die Wissenschaft sagt uns, daß es auch kleinere Teile gibt, die unsere Sinne nicht wahrnehmen können, zum Beispiel Gase und Moleküle und Mikroben. Aber neben den materiellen Dingen gibt es andere Bereiche, die man selbst mit wissenschaftlichen Methoden nicht sehen kann. Das sind die Orte, wohin – wie man glaubt – die Menschen für eine gewisse Zeit gehen, wenn sie sterben. Was mit uns im Leben nach dem Tode geschieht«, fügte der Vater hinzu, »hängt zu einem großen Teil davon ab, wie gut wir die Seele in unserem Leben auf der Erde entwickelt haben. Wenn es eine gute, starke Seele ist, werden wir gedeihen. Wenn nicht, kann die Erfahrung schmerzhaft und verwirrend sein. Darum geht es bei Gebeten und Meditation, bei spirituellen Übungen und gutem Verhalten: Sie helfen, unsere Seele zu entwickeln.

Viele von den bisherigen Übungen zielten darauf ab, die Muskeln in deinem unsichtbaren Körper ein bißchen zu bewegen und dich mit der Tatsache vertraut zu machen, daß du aus mehr bestehst als aus Blut und Knochen, daß neben deinen physischen Organen auch jeder deiner physischen Sinne sozusagen einen Doppelgänger in der unsichtbaren Welt hat, den du ernähren und versorgen mußt. Du bist ein Geschöpf aus Licht und Energie«, sagte der Vater. »Das ist die wahre Identität des Menschen.

Aber im Moment brauchst du dich um all das nicht zu kümmern. Du sollst dir nur dessen bewußt werden, daß du feinere Teile in dir hast, daß diese Teile interessante und ungewöhnliche Dinge tun können und daß sie dir vielleicht eines Tages dabei helfen können, die unsichtbaren Herrlichkeiten zu sehen, von denen wir immer umgeben sind.«

Achtsamkeit: Sich ganz spüren

»Wir haben den Körper nun rundum kennengelernt«, meinte der Vater. »Wir haben seine verschiedenen Teile von außen und von innen untersucht. Jedes Organ, jedes Sinnesorgan spielt eine andere Rolle, wie bei einem Orchester, wo die Trommel einen Ton erzeugt, die Geige einen anderen und die Hörner noch einen anderen. Aber am schönsten klingt es, wenn das ganze Orchester auf einmal spielt. So sind unsere Körper – viele begeisterte Musiker, die zusammenspielen. Nun ist es Zeit zu spüren, wie unser ganzes Orchester eine physische Symphonie spielt.« Tims Vater sprach über die Achtsamkeit. Darüber, daß Kinder im Laufe des

Tages ab und zu innehalten und sich daran erinnern sollten, daß sie hier sind, jetzt hier sind, daß es sie gibt und daß ihre Körper gerade dies oder jenes tun. Er erklärte, daß viele Leute, besonders Erwachsene, von Gedanken über die Zukunft oder die Vergangenheit abgelenkt werden; von so vielen Gedanken, daß ihnen gar kein Platz bleibt zu erfahren, was gerade mit ihnen und um sie herum vorgeht; daß sie vergessen, *wo* sie sind – und dann auch, *wer* sie sind.

Wenn ein junger Mensch lernt, wie wichtig es ist, mehrmals am Tage innezuhalten und zu denken »Hier bin ich, ein Kind Gottes, an diesem Ort, zu dieser Zeit«, und das regelmäßig tut, wird ihm der »Geschmack« dieser Erfahrung zurückbleiben und ihn anregen, sein Leben lang diese begnadete Empfindung zu suchen.

Um Tim den Begriff der Achtsamkeit zu verdeutlichen, schlug der Vater eine letzte Übung vor, die darauf abzielt, ein Gefühl für den ganzen Körper im Jetzt zu entwickeln. Die Anweisungen lauteten:

1. Setz' dich bequem irgendwo hin, wo du nicht abgelenkt wirst. Atme ein paarmal tief durch. Entspanne dich.
2. Schließe die Augen und spüre deinen rechten Arm. Fühle, wie er mit der Schulter verbunden ist. Fühle ihn von innen und von außen. Richte deine ganze Aufmerksamkeit darauf.
3. Lenke deine Aufmerksamkeit nun ins rechte Bein. Spüre seine Größe, seinen Umfang, sein Vorhandensein. Wie groß ist es? Wie schwer?
4. Nun das linke Bein. Spüre es einige Augenblicke, und dann gehe weiter, bis zum linken Arm; bis zum Kopf hinauf.
5. Fühle den ganzen Körper auf einmal. Spüre ihn in seiner Gesamtheit. Als eine einzige verbundene Einheit von Blut und Knochen, Energie und Gedanken.

Für Kinder sind drei oder vier Runden dieser Übung, die sich wie ein Rad im Körper von Glied zu Glied weiterdreht, völlig ausreichend. Es ist eine starke Übung, und kleine Kinder sollten sie nicht zu oft durchführen. Ein- oder zweimal pro Woche ist genau richtig.

Tim und sein Vater machten diese Übung zusammen und sprachen hinterher darüber. Der Vater bat Tim zu beschreiben, welche Empfindungen er gehabt habe. »Manchmal kann ein Gefühl von Licht und Klarheit auftreten«, erklärte er. »Wenn du das spürst, dann halte es fest. Dies ist die Richtung, in die unsere Herzen gehen wollen. Es ist so, als würden wir die Erde verlassen, schweben, nach oben steigen. Wenn du dabeibleibst, wenn du immer wieder betest und meditierst und ein gutes Leben führst, wirst du dieses Gefühl von Frieden und Stille über längere Zeiten genießen können. Es wird dir Einblick in große Dinge geben.«

Von diesem Tag an klopfte der Vater Tim gelegentlich leicht auf die Schulter, wenn er im Haus oder Garten zugange war, und sagte einfach das Wort *Achtsamkeit*. Mehr nicht. Nur: *Achtsamkeit*.

Tim dachte dann sofort daran, seinen Körper zu spüren, seinen Gedankenfluß zu bremsen, sich ganz im Jetzt zu zentrieren. Es war eine gute Übung. Später begann Tim, seinen Vater an die Übung zu erinnern. Gemeinsam arbeiteten sie daran, einander zu helfen. Und beide profitierten sie davon.

Zwölftes Kapitel

Den Körper für das
Leben in der Welt trainieren

Arbeit

Es gibt für Kinder keine bessere Art, die physische Welt kennen-zulernen, als durch körperliche Arbeit. »Wenn der Körper noch geschmeidig ist«, schrieb der französische Philosoph Montaigne, »sollte man ihn nach allen Sitten und Gebräuchen biegen.« Arbeit bewirkt Meisterschaft und Selbstachtung, zwei entscheidende Faktoren für das richtige emotionale Wachstum eines Kindes. Beweglichkeit, Koordination, Ausdauer, Tempo, Zeitgefühl, Kraft und Gleichgewicht sind in einem jungen Körper leicht zu entwickeln. Kinder, die diese Fertigkeiten beherrschen, fühlen sich meist ein Leben lang wohl in ihrem Körper. Die anderen, die nicht geschult werden, zeigen immer eine Art unglücklicher Ungeschicklichkeit, wie sehr sie sich später auf dem Golf- oder Tennisplatz auch bemühen mögen. Aber am wichtigsten ist vielleicht, daß Arbeit auch lehrt, anderen zu dienen: Kinder helfen zu Hause und in der Gemeinschaft und formen dabei ihren eigenen Charakter und ihre körperliche Kraft. Eltern tun gut daran, ihren Kindern den Leitsatz des Benediktinerordens mitzugeben: *Laborare est orare*. Arbeiten heißt beten. »Leg' Herz, Verstand, Geist und Seele selbst in deine kleinsten Handlungen«, sagte der hinduistische Lehrer Swami Sivananda. »Das ist das Geheimnis des Erfolgs.«

Und dies ist die Botschaft, die Arbeit Kinder lehrt: Gib dir mit allem, was du tust, wirklich Mühe. Laß Arbeit zum Weg werden, dein ganzes Wesen in die Dinge einzubringen, so daß dies am Ende zur Meditation wird, zu einer Art Gebet. Es gibt eine Geschichte von einem alten Zen-Meister, der darauf bestand, sich zusammen mit seinen Schülern bei der Feldarbeit abzurackern. Um die Gesundheit ihres Meisters besorgt, versteckten die Schüler eines Tages seine Werkzeuge, so daß er sich nicht mehr an der Arbeit beteiligen konnte. Daraufhin erschien der Meister nicht mehr zu den Mahlzeiten. Nach einigen Tagen kamen die Schüler zu ihm und baten ihn um eine Erklärung für seine Abwesenheit. Der Meister sagte einfach : »Keine Arbeit, kein Essen.« Und sie gaben ihm noch in derselben Stunde sein Werkzeug zurück.

Der Taoist Chuang-tse erzählt eine andere Geschichte, in der die Vorstellung betont wird, Arbeit und Meditation seien potentiell ein und dasselbe:

Ch'ing, der oberste Schreinermeister, schnitzte Holz, um einen Ständer zum Aufhängen der Musikinstrumente zu fertigen. Als das Werk vollendet war, schien es denen, die es sahen, geradezu übernatürlich gut. Der Prinz von Lu fragte ihn: »Welches Geheimnis steckt in deiner Kunst?« »Kein Geheimnis, Euer Hoheit«, antwortete Ch'ing, »aber dennoch ist da etwas.

Wenn ich einen solchen Ständer anfertigen will, hüte ich meine Lebenskraft vor jeder möglichen Minderung. Erst schaffe ich in meinem Denken absolute Ruhe. Drei Tage in diesem Zustand, und ich vergesse jede mit dem künftigen Werk verbundene Belohnung. Fünf Tage, und ich vergesse den Ruhm, den ich damit erwerben könnte. Sieben Tage, und ich bin mir meiner vier Gliedmaßen und meines physischen Körpers nicht mehr bewußt. Dann, wenn kein Gedanke an den Hof mehr in meinem Kopf ist, konzentriert sich meine Fertigkeit ganz und gar auf mein Werk, und alle störenden Elemente von außen sind verschwunden. Ich gehe in einen Bergwald. Ich suche einen passenden Baum. Er enthält die benötigte Form, die später herausgearbeitet wird. Ich sehe den Ständer vor meinem inneren Auge und mache mich dann an die Arbeit. Sonst ist da nichts. Ich bringe meine eigene natürliche Fähigkeit in Beziehung zu der des Holzes. Was man an meiner Arbeit für übernatürlich gehalten hat, lag ausschließlich darin begründet.«

Welche Art von Arbeit ist am besten?

Jede Arbeit, die einem oder mehreren der folgenden Ziele entgegenkommt, ist gut:

- Den Körper des Kindes zu trainieren und zu stärken
- Faulheit zu verhindern und Fleiß zu fördern
- Durchhaltevermögen und Willenskraft zu stärken
- Zu dienen.

Arbeiten Sie bei einigen Übungen eng mit den Kindern zusammen, und Sie werden schon in einigen Monaten die Ergebnisse sehen. Kinder lernen schnell, und ihre Muskelsysteme stellen sich leicht und genau ein. Auch die Koordination wird besser, ebenso die allgemeine Fähigkeit, sich mit Selbstvertrauen und Anmut zu bewegen. Wichtiger noch ist, daß Übungen, die mit einem Erwachsenen ausgeführt werden, Kinder intuitiv ihre eigene psychische Anatomie wertschätzen lassen; dies vermittelt ihnen auch die unerschütterliche Erkenntnis, daß Körper und Geist miteinander verbunden sind, daß das eine nicht ohne das andere funktionieren und überleben kann.

Hier folgen nun ein paar Pflichten, an denen Ihre Kinder über Monate und Jahre hinweg arbeiten können, und die Ihnen dabei helfen werden, sie auf ein robustes und verantwortungsvolles Leben als Erwachsene vorzubereiten.

Das Kinderzimmer aufräumen

Diese Aufgabe ist ein großartiger Ausgangspunkt, da sie die Vorstellung von körperlicher Arbeit mit Dienstleistungen für die Familie verknüpft. Mit der Regelmäßigkeit eines Uhrwerks findet in Tinas Zimmer täglich irgendeine Aufräumarbeit statt: Das Bett wird gemacht, Spielzeug wird weggeräumt, Bücher und Spiele werden in eine Scheinordnung gebracht, all dies so regelmäßig wie die Sonne auf- und untergeht. Wenn Geschwister ein gemeinsames Zimmer haben, sollten sich beide an diesen Aufgaben beteiligen. Kinder ohne eigenes Zimmer sollten die Verantwortung für die Plätze, an denen sie schlafen und spielen, übernehmen.

Dieses Aufräum-Verhalten bringt man ihnen am besten bei, wenn sie noch sehr klein sind. Zwei Jahre ist ein gutes Einstiegsalter. Kleinkinder kann man ermuntern, Bausteine zurück in die

Kiste zu legen oder ihre schmutzigen Kleider in den Wäschekorb zu tun. Kinder können dazu erzogen werden, nichts im Wohnzimmer herumliegen zu lassen; man kann ihnen sagen, daß alles, was aus dem Regal kommt, dort auch wieder hingehört. Erledigen Sie diese Aufgaben am Anfang gemeinsam mit dem Kind. Und präsentieren Sie sie als Spiel. Auf eine Holzschachtel oder einen Karton malen Sie das Bild eines freundlichen Tieres. Dann »füttern Sie das Tier«, indem sie ihm Spielzeug ins »Maul« werfen. Kinder lieben die Vorstellung, ein gefräßiges Geschöpf zu füttern, und sie werden es sehr schätzen, ihre Sachen zu diesem Zweck durch das Zimmer pfeffern zu können. Wenn sich das Kind daran gewöhnt hat, Dinge aufzuräumen, können Sie sich ausblenden und es allein arbeiten lassen.

Stellen Sie klar, daß alle Familienmitglieder dazu beitragen, das Haus aufgeräumt und sauber zu halten, daß es gut ist, sich gegenseitig Arbeit abzunehmen, daß wir Ordnung halten, um dann immer zu wissen, wo unsere Sachen sind, und daß alles in der Welt seinen richtigen Platz hat: Bücher stehen im Bücherregal, frisch gewaschene Kleider gehören in den Schrank, die Badeente in den Korb neben der Wanne. So wie die Blätter auf den Bäumen leben, so wie der Mond im Himmel lebt, so haben auch die Dinge, die wir in unserem Zimmer benutzen, ihren richtigen Platz im Universum. Bringen wir sie also dahin zurück.

Natürlich sollte man die Frage des Aufräumens auch aus der Sicht des Kindes sehen. Die meisten Kinder haben bestenfalls ein primitives Gefühl von Ordnung, und ihrer Ansicht nach gibt es bedeutend wichtigere Dinge zu tun. Sie werden daher nicht verstehen, warum man sie mit so lästigen Angelegenheiten wie Hausarbeit nervt. Die Vorstellung, ein ganzes Zimmer von oben bis unten sauberzumachen, scheint einem Sechsjährigen eine unvorstellbar riesige Aufgabe. Die physischen Dimensionen erscheinen jungen Augen viel größer als alten, und was Erwachsene für eine Zehn-Minuten-Aktion halten, dünkt das Kind eine schier endlose Plackerei. (Wissen Sie noch, wie riesig Ihnen *Ihr* Elternhaus vorkam, als Sie sechs Jahre alt waren?)

Diese Vorbehalte sind sehr verständlich, und Eltern können darauf so reagieren, daß sie die Last verringern, indem sie einfach die Gesamtaufgabe in mehrere Einzelteile zerlegen und verteilen. Jeden Tag wird etwas anderes gefordert. Das Aufräumen wirkt auf diese Weise weniger überwältigend auf das Kind, und die Eltern haben eine bessere Kontrolle. Machen Sie eine Liste der täglichen Aufgaben und haken Sie ab, was getan wurde. (Diese Technik funktioniert am besten bei Kindern ab sieben Jahren.)

Abhaken, wenn erledigt

Montag: Schrank aufräumen und Papierkorb leeren

Dienstag: Alle Bücher ins Regal zurückstellen und Spielzeug vom Boden aufsammeln

Mittwoch: Alle schmutzige Wäsche aufsammeln und in den Wäschekorb legen

Donnerstag: Schreibtisch und alle Arbeitsflächen aufräumen

Freitag: Fußböden zum Putzen freimachen – auch unter dem Bett und in versteckten Ecken

Samstag: Saubere Wäsche ordentlich wegräumen

Sonntag: Feiertag

Hausarbeit

Unterschätzen Sie Hausarbeit weder als physische Betätigung noch als Forum zur Vermittlung von Fertigkeiten. Jede Andeutung in Richtung einer geschlechtsspezifischen Arbeitsteilung auf diesem Gebiet sollten Sie sofort abwehren. Sowohl Jungen wie Mädchen sollten das Geschirr spülen, bügeln, Wäsche zusammenlegen, beim Vorbereiten des Essens helfen – und Sie auch bei den schwereren Aufgaben unterstützen. Lassen Sie sie diese Pflichten nicht nur als Ausdruck von Gleichberechtigung übernehmen, sondern auch deswegen, weil es für den zum Mann herangewachsenen Jungen angenehm sein wird, selbst einen Knopf annähen oder einen Gulasch kochen zu können.

Ebenso sollten Aufgaben, die den Einsatz von Kraft und Ausdauer erfordern, beiden Geschlechtern aufgetragen werden. Lassen Sie Jungen *und* Mädchen den Müll hinaustragen und den Rasen mähen. Machen Sie sie mit Werkzeugen, Schneeschaufeln und dem Hackklotz vertraut. Bringen Sie ihnen bei, Sachen im und am Haus zu reparieren. Unterstützen Sie Schreinerarbeiten und handwerkliche Fähigkeiten. In einer sich immer stärker verändernden Welt werden beide Geschlechter solche Fertigkeiten später unschätzbar finden.

Manche Eltern meinen, Kinder unter sieben seien unfähig, anspruchsvolle Hausarbeiten wie Geschirrspülen oder Fegen zu übernehmen. Die Erfahrung zeigt jedoch, daß bereits Sechsjährige meist durchaus in der Lage sind, ziemlich viele komplexe Aufgaben auszuführen, und daß sie mit ein bißchen Übung sogar recht gut damit fertigwerden können. Stellen Sie sicher, daß alle Aufgaben für Kinder geeignet sind, dann können Sie die Kleinen auch ruhig ein bißchen fordern.

Hier können die Eltern tatsächlich emotionalen Nutzen aus etwas ziehen, wovon die Kinder physisch profitieren. Wenn der siebenjährige Fred das Geschirr spült, dann fliegt eben der Seifenschaum, und es geht auch mal was zu Bruch. Wenn die neunjährige Bettina staubsaugt, dann ist das Haus sicher nicht so sauber, wie wenn Sie es machen. Wenn der zehnjährige Alex bügelt, vergißt er die Kragen und Manschetten. Aber schließlich sind Kinder in der Ausbildung. Alles braucht seine Zeit. Und während dieser Prozeß läuft, sollten Sie sich auf die Zunge beißen und vielleicht sogar ein bißchen freundlich schwindeln, wenn es nötig ist. Betonen Sie die positiven Seiten der Leistungen und lassen Sie Mißgeschicke auf sich beruhen. Loben Sie alle echten Bemühungen. Die Kinder geben sich ja Mühe. Sie verdienen Anerkennung. Und sie werden immer besser werden, je geduldiger Sie mit ihnen umgehen. Bald werden sie einen wirklichen Beitrag zur Bewältigung der häuslichen Pflichten leisten.

Arbeit im Freien

Ein berühmter amerikanischer Kriegskorrespondent meinte, es gebe nur eine einzige Art zu lernen, wie man als Mann eine Küste stürmt und einnimmt: Indem man bereits als Junge lernt, ein Feld zu pflügen. Das ist sicherlich übertrieben, aber es trifft den Kern der Sache.

Verbringen Sie ein paar Nachmittage mit Hacke und Schaufel im Freien. Graben ist eine der intensivsten körperlichen Beschäftigungen und potentiell eine der interessantesten. Man baut dabei Muskeln auf, aber man lernt auch allerhand über Gleichgewicht und spürt die eigene physische Mitte. Kinder, die einige Zeit im Garten oder auf einem Feld graben, lernen, ihr Gewicht zu verlagern und ihre Arme und Beine zu koordinieren. Sie verstehen, wie das Prinzip der Hebelwirkung funktioniert und wie man sein Gewicht durch konzentrierte Bewegungen gezielt einsetzen kann.

Sie können sogar einfach um des Spaßes willen ein Loch buddeln. Die Erde mit ihrem feuchten Dunkel und den scheuen kleinen Geschöpfen, die mit jeder Schaufel nach oben kommen, ist ein mysteriöses Abenteuer. Als Ruth und ihr Vater erst einmal angefangen hatten zu graben, wollten sie unbedingt sehen, wie weit sie wohl kommen würden. Der Vater meinte, wenn sie immer weiterschaufelten, würden sie wahrscheinlich auf eine verschüttete Schatzhöhle stoßen. Sie hoben eine Schaufel nach der anderen aus dem Loch, und der Vater unterhielt Ruth dabei mit Geschichten über vergrabenes Gold und Räuberschätze. Vielleicht würden sie heute einen finden.

Andere Arten von Arbeit
Kinder wehren sich oft gegen die Vorstellung, Arbeit könne ebenso Meditation sein wie Aufgabe, aber die wiederholte Begegnung mit Anstrengung, Rhythmus und schließlich einem Gefühl von Leistung wird langsam die spirituellen Effekte der Arbeit aufzeigen. Das Ziel heißt dabei, die Liebe zur Arbeit selbst zum Ziel werden zu lassen und das Kind mit der kontemplativen Seite körperlicher Arbeit bekannt zu machen. Dazu können folgende Aktivitäten gehören:

- *Jobs in der Nachbarschaft.* Mit neun oder zehn Jahren können Kinder gegen Bezahlung auch bei Nachbarn Rasen mähen, Schnee schaufeln, Garagen aufräumen, leichte Gartenarbeiten übernehmen.
- *Einen Garten unterhalten.* Lassen Sie Ihr Kind einen ganzen Wachstumszyklus erleben, vom Aufgraben der Erde über das Hacken und Pflanzen, das Jäten und Gießen bis zur Ernte. Eine solche Erfahrung bringt ein ganzes Universum von Vorteilen mit sich. »Gott«, meinte einst ein gärtnernder Großvater, »steckt in Hacke und Spaten.«
- *Als Familie gemeinsam arbeiten.* Das ist sehr wichtig. In Pauls Haus ist Samstagvormittag Familien-Arbeitszeit. Paul, seine jüngere Schwester, seine Mutter und sein Stiefvater arbeiten alle gemeinsam auf ihrem großen Grundstück. Paul ist jetzt zehn, aber er hilft schon seit fünf Jahren mit. Vom Rechen, Schaufeln, Pflanzen, Schneiden und Tragen wurde er kräftig.

Und außerdem hat er die Zyklen der Jahreszeiten und die Mondphasen kennengelernt. Schon durch diesen kleinen Einsatz fühlt er sich ganz allgemein mehr als Teil dieser Erde und der ihn umgebenden Welt der Natur.

Hygiene

Reinlichkeit ist, wie Arbeit, ein Thema, das in Büchern über Kindererziehung selten vorkommt. Vielleicht gibt es zu dem Thema nicht viel mehr als das zu sagen, was offensichtlich ist – Zähne putzen, Hände waschen vor dem Essen, auch hinter den Ohren schrubben, und Schluß. Das stimmt schon. Aber aus spiritueller Sicht nimmt Reinlichkeit im Erziehungsfahrplan einen entschieden wichtigeren Platz ein als Wasser und Seife. Wieso? Weil es – und das erklären alle religiösen Lehren – eine Entsprechung zwischen der »Oberfläche« des Menschen und seinem inneren Zustand gibt. »Waschet, reiniget euch«, heißt es bei Jesaja (1;16), der darauf eine Verbindung zwischen der äußeren Sauberkeit und der Reinheit des Herzens herstellt: »Tut euer böses Wesen von meinen Augen; laßt ab vom Bösen.« In irgendeiner mystischen Weise, die wir nicht ganz verstehen, bilden ein sauberer Körper und ein reines Herz ein harmonisches Ganzes. »Wer wird auf des Herren Berg gehen?« fragt König David im 24. Psalm. »Der unschuldige Hände hat und reinen Herzens ist«, lautet die Antwort. Sicher ist es kein Zufall, daß der Teufel im Islam »der Unreine« ist. Möglicherweise könnte dies ein Grund dafür sein, daß die Andächtigen sowohl im Islam wie im Hinduismus eine rituelle Waschung vollziehen müssen, bevor sie beten.

Persönliche Reinlichkeit hängt auch mit Vorstellungen von ökologischer Reinheit und Verehrung für die Natur zusammen. Man darf als sicher annehmen, daß Eltern, welche die Psyche ihrer Kinder nicht mit genügend Sauberkeitsvorschriften ausrüsten, weder der Erde noch ihren Kindern gute Dienste leisten. Denn gerade diese Leute, die man als Kind nicht mit dem Ideal der Reinlichkeit vertraut gemacht hat, sind es, die später ihre Getränkedosen in den Wald werfen und ihren Giftmüll in den Fluß kippen.

Ein recht bemerkenswertes Buch mit dem Titel *Sanatana Dharma*, ein elementares Lehrbuch der hinduistischen Religion

und Ethik, das um die Jahrhundertwende für Kinder in Indien
geschrieben wurde, gibt einen guten Einblick in die Erziehung
junger Hindus. Es werden wenig Unterscheidungen zwischen
dem weltlichen und dem religiösen Leben getroffen, und zu den
Texten gehören lange Abhandlungen über Dinge wie körperliche
Ertüchtigung, Politik, Ethik und die Beziehung zu den Eltern –
alles aus einer religiösen Perspektive gesehen.

An diesem Buch ist besonders interessant, daß es dem hinduistischen Begriff von *shaucham*, körperlicher Reinheit, ein ganzes
Kapitel widmet. Darin heißt es, ein Mangel an Reinlichkeit führe
zu Krankheiten; schlimmer sei jedoch, daß dadurch die subtilen
Energien behindert würden, die für den spirituellen Fortschritt
eines Kindes von wesentlicher Bedeutung sind. »Die Reinheit
unseres höheren Energiekörpers hängt von den magnetischen
Strömungen in ihm ab«, erklärt das *Sanatana Dharma*. »Er wird
deutlich von den magnetischen Eigenschaften der ihn umgebenden Dinge beeinflußt; und wir müssen daher darauf achten, ma-
kellos sauber zu sein. Manche Pflanzen und Pflanzenprodukte
schaden zwar dem physischen Körper nicht, verletzen aber den
Energiekörper. Dieser wird auch sehr stark von alkoholischen
Ausdünstungen und dem Energiekörper anderer Menschen ange-
griffen.«

Nach dem *Sanatana Dharma* ist Krankheit ein Zeichen dafür,
daß ein Naturgesetz mißachtet worden ist. Es sagt uns: »Die
Weisen – die wissen, daß die Gesetze der Natur die Gesetze
Gottes sind – halten es für ihre religiöse Pflicht, sie zu befolgen.«
Daher schreiben die Verfasser dieser Texte: »Unsere sichtbaren
Körper setzen sich aus Teilen zusammen, die wir aus dem nehmen,
was wir essen, aus den Flüssigkeiten, die wir trinken, aus der Luft,
die wir atmen, und auf subtilerer Ebene aus dem Dauerregen
unsichtbarer kleiner Partikel, die von den Menschen und Dingen
in unserer Umgebung auf uns fallen. Alles um uns herum und
mehr noch: Alles, was wir berühren oder in Händen halten, gibt
uns einige von seinen Teilchen, und wir geben ihm einige der
unsrigen. Das bedeutet, daß echte Sauberkeit nicht nur sorgfältige
Pflege beinhaltet, sondern auch das Bewußtsein dessen, wo wir
uns befinden, was wir berühren und wie wir uns verhalten. Wir
müssen nicht nur um unserer selbst willen sauber sein, sondern
auch für die anderen.«

Reinlichkeit lehren

Der beste Weg ist, wie immer, der mittlere. Lehren Sie Reinlichkeit, und zwar ebenso früh wie gründlich. Aber lehren Sie sie als Freude und Privileg, nicht als fürchterliche Verteidigung gegen eine böse Armee verbrecherischer Bazillen, die hinter jeder Tür lauern. Viele von uns haben festgestellt, daß man Sauberkeit am besten so vermittelt, daß man sie dem Kind als heilige Pflicht und gleichzeitig als menschliches Vergnügen präsentiert, als etwas, das den höheren Mächten gefällt und das obendrein, wie alle Tugenden, unser Wohlbefinden steigert. Machen Sie deutlich, daß Baden Spaß macht, daß Duschen erfrischt, daß ein Kleiderwechsel auch die Stimmung heben kann. Das, was der Talmud zu diesem Thema sagt, hat mich außerordentlich inspiriert: »Sorgfalt führt zu Sauberkeit, Sauberkeit zu Reinheit, Reinheit zu Bescheidenheit, Bescheidenheit zu Frömmigkeit, Frömmigkeit zu Angst vor Sünde, Angst vor Sünde zu Heiligkeit und Heiligkeit zu Unsterblichkeit.«

Kindern beibringen, ihre Hände zu benutzen

Handwerkliche Hobbys und Beschäftigungen lehren junge Menschen ganz nebenbei Geduld und Ausdauer. Man sollte Kinder immer dazu anhalten, eine Sache fertig zu machen, ob sie nun ein Vogelhaus bauen oder den Deckel eines Buches reparieren. Es kommt nicht darauf an, daß es nachher perfekt ausschaut. Wichtig ist, daß es von Anfang bis Ende durchgezogen wird. Verhindern Sie, daß Kinder etwas in Angriff nehmen, dann damit herumtrödeln, es halbwegs vollenden und sich darauf anderen Ablenkungen zuwenden. Wenn man dies zur Gewohnheit werden läßt, sieht man sich später mit Dilettantismus und Willensmangel konfrontiert. Setzen Sie, wenn das nötig sein sollte, Belohnungen für das Durchhalten aus. Und betonen Sie auch hier, daß Arbeit um ihrer selbst willen lohnend ist. Die folgenden manuellen Fertigkeiten lassen sich leicht von Kindern erlernen und werden ihnen auch als Erwachsene dienlich sein:

Schreinern
Lassen Sie die Kinder unter Ihrer Aufsicht einfache Schreiner-

arbeiten ausführen. Sie könnten also beispielsweise ein Vogel-
häuschen, Holzfiguren, einfache Marionetten, ein Zeichenbrett,
eine Staffelei, ein hölzernes Flugzeug oder eine Spielzeugkiste
anfertigen. Ein Vater erzählte seinen Kindern, daß es in Indien
jedes Jahr einen Feiertag gibt, an dem die Schreiner sich vor ihren
Werkzeugen verneigen und ihnen danken; und daß die Schreiner
bei manch anderen Völkern glauben, jedes Werkzeug besitze eine
eigene Seele. Wenn man sich mit dieser Seele anfreundet, hilft sie
einem bei der Arbeit. Der Vater regte seine Kinder an, sich auch
mit ihrem Werkzeug anzufreunden und still mit ihm zu kommunizieren, bevor sie sich an die Arbeit machen.

Nähen, Stricken, Weben, Häkeln
Wenn Sie solche Fertigkeiten beherrschen, können Sie sie Ihren
Kindern beibringen, sobald diese mindestens sieben Jahre alt sind.
Fangen Sie mit ganz einfachen Projekten an. Oft gibt es sogar
Grundausrüstungen für Kinder. Nach einer Weile können Sie die
Kinder dann dazu animieren, auf der Basis von heiligen Symbolen
eigene Muster zu entwerfen. Wenn das Interesse eines Kindes
besonders groß ist, können Sie mit ihm in Museen gehen, in denen
Gebetsteppiche oder rituelle Kostüme gezeigt werden.

Modellbau
Modelleisenbahnen sind noch immer sehr beliebt. Ebenso Mo-
dellflugzeuge, die es in einer reichen Auswahl zu kaufen gibt.
Kleine Figuren anmalen – eine Tätigkeit, die besonders ältere
Kinder schätzen – ist eine wunderbare Art, Geschicklichkeit und
Genauigkeit zu erlernen. Manche Eltern helfen ihren Kindern
dabei, ganze Dioramen mit Figuren, Bäumen, Bergen, Gebäuden
und Wasser aufzubauen – etwa Szenen aus Rittergeschichten,
Sagen oder sogar aus der Bibel.

Schnitzen
Kinder, die alt genug sind, mit einem Taschenmesser umzugehen,
werden viele Stunden lang Spaß daran haben, aus Holzklötzen
einfache Tierfiguren oder Löffel, Pfannenschaber oder Spazier-
stöcke zu schnitzen. Schnitzholz findet man in Bastelläden oder
beim Schreiner. Ein Museumsbesuch, bei dem Sie Ihrem Kind die
religiösen Statuen aus verschiedenen Kulturen zeigen, wird diesem Unterfangen eine spirituelle Note geben.

Töpfern

Ob mit oder ohne Drehscheibe, Töpfern trainiert in ausgezeichneter Weise die manuelle Geschicklichkeit. Sie brauchen keinen Brennofen, um die Teller, Tassen und Figuren Ihres Kindes zu brennen. Viele Bastelläden bieten heute Tonarten an, die man im Küchenherd backen kann. Wenn die Kinder mit der Scheibe arbeiten, sollten sie die traditionelle Symbolik des Rades (die Schöpfung), der Hände (die Hände des Schöpfers) und des Tons (das Fleisch) erklärt bekommen.

Zeichnen

Es sollten immer reichlich Papier, Kreiden, Stifte und Wasserfarben vorhanden sein. Kleinere Kinder werden es besonders genießen, Zeichnungen und Bilder auf großen Bögen machen zu dürfen. Zeigen Sie ihnen, wie man einfache Formen wie Strichmännchen, Berge, Bäume und Wasser zeichnet.

Kalligraphie

Ältere Kinder sind vielleicht daran interessiert, die faszinierende Kunst der Kalligraphie zu erlernen. Viele Volkshochschulen bieten entsprechende Kurse an.

Ausdauer, Fitneß und Kraft

Kinder, die auf einem Bauernhof oder anderswo schwer arbeiten, entwickeln ganz natürlich ein Gefühl für Arbeit und brauchen dabei wenig Unterstützung. Aber die Mehrheit der Kinder wächst heutzutage ganz ohne oder mit einem handtuchgroßen Garten auf. Nur im Spiel mit den Nachbarskindern und im Sportunterricht in der Schule lernen sie etwas darüber, wie der Körperkraft aufbaut.

Sport ist natürlich in vielerlei Hinsicht gesund, wenn auch die potentiellen Gefahren von Mannschaftsspielen die Entwicklung echter körperlicher Gesundheit beeinträchtigen können. Zudem sorgen die mit diesen Spielen verbundene Aufregung und Wettbewerbshaltung dafür, daß *irgend jemandem* garantiert das Herz gebrochen wird. Bei vielen Sportarten wird das ICH der jungen Gewinner gefährlich stark aufgebläht, während die Verlierer sich mit ihrer zerrütteten Selbstachtung plagen – beides eine unwei-

gerliche Begleiterscheinung des Wettbewerbsystems. Sport
scheint sogar ganz allgemein absichtlich darauf angelegt zu sein,
Angeberei, Eigendünkel und spöttisches Verhalten seitens der
Gewinner zu fördern. Wie also kann man Stärke, Selbstvertrauen
und Muskelkraft erlangen, ohne den Körper zu überfordern oder
die Emotionen verkümmern zu lassen?

Gewöhnliches Spiel
Junge Tiere entwickeln dadurch Stärke und Beweglichkeit, daß sie
mit ihren Brüdern und Schwestern herumtollen, und auch Kinder
bekommen kräftigere Körper, wenn sie mit Gleichaltrigen toben.
Ermuntern Sie die Kleinen, so oft wie möglich körperlich aktiv zu
sein, zu rennen, zu springen, zu rollen, zu hüpfen und zu raufen.
Wenn Sie einen Garten haben, stellen Sie reichlich Geräte wie
Klettergerüst, Schaukeln, Ringe und Rutschen auf. Ein festes
Kletterseil am Baum oder ein ausgedienter Autoreifen als Schau-
kel sind billige Möglichkeiten, ein Kind zu einem starken Menschen heranwachsen´ zu lassen. Springseil, Gummitwist und
»Himmel und Hölle« sind noch immer beliebt, ebenso wie gut
gesicherte Leitern, Schaufeln zum Graben, Bäume zum Klettern,
Sandsäcke zum Boxen und Fahrräder. Was Sie selbst früher genossen haben, wird vermutlich auch Ihrem Kind Spaß machen.
    Stadtbewohner haben es dabei natürlich schwerer, aber es gibt
fast überall Parks und Spielplätze. Suchen Sie diese so oft wie
möglich auf und achten Sie darauf, daß Ihre Sprößlinge sich
richtig austoben.
    Kinder scheinen nie richtig stillsitzen zu können. Ihre Hände,
Füße und Köpfe gleichen einem Perpetuum mobile. Diese Aktivität entspringt nicht, wie bei den meisten Erwachsenen, ihrer Ner-
vosität, sondern der inneren Kraft ihrer Wachstumsenergie, die
wie eine Quelle durch die Glieder des Kindes sprudelt und sich
dauernd als Bewegung manifestieren will. Eltern, deren Kinder
den ganzen Tag mit Spielzeug und Fernsehen verbringen, behin-
dern in gewissem Sinne den Lauf der Natur, die sich danach sehnt,
sich in den Gliedern des jungen Menschen auszudrücken.

Regelmäßige Bewegung
Jedes Kind, das älter ist als fünf Jahre, wird von regelmäßigen
Bewegungsübungen profitieren. Tim und sein Vater absolvierten,
schon bevor ihre Gespräche begannen, morgens zehn Minuten

lang gemeinsam Beuge- und Streckübungen. Sie stehen sich dabei gegenüber und machen Kniebeugen, »Windmühlen«, Schulter- und Nackenkreisen, Liegestütze und so fort. Zum Schluß laufen sie noch drei oder vier Minuten auf der Stelle oder joggen ein bißchen.

Wer mehr an spirituell orientierter Bewegung interessiert ist, die sowohl die ätherischen Energien des Körpers stimuliert als auch die Muskeln und Gelenke streckt, kann mit Kindern auch Yoga und Tai Chi machen. Beides hat in den letzten Jahren stark an Popularität gewonnen und kann sehr empfohlen werden. Es gibt etliche gute Bücher über Yoga mit Kindern, und das von Ilse Klipper hat mich zu folgenden Yoga-Übungen für kleine Leute angeregt:

- *Aufwärtsstrecken.* Stelle dich gerade und aufrecht hin. Strecke den rechten Arm soweit zur Decke, wie das bequem möglich ist, und bleibe eine Weile in dieser Haltung. Strecke den Arm so weit aus wie du kannst. Wiederhole dann die Übung mit dem linken Arm. Zehnmal rechts, zehnmal links. Laß die Arme sinken, entspanne dich und atme ein paarmal tief durch.
- *Sonnengruß.* Strecke beide Arme senkrecht nach oben aus, lasse sie dann nach vorne sinken und halte dabei die Knie gestreckt. Versuche, die Zehen zu erreichen. Laß nun die Arme in dieser Haltung locker hängen und zähle bis zehn. Strenge dich nicht übermäßig an, versuche aber doch nach Möglichkeit, die Zehen zu erreichen. Nun richte dich wieder auf. Wiederhole diese Übung mehrmals, dann entspanne dich.
- *Katze.* Begib dich auf alle Viere (Hände und Knie). Ziehe den Bauch ein und atme aus. Mache einen Buckel und laß dabei den Kopf hängen. Zähle bis fünf, atme dann ein, hebe den Kopf und mache den Rücken wieder gerade. Wiederhole diese Übung, dann entspanne dich. Yogis nennen diese Haltung »Die Katze«.
- *Kobra.* Lege dich auf den Bauch und halte die Arme am Körper. Hebe Kopf und Oberkörper an und bringe dabei die Hände so nach vorne, daß sie dir beim Hochdrücken behilflich sind. Drücke mit den Händen weiter und hebe die Brust so weit vom Boden, wie es bequem geht. Zähle langsam bis zehn, laß den Körper wieder sinken und lege die Hände wieder an die Seite. Entspanne dich. Wiederhole diese Übung mehrere Male.

- *Ratte.* Setze dich im Schneidersitz oder im halben Lotossitz hin. Halte den Rücken gerade. Beuge den Kopf langsam nach vorne, bis das Kinn auf der Brust ruht. Dann drehe den Kopf so weit wie möglich nach links, zähle dort bis fünf und laß ihn anschließend nach rechts rollen. Halte kurz inne. Dann drehe ihn zurück in die Ausgangslage, das Kinn auf der Brust. Wiederhole diese Übung dreimal. Atme zweimal tief durch, dann entspanne dich.
- *Kopf-Knie-Haltung.* Setze dich hin, strecke die Beine nach vorne aus, halte den Rücken gerade. Die Kniekehlen sollten den Boden berühren. Hebe nun die Arme gerade über den Kopf, lasse sie dann langsam sinken und versuche die Zehen zu erreichen. Nicht mit Gewalt. Bleibe ein paar Sekunden in dieser Position und nimm dann wieder die Ausgangshaltung ein. Atme ein paarmal tief ein. Wiederhole die Übung zwei- oder dreimal und entspanne dich dann.
- *Berg.* Setze dich im Schneider- oder Halblotossitz hin. Hebe die Hände über den Kopf und lege die Handflächen flach gegeneinander. Atme tief ein, drücke die Wirbelsäule durch und wölbe die Brust so weit wie möglich empor. Bleibe kurz in dieser Position, atme ein und aus, und nimm wieder deine ursprüngliche Sitzhaltung ein. Wiederhole diese Übung fünfmal.
- *Rückengriff.* Stelle dich aufrecht hin und schaue nach vorne. Nimm die Arme hinter den Rücken und falte die Hände. Beuge dich nun mit durchgestreckten Knien und gefalteten Händen langsam nach vorne und blähe dabei die Brust. Dabei werden die Hände auf dem Rücken ganz von selbst nach oben gehen. Senke nun den Kopf so, daß du zwischen deinen Beinen hindurchsehen kannst und halte dabei die Arme steif und gerade. Bleibe so lange wie möglich in dieser Position, dann nimm langsam wieder deine Ausgangshaltung ein. Atme durch und wiederhole diese Übung einmal.

Erklären Sie den jungen Yoga-Schülern unbedingt, daß es bei diesen Übungen nicht darum geht, sich zu größeren Leistungen zu zwingen oder zu beweisen, daß man besser ist als die anderen. Sinn der Sache ist es vielmehr, die Muskeln und Gelenke so gründlich zu strecken, daß all die feineren Energien frei zirkulieren können. Dann fühlt man sich großartig und gesund, entspannt und glücklich.

Wenn Kinder mit einer Reihe grundlegender (und sicherer) Yoga-Übungen anfangen und sie auch regelmäßig durchführen, werden all die Körperteile beweglich bleiben, die sie den Rest ihres Lebens strecken müssen. Wenn nicht, werden sie bald zu den steifen Europäern gehören, die keine drei Minuten bequem auf dem Boden sitzen oder die sich nicht bis zu ihren Zehen bücken können.

Kampfkünste
Falls Ihr Kind sich zu Kämpfen hingezogen fühlt – oder wenn es im Gegenteil klein und schüchtern ist und etwas braucht, das sein Selbstvertrauen aufbaut –, können die Kampfkünste manchmal die richtige Antwort sein. Aber seien Sie vorsichtig. Wenn Sie sich auf die Suche nach einem guten Kampfstudio machen, müssen Sie in erster Linie nicht etwa, wie manche meinen, nach einem bestimmten System Ausschau halten, sondern auf die Qualität des Lehrers achten.

Finden Sie heraus, welche Kurse es in Ihrer Nähe gibt (es werden zunehmend mehr speziell für Kinder angeboten), und nehmen Sie dann an einer Unterrichtsstunde teil. Gute Lehrer werden eine gewinnende Art im Umgang mit Kindern haben, zugleich aber die östlichen Tugenden Geduld, Stoizismus, Höflichkeit und Gewaltlosigkeit betonen. Eine wahre Kampfkunst dient sowohl der Selbstverteidigung als auch der spirituellen Erleuchtung. Wenn Sie auf eine Klasse stoßen, in der der Lehrer schreit »Töte!« (das gibt es), in der das Zimmer von Wutgefühlen erfüllt scheint (das kommt vor) oder in der Wettbewerb wichtiger zu sein scheint als Kooperation (das ist häufig der Fall), dann müssen Sie weitersuchen. Wenn es sein soll, dann wird sich auch die richtige Schule finden.

Musik und Tanz
Es gibt zwar ungezählte Arten von Tanzstilen, aber bei Kindern unter fünf Jahren kann man sagen, daß die Bewegungen noch direkt aus der Seele kommen und als solche nicht manipuliert werden sollten. Stellen Sie Musik an und lassen Sie die Kinder einfach nach Herzenslust tanzen. In diesem Alter brauchen sie keine feste Form – einfach tüchtig herumwirbeln lassen. Wenn die Kinder sechs oder sieben Jahre alt sind, kann das Tanzen strukturierter werden. Sie genießen dann den thematisch geprägten Tanz

in der Gruppe (wie beispielsweise ein fallendes Blatt in *Schwanensee* zu spielen). Viele kommen gut mit einem Minimum an Aufsicht auf dem Parkett aus, und in diesem Alter brauchen Eltern nur die Grundbewegungen wie Drehen, Springen, Wirbeln oder Beugen zu lehren. Es folgen einige Vorschläge, wie man Kinder dieses Alters für lustige, kreative und angemessen anstrengende tänzerische Aktivitäten gewinnen kann:

- Wechseln Sie schnell die Musik, vom Marsch zum Walzer, zu Jazz, zu einer Symphonie, zu Volksmusik, und lassen Sie die Kinder jede Stimmung tanzen.
- Legen Sie schnelle, fröhliche Musik auf und lassen Sie die Kinder spielen, sie seien Zirkuskünstler. Sie können verschiedene Nummern tanzen: Clown, Hochseilakt, Jongleur, Löwenbändiger und so fort.
- Spielen Sie Musik verschiedener Stimmungslagen – langsam, schnell, glücklich, gruselig, tapfer, wahnsinnig – und lassen Sie die Kinder dazu jeweils eine Tanzgeschichte erfinden.
- Lassen Sie die Kinder verschiedene Tiere tanzen: Schwan, Tiger, Huhn, Goldfisch, Giraffe, Eichhörnchen.
- Die Kinder tun so, als seien sie Blumensamen, die gepflanzt werden. Sie tanzen durch den gesamten Wachstumszyklus: Sprießen, Knospen, Blühen, Welken, Rückkehr zur Erde.
- Kinder tanzen die vier Elemente: Feuer, Wasser, Erde, Luft. Und das Wetter: Regen, Donner, Blitz, Schnee, Sonnenschein.
- Lassen Sie die Kinder spielen, daß sie den Himmel besuchen. Sie gehen in den Wolken hin und her, sprechen mit den Engeln und erforschen bei passender Musik (vielleicht Bach, Monteverdi oder Sitarmusik) die höhere Welt. Fragen Sie sie, was sie sehen.

Bei Kindern ab acht Jahren ist eine richtige Unterweisung in formalen Tanztechniken angebracht. Ein großer Teil der Popmusik zielt direkt auf die ganz jungen Hörer ab, so als wollte sie deren Psyche einfangen, bevor sich die Unterscheidungsfähigkeit entwickelt. Kinder sind daher heutzutage nicht erst als Teenager bestens mit den jeweils aktuellen Hits vertraut. Meist mögen sie diese Musik – und zwar sehr.

Dennoch ist es vielleicht nicht zu spät, den Botschaften, die im Rock 'n' Roll stecken, dadurch etwas entgegenzusetzen, daß man

statt dessen herzorientierte Tanzarten eingeführt. Volkstänze sind
Gruppenveranstaltungen, die man ein- oder zweimal die Woche
mit der ganzen Familie genießen kann. Die fröhlichen, nostalgi-
schen Melodien haben die Eigenschaft, sich in die Seele von
Kindern wie Erwachsenen einzuschleichen, und sie sind ein hervorragender Puffer gegen die destruktiven Kräfte der zeitgenössischen Musik.

Absichtlicher Verzicht
Eine letzte Methode, die Kindern ab acht Jahren vorbehalten sein
sollte, ist die des absichtlichen Verzichts – zu lernen, willentlich
ohne etwas auszukommen.

Wenn beispielsweise keine medizinischen Gründe dagegen
sprechen, können Eltern ihrem Kind vorschlagen, einige Stunden
am Tag zu fasten. Ohne Frühstück auszukommen ist viel schwieriger, als die meisten Kinder sich denken; und es kann eine hervorragende Übung in Selbstbeschränkung sein, wenn man sie mit
Forschergeist angeht. Aber lassen Sie das Kind unbedingt essen,
wenn und wann es das will; achten Sie darauf, daß eine grund-
sätzlich wohltuende Erfahrung nicht zu einer Zwangsübung aus-
artet.

Eine andere gute Übung ist, das Kind eine ungewöhnliche und
ihm leicht unangenehme freiwillige Tätigkeit ausführen zu lassen.
Bitten Sie es beispielsweise, zwei Hemden übereinander anzuziehen. Es soll einfach gegen das angehen, was der Körper im Moment will. Nichts Extremes. Nur sanften Verzicht und freiwillige
Anstrengungen. Als Philipp beispielsweise gerade aus dem Haus
stürmen wollte, um schwimmen zu gehen, schlug ihm seine Mutter vor, statt dessen zu Hause bleiben, ihr etwas zur Hand zu
gehen und mit seiner kleinen Schwester zu spielen. Die Entscheidung überließ sie ihm, ohne ihn mit Schuldgefühlen zu erpressen.
Als Philipp dann jedoch die schwierigere Beschäftigung wählte,
lobte seine Mutter ihn ausdrücklich und versicherte ihm, diese
Entscheidung werde dazu beitragen, ihn später noch ein bißchen
stärker zu machen.

Oder nehmen wir Daniel, der mit seinem Vater zusammen im
Bus saß. Sie hatten in letzter Zeit über Willenskraft gesprochen,
und der Junge fragte, wie man sie entwickeln kann. Der Blick des
Vaters fiel auf einen Schokoriegel in Daniels Tasche. Er langte
hinüber, holte ihn heraus und legte ihn auf Daniels Schoß. »Die

entwickelst du, indem du das hier wegwirfst. Meinst du, du schaffst das?«

Daniel konnte es nicht. Er hatte schon den ganzen Tag von Schokolade geträumt. Aber auch wenn er nicht genug Willenskraft aufbringen konnte, um gegen sein Verlangen anzugehen, so erinnerte er sich doch an diesen Vorfall und versuchte, ihn sogar wieder wettzumachen: Als alle anderen später Milchshakes und Kekse genossen, versagte er sich selbst dieses Vergnügen. Der erste Vorschlag des Vaters hatte gereicht, um einen Samen zu pflanzen.

»In dir sind zwei Personen«, erklärte der Vater. »Du und dein Körper. Manchmal wollen beide dasselbe. Prima. Kein Problem. Aber wenn dein Körper die Schokolade will, und dein inneres Selbst ›nein‹ sagt, dann beginnt der Kampf. Der leichte Ausweg ist der, deinem Körper immer zu geben, was er will. So machen es die meisten Leute. Aber wenn du das stets so machst, übernimmt langsam der Körper die Kontrolle. Am Ende wird dein anderes Selbst, dein höheres Selbst, zum Sklaven deines Körpers. Aber es gibt einen anderen Weg. Lerne, Wünsche deines Körpers von Zeit zu Zeit zu verweigern und ihn mit deinem Geist und deinen Gefühlen zu beherrschen. Das ist der härtere Weg und der bessere. Arbeite daran.«

Das Stillsitzen lernen

Das letzte und vielleicht schwierigste, was ein Kind lernen kann, ist, stillzusitzen. Es kommt ihm geradezu widernatürlich vor und arbeitet gewissermaßen der gewaltigen Wachstumskraft in Blut und Nerven entgegen.

Und doch ist es so, daß man wunderbare Ergebnisse erzielen kann, wenn man ein Kind ab vier Jahren dazu erzieht, erst nur für ganz kurze Augenblicke und dann immer länger stillzusitzen. Diese Übung beruhigt den Geist und führt zu Gelassenheit, einem Empfinden, das alle Lebewesen bewußt und unbewußt anstreben. Später wird sich die Konzentrationsfähigkeit der Kinder steigern, und ihre Aufmerksamkeitsspanne wird größer. Intelligenz und Geduld wachsen. Es ist einen Versuch wert.

Lassen Sie die Kinder zunächst die Augen schließen und einige Augenblicke stillsitzen, ohne einen Ton von sich zu geben. Drei-

und Vierjährige halten nicht länger als einige Sekunden durch, aber sie können es, und auf diesen Erfolg sind sie oft sehr stolz. Etwa ein Jahr später kann man die Zeit etwas ausdehnen, und Sie können dann auch verschiedene meditative Techniken einführen, über die im 26. Kapitel ausführlich berichtet werden wird.

Das wirklich Hilfreiche am Stillsitzen ist zum einen, daß es die Kinder beruhigt und den Weg für ernsthaftes Gebet und Meditation bereitet, und zum anderen, daß es dazu beiträgt, ein Gefühl dafür zu kultivieren, wie *der Geist den Körper beherrscht*. Das ist, wie religiöse Gemeinschaften schon lange wissen, die wichtigste Fertigkeit, die jemand erwerben kann, der an spiritueller Entwicklung interessiert ist.

Langfristig werden Kraft und Vitalität ein Kind auf das aktive Leben zu Hause und in der Gemeinschaft vorbereiten, aber die Kontrolle der Sinne und des körperlichen Verlangens wird zu einem viel größeren Ziel beitragen, nämlich dem, den Körper ganz zu transzendieren und sich wieder mit dem inneren heiligen Geist zu verbinden. Wirklich einsichtige spirituelle Erziehung sollte diesen zentralen Gedanken beherzigen: Der physische Körper ist, wenn auch ein wunderbares und mysteriöses Beispiel göttlichen Wirkens, ein Gefäß für etwas viel Größeres. »Den Menschen nenne ich leidenschaftslos«, schrieb St. Simeon, »dessen Körper wie ein Pferd für seinen Reiter ist. Wenn das Pferd steigt und sein Futter verlangt, nimmt es der Reiter fest am Zügel und führt es auf den Weg zurück. Wenn das Pferd sich umsieht und Gras und Heu und andere lebhafte Pferde entdeckt, verbindet ihm der Reiter die Augen und treibt es immer weiter auf das Ziel zu. Und dieses Ziel ist unsere spirituelle Heimat. So muß es für die Seele und den Körper des Menschen sein. So müssen wir alle nach Hause geritten werden.«

Vierter Teil

Ein Heim mit Herz:
Die Umgebung des Kindes
spirituell gestalten

Dreizehntes Kapitel

In meinem Zimmer

Zuhause ist da, wo das Kind ist. In den ersten elf oder zwölf Lebensjahren ist dies der Ort, an dem junge Menschen sein *wollen*. Die Wanderlust setzt erst später ein. Im prägenden ersten Jahrzehnt betrachten Kinder ihr Heim als Hafen und Schutz und sogar als ein persönliches Abbild ihrer Art, die Welt gedanklich und gefühlsmäßig zu erfassen.

Kluge Eltern wissen das und stimmen ihren Haushalt auf diese Bedürfnisse ab. Eine solche Anpassung dient der Stärkung des inneren Lebens des Kindes und einer angepaßten sozialen Existenz – im idealen Fall beidem zugleich. Es gibt zahlreiche Methoden, diese Ziele zu erreichen; mit einigen der wirksamsten werden wir uns in diesem Kapitel beschäftigen.

In meinem Zimmer

Die Beach Boys besingen in einem ihrer bekanntesten Hits den Ort, an den Kinder sich zurückziehen können, wenn sie sich schlecht fühlen, wenn auf ihnen herumgehackt wird, wenn sie von Eltern und Freunden frustriert sind: ihr Zimmer, den Ort, an dem sie immer ihre Ruhe haben. Das eigene Zimmer ist für ein kleines Kind wie ein eigenes Schloß, selbst wenn dieses winzig ist oder mit Geschwistern geteilt werden muß. Eltern sollten sich diese Tatsache zunutze machen, indem sie den privaten Bereich ihrer Kinder zu einer friedlichen Welt werden lassen, die sie mit Anspielungen auf das Höhere versehen. Beachten Sie dabei:

- Wenn Kinderzimmer luftig und sauber sind, große Fenster und angenehm gestrichene Wände haben, werden sie eine Art spiritueller Positivität ausstrahlen. Wissenschaftliche Experimente haben gezeigt, daß das Licht und die Farben in Wohnräumen direkten Einfluß auf die Stimmungen der Bewohner ausüben und daß sich bestimmte Farben (besonders leuchtende Gelb- und helle Blautöne) erhebend auf den menschlichen Geist auswirken. Manche Eltern malen ihren Kindern Wolken oder Himmel voller Sterne und Planeten und eine helle, lachende Sonne an die Decke. Farbe, Licht, Überraschungen, Spaß – darum geht es.

- Linoleum, Metall und Kunststoffbeschichtungen mögen für manche Erwachsene ästhetisch befriedigend sein, aber sie sind von Grund auf kalt und lieblos. Da wir modernen Menschen ohnehin so weit von der Natur entfernt leben, könnten wir doch den Trend für unsere Kinder umkehren. Verwenden Sie für die Einrichtung Materialien, die von der Erde erzählen, von Holz und Blättern, von natürlichen Substanzen, die dem Kind das Gefühl vermitteln, von den göttlichen Kräften der Erde gewiegt zu werden und nicht in eine fiktive Welt aus Synthetik und High Tech verbannt zu sein. Versuchen Sie, den Raum Ihres Kindes soweit wie möglich mit organischen Substanzen wie Holz, Rattan, Weidengeflecht, Wolle, Baumwolle, Kork, Erde und Stein auszustatten. Viele spirituell orientierte Eltern glauben, daß jede natürliche Substanz ihre eigene Schwingung und ihre eigene unsichtbare Botschaft übermittelt. Das, womit das Kind spielt, was es berührt und was im Schlaf neben ihm liegt, wirkt auf subtile Weise auf es ein.
- Ordnung und Reinlichkeit sind für Kinder jeden Alters wichtige Geschenke. Beginnen Sie früh damit, die Vorbedingungen für Ordnung zu schaffen. Stellen Sie Stauraum für bestimmtes Spielzeug zur Verfügung: einen Korb für die Puppen, eine Schachtel für die Stifte und Malbücher, eine Kiste für Bauklötze. Ein aufgeräumtes Zimmer trägt beim Kind unterschwellig zu einem Gefühl von geordneter Welt und Wohlbefinden bei.
- Phototapeten und Wandgemälde sind aufregend und geben dem Kinderzimmer Pfiff. Aber seien Sie vorsichtig mit den Großformaten. Auch wenn diese Bilder dem Auge des erwachsenen Betrachters zusagen: Wenn es einen Meter groß ist, kann sich selbst das allerniedlichste Eichhörnchen nachts in der kindlichen Phantasie in ein Riesenungeheuer verwandeln. Kinder reagieren in diesem Punkt sehr unterschiedlich, und Sie werden selbst am besten beurteilen können, was für Ihren Sprößling zuviel des Guten ist. Allgemein läßt sich jedoch be-

sonders bei beeindruckbaren kleinen Kindern raten, nicht zu unterschätzen, welch nächtliche Ängste an sich harmlose Bilder auslösen können. Entfernen Sie alle Bilder oder Poster, die potentiell erschreckend sind, und heben Sie sie für später auf.

Die dunkle Seite

Erbstücke und Möbel aus Familienbesitz sind gute Ansatzpunkte, mit dem Kind über die Tatsache der Sterblichkeit zu sprechen. Sie können ihm erzählen, alle Dinge befänden sich in einem Zustand des Vergehens, und dies seien gute Beispiele dafür. Zeigen Sie, wie anders Ihre alten Tische und Stühle aussehen als die neuen. Fragen Sie das Kind: Wer hat diese alten Möbel gemacht? Wo sind diese Künstler jetzt? Können wir uns überhaupt an ihre Namen erinnern? Können wir ihre Gesichter noch sehen? Nein, können wir nicht. Sie sind gestorben und haben zur Erinnerung an sie nur ihre künstlerischen Schöpfungen hinterlassen. Sie sind, wie alle Dinge, vergangen; selbst diese Tische und Stühle werden eines Tages vergehen.

Alles hat seine Zeit: geboren werden, leben und sterben. Das ist ein guter Augenblick, dem Kind etwas aus der Bibel vorzulesen, nämlich die bewegenden Worte aus Prediger 3: »Ein jegliches hat seine Zeit, und alles Vornehmen unter dem Himmel hat seine Stunde. Geboren werden und sterben . . .«

Das Zimmer ausstatten

Der Dekoration eines Zimmer setzt nur Ihre eigene Vorstellungskraft Grenzen. Janas Vater ist Maler, und er hat ihr phantastische Landschaften auf die Wände gezeichnet. In einer sieht man ein Märchenschloß in den Wolken, in der anderen eine saftige Wiese mit grasenden Einhörnern vor einem strahlenden Sonnenaufgang. Jana kann diese Bilder stundenlang betrachten und ihre Phantasie schweifen lassen. Die Farben und Bilder erinnern sie an einen weit entfernten Ort irgendwo, an dem irgendwie alles gut ist, und sie glaubt, sie hätte irgendwann einmal dort gelebt, vor langer, langer Zeit.

Der Vater des achtjährigen Adrian ist Photograph. Er hat eine

Serie von Stichen, die Motive aus der griechischen Mythologie wiedergeben, aus einem Buch heraus stark vergrößert, sie mit Wasserfarben koloriert und auf die Wände und die Decke von Adrians Zimmer geklebt. Nun sieht Adrian, wenn er morgens beim Aufwachen zur Decke schaut, Apollos Wagen mit der aufgehenden Sonne auf sich zu kommen.

Lenas Eltern sind, wie sie selbst, sehr tierlieb, leben aber in einer kleinen Wohnung. Also haben sie ein Aquarium mit einigen tropischen Fischen gekauft und eine Ecke von Lenas Zimmer in ein Unterwasser-Zauberland mit Steinen, Brücken, bunten Kieseln, vielen Arten von Tang, Seejungfrauen aus Porzellan und einer ganzen Armada von Guppy-Fischen verwandelt. Lenas Vater erzählt ihr manchmal Geschichten über ihre Fische – darüber, wie sie sich auf die mystische Suche nach dem Land des großen Seekönigs machen und wie auch sie auf ihre Weise den Gesetzen Gottes zu folgen versuchen.

Was die Augen sehen, das sieht auch das Herz

Welcher Wand- und Zimmerschmuck wird der spirituellen Kräftigung des Kindes am dienlichsten sein? Zu den inspirierenden Bildern gehören schöne Landschaften, Motive aus Mythologie und religiöser Kosmologie, phantastische Reiche, Szenen aus fernen, fremden Ländern, vergoldete Tempel, alte oder künstlerische Photographien, wunderliche Buchumschläge oder Zeitschriftentitel, zarte Zeichnungen aus Märchen, Bilder vom Bauernhof, von Tieren, von Kindern und von der Natur. Familienphotos und Portraits setzen Kinder in Beziehung zu ihrer eigenen Vergangenheit und zu ihren Vorfahren. Florence gab ihrer sechsjährigen Tochter Anna Photos von sich als Kind und von Annas Großeltern und Urgroßeltern. Das Kind sitzt oft da und betrachtet diese Photos oder spricht leise mit ihnen. Sie erwiesen sich als wunderbarer Bezugspunkt für die bei allen Kindern irgendwann auftauchenden Fragen nach der Vergangenheit der Familie. Florence erzählt ihrer Tochter, daß unsere Ahnen in gewisser Weise im Geiste in uns weiterleben und daß wir beim Beten an sie denken und ihnen danken sollten.

Was ein Kind jeden Morgen als erstes und jeden Abend als letztes sieht, spielt eine wesentliche Rolle. Neulich erzählte mir eine Nachbarin, die Mutter des zehnjährigen Viktor, dazu eine merkwürdige Geschichte. Diese Frau bereiste, als sie Anfang zwanzig war, entlegene Gebiete von Rumänien. Unterwegs besichtigte sie, wie sie sagte, eine kleine Kathedrale, die ein bei den Einheimischen für seine Heilkräfte gerühmtes Kruzifix beherbergte. Dessen Anblick berührte Florence so stark, daß sie im örtlichen Laden einige Postkarten des Kreuzes erstand. Etliche Jahre später stieß sie beim Aufräumen wieder auf diese Postkarten, rahmte sie und hängte sie in Viktors Zimmer. Sie erklärte ihm, daß die Menschen in Rumänien zu diesem Kruzifix beten, wenn sie krank sind, und daß manche Leute berichten, sie seien dadurch von sehr schweren Krankheiten wie Blindheit und Krebs geheilt worden.

Einige Monate später erzählte Viktor seiner Mutter von einem Traum. Er war fast ein wenig verlegen, als er berichtete, er habe das Bild Christi angebetet (seine Familie ist nicht katholisch). Dann erklärte er, die Christusfigur auf der Postkarte sei im Traum zu ihm herabgestiegen und habe ihm gesagt, er, Christus, sei der Heiland; er, Christus, wache über Viktor; und wenn Viktor erwachsen sei, solle er danach streben, ein Mann Gottes zu werden. »Bete«, sagte die Erscheinung mit ganz klarer Stimme, »und vergiß mich nicht.«

Nun wollte Viktor wissen, ob dieser Traum wirklich war. Seine Mutter erklärte ihm, daß heilige Bilder, soviel sie wisse, manchmal eine eigene mysteriöse Kraft besäßen und daß diese Kraft manchmal, wenn wir Glück hätten, »aus« einem Bild heraustreten und zu uns sprechen könne. Sie hätte davon gehört, daß so etwas in Träumen vorkomme, es aber selbst nie erlebt, und sie wüßte auch keinerlei Erklärungen dafür. Sie meinte, Viktor sei wirklich ein Glückspilz, daß er so ein magisches Bild in seinem Zimmer habe. Und Viktor stimmte zu.

Stille Zeit an einem besonderen Ort

Alle Kinder haben ein Recht auf ein Privatleben und Stille. Genauer gesagt haben sie das Recht auf eine Zeit am Tag, an der sie allein oder in der schweigenden Gesellschaft eines Elternteils sitzen und einfach *sein* können.

Im Haus des sechsjährigen David gibt es das, was seine Eltern

»die stille Zeit« nennen. Das sind die fünf oder zehn Minuten vor seiner Bettzeit. Diese meditative Pause findet an Davids »stillem Platz« statt, den er sich selbst nahe einem Fenster in seinem Zimmer mit mehreren Pflanzen und einem heißgeliebten Bild des spirituellen Lehrers seiner Eltern eingerichtet hat.

Die stille Zeit ist eine hervorragende Möglichkeit, den jungen Geist daran zu gewöhnen, sich nach innen zu wenden und die Disziplin des Sitzens kennenzulernen. Sie können mit Ihren Kindern eine ähnliche Routine einführen:

1. Setzen Sie die erste »stille Zeit« an, wenn Ihr Kind noch sehr jung ist. Etwa vier Jahre ist ein gutes Alter, manche Eltern beginnen aber auch früher.
2. Zunächst sollte die stille Zeit nicht länger als dreißig bis sechzig Sekunden dauern. Selbst ein Vierjähriges kann so lange stillsitzen.
3. Bleiben Sie dabei. Viermal wöchentlich ist keineswegs zu häufig. Die Idee ist die, das Sitzen so in die Routine zu integrieren, daß das Kind es irgendwann erwartet und sich darauf freut. Auf diese Weise wird die Gewohnheit der Meditation auf natürliche Weise in das Leben des Kindes eingefügt.
4. Eine verkürzte Form der stillen Zeit kann man mit Kleinkindern praktizieren. Gehen Sie während einer Phase ruhigen Spiels auf sie zu, lenken Sie sie ab, so daß sie ihre Aufmerksamkeit auf Sie oder ein interessantes Objekt richten. Halten Sie ihren Blick für fünf, vielleicht zehn Sekunden fest, dann hören Sie auf. Üben Sie dies mehrmals am Tag – darin liegt der Anfang der Konzentration. Hazrat Inayat Khan schreibt über diese Methode:
»Wenn ein Säugling das Alter von zwei oder drei Jahren erreicht, dann ist es zu jenem Zeitpunkt von größtem Nutzen, wenn er einen Augenblick des Schweigens gelehrt bekommt. Nun ließe sich aber sagen: ›Wie kann denn Schweigen gelehrt werden?‹ Schweigen kann gelehrt werden, indem wir die Aufmerksamkeit eines Säuglings sehr sorgfältig auf etwas zielen, und es kann auch durch Rhythmus vermittelt werden. Wenn wir ein bestimmtes Geräusch verursachen, indem wir in die Hände klatschen oder irgendeinen Rhythmus hervorbringen und wenn wir die Aufmerksamkeit eines Kleinkindes voll darauf lenken, dann können wir ihn auch einen Augenblick lang in

einer inaktiven Geistesverfassung halten, wenn ein Zeitpunkt
kommt, wo wir ihn inaktiv lassen möchten. Damit kann eine
Menge Gutes bewirkt werden. Daraus könnte eine Art von
religiöser, von esoterischer Erziehung im Säuglingsalter werden. Wenn ein Kleinkind von jener Zeit an für einen Augenblick lang seine Augen ohne Blinzeln offen halten und seinen
Atem, die Bewegung seiner Hände und Beine anhalten kann, so
ist das eine Meditation, die er in jenem Alter ausführt.«[1]

Vierzehntes Kapitel

Spielzeug auswählen

In diesem Zeitalter der Barbiepuppen und fabrikgroßen Spielzeug-Supermärkte läßt sich immer schwieriger entscheiden, welche Spielsachen für Kinder geeignet sind. Aber man *kann* vernünftige Richtlinien erstellen, besonders wenn Eltern dem Glauben beipflichten, das Spielzeug ihrer Kinder bestimme in gewissem Umfang, was aus ihnen wird. Dieses Kapitel enthält Vorschläge, wie man Spielsachen aus einer qualitativen und manchmal auch aus einer spirituellen Perspektive bewerten kann.

Äußerlichkeiten spielen durchaus eine Rolle

Wenn Spielsachen erschreckend, häßlich, grell, geschmacklos oder nutzlos sind, werden sie einen ebensolchen Eindruck in der Seele des Kindes hinterlassen. Es heißt, Schönheit sei nur äußerlich, aber die Weisen wissen es besser. »Gott ist schön, und er liebt Schönheit«, soll der Prophet Mohammed gesagt haben. »Wir sollten doch eher jene Meister suchen, die Dank ihrer Begabung die Natur des Schönen und Wohlgestalteten aufzuspüren vermögen«, schrieb Platon in *Der Staat*, »damit unsere jungen Leute gleichsam an einem gesunden Orte wohnen und von allen Seiten gefördert werden, wo auch immer etwas von den schönen Werken ihr Auge oder ihr Ohr berührt, wie ein Luftzug, der aus einer heilsamen Gegend Gesundheit herüberweht und sie schon von Kindheit an unvermerkt zur Ähnlichkeit und Freundschaft und Übereinstimmung mit dem schön Gesagten leitet.«[1]
Fragen Sie sich selbst:

- Sind die Farben des Spielzeugs harmonisch? Sind die Proportionen angenehm? Ist es stabil und solide gemacht? Scheint es von jemandem entworfen worden zu sein, der wirklich Kinder

mag, oder ist es einfach nur ein eher überflüssiges Fließband-produkt?
- Offenbart das Spielzeug die Schönheit oder Weisheit, die in ihm steckt – in seinem Material, in Form und Oberfläche, in der Art, wie das Kind es benutzen kann? Lehrt es Gleichgewicht, Intelligenz, Zuneigung, Unterscheidungskraft, Werte? Oder sitzt es einfach nur da und sieht niedlich aus?
- Wenn es sich um eine Puppe oder Figur handelt: Ist der Gesichtsausdruck wohlwollend und vertrauensvoll, oder hat sie ein maskenartiges Automatengesicht? Diese Art von Puppen flüstern Kindern zu, ihre eigenen Gesichter sollten auch so aussehen. Vielleicht ist es kein Zufall, daß die Frauen der Generationen, die mit Barbiepuppen aufwuchsen, sich deren Figur und Äußeres zum Schönheitsideal erkoren.

Hannah, Mutter von drei Kindern, erinnert sich an die kritische Wirkung, die eine geliebte Puppe auf ihre Gefühle ausübte, als sie noch sehr jung war. »Ich bin in Missouri aufgewachsen«, erzählt sie. »Um mich herum gab es zu der Zeit reichlich Vorurteile gegenüber Schwarzen. Überall. Damals gab es eine sehr beliebte Radiosendung mit dem Titel *Amos and Andy*. Eine Spielzeugfirma hatte eine schwarze Puppe mit dem Namen Amosina auf den Markt gebracht, die nach Amos benannt war. Ich bat meine Mutter, sie mir zu kaufen, und nachdem ich sie Monate lang genervt hatte, gab sie schließlich nach.

Kaum war die Puppe zu Hause, begann ich sie auch schon mehr zu lieben als alle anderen. Ich hatte sie jahrelang. Der Kopf war an einigen Stellen angeknackst, sie hatte einen Arm und fast das gesamte Haar verloren, aber ich schlief nachts mit Amosina und flüsterte ihr alle meine Geheimnisse zu. Und es gelang mir, in meiner vorurteilsbehafteten Nachbarschaft aufzuwachsen, ohne, wie die meisten meiner Klassenkameraden, negative Gefühle gegenüber Schwarzen zu entwickeln. Ich glaube immer noch, daß einer der Hauptgründe dafür in meiner Liebe zu dieser kleinen schwarzen Puppe zu suchen ist.«

Spielzeug aus moslemischer Sicht

Eltern und Erzieher vernachlässigen zwar allzuoft bei der Auswahl von Spielzeug den Aspekt der Qualität, aber manche spirituell orientierten Gruppen haben sehr wohl deren Bedeutung erkannt. Als Beispiel möchte ich hier aus einem sehr interessanten Büchlein zitieren, das speziell für Moslems geschrieben wurde, die in nicht-moslemischen Gesellschaften leben.[2] Wie schaffen sie es, ihre religiöse Integrität zu bewahren, wenn um sie herum ganz andere Werte gelten als ihre eigenen? Die folgenden Ratschläge sind natürlich aus moslemischer Sicht geschrieben, aber sie werden alle spirituell ausgerichteten Eltern interessieren:

»Welche Art von Spielzeug sollten wir als moslemische Eltern unseren Kindern kaufen? Wir sollten uns im allgemeinen von den Bedürfnissen und Interessen des Kindes leiten lassen und dabei bedenken, daß ein gutes und robustes Spielzeug besser ist als ein Dutzend billige, minderwertige Spielsachen, die schon bald auseinanderfallen . . . Und wir müssen uns nicht auf kommerzielles Spielzeug beschränken. Wenn eine Mutter über Zeit, Interesse und Geschicklichkeit verfügt, kann sie interessante und schöne Spielsachen für ihre Kinder herstellen, besonders solche, die das knospende Empfinden fördern, Moslem zu sein, und sie durch das Spiel in der islamischen Art des Denkens und Reagierens schulen. Für solche »hausgemachten« Spielsachen braucht man vor allem Vorstellungskraft und Kreativität. Hier sind ein paar allgemeine Vorschläge für interessantes und nützliches kommerzielles Spielzeug:

- Spielzeug, das Fertigkeiten entwickeln hilft, statt solches, das nichts lehrt, sondern nur unterhält.
- Haltbares Bau- und Konstruktionsmaterial, das für viele Zwecke verwendet werden kann.
- Puppen und Stofftiere, die Gesicht und Gestalt des Menschen nicht vulgarisieren (so sollten Baby-Puppen eben auch wie Babys aussehen und nicht wie kokette Teenager). Es gibt sehr ansprechende Modelle, die kaum mehr kosten als die häßlichen und geschmacklosen.
- Materialien, mit denen man interessante und schöne Sachen herstellen kann, die echte Kreativität und Originalität fördern. Sie sind unbedingt dem Spielzeug vorzuziehen, das eine

künstliche »Kreativität« vermittelt – wie etwa Handarbeits-
sätze mit vorgedruckten Motiven oder numerierte Zeichen-
vorlagen.

- Malbücher und Papierpuppen, die keine unreligiösen Werte
widerspiegeln.
- Wissenschafts-Baukästen oder Instrumente, die heranwach-
sende Kinder nutzen können, um ihre Kenntnisse der Welt
der Natur zu vertiefen.
- Verschiedene Arten von Modellen, die das Kind darin fördern, präzise, detaillierte Arbeit zu leisten und es mit den
Funktionsweisen von Autos, Schiffen, Flugzeugen und Rake-
ten vertraut machen.
- Fahrräder, Schaukeln, Rutschen, Rollschuhe und andere
nützliche Utensilien für das Spielen im Freien. Sammlungen
von Steinen, Fossilien und Muscheln, von Briefmarken, Postkarten und anderen interessanten Souvenirs. Spiele und
Puzzles, die Geschicklichkeit fördern, statt nur die Zeit zu
vertreiben.
- Bücher und noch mehr Bücher, sowohl Romane wie Sachbü-
cher, beides auf gutem Niveau.
- Welches Spielzeug sollten wir meiden? Versuchen Sie speziell folgenden Artikeln aus dem Weg zu gehen:
- Spielzeug, das nicht-islamische Werte und Ideale lehrt, wie
etwa Puppen und Ausschneidepuppen in aufreizender Kleidung, die nur den Gedanken an Mode und Sex fördern. Dazu
gehören Teenager-Puppen beiderlei Geschlechts, die ganz
offensichtlich gegen jeden Anstand verstoßen. Außerdem
Schminkkästen, Frisierkästen, Perücken und so fort.
- Bizarres, vulgäres und protziges Spielzeug, das den Eindruck
vermittelt, Menschen seien häßlich oder billig, und diaboli-
sche oder düstere Sachen und Masken, die das Menschliche
herabsetzen.
- Spiele, bei denen es um harten Wettbewerb geht, bei denen
man andere ausbooten soll, die unreligiöse Werte und Verhalten lehren, sowie bedeutungslose Spiele, die lediglich dem
Zeitvertrieb dienen.
- Die meisten Comics. Alle schlampig gearbeiteten Spielsachen, die besonders für sehr kleine Kinder geradezu gefährlich sein können.«

Spielzeug sollte einen Zweck erfüllen

Am besten sind Spielsachen, die Geist und Gefühle stimulieren, die das Kind inspirieren zu bauen, zu tragen, zu dienen, stark zu werden, zu experimentieren, zu nähren, zu kreieren, zu unterscheiden, zu fühlen, sich anzustrengen und zu entdecken. Bauklötze, Stifte, Malbücher, Puppen, Bücher. Farben. Legosteine, Stofftiere, Puzzles, Handarbeitskästen. Kinderherde, Boxsäcke, Puppenhäuser, Werkzeug, Musikinstrumente. Bälle, Schläger, Zauberkästen, Verkleidungssachen, Kasperlepuppen, Tafeln, Dreiräder, Zelte.

Natürlich sollten Spielsachen Kinder etwas lehren, aber Sie brauchen deswegen nicht auf alles hereinzufallen, was als »pädagogisch wertvoll« angepriesen wird. Das ist oft genug nichts anderes als Ausdruck einer geschickten Verkaufstaktik seitens der großen Spielzeughersteller, die den Eltern Schuldgefühle machen soll, wenn sie die Produkte für nicht notwendig erachten: »Wird mein Kind mithalten können, wenn ich ihm nicht dieses neue Computerprogramm kaufe? Oder diese sprechende Puppe? Oder diese Rechenmaschine?«

Dabei liegt es in der Natur der Dinge, daß alle guten Spielsachen Kinder von ganz allein erziehen. Das Lernen erfolgt völlig organisch, aber nur dann, wenn wir Bildung als einen Prozeß begreifen, in dem Kinder etwas über sich selbst und ihre unmittelbare Umgebung erfahren. Wenn man dieser Definition folgt, passen die meisten obengenannten Spielsachen in die Kategorie »pädagogisch wertvoll«. Es gibt keinen Grund, noch viel weiter zu schauen.

Wunderbar ist auch alles, was Kinder Verantwortung und Fürsorge lehrt. Die Pflege eines Aquariums oder Terrariums ist für Kinder über fünf Jahre eine gute Möglichkeit zu lernen, sich um lebende Geschöpfe zu kümmern. Viele Kinder werden darum bitten, Topfpflanzen in ihrem Zimmer halten zu dürfen; das sollte man ihnen unbedingt erlauben, auch wenn dies bedeutet, daß Sie sie oft ans Gießen erinnern müssen. Irgend etwas wird doch hängenbleiben.

Alle diese Dinge sind nützlich, weil sie den Wert von Arbeit, Aktivität und Schönheit aufzeigen. Sie sagen dem Kind: Es ist gut zu bauen und zu denken, Rücksicht zu nehmen, etwas zu umsorgen und das Wunderbare an Gottes großartiger Welt zu schätzen.

Das Leben ist dazu da, zu lernen und zu streben; erst im Streben gewinnt das Leben Bedeutung.

Manche Kinder sammeln sehr gern Wildblumen, Moos, Blätter, tote Insekten, Schlangenhäute, Tannenzapfen, Eicheln, Treibholz, getrocknete Pflanzen, Muscheln oder Rinde. Oft möchten sie diese Sachen dann zur Besichtigung ausstellen. Man kann dafür eine kleine Ecke des Zimmers reservieren und Schildchen für die Bezeichnungen basteln.

Mit Kindern, die sich zur Natur und zum Sammeln von natürlichen Objekten hingezogen fühlen, können die Eltern gut über die Tatsache sprechen, daß viele Religionen, darunter auch die der Indianer, für die sich Kinder immer besonders interessieren, die Natur als eine Art lebendiger Kathedrale ansehen, die mit den Symbolen des Großen Geistes geschmückt ist.

»Siehst du, wie sich die Zweige nach oben öffnen, als ob sie sich zum Himmel strecken wollten? Wie Tag und die Nacht einander folgen, die Zeichen der Jahreszeiten, Licht und Dunkel, und das ewig sich drehende Rad von Tod und Geburt? Lausche dem Lied des Vogels. Am Abend ist es ein Gebet, bei Sonnenaufgang ein Morgenlied. Schau, wie die Wolken ineinander verschmelzen wie die sich immer wandelnden Tätigkeiten unseres eigenen vergänglichen Lebens. Und die Berge, Sinnbilder der Ewigkeit; auf ihnen bewegen sich pausenlos Bäume und Gewässer und wilde Tiere, als ob sie die sich stets verändernde Welt der Erscheinungen symbolisieren wollten, die das Ewige überlagert; als ob sie das buddhistische Sprichwort ›Samsara ist Nirvana, Nirvana ist Samsara‹ Wirklichkeit werden lassen wollten.

Spielzeug sollte zum Herzen sprechen

Schätzen Sie ein Spielzeug sowohl nach seinem Unterhaltungswert wie nach seiner emotionalen Ausstrahlung ein. Welche Art von Gefühlen wird es im Kind hervorrufen? Zeugt es von Güte, Konstruktivität, Bereitschaft zu dienen? Ist seine Botschaft positiv? Ist es destruktiv oder gewalttätig? Schmierig oder sexuell verführerisch? Verschwenderisch? Ist es lieblos? Wird es verderben?

Spielsachen sind im besten Fall spirituelle Ratgeber. Ihre Form dient als Spiegel für heilige Wahrheiten. Allen Wooten, Dichter, geliebter Lehrer und ein Mann, der immer versuchte, das »gewisse Etwas« in seinen Unterricht zu bringen, wies die Eltern seiner Schüler immer darauf hin, daß die meisten weltlichen Spielzeuge verborgene spirituelle Lektionen enthalten. »Gewöhnliche Bausteine«, meinte er, »sind Modelle der Bausteine des Universums. Wenn das Kind ein Puzzle zusammensetzt, sieht es, wie es in Gottes Welt aller Teile bedarf, um eine Ganzheit herzustellen. Wenn das Kind baut, wird es vor seinen Augen Einheit wachsen sehen.« Wooten sagte auch, eine Puppe zu versorgen, sie anzuziehen, sie ins Bett zu bringen, sie liebzuhaben, zeige Kindern ein wenig, wie sich das Universum um seine eigenen Geschöpfe kümmere. Einen Samen zu pflanzen, ihn wachsen, reifen, verwelken und sterben zu sehen, erzählt dem Kind vom Zyklus von Leben und Tod.

Probieren Sie folgendes aus, wenn Sie ein Spielzeug kaufen wollen: Stellen Sie sich einen Moment davor, schließen Sie die Augen und versuchen Sie, es von innen heraus zu spüren. Lassen Sie diesen Gegenstand zu sich sprechen. Hören Sie seine Botschaft. Er wurde von menschlichen Gedanken ersonnen, durch menschliche Intelligenz entworfen und durch menschliche Kunstfertigkeit gebaut. Während seiner Herstellung ist etwas von seinem Schöpfer in ihn übergegangen, etwas von den Gedanken und Gefühlen des Erfinders. Das ist die Botschaft, der Sie jetzt lauschen. Lassen Sie Ihre Gefühle darauf hören, und urteilen Sie erst dann.

Einfach und weniger ist besser als kompliziert und viel

Ermutigen Sie Ihre Kinder, selbst Spielzeug zu erfinden, Dinge des Alltags zu verwenden und zu verwandeln. Eine hölzerne Schüssel ist für Kinder unter drei Jahren gerade recht. Oder die Spritzdüse eines Schlauchs, ein leerer Waschmittelkarton, ein altes Schachbrett, etwas Sand oder eine Schnur.

»Es steht außer Frage, daß die meisten Spielzeugkäufe ein Zeichen elterlicher Schwäche sind«, schreibt Polly Berrien Berends in ihrem Buch *Whole Child/Whole Parent*. »Wenn wir uns darum bemühen, können wir viele Möglichkeiten finden, unsere Kinder (jeden Alters) mit Dingen zu unterhalten und zu bilden, die bereits im Haus vorhanden sind. Außerdem benutzen unsere Kinder gern ›richtige‹ Sachen, da sie zu richtigen Leuten heranwachsen und richtige Ziele erreichen wollen ... Eines der schönsten Weihnachtsgeschenke, von denen ich je gehört habe, war ein Stückchen Stoff mit vier Knöpfen. Angenäht hatte sie ein Kind von zweieinhalb Jahren, das sich heimlich von seiner elfjährigen Schwester hatte zeigen lassen, wie man das macht. Es gibt so viele kleine Dinge, die unsere Kinder gern lernen würden, wenn wir sie nicht als langweilige Tätigkeit, als zu schwierig für das Kind oder zu zeitraubend für uns ansehen würden. Kinder sind oft dann am glücklichsten (und stören am wenigsten), wenn sie bei uns und mit einer modifizierten Version dessen beschäftigt sind, was wir gerade treiben.«[3]

In manchen Gegenden von Thailand und Burma bekommen Kinder erst im Alter von acht oder neun Jahren Spielzeug. Bis dahin versorgt man sie mit Rohmaterialien, Steinen, Muscheln, Papier, Strohbündeln, Kürbisflaschen, angefüllt mit Kichererbsen, Holzstückchen. Dann werden sie ermuntert, sich selbst Spielsachen anzufertigen. Bald entstehen Puppenhäuser aus kleinen Stöcken. Rattansäcke werden mit Gras ausgestopft und zu Puppen geformt. Getrocknete Bohnen und Erbsen dienen zum Murmelnspielen. Größere Zweige werden zu Speeren, mit denen man in das Unterholz vordringen kann. Vergleichen Sie diese scheinbare »Armut« des Kindes in Südostasien, das sich auf Vorstellungskraft und Einfallsreichtum verlassen muß, mit den überfüllten und überladenen Kinderzimmern des Westens, in denen man das viele Spielzeug, das die Eltern anschleppen, bald nicht mehr unterbringen kann. Das Ergebnis dieser Überfülle ist natürlich Langeweile – ein sehr unspiritueller Zustand.

Für ein Kleinkind sind eine Banane, ein Diamant und eine Plastikschippe gleichermaßen faszinierend. Wenn die zweieinhalbjährige Iris in der Küche ist, spielt sie mit Wasser. Das macht sie glücklich. Wenn sie im Garten ist, zeigt ihr Vater ihr, wie man in der Erde graben kann. Auch das macht sie glücklich. Hölzerne Tassen, Steine, getrocknete Blumen, Löffel, Blumentöpfe und Pflanzerde sind für Iris Spielsachen. Die Welt ist ihr Spielzeug. Eltern beobachten amüsiert, wie das Spielzeug, für das sie viel Geld ausgegeben haben, als erstes vergessen wird, während eine leere Garnrolle oder ein alter Hut die Aufmerksamkeit des Kindes lange fesseln. Wie es in einem kleinen Gedicht so treffend heißt:

Sie war von der Sorte, wie ich sie mag:
Die Puppe – ich schenkte sie ihr.
Die Tochter lachte und spielte den Tag
Mit Schnur und Packpapier.
Bausteine kaufte ich meinem Kind.
Das zahlte sich ungeheuer aus.
Es strahlte mich an und baute geschwind
Aus dem Karton ein Haus.

Die Fähigkeit des Kindes, sich von einfachen Dingen beglücken zu lassen, verschwindet erst im Alter von vier bis sechs Jahren. Sie wird dann durch die Suche nach neuen Unterhaltungen und immer neuen Spielsachen abgelöst. Vorsichtige Eltern können die Flut eine Weile bremsen, wenn sie:

- sorgfältig einkaufen. Denken Sie darüber nach, bevor Sie etwas aus dem Regal nehmen. Fragen Sie sich, ob das Kind es wirklich braucht oder überhaupt will;
- die Kinder von Werbung, Katalogen, Anzeigen und Schaufenstern fernhalten;
- unterstützen, daß Ihre Kinder mit anderen Kindern spielen, deren Eltern ähnliche Ansichten zum Thema haben wie Sie selbst und deren Haus nicht von Wand zu Wand mit Monstrositäten angefüllt ist;
- den riesigen Spielzeugläden und -abteilungen fernbleiben. Kaufen Sie statt dessen in Fachgeschäften ein, die sich auf Holzspielzeug, Qualitätsarbeit, gewaltfreies Spielzeug und dergleichen spezialisiert haben. (Hier werden Sie viele Artikel mit dem »Spiel gut«-Siegel finden.)

Geben Sie der Vorstellungskraft des Kindes Raum

Rudolf Steiner und seine Anhänger meinen, ein gutes Spielzeug müsse immer noch Raum für die Vorstellungskraft des Kindes lassen. So sind Puppen, laut Steiner, dann am besten, wenn die Gesichter nicht ganz ausgearbeitet sind. Mehr als Punkte für die Augen und einen gebogenen Strich für den Mund braucht es nicht. Die geistig-schöpferischen Kräfte des Kindes werden die fehlenden Gesichtszüge ergänzen, mit dem inneren Auge das gestalten, was fehlt. Auf diese Weise werden die Wahrnehmungs-fähigkeiten gestärkt und erweitert.

Dasselbe gilt auch für Fahrzeuge. Ein schickes Plastikauto mit allen Details von Stoßstangen bis Türgriffen ist für die Kinder zwar aufregend, läßt aber wie Fernsehen oder Comics nicht viel Raum für Phantasie. Besser ist ein einfaches Holzauto mit nur einer Andeutung von Fenstern und Rädern. Hier setzt die Vorstel-lungskraft des Kindes ein und macht daraus einen Laster, einen Streitwagen, ein Raumschiff – oder einfach ein Auto. Dies trai-niert die schöpferischen Fähigkeiten, und so soll es auch sein. Später wird dieselbe Phantasie und Visualisierungsfähigkeit für Gebet und Meditation genutzt werden.

Spielzeug immer dem Alter anpassen

Welches Spielzeug ist für welches Alter am besten geeignet? Hier einige Richtlinien:

Säuglinge
Spielsachen, die das Greifen fördern – wie Rasseln, Stofftiere und quietschende Dinge – sind für Säuglinge am geeignetsten. Ebenso »Zahnhilfen«, am besten solche aus Holz oder Fasern. Sobald das Kind zu krabbeln und die Welt zu untersuchen beginnt, kann es sich überwiegend mit den vier Elementen beschäftigen. Spielsa-chen aus Naturmaterialien wie Wasser, Holz, Ton und Stroh werden die Tastsinne entwickeln und eine sanfte Einführung in die Chemie des Universums bieten. In der Badewanne werden Holzstückchen zu erstklassigen Booten und Schwämme zu wun-derbaren Fischen.

Kleinkinder
Kleinkinder werden sich an normalen Haushaltsgegenständen und Küchengeräten erfreuen. Bleiben Sie bei natürlichen und sanften Materialien: Holzlöffeln zum Wasserrühren, frischem Obst und Gemüse zum Ausquetschen und Streicheln, Mehl zum Sieben, nasser Maisstärke zum Kneten, Sandkästen mit reichlich Werkzeug zum Graben und sauberem Sand. Kleinkinder erfreuen sich an großen Pappkartons und hölzernen Tieren auf Rädern.

C. N. Getman schreibt in seinem Buch über die Förderung der

kindlichen Intelligenzentwicklung, das Spielzeug, das die Aufmerksamkeit eines Kindes im Vorschulalter am längsten fessele, sei ein gewöhnlicher Kaffeefilter. Man kann ihn im Sandkasten benutzen, in der Badewanne, am Strand, selbst im Kindergarten. »Er liefert Auge-Hand-Erfahrungen«, schreibt Getman, »zu Formen, Größen, Struktur, Temperatur, innen oder außen, flach oder gerundet, oben oder unten, leicht oder schwer (wenn leer oder voll) und ist sehr haltbar.«[4] In diesem Alter werden die Kinder gern mit Puppen, Sitzkissen, elastischen Gegenständen aus Schaumgummi, Luftballons, Gummibändern, Holzklötzen, einfachen Puzzles und Zelten spielen. Achten Sie darauf, daß sie ihrem Kind keine Sachen mit scharfen Kanten geben oder solche, die es verschlucken könnte.

Drei- bis Vierjährige
Das meiste von dem obengenannten eignet sich auch für Drei- und Vierjährige, deren Horizont hat sich inzwischen erweitert.

Kindern, die nicht mehr automatisch alles sofort in den Mund stecken, kann man jetzt Kreide und Wachsmalstifte sowie anderes Arbeitsmaterial geben: Ton, Fingerfarben, Buntpapier, Knete, Kinderscheren und Malpapier. In dieser Altersstufe genießen sie es, eine besondere Arbeitsfläche für ihre schöpferischen Unternehmungen zu haben. Ein eigener Tisch oder Platz mit Regalen für die Ausrüstung werden freudig willkommen geheißen. Im Freien sind Geräte zu empfehlen, die die Entwicklung der Muskulatur fördern: Rutschen, Schaukeln, Kletterseile. Auch Holzklötze, Dreiräder, Bollerwagen, Schaukelpferde, große Gegenstände zum Ziehen, Musikinstrumente, Puzzles, Plattenspieler oder Kassettengeräte mit Märchenaufnahmen sind geeignetes Unterhaltungsmaterial.

Vier- bis Sechsjährige
Mehr davon, aber zunehmend anspruchsvoller. Puzzles können jetzt schwieriger sein, Klötze auch Stecksysteme haben (wie etwa Lego). Puppen, Puppengeschirr, Arztkoffer, Magnettafeln mit Buchstaben (kann man wunderbar auch am Kühlschrank spielen). Ebenso Miniaturfiguren aller Art: Bauernhoftiere, Zirkusartisten, Athleten, Pferd und Reiter. Puppenhäuser sind für dieses Alter noch etwas zu anspruchsvoll und werden meist erst etwas später richtig geschätzt.

Kinder im Alter zwischen vier und sechs Jahren werden sich königlich amüsieren, wenn man mit ihnen Kühlschränke und Herde aus Pappe bastelt. Lassen Sie die Kinder die Knöpfe und Griffe und das Zubehör malen. Schneiden und Kleben macht ihnen viel Spaß, ebenso wie Graben, Gärtnern, Dinge zum Klopfen oder Ziehen und einfaches Werkzeug wie Hammer und Schraubenzieher. Nun kann man mit einfachen Brettspielen oder Domino beginnen. Aus Matratzen entstehen Burgen, bodenlange Decken verwandeln kleine Tische in Zelte. Man kann mit den Kindern Alben zu verschiedenen Themen anlegen: Tiere, Pflanzen oder sogar Religion.

Sieben- bis Elfjährige

Immer weiter fortgeschritten. Ungefähr ab sieben kann man mit ihnen wissenschaftliche Projekte in Angriff nehmen. Im achten oder neunten Jahr, je nach Neigung des Kindes, trifft man dann auch mit Magneten, Mikroskopen, Teleskopen und Ferngläsern auf fruchtbaren Boden. In dieser Zeit beginnt der Sinn für das Staunen wirklich zu erwachen, und Wissenschaft ist oft die beste Art, diese Entwicklung zu fördern.

Versuchen Sie jedoch unbedingt, den Streß von High-Tech-Spielen um seiner selbst willen von Ihrem Kind fernzuhalten und konzentrieren Sie sich statt dessen auf die Wissenschaft als Tür zu den Wundern der göttlichen Schöpfung. Nun kann man komplizierte Spiele wie Schach, Mühle oder Backgammon anbieten. Auch der Werkzeugkasten sollte erweitert und die Qualität der Werkzeuge verbessert werden. Dann können Kinder selber Regale, Tische, Kästen, Lampen und einfache Puppenhäuser anfertigen. Auch fortgeschrittene künstlerische Projekte sind jetzt möglich: Mobiles, Marionetten, Puppen, Puppenhausmöbel. Mit der Ausbildung anderer Fertigkeiten wie Stricken, Schnitzen, Töpfern, Buchbinden, Lederarbeiten, Mosaik, Linoldrucken und Sticken kann man beginnen, wenn das Kind sechs oder sieben ist.

Von diesem Punkt an werden die Dinge, mit denen ein Kind spielt, großen Einfluß auf die Vorbereitung auf das Erwachsenenleben haben. Sie sollten daher entsprechend sorgfältig ausgewählt werden.

Fünfzehntes Kapitel

Das Heim zu einem
heiligen Platz machen

Eltern, die sich darum bemühen, ihre Kinder auf religiöse Weise großzuziehen, werden ihre gesamte Wohnung zu einer Art Heiligtum machen wollen. Das ist weniger wörtlich zu verstehen als im übertragenen Sinn: Das Zuhause wird zu einem inneren Heiligtum, einem bescheidenen, ehrfurchtsvollen, begnadeten Ort, zu der Art von Platz, an dem Außenstehende ein Gefühl von Reinheit, Rechtschaffenheit und tiefer Güte empfinden werden.

Für unsere moderne Denkweise ist die uralte Vorstellung, das Reich der Familie sei heiliger Boden, dessen Gestaltung auf mysteriöse Weise den ihn umgebenden Kosmos widerspiegele, anscheinend schwer nachvollziehbar. Aber es gibt noch immer zahlreiche Gesellschaften, in denen diese Überzeugung eine tragende Rolle spielt. So betreten und verlassen viele der Indianer im Südwesten der USA ihre Behausungen, Hogans genannt, nach wie vor nur durch eine obere Öffnung, die als Sonnentür bezeichnet wird. Die Fenster dieser Hogans gehen nach den vier Himmelsrichtungen. Sie symbolisieren die vier Elemente und die vier heiligen Stammesfarben. Das Feuer, das immerzu auf dem Boden glüht, ist ein Symbol für die heilige Flamme, die im Herzen eines jeden Menschen brennt. Wenn der Vater davor betet, stärkt und erneuert er damit sein eigenes Heim und die gesamte Gemeinschaft. Wenn die Mutter das Feuer versorgt, tut sie das in dem Bewußtsein, die Herdfeuer zu unterhalten, die der Höchste Gott ihrem Stamm vor Ewigkeiten geschenkt hat.

»Jeder Teil des Tipi hat eine Bedeutung«, schreibt Henry Old Coyote über den versteckten Symbolismus der Unterkünfte der Crow-Indianer:

Wenn man nach Osten schaut, steht die linke Rauchklappe für den Geist der Eule, die in der Nacht nach dem Tipi schaut; die rechte Klappe steht für den Geist des Koyoten, der am Tage nach dem Tipi schaut. Die Eule und der Koyote sind Wächter;

der Bär und der Berglöwe sind Beschützer. Zusätzlich steht die Zeltstange, die nach Nordosten zeigt, für den Geist, der den aus dem Osten kommenden Tag beherrscht; die nach Südosten für den ewigen Sommer; die nach Südwesten für den Punkt, an dem Menschen die Welt verlassen und dem Alten Mann über den Horizont hinaus folgen; und die nach Nordwesten zeigende steht für den ewigen Winter, in dem das Wetter kommt und die Erde erfrischt. Außerdem repräsentieren sie die vier Jahreszeiten.[1]

Auch viele andere traditionelle Gesellschaften kennen diesen Glauben, das Heim sei ein verkleinertes Abbild der Welt. In einem alten Zauberspruch heißt es entsprechend: »Das, was oben im Himmel ist, ist das gleiche wie das, was unten auf der Erde ist.« Kurz gesagt: Wie oben, so unten. Es gibt, mit anderen Worten, genügend Vorbilder dafür, die Heimstatt der Familie mehr sein zu lassen als einfach einen Ort, an dem man ißt und schläft.

Musik

Musik überträgt neben ihrem Unterhaltungswert subtile spirituelle Botschaften, die sich mit Worten nicht mitteilen lassen. Die kummervollen Töne der peruanischen Flötenmusik etwa vermitteln zwar Jahrhunderte von Schmerz, implizieren aber zugleich eine Art Seelenadel, Lebenslust und Geduld. Die Spirituals der amerikanischen Schwarzen erzählen von den Ungerechtigkeiten des Lebens und dem Glauben daran, daß eine bessere Welt kommen wird. Synkopierte Jazzrhythmen weisen auf die Seltsamkeit und Veränderlichkeit des Universums sowie die Illusion hin, die unserem Glauben an eine unverwandelbare Welt zugrunde liegt.

Welche Art von Musik vermittelt am besten die Botschaften, die Ihre Kinder hören sollen? Wenn wir ehrlich sind, finden Kinder Bach, Beethoven, Brahms und so weiter gewöhnlich zu kompliziert. (Es gibt Ausnahmen, aber ich habe selten welche getroffen.) Viele Kinder gelangen jedoch durch leichte klassische Musik, Walzer, Polkas, Märsche und die romantischen Werke des späten neunzehnten Jahrhunderts in einen Zustand der Euphorie. Zu den leichten klassischen Kompositionen, die solche Gefühlsaufwallungen auslösen und denen viele Kinder gerne lauschen, gehören:

Die Nußknacker-Suite und die Ouvertüre *Das Jahr 1812*
    von Tschaikowsky
Der Militärmarsch von Schubert
Der Karneval der Tiere von Saint-Saëns
Die Nacht auf dem Kahlen Berge von Mussorgski
Peter und der Wolf von Prokofjew
Ouvertüre zum *Römischen Karneval* von Berlioz
Ouvertüre zu *Wilhelm Tell* von Rossini
Ungarische Rhapsodien von Liszt
Scheherazade von Rimski-Korsakow
Der Feuervogel von Strawinsky
Wassermusik von Händel
Rhapsody in Blue von Gershwin
Die *Peer-Gynt-Suite* und das *Klavierkonzert in a-Moll*
    von Grieg
Aus der Neuen Welt von Dvořák
Gaîté Parisienne von Offenbach

Kinder mögen fast jede Ouvertüre von Rossini, leichte, fröhliche
Flötenmusik, und auch einige Formen von Jazz. Darüber hinaus
lassen sie sich für Volksmusik, Ragtime (wie etwa Scott Joplin),
Volkstanzmusik (besonders aus den Balkanländern), Wanderlie-
der, Dudelsackmusik, karibische Trommeln oder irische Melodien begeistern. Probieren Sie einfach alles aus, was Ihnen selbst
richtig zu sein scheint.

Eher spezifisch spirituelle Musik wie Gregorianische Gesänge,
buddhistische Tempelgongs, indische Ragas und das indonesische
Gamelan können für ganz junge Menschen zu fremdartig und
disharmonisch klingen. Aber ein Versuch kann nicht schaden. Zu
der religiösen und New-Age-Musik, auf die meine und andere
Kinder gut angesprochen haben, gehören buddhistische Trommeln, Glocken und Gongs, Sufi-Musik (sowohl türkische wie
marokkanische) und westafrikanische Trommeln.

Einige Anhänger des indischen Lehrers Muktananda ermuntern ihre Kinder, sich Aufnahmen der Gesänge des Meisters anzu-
hören. Der Jazzmusiker Paul Horn hat an magischen Orten wie in
Pyramiden, in gotischen Kathedralen oder im Tadsch Mahal mehrere langsame, mystische Flöten-Soli aufgenommen. Seine Musik
ist manchmal gerade melodiös genug, die Aufmerksamkeit eines
Kindes zu fesseln. Dasselbe gilt für die faszinierende und wie aus

einer anderen Welt stammende Musik von Paul Winter (etwa *Common Ground* oder *Ikarus*).

New-Age-Musik ist ein neues Genre, das viele verschiedene Richtungen und unterschiedliche Qualität in sich vereinigt. Darunter gibt es auch Musik für Phantasiereisen, die das Vorstellungsvermögen der Kleinen anregen und sie zu ihrem inneren Ort der Kraft tragen (beispielsweise *Morgaine* von Djamila). Die Kompositionen von Stephen Halpern (*Crystal Suite* und *Dawn*) wirken auf manche Kinder entspannend und können unruhigen Schläfern zu einer angenehmen Nacht verhelfen. Man bekommt diese Musik in vielen Plattenläden sowie den einschlägigen Buchhandlungen. Ein reiches Angebot ethnischer wie spiritueller Musik bieten die Versandfirmen Aquarius, Schleißheimerstraße 82, 8000 München; Shirokko, Postfach 101246, 8000 München 19, und Prana-Haus, Postfach 167, D-79001 Freiburg.

Auch wenn diese Liste nur eine kleine Auswahl darstellt, werden Sie vielleicht angenehm überrascht sein, wie gut Kinder auf ungewöhnliche Musik reagieren. Das gilt besonders, wenn sie dasselbe Stück ein paarmal gehört haben. Sie werden es noch mehr genießen, wenn die Eltern mitklatschen oder gelegentlich aufstehen und mit dem Kind ein Tänzchen einlegen (zu den meisten hörenswerten Stücken läßt sich auch gut tanzen). Wenn Ihre Familie aus einem anderen Land stammt, kann die Volksmusik der Heimat für Kinder eine spirituelle Verbindung zu ihrer Vergangenheit herstellen. Joshuas Großmutter lebt in Jugoslawien und bringt bei ihren alljährlichen Besuchen Platten und Kassetten mit Volksmusik mit. Joshua hat nun schon eine ganze Sammlung und kann einige Lieder bereits auswendig. Rastin, ein junger Perser, dessen Eltern den Iran kurz nach der dortigen Revolution verließen, war erst vier Jahre alt, als er hier ankam. Um die Erinnerungen lebendig zu erhalten, spielen seine Eltern zu Hause viel persische Musik.

Aber auch wenn Ihre Wurzeln nicht in einem anderen Land liegen, kann die Begegnung mit Volksmusik eine subtile Möglichkeit sein, Kinder mit der Ausstrahlung anderer Kulturen vertraut zu machen. Die Mutter des achtjährigen Ralf geht daher jede Woche mit ihm in die Bibliothek, wo sie Kassetten mit Musik aus fernen Ländern ausleihen. Die hören sie sich gemeinsam an und sprechen anschließend über ihre Eindrücke. Ralf hat festgestellt, daß die Musik mancher Länder sein Herz anspricht, die anderer ihn jedoch völlig kalt läßt. Seine Mutter erklärte ihm, daß wir manchmal das merkwürdige Gefühl haben, bereits in einem Land gewesen zu sein, wenn wir Musik von dort hören, die landesüblichen Speisen essen oder die jeweilige Kunst betrachten.

All das beschrieb sie Ralf als Teil des Mysteriums des Lebens. In manchen Religionen herrsche der Glaube, die Menschen würden immer wieder geboren, an verschiedenen Orten und zu verschiedenen Zeiten, und einige könnten sich an frühere Leben erinnern. An diesem Punkt begannen Mutter und Sohn eine Diskussion über den Tod, das Leben nach dem Tod und die Reinkarnation.

Bücher im Haus

Sorgen Sie dafür, daß gute Bücher zur Verfügung stehen. Sie brauchen einfach nur im Haus zu sein, denn sie haben ihre eigenen Vibrationen und wohltuenden Einflüsse. Das Kind kann sie in die Hand nehmen oder auch nicht. Darauf kommt es gar nicht so sehr an, denn die Bücher, besonders die religiösen Inhalts, werden von ganz allein ihren Eindruck hinterlassen. In Ihrem Bücherregal sollten Bücher über Straßenbau und Edelsteine, Schnee und Eis, Soldaten, Puppen und Druckmaschinen, über Ägypten, Schnitztechniken, Computer und außersinnliche Wahrnehmung, über Antiquitäten und Pygmäen stehen. Bücher, die beschreiben, wie man einen Wolf für eine Mahlzeit zubereitet oder wie der Wilde Westen erschlossen wurde. Große Bücher, bescheidene Bücher, Wörterbücher, Lexika mit vielen Bildern, Bücher über Werkzeuge und tropische Fische, Märchen, Bände über Nagetiere und das Leben großer Männer und Frauen, über Fußball und Feuer und Himmel und Hölle und das Leben im Schwarzwald im achtzehnten Jahrhundert. Alte Bücher, ledergebundene Raritäten, solche mit schönen Einbänden und antike Monster, die nach Vergangenheit riechen; Bücher über exotische Orte, die Interesse erwecken und einen schließlich auf die Suche nach der Wahrheit schicken: Wissenschaft, Kunst, Musik, Philosophie und Natur. Bücher, Bücher, Bücher. Es genügt bereits, sie einfach zu besitzen.

Das gilt auch für Zeitschriften. *GEO* wird ähnlich wie sein großes Vorbild *National Geographic Magazine* das Interesse vieler Kinder am Exotischen und Mysteriösen wecken. Bei Teenagern sind Wissenschaftsmagazine aller Art (etwa *P. M.*) beliebt. Sie sprechen den Teil des jungen Geistes an, der für Staunen und Ehrfurcht empfänglich ist. Suchen Sie am Kiosk nach den neuesten Zeitschriften für Erwachsene und Kinder und abonnieren Sie diejenigen, die den Eindruck machen, sie könnten die rechte Denkweise und die Vorstellungskraft Ihres Kindes anregen. Es geht darum, daß reichlich gutes Lesematerial im Haus vorhanden ist. Kinder lernen am besten »durch Osmose«.

Haustiere

Auch Tiere sind Menschen, heißt es manchmal, und daher vermögen sie dem Heim eine fröhliche Stimmung zu verleihen. Die Verantwortung für ein Tier zu übernehmen ist eine gute Übung in Fürsorglichkeit und eine Möglichkeit, die Kleinen mit dem Ideal des Dienens vertraut zu machen. Und es gibt keinen Zweifel daran, daß die Liebe zu einem Tier das Herz eines Kindes öffnen kann.

Aber Eltern, die ihre Kinder mit einem Gefühl für die spirituelle Perspektive aufzuziehen versuchen, müssen noch etwas anderes bedenken. Viele Leute, die sich mit spirituellen Belangen befassen, sind nicht unbedingt der Ansicht, daß Haustiere wirklich gut für das Kind seien. Tiere produzieren Schmutz und können Allergien oder manchmal sogar schwere Krankheiten verursachen. Ausscheidungen von Tieren im Eßzimmer sind, das müssen selbst die eifrigsten Tierfreunde zugeben, keine gesunde Botschaft für Kinder, und es ist ein bißchen entwürdigend, sie beseitigen zu müssen. Außerdem kann sich ein Kind so stark an ein Tier binden, daß andere Mitglieder der Familie in seinen Augen nur noch von zweitrangiger Bedeutung sind.

Das soll nicht heißen, daß man keine Tiere halten soll, sondern nur, daß sie den ihnen zukommenden Platz in der Ordnung einnehmen sollten. Von einem spirituellen Standpunkt aus gesehen, könnten Eltern ihre Kinder auch wissen lassen, daß Tiere in Wahrheit eben keine Menschen sind. Es sind *Tiere*. Punktum. Sie gehören einer anderen Ordnung der Schöpfung an und haben, da sind sich alle spirituellen Disziplinen einig, im Vergleich zur Menschheit nur sehr viel geringere Möglichkeiten, ein höheres Bewußtsein zu erreichen. Daher sollten sie in unserer Zuneigung nicht den gleichen Rang einnehmen wie Menschen.

Außerdem sollten Eltern darauf achten, daß sie Tiere vor den Kindern nicht allzusehr verhätscheln, die Tiere also nicht knud-

deln und küssen oder ihnen soviel Aufmerksamkeit schenken wie
den Kindern. Wenn diese ihre Eltern gelassen an den Bettlern auf
der Straße vorübergehen, aber dann viel Geld für besondere Nahrung oder einen Pullover für den Hund oder die Katze ausgeben
sehen, müssen diese Rollenmodelle sie verwirren.

Ein Hund, eine Katze oder ein Kaninchen sind ein freundlicher
Repräsentant des Tierreiches in Ihrem Heim. Sie können die
Wohnung mit einem ganz besonderen Gefühl erfüllen und sollten
mit Achtung und Fürsorge behandelt werden. Aber nicht mit
derselben Achtung und Fürsorge, die Sie Ihren Mitmenschen
angedeihen lassen.

Wertschätzung der Natur
Die meisten Kinder verfügen noch über das, was die Dichterin
Marianne Moore als die Fähigkeit beschreibt, »von der plötzlichen Erkenntnis, welchen Wert oft unbemerkt bleibende Dinge
haben, trunken zu sein«. Auch Eltern täten gut daran, ihre Sinne
in dieser Hinsicht zu schärfen, und das geht besonders gut dadurch, daß man die Schönheiten der uns umgebenden organischen Reiche erforscht.

Ich kenne eine Familie, die in Sommernächten ins Freie geht,
still beieinandersitzt und dem Zirpen der Grillen lauscht. Dabei
zitieren die Eltern manchmal Gedichte im Stil eines japanischen
Haiku: »Nichts an dem Lied der Grille verrät, wie bald sie sterben
muß.« Oder »Die Grille zirpt, die Wasserspinne tanzt in Ekstase
auf ihrem Teich.« Manchmal nehmen sie einen tragbaren Kocher
mit und bereiten Tee zu. Dann sitzen sie still da, trinken und
lauschen der Sommersymphonie der Natur. Diese Erfahrung
wird für sie zu einer Art Meditation, und alle bringen die Zufriedenheit und das Zusammengehörigkeitsgefühl wieder mit zurück
nach Hause.

Manche Familien machen Ausflüge, auf die sie Bestimmungs-
bücher für Wildblumen mitnehmen. Andere unternehmen Wanderungen mit Kräuterführern, um Heilpflanzen in Wald und Flur
zu entdecken. Die werden gepflückt, getrocknet und bei leichten
Erkrankungen als Medizin verwendet. Solche Ausflüge geben
Kindern eine hervorragende Einführung in die Prinzipien der
Naturheilverfahren. Das Wesentliche an Spaziergängen und
Wanderungen ist, daß Kinder mit Schönheit konfrontiert werden,
daß sie etwas über den Wald lernen und daß die Eltern immer

wieder darauf hinweisen, daß wir diese Fülle dem Mitgefühl des Höchsten zu verdanken haben.

Gespräche
Ein weiterer Beitrag zu einem warmen häuslichen Ambiente sind gute Gespräche. Wir haben darüber bereits im zweiten Kapitel gesprochen; an dieser Stelle möchte ich Sie nur noch einmal daran erinnern, daß Ihre Kinder intensiv zuhören, wenn Sie reden, auch wenn sie scheinbar in Gedanken irgendwo im Weltraum herumschweben. Das heißt, daß ein Haushalt mit spirituell orientierten Gesprächen die Menschen, die in ihm leben, nährt.

Diese Gespräche müssen sich nicht notwendigerweise um religiöse Themen drehen, um die besseren »Teile« des Kindes anzuregen. Sie können von allem handeln, was Ehrfurcht erweckt, was das Gefühl von Abenteuer und Rätselhaftigkeit auslöst, was den Wunsch mit sich bringt, zu erforschen und zu entdecken, zu lernen und zu handeln und die Grenzen des Verständnisses zu erweitern. Auch Gespräche über Kunst, Erfindungen, Natur, Tiere, Reisen, die neuesten Wunder der Wissenschaft oder Besucher von anderen Planeten sind Wasser auf die Mühle des kindlichen Staunens. Darüber hinaus sollten Sie folgendes im Hinterkopf behalten:

• Die Mahlzeiten sind eine hervorragende Zeit für Familiengespräche. Jetzt sollte man über das plaudern, was bei der Arbeit oder in der Schule los war, die Tagesnachrichten kommentieren und wichtige Begegnungen und Gefühle beschreiben, die Sie – oder Ihr Kind – bei Ihren Beschäftigungen erlebt haben. Eltern sollten sich zu dieser Zeit keine Sorgen darum machen, verletzbar zu erscheinen, und nicht zögern, sich auch emotional zu zeigen, wenn es angemessen ist. Die Atmosphäre des gemeinsamen »Brotbrechens« ist heilig. Wenn es denn eine Zeit gibt, aus dem Herzen zu sprechen, dann jetzt.
• Stellen Sie sicher, daß Kinder in den familiären Austausch einbezogen werden. Hören Sie, was sie zu sagen haben. Schauen Sie ihnen in die Augen, wenn sie sprechen. Stellen Sie ihnen Fragen. Zeigen Sie, daß ihre Vorstellungen geachtet werden und daß Sie ernst nehmen, was sie denken und fühlen. Lassen Sie sie an Familiendiskussionen teilhaben.
• Schneiden Sie bei Familienzusammenkünften Themen an, die

für das Kind von spirituellem Interesse sind. Selbst ein Gespräch über das Wetter kann in Richtung spirituelle Suche führen: Wie entsteht Regen? Warum verändern sich die Jahreszeiten? Stimmt es, daß die Regentänze der Indianer wirklich Regen bringen?

Worte gibt es viele, aber Sprechen kann heilig sein. Wie bei allem anderen auf der Welt kommt es darauf an, was gesagt wird, von wem und warum – und wer zuhört.

Sechzehntes Kapitel

Zu Hause über den Tod sprechen

Ein spiritueller Haushalt sollte ein fröhlicher, positiver Platz sein. Aber es sollte auch ein Ort der Wahrhaftigkeit sein. Die Vorstellung vom Tod ist auf andere Weise für ein Kind ebenso erschreckend wie für Erwachsene, und junge Menschen geben sich oft ebensoviel Mühe, ihn zu ignorieren, wie alte. Aber alle Kinder werden sich dieser nackten Tatsache irgendwann auf dem spirituellen Weg stellen müssen, und es ist die Aufgabe der Eltern, dafür zu sorgen, daß diese Begegnung klug und geschickt und in der Geborgenheit des eigenen Heims stattfindet. Der Tod ist schließlich ein ebenso spirituelles Thema wie das Leben und verdient es daher, mit der gleichen religiösen Achtung behandelt zu werden. In den letzten fünfzig Jahren gab es zahlreiche wissenschaftliche Untersuchungen über die Frage, wie Kinder den Tod sehen. Daraus ergaben sich noch keine unverrückbaren Gewißheiten, aber wir beginnen langsam, in groben Zügen zu verstehen. Die vielleicht wichtigste Untersuchung zum Thema hat die ungarische Psychologin Maria Nagy bereits 1948 durchgeführt. Ihre Ergebnisse beeinflussen noch heute die Theorie der Todeserziehung. Nagy arbeitete im Nachkriegs-Budapest mit fast vierhundert Kindern zwischen vier und zehn Jahren. Sie stattete ihre jungen Versuchspersonen mit Papier und Farben aus und forderte sie auf, Bilder vom Tod zu malen und Geschichten zu diesen Bildern zu erfinden.

Ein Ergebnis dieser Untersuchung und zugleich vielleicht Nagys wichtigster Beitrag war die Erkenntnis, daß Kinder keineswegs in seliger Unkenntnis des Todes leben, wie manchmal angenommen wird. Der Tod ist vielmehr Teil ihres ganz normalen Alltagsbewußtseins. Unterschiedlich ist nur die Art, wie dieses Bewußtsein in verschiedenen Altersstufen integriert wird.

Ganz junge Kinder zwischen drei und fünf sehen laut Nagy den Tod als einen Übergang oder eine Reise an, auch wenn sie nicht genau wissen, was das für eine Reise ist. Die Toten sind in gewissem Sinne »weniger lebendig« als die Lebenden, aber sie sind auch nicht ganz verschwunden. Nagy berichtet von der folgenden Unterhaltung:

> ERWACHSENER: Woher weißt du, ob jemand schläft oder tot ist?
> KIND: Das weiß ich, wenn jemand abends ins Bett geht und die Augen nicht aufmacht. Wenn jemand ins Bett geht und nicht aufsteht, dann ist er tot oder krank.
> ERWACHSENER: Wird er je wieder aufwachen?
> KIND: Niemals. Ein toter Mensch weiß nur, wann jemand zu seinem Grab oder so was geht. Er spürt, daß jemand da ist oder spricht.
> ERWACHSENER: Bist du da sicher? Irrst du dich nicht?
> KIND: Ich glaube nicht. Bei Beerdigungen darf man nicht singen, nur sprechen. Sonst könnte der Tote nicht ruhig schlafen. Ein Toter spürt es, wenn man etwas auf das Grab legt.
> ERWACHSENER: Was spürt er denn dann?
> KIND: Er spürt, daß die Blumen auf sein Grab gelegt werden. Das Wasser berührt die Erde. Ganz, ganz langsam hört er alles.

In den Köpfen kleiner Kinder ist es kein Widerspruch, daß die Toten ohne Sterben und Auferstehung zurückkehren, fast wie die Zinnsoldaten oder Plastikindianer im Spiel. Der Tod ist eine Tatsache. Aber er ist zugleich nicht von Dauer, wie eine Art Schlaf, und ganz junge Kinder sehen die beiden auch wirklich als fast identisch an.

Im Alter von fünf bis neun Jahren reift die Sichtweise vom Tod merklich heran. Nun halten Kinder den Tod bei anderen Menschen für endgültig, *nicht* aber bei sich selbst. Von allen Geschöpfen auf diesem Planeten wird genau dieses Kind entkommen.

Sieben- oder Achtjährige kann man häufig über ihre Absicht tönen hören, hundert Jahre alt zu werden, was aus der Perspektive des Kindes soviel heißt, wie für immer zu leben. Oder sie erklären, daß die Wissenschaft, bis sie groß sind, das Alter »besiegt« haben wird. Das Kind beginnt Anfänge und absolute Enden zu erkennen, aber das ist nur eine bedingte Erkenntnis: Das Kind glaubt nicht, daß sie auch für sein eigenes Schicksal gilt.

Ein weiterer faszinierender Aspekt der Sichtweise des älteren

Kindes liegt laut Nagy darin, daß der Tod mehr als eine Art quasi-mystischen *Wesens* gesehen wird, nicht so sehr als Erfahrung, sondern eher als eine Art Geist. In diesem Alter werden Geistergeschichten, Horrorfilme und all die Medienkitzel, die den Tod in personifizierter Form zeigen, besonders geschätzt. Der Tod kann als außerirdischer Eindringling, Dämon, Kidnapper, Verbrecher oder dunkle Figur auftreten, die Vernichtung ausstrahlt. Diese Figur ist weder unfehlbar noch allwissend, und nur dumme Kinder lassen sich einfangen. Wie in den Märchen und Mythen kann man als schlauer Wandersmann mit dem Tod verhandeln, ihn überlisten oder bestechen, ihm davonlaufen oder ihn manchmal sogar umbringen. Der Tod ist selbst sterblich.

Schließlich gibt es das letzte Stadium zwischen neun und dieser unsicheren Grenze bei zwölf oder dreizehn Jahren, nach der das ältere Kind zum jungen Jugendlichen wird. In diesem Alter findet man sich mit dem Unvermeidlichen ab. Der Tod wird nun als universal wahrgenommen (jeder stirbt, auch ich), als endgültig (die Zeit geht immer weiter und nur in eine Richtung) und als innerlich (der Tod widerfährt mir nicht von außen durch irgendeine personifizierte Kraft, sondern geschieht durch einen biologischen Prozeß in mir).

Mit Kindern über den Tod sprechen

Anhand dieser Richtlinien kann man die Frage stellen, wann und wie man beginnen soll, mit Kindern die Frage des Todes aus einer spirituellen Perspektive zu diskutieren.

Ironischerweise sind die meisten Kinder heutzutage durch das Fernsehen und Filme, Zeitungen und Plakatwände, selbst durch die mehr am Tode orientierten Rockgruppen und besonders durch die ewig lauernde Bedrohung der kollektiven Vernichtung durch eine nukleare, militärische oder ökologische Apokalypse recht gut mit diesem Thema vertraut. Außer Sex gibt es vermutlich kein Thema, dem Kinder – und nicht nur die, sondern wir alle – in unserer Gesellschaft häufiger ausgesetzt sind als dem Tod. Das aber geschieht auf sehr sonderbare Weise. Anders als die Kinder vor hundert Jahren, die oft das frühe Hinscheiden von Geschwistern miterlebt oder Großeltern zu Hause haben sterben

sehen, hat heutzutage fast kein Kind je einen Toten gesehen, und
nur wenige kennen jemanden, der gestorben ist.

Die ständige Begegnung mit Darstellungen des Todes und das
Fehlen der greifbaren Realität produziert – in Verbindung mit
einer Art Glorifizierung der gräßlichen Seite des Sterbens, wie sie
in Horrorfilmen gezeigt wird – vor dem kindlichen Auge ein Bild
vom Tod, das sowohl morbid wie phantastisch ist. Zu diesem
ohnehin verzerrten Ergebnis muß man nur noch die moderne
Phobie addieren, sich mit Kindern über das Sterben zu unterhalten oder auch nur zuzugeben, daß es so etwas gibt – und die ganze
Angelegenheit wird vollkommen entstellt.

Das heutige Kind hat nicht nur mit dem schwierigen Begriff des
Todes selbst zu ringen, sondern auch mit den Widersprüchen und
Ausflüchten, die von der Angst vor dem Altwerden genährt werden. Daraus ergibt sich letzten Endes eine der stärksten *Double-
bind*-Botschaften unserer Zeit:

1. Der Tod ist ein furchtbarer Schrecken, der einen immer und
   überall bedroht. Fürchte ihn.
2. Den Tod gibt es nicht. Sprich' nicht darüber; denk' nicht
   darüber nach. Blende ihn aus.

Die erste Aufgabe spirituell orientierter Eltern lautet daher, dieses
Gewebe der Verwirrung mit dem Schwert der klaren Sprache und
des rechten Denkens zu durchtrennen. Es folgen einige Richtlinien, die Ihnen bei dieser hochsensiblen Thematik Handlungsanleitung sein können:

1. Aus spiritueller Sicht ist der erste und wichtigste Punkt bei
   Gesprächen über den Tod der, sich den Kindern gegenüber
   nicht selbst als allwissende Instanz zum Thema auszugeben.
   Gleichgültig, welche spirituelle Richtung Sie persönlich anspricht, muß ein Kind verstehen, daß der Tod ein großes Rätsel
   ist, vielleicht sogar das allergrößte, und daß Sie keine endgülti-
   gen Antworten haben. Gestehen Sie Ihre Unwissenheit ein,
   wenn das Kind unbeantwortbare Fragen stellt. Es wird diese
   Aussage respektieren und vielleicht auch selbst ein Gespür für
   das große Mysterium entwickeln. Als kleiner Junge habe ich
   meinem Vater immerzu Fragen gestellt. Manchmal erhielt ich
   darauf eine Antwort, die mir ein Leben lang in Erinnerung

geblieben ist. Trotz der Tatsache, daß mein Vater Agnostiker war, weckte er auf diese Weise mein Interesse an spirituellen Themen. Ich löcherte ihn mit Fragen über die Unwägbarkeiten der Existenz: Wo endet die Unendlichkeit? Was wird mit mir geschehen, wenn ich sterbe? Bei solchen Fragen lächelte er geheimnisvoll, machte eine kleine Pause und lieferte dann die unheimlichste und aufregendste aller Antworten: »Das weiß keiner.«

2. Vermeiden Sie allzu technische Erklärungen. Kinder sind von ihrer Konstitution her nicht in der Lage, längeren theoretischen Abhandlungen zu folgen. Am besten gibt man ihnen klare Antworten mit einfachen Beispielen. Versuchen Sie beispielsweise eine Erklärung des Todes in Form einer Geschichte: Opa ist krank geworden. Also ging er ins Krankenhaus, wo wir ihn alle besucht haben. Er wurde so krank, daß es für ihn zu schwierig wurde, am Leben zu bleiben. Also ist er gestorben. Seine Seele hat den Körper verlassen und ist woanders hingegangen.

3. Halten Sie sich nicht mit greulichen Details auf. Lebhafte Beschreibungen dessen, wie der Körper im Grab zerfällt und von den Würmern gefressen wird, sind zwar bei einigen religiösen Gruppen beliebt und mögen Kinder faszinieren, aber es gibt genügend Beweise dafür, daß solche Schilderungen zu neurotischen Komplexen führen können. Vermeiden Sie grundlos grausame Bilder. Halten Sie die Dinge im Rahmen, indem Sie den Kindern versichern, daß tote Körper nicht spüren, was mit ihnen geschieht, daß es für einen Körper ebenso natürlich ist zu zerfallen wie für einen Grashalm, und daß alles, was aus der Natur kommt, auch wieder zur Natur zurückkehrt.

4. Sprechen Sie spezifische emotionale Belange an. Manche Kinder fragen nach dem Tod, weil sie Angst haben. Andere fragen aus einem intellektuellen Staunen heraus, aus morbider Faszination oder religiöser Neugier. Manchmal liegen dem Wunsch eines Kindes mehrere oder alle diese Motivationen zugrunde, aber es könnte einen Aspekt geben, der stärker ist als die anderen. Stellen Sie fest, welcher das ist, und versuchen Sie, so gut Sie es vermögen, zu antworten.

5. Kinder sagen nicht immer, was sie meinen, und meinen nicht immer, was sie sagen. Dieses Ausweichen hat nicht unbedingt etwas mit Trickserei zu tun. Es ist einfach so, daß die Kleinen

nicht immer die Bewußtheit oder Sprachgewandtheit haben,
das zu verbalisieren, was sie plagt. Daher äußern sie viele ihrer
von tiefstem Herzen kommenden Kommunikationsversuche
in einer Art Code, als Witz, beiläufig oder in Form einer
Beschwerde. Wenn ein Kind fragt »Warum schießen die in
Jugoslawien immer aufeinander?«, soll das in Wirklichkeit
vielleicht heißen: »Werde ich in einem Krieg getötet werden?«
Wenn ein Kind seiner Mutter erzählt, es verstecke sich immer
im Schrank, »damit Gott mich nicht finden kann«, reagiert es
vielleicht auf die zuvor gegebene Erklärung, wir würden sterben, weil Gott uns in den Himmel zurückruft.
Ich kenne einen Krankenhausangestellten, der Tag für Tag mit
dem Tod zu tun hat. Eines Nachmittags kam er von der Arbeit
nach Hause und erfuhr, daß sein fünfjähriger Sohn mit ihm
sprechen wolle. Er fand den Jungen in einem großen Sessel, wo
er mit ungewöhnlich ernstem Gesichtsausdruck auf ihn wartete. Es stellte sich heraus, daß der Knabe nachmittags halb
absichtlich einen schweren Stein auf einen jungen Maulwurf
hatte fallen lassen und ihn dadurch getötet hatte. Trotz aller
Bemühungen konnte er das Geschöpf nicht wieder zum Leben
erwecken. Nun fragte er, ob sein Vater ihm dabei helfen würde.
Dann zog der Kleine das zerquetschte Tier aus seiner Tasche,
legte es seinem Vater auf den Schreibtisch und sah ihn erwar-
tungsvoll an.
Der Vater setzte zu längeren Ausführungen über den physiologischen Prozeß des Todes an und erklärte, warum es unmöglich
sei, ein Geschöpf wieder zum Leben zu erwecken, wenn es erst
einmal tot ist. Je mehr er redete, desto unruhiger wurde der
Junge. Schließlich sprang er auf, lief zum Fenster und begann,
über andere Dinge zu sprechen.
Der Vater dachte, die Angelegenheit sei damit erledigt, aber
plötzlich brach sein Sohn in Tränen aus. Schluchzend erkun-
digte er sich: »Wird Gott kommen und Steine auf mich fallen
lassen?«
Tatsache war, daß es den Jungen absolut nicht nach medizini-
schem Fachwissen über den Tod verlangte. Die Biologie war
ihm gleichgültig. Seine wirkliche Frage lautete, ob *er* sterben
würde, ob Gott *ihn* dafür bestrafen würde, daß er den Maulwurf getötet hatte, und ob ihm dieselbe Behandlung bevor-
stünde, die er dem Tier hatte zuteil werden lassen. Seine wirk-

liche Frage, die hinter kindlicher Sprachlosigkeit verborgen lag, war also eine Bitte um Vertrauen und Bestätigung: »Bin ich sicher? Liebt Gott mich noch? Ist mein Leben noch in Ordnung?« Sie hatte nichts mit Theorie oder Philosophie zu tun, sondern mit klaren Ängsten, Bedürfnissen und Gefühlen.

6. Vergessen Sie alle vorgefertigten Vorstellungen davon, wie Kinder auf Gespräche über den Tod reagieren sollten. Eltern machen sich hier, wie bei Aufklärungsgesprächen, oft vorher zuviel Sorgen darum, ob sie die richtigen spirituellen Worte finden. Wenn ein Kind nach einem offenen Gespräch über den bevorstehenden Tod des Großvaters scheinbar unbetroffen zum Spielen davoneilt, heißt das nicht notwendigerweise, daß das Gesagte es nicht bewegt hat. Kinder zeigen ihre Gefühle einfach anders als Erwachsene.

7. Wenn Eltern ihren Kindern religiöse Erklärungen über den Tod geben wollen, müssen sie ihre Worte mit besonderem Bedacht wählen. »Großvater dachte, es sei Zeit, diese Erde zu verlassen und zu seinem Platz bei Gott zurückzukehren«, klingt wesentlich weniger bedrohlich als »Gott ist gekommen und hat Großvater geholt«. Denken Sie stets daran, daß die Kleinen alles *wörtlich* nehmen. Metaphern sind ihnen fremd. Gehen Sie nicht davon aus, daß Kinder irgendeinen himmlischen Symbolismus verstehen oder die figurativen Lücken so füllen wie Erwachsene. Das tun sie nämlich nicht.

Halten Sie alle Diskussionen konkret. Die meisten Kinder unter sechs haben Probleme mit abstrakten Ideen und Aussagen. Bleiben Sie bei den Tatsachen. Sprechen Sie mit Kindern auf ihrer eigenen Ebene über den Tod. Versuchen Sie, nicht von oben herab zu reden. Das spüren sie nämlich sofort und schalten dann ab. Die folgende Unterhaltung ist ein Beispiel dafür, wie ein solches Gespräch einfach und zugleich unterstützend und informativ sein kann. Es ist dem Niveau eines Vier- bis Fünfjährigen angepaßt und kann für ältere Kinder entsprechend anspruchsvoller ausfallen:

TOCHTER: Ist der Vogel tot, Papi?
VATER: Ja. Er ist gestorben.
TOCHTER: Gestorben? Wo ist er hin?
VATER: Wahrscheinlich ist er gestorben, weil er sehr alt war. Ich weiß nicht, wo er hin ist, weil wir diese Sachen nicht so genau

wissen. Aber wenn du wissen willst, was ich *glaube*, daß passiert ist: Ich *glaube* , daß seine Seele wieder dorthin zurückgegangen ist, wo sie auch hergekommen ist, zum Schöpfer, zu Gott.

TOCHTER: Kannst du ihn nicht gesund machen?

VATER: Nein. Das kann niemand.

TOCHTER: Werde ich auch tot werden?

VATER: Eines Tages schon, aber das ist noch so lange hin, daß du dir darum keine Sorgen zu machen brauchst. Und wenn es passiert, wirst du wahrscheinlich dafür bereit sein. Das ist einer der Gründe, warum Erwachsene in die Kirche gehen. Es hilft ihnen, sich darauf vorzubereiten, daß sie eines Tages sterben werden. Nach dem, was ich in (Name einer heiligen Schrift) gelesen habe, ist es auch gar nicht so schlecht zu sterben, besonders wenn man ein gutes Leben geführt hat.

TOCHTER: Warum sieht denn der Vogel so komisch aus?

VATER: Wenn etwas stirbt, dann wird es sehr still und ruhig und friedlich. Da der Vogel tot ist, beginnt er jetzt zurück in die Natur zu gehen, in die Bäume und ins Gras, so daß er wieder Teil der Erde werden kann. Das macht er jetzt, und darum sieht er so merkwürdig aus. Er spürt aber gar keinen Schmerz und ist auch nicht unglücklich.

TOCHTER: Wirst du sterben? Und Mami?

VATER: Das ist vermutlich noch ganz lange hin, erst, wenn du erwachsen bist. Dann wirst du gut selbst auf dich aufpassen können. Mami und ich werden alles tun, was wir können, damit es dir gutgeht.

TOCHTER: Warum werden denn Sachen tot?

VATER: So ist es einfach eingerichtet. Alles wird geboren, lebt eine Weile und stirbt dann. Manche Leute verbringen ihr Leben damit, das verstehen zu wollen. Sie möchten direkt mit Gott sprechen und von ihm etwas über das Rätsel des Lebens erfahren. Also beten und meditieren sie und versuchen, Seine Stimme zu hören. Sie werden religiöse Menschen genannt. Sie wollen unbedingt verstehen, warum wir geboren werden und warum wir sterben. Vielleicht wirst du eines Tages mal ein solcher Mensch.

TOCHTER: Papi, ich kann nicht aufhören, an den toten Vogel zu denken.

VATER: Ich weiß. Das ist beunruhigend. Vielleicht hast du Angst, daß dir das gleiche passieren wird wie dem Vogel. Aber das wird es nicht. Kinder sterben gewöhnlich nicht. Der Tod ist etwas, das viel später kommt, wenn du dafür bereit bist. Und vergiß nicht, daß Mami und ich und deine Großeltern und alle deine Freunde dich sehr lieben. Wir werden immer hier bei dir sein und dich beschützen, so gut wir können.

Siebzehntes Kapitel

Das Thema Fernsehen

Die meisten schlechten Nachrichten über Kinder und Fernsehen sind Ihnen bereits bekannt. In den USA sitzen Kinder wöchentlich durchschnittlich vierzig bis fünfzig Stunden vor dem Bildschirm. (Auch in Deutschland erreichen nach neueren Untersuchungen bereits zwanzig Prozent der Grundschüler solche Zahlen, Anm. d. Übers.) Damit verbringen diese Kinder mehr Zeit mit Fernsehen als in der Schule. Unter kontrollierten Versuchsbedingungen wurde das Verhalten von Kindern im Vorschulalter, die man gewalttätige Programme schauen ließ, schon nach zwei bis drei Stunden asozial.

Unzählige Untersuchungen belegen, daß das Fernsehen eine zutiefst beunruhigende Wirkung auf junge Menschen ausübt und daß selbst »harmlose« Sendungen wie Zeichentrickfilme extrem beängstigend sein können. Betrachten Sie genau, was in den Kindern vor sich geht, wenn Sie das nächste Mal eine Gruppe von Vierjährigen Tom und Jerry schauen lassen. Wenn die Katze mit einem Hackmesser hinter der Maus herjagt, ballen die Kinder die Fäuste, und ihr Atem geht schneller. Wenn die Bombe explodiert und die Augen des Bullterriers aus ihren Höhlen gepustet werden, reagieren die Kinder mit einem Geräusch, das zwischen Schrei und Lachen liegt.

Die vier Jahre alte Laura stellt ihrem Vater noch heute Fragen zu einer Szene aus einem Bugs-Bunny-Film, den sie vor über einem Jahr gesehen hat. In dieser Produktion aus den vierziger Jahren wird Bunny von einer Bande bösartiger Mäuse gefangengenommen, mit Hunderten von kleinen Drähten an einen Grill gebunden und zum Klang von Chopins »Trauermarsch« in einen heißen Ofen geschoben. »Warum wollten sie Bugs Bunny wehtun?« fragt Laura immer wieder. »Wollten sie ihn kochen, Vati? Tut das weh, gekocht und gegessen zu werden, wenn man noch lebendig ist?«

Diese Zeichentrickserien sahen für das Kind so aus, als würden sie tatsächlich stattfinden. Ebenso halten die meisten Kinder im Vorschulalter Filme für wahre Geschichten. Ihnen liebevoll zu sagen, es sei einfach nur ein Märchen oder ihre Angst mit dem Kommentar »Mach' dir nichts draus, es ist alles nur erfunden« abzuwiegeln, hieße deutlich, den Kern der Sache zu verfehlen. Der liegt nämlich darin, daß für kleine Kinder – wenn sie überhaupt vorhanden ist – die Grenze zwischen Wirklichkeit und So-tun-als-ob ausgesprochen fließend ist, selbst wenn die Handlung durch ein so offensichtlich künstliches Medium wie gezeichnete Trickbilder vermittelt wird. Bei Kindern unter fünf Jahren berührt sich das Unbewußte noch mehr mit dem Bewußtsein als bei uns. Sie glauben daher das, was sie sehen und hören, ganz egal, wie künstlich oder unwahrscheinlich das in den Augen von Erwachsenen erscheinen mag. Wenn schon einfache Zeichentrickfilme für junge Köpfe so beunruhigend sind, welchen Schaden nehmen dann erst die Kinder, die sich absolut alles anschauen dürfen: kitschige Spielfilme, Polizeifilme voller Morde, Serien mit Menschen, die nur materielle Werte kennen, Horror, Sex und Zynismus.

Natürlich behaupten die Fernsehanstalten weiterhin, es sei bisher nicht wissenschaftlich erwiesen, daß es einen Zusammenhang zwischen Fernsehkonsum und häuslichem Verhalten bei Kindern gebe. Dies erinnert an die Tabakfirmen, die von ihnen selbst finanzierte »wissenschaftliche« Studien zitieren, nach denen die Gefahren des Zigarettenrauchens nach wie vor »nicht erwiesen« seien.

Die Mehrheit der Kindertherapeuten wird Ihnen jedoch ziemlich klar sagen, daß gewalttätige Programme im Fernsehen zur Entwicklung einer gewalttätigen Jugend beitragen – Schluß, aus. Außerdem scheinen dieselben Mediengelehrten, die uns versprechen, nichts, was Kinder per TV hören oder sehen, habe Einfluß auf sie, in bezug auf die Überzeugungskraft des Werbefernsehens keinerlei derartige Zweifel zu hegen. Und das gilt im übrigen auch für die Sponsoren, die für die ganze Sache zahlen.

Fernsehen und die Werte von Kindern

Es mag in der Tat wahr sein, daß ein in sich gefestigtes Kind auch durch ein paar Polizeifilme nicht zum Mörder wird, aber darum geht es auch überhaupt nicht. Fernsehen führt bei »guten« Kindern nicht unbedingt dazu, daß sie Schlechtes tun. (Es gibt allerdings Beweise dafür, daß es »böse« Kinder veranlaßt, Böses zu tun.) Es geht vielmehr darum, daß das Fernsehen in Kindern in einer Zeit, in der dringend richtige Werte gebraucht werden, die falschen verankert.

Thomas Lickona nennt in seinem Buch *Raising Good Children* einige der negativen Einflüsse des Fernsehens bei Kindern und spricht von ihm als einem »moralischen Lehrer«. Als einer der wenigen Autoren, die sich in letzter Zeit mit dem ethischen Aspekt der Kindererziehung beschäftigt haben, weist Lickona auf die offensichtliche Tatsache hin, daß kriminelles Verhalten im Fernsehen den jungen Zuschauern schlechte Beispiele bietet. Zudem nennt er unterschwellige Botschaften, die fast ebensoviel moralischen Schaden anrichten. Darunter:

- Wenn du das, was du willst, nicht auf normalem Wege bekommen kannst, dann versuch' es mit Gewalt.
- Gewalttätigkeit ist normal. Nichts Besonderes. Jeder macht es so. Nichts, worüber man sich groß aufregen müßte.
- Frauen sind inkompetent und den Männern unterlegen.
- Trinken macht Spaß, ist gut und sozial akzeptiert.
- Materielle Dinge können dich glücklich machen.
- Erwachsene sind Idioten. In unserer Gesellschaft sind es die Kinder, die *wirklich* wissen, was los ist. Sie sollten das Sagen haben. (In den sechziger Jahren hieß es bei jungen Leuten: »Trau' keinem über dreißig«. Heute könnte es heißen: »Trau' keinem über siebzehn«.)

Lickonas Liste von verbreiteten Fernsehbotschaften läßt sich ergänzen:

- Sex vor der Ehe ist üblich und wünschenswert. Vielfältige sexuelle Verbindungen sind »cool«. Der ganze Sinn des Erwachsenseins liegt darin, Angehörigen des anderen Geschlechts nachzulaufen. Das wahre und einzige Glück im Leben besteht darin, einen Menschen zu finden, mit dem man guten Sex und romantische Abenteuer haben kann.
- Rache ist süß. Wenn jemand zu dir nicht nett ist, dann zahl es ihm doppelt zurück.
- Geld löst alle Probleme.

- Die Autoritäten sind deine Feinde. Die Gesellschaft wird von einer Ansammlung gesichtsloser, geldgieriger, mit Atombomben spielender Plutokraten geführt, die Kinder hassen und die Welt ruinieren wollen.
- Eine scheußliche, makabre und/oder roboterartige Aufmachung läßt dich zu einer andersartigen, einmaligen und interessanten Person werden.
- Alles, was mit deinem körperlichen Vergnügen unvereinbar ist, sollte umgangen werden. Arbeit ist eine Last, die es um jeden Preis zu vermeiden gilt. Der einzige Sinn des Daseins liegt darin, Spaß zu haben.
- Werde so schnell groß wie nur irgend möglich. Die Macht liegt bei den Erwachsenen.

Lickona bezieht sich auch auf die Einsichten von Dr. Neil Postman, Professor für Kommunikationswissenschaften an der New York University, und dessen interessante These, die ehemals so unumstößlichen Wissensbarrieren zwischen Erwachsenen und Kindern seien in den letzten Jahrzehnten speziell durch das Fernsehen durchlöchert worden.

Nach Postman bestand früher beispielsweise dadurch eine Abgrenzung zwischen Erwachsenen und Kindern, daß Erwachsene Dinge über die Schattenseiten des Lebens wußten, die den Kindern unbekannt waren. Man ging davon aus, die Kleinen seien unschuldig; und dabei wollten es die meisten Erwachsenen auch belassen. »Sie werden sich noch früh genug mit den Problemen des Erwachsenseins auseinandersetzen müssen«, hieß die vorherrschende Meinung bei Eltern und Erziehern gleichermaßen. Und : »Halte sie so lange wie möglich sauber.«

Heute haben die Einstellungen einen abrupten Wandel in Richtung »Ehrlichkeit« vollzogen. Sprich: »totale, unzensierte Enthüllung von allem und jedem«. Dies bedeutet, daß die meisten Kinder heute bereits mit acht Jahren über anrüchige Verhaltensweisen Bescheid wissen, die früher einen Sträfling hätten erröten lassen. Dinge wie Inzest oder Transvestitentum, sexuelle Perversionen, rituelle schwarze Magie, Folter, bestialisches Verhalten, Selbstmord, Vergewaltigung durch Banden – diese Liste können Sie vervollständigen, wenn Sie einen Blick in das Fernsehprogramm dieser Woche werfen.

Warum Kinder und Fernsehen?

Man könnte also fragen, warum so viele wohlmeinende Mütter und Väter ihre Kinder Programme anschauen lassen, die ganz offensichtlich antisoziales und sogar kriminelles Verhalten unterstützen? Was ist mit den Herzen, dem Verstand und dem Urteilsvermögen der Eltern geschehen, die ihre Kinder so bereitwillig Worten und Bildern aussetzen, die ihren Erfinder noch vor fünfzig Jahren ins Gefängnis gebracht hätten?

In manchen Fällen ist es deutlich eine Frage der persönlichen Wertvorstellungen: Manche Eltern betrachten Saufen und Randalieren einfach nicht als unangemessene Botschaften für ihre Kinder. Keine weitere Diskussion. Es gibt viele solcher Eltern, vielleicht mehr, als wir denken.

In anderen Fällen können Eltern nicht wirklich der Tatsache zustimmen, daß Fernsehen den subversiven psychologischen Einfluß ausübt, den uns Pädagogen glauben machen wollen. Sie reden sich selbst ein, solche Warnungen seien bloß Unkenrufe, die nächtlichen Serien genau die frivole, harmlose Unterhaltung, als die sie von den Medienleuten ausgegeben wird, und diese Programme könnten der kindlichen Psyche nicht mehr Schaden zufügen als ein Märchen.

Die Mehrheit der Eltern, die ihren Nachwuchs solch unpassende Sendungen ansehen lassen, rationalisiert die unangenehme Wahrheit, daß sie Schaden anrichten, einfach weg. Manche führen gerne aus, diese Programme seien gut für den »Realitätssinn« des Kindes und bereiteten es auf das Leben »in der richtigen Welt« vor. Denn welche Kritik man auch immer an dem großen silbernen Auge äußern mag, das heute so triumphierend seinen Ehrenplatz in unseren Wohnzimmern einnimmt – und Botschaften überbringt, die eine Kultur mit nur einem Mindestmaß an spiritueller Sensibilität sofort als offensichtlich satanisch erkennen würde –, das Fernsehen verfügt über eine ganz außergewöhnliche Tugend: Es ist der effizienteste Babysitter, den die Menschheit je erfunden hat. Und unterm Strich ist das in neun von zehn Fällen der Grund dafür, daß so viele Eltern so viele Kinder so viele Stunden lang vor dem Bildschirm sitzen lassen.

Ein Aktionsplan

Doch genug der Kritik. Wie ich schon sagte, kennen Sie all diese Fakten vermutlich ohnehin. Was Sie mehr interessieren dürfte, ist, was Sie als Eltern tun können, um die negativen Auswirkungen des Fernsehens auf Ihre Kinder zu reduzieren.

Sie ganz daran hindern, fernzuschauen?

Nun, das ist eine Möglichkeit. Wenn Sie es für eine zufriedenstellende Lösung halten, nehmen Sie die Sache noch heute in Angriff. Zweifellos ist die direkteste Antwort auf das Dilemma Fernsehen die, den Kasten ganz aus dem Haus zu verbannen und die Kinder zu anderen, kreativeren Formen von Unterhaltung anzuleiten.

Allerdings möchten Sie vielleicht selbst gelegentlich die eine oder andere intelligente Sendung sehen. Sie haben schließlich in dieser ganzen Angelegenheit auch eigene Rechte. Zudem werden Sie auch mit der Tatsache konfrontiert sein, daß die meisten Freunde Ihrer Kinder einen Fernseher haben. Wenn Sie also die »Medienunschuld« Ihres Nachwuchses bewahren wollen, werden Sie ihn die meiste Zeit zu Hause behalten müssen.

Außerdem müssen Sie sich darüber im klaren sein, daß Ihre Kinder sich als Außenseiter fühlen werden, wenn die Klassenkameraden ab einem bestimmten Alter anfangen, regelmäßig über das Fernsehprogramm zu sprechen, oder wenn die Kinder Feste mit Übernachtungen feiern, zu denen auch späte TV-Stunden gehören. Es ist nun einmal so, daß Fernsehen Teil der Alltagskultur geworden ist, und es ganz aus dem Leben des Kindes zu verbannen, ist daher vielleicht nicht der beste Ansatz.

Gibt es eine goldene Mitte zwischen vollkommener Enthaltsamkeit und einer Vierzig-Stunden-Woche vor dem Bildschirm?

Vermutlich nicht. Keine *goldene* Mitte. Denn die Tatsache bleibt bestehen, daß selbst ein bißchen Fernsehen schmerzhafte Auswirkungen haben kann. Es gibt jedoch eine Strategie, die Eltern dabei helfen kann, einen vernünftigen Kompromiß zwischen vollkommenem Fernseh-Entzug und totaler Überfütterung zu finden. Sie funktioniert folgendermaßen:

1. Lassen Sie Kinder unter vier Jahren *überhaupt nicht* fernsehen. Selbst die harmlosesten Zeichentrickfilme und nett sprechenden Köpfe können für den ganz jungen Geist sehr verwirrend

sein. Vor dem Eintritt in den Kindergarten sind Bücher und Bäume und Stifte und Kätzchen die besseren Erfahrungen.

2. Sind die Kinder erst einmal vier, stellen Sie feste Regeln für die Fernsehzeit auf. Die Regeln richten sich nach: (a) der Qualität des Programms, (b) der Länge der Zeit, die das Kind schauen darf und (c) dem emotionalen Zustand des Kindes in dem Augenblick, in dem das Programm beginnt. Halten Sie unter allen Umständen an diesen Grundsätzen fest. Wenn Sie beispielsweise entscheiden, daß es in Ordnung ist, wenn die Kleinen ein bißchen schauen, dann seien Sie präzise. Eine halbe Stunde ist eine halbe Stunde. Nicht mehr. Keine Ausnahmen. Wenn Kinder quengelig oder aufgeregt sind, ist Fernsehen zudem nicht immer der beste Weg, mit ihrer emotionalen Unruhe umzugehen. Eine Stunde Fernsehen kann zwar eine beruhigende Wirkung haben, aber sie löst den Konflikt nicht. Vielleicht wäre es besser, wenn das Kind in einer solchen Verfassung ganz dem Bildschirm fernbliebe und von den Eltern direkt getröstet würde. Sie müssen in dieser Frage natürlich selbst entscheiden, aber bedenken Sie, daß Kinder im Zustand inneren Aufruhrs besonders beeindruckbar sind. Achten Sie in einem solchen Fall mit besonderer Sorgfalt auf die Programmauswahl.

3. Ein paar weitere Richtlinien für die Fernseh-Regeln:

- beschränken Sie das Fernsehen auf wenige, sorgfältig ausgewählte Programme
- und/oder erlauben Sie Fernsehen nur an Wochenenden.
- Stellen Sie den Kasten in einen ungemütlichen Teil des Hauses. Kinder sollten nur schwer darankommen können. Stellen sie ihn hinter geschlossene Schranktüren, oder richten Sie es so ein, daß der Apparat jedesmal heruntergenommen und angeschlossen werden muß, *wenn das Kind schauen will*. Die Regel »aus den Augen, aus dem Sinn« wird dem Monster einen selbstbeschränkenden Maulkorb anlegen.
- Lassen Sie die Kinder nur altersgemäße Programme sehen wie »Sesamstraße«, »Lassie«, »Karfunkel« oder »Flipper«. Wenn Sie sich an die öffentlich-rechtlichen Sender und genauen Sendezeiten halten, werden Ihre Kinder auch kaum Werbung zu sehen bekommen, was allein schon viel wert ist.
- Lassen Sie Kinder unter sechs Jahren nicht mehr als ein paar

Minuten allein vor dem Fernseher. Schauen Sie immer wieder nach ihnen und stellen Sie sicher, daß die Kinder nicht auf andere, schädlichere Programme umschalten. Zeigen Sie ihnen, daß Sie zur Verfügung stehen, falls sie sich ängstigen sollten. Manchmal könnten Sie auch Spaß daran haben, sich die eine oder andere Sendung gemeinsam mit den Kindern anzuschauen und der Sache wenigstens dadurch ein bißchen Familiengefühl abzuringen, daß Sie dabei mit ihnen schmusen, vorher zusammen Popcorn machen und nachher über das Gesehene diskutieren. Wenn Mutter oder Vater und Kind gemeinsam ein Erlebnis genießen, wird – selbst bei etwas so Profanem wie Fernsehen – immer Zuneigung von einem zum anderen fließen.

- Schränken Sie Ihre eigenen Fernseh-Zeiten ein. Kinder machen nach, was sie sehen. Wenn Sie mehrere Stunden am Tag fernsehen, wird Ihr Nachwuchs Sie imitieren. Ein guter Trick ist der, die Fernsehzeiten auf den Abend zu beschränken, wenn die Kleinen alle im Bett sind. Wenn Kinder Sie nie vor dem Fernseher sitzen sehen, werden sie annehmen, daß Sie es nie tun. Dieser kleine Schwindel kommt allen zugute.

4. Programme, von denen Sie Ihre Kinder zu allen Zeiten weit fernhalten sollten:

- Polizei-, Kriegs-, Detektiv- und Horrorfilme jeder Art.
- Nachrichtensendungen. Entgegen landläufiger Ansicht ist es nicht »erzieherisch wertvoll«, Kinderkörper zu betrachten, die beim letzten Feuer schwer verbrannt wurden, oder zu erfahren, wie viele Leute am letzten Wochenende von irgendwelchen Terroristen umgebracht wurden.
- Science-fiction-Sendungen. Diese sind mit wenigen Ausnahmen angsterregend, phrasenhaft, atheistisch und voller Botschaften von der Art: »Die Technologie wird eines Tages alle Probleme der Menschheit lösen«. Die besseren Filme dieses Genres können manchmal bei älteren Kindern ein Gefühl des Staunens auslösen, aber solche Sendungen sind *nie* für Kinder im Vorschulalter geeignet.
- Seifenopern, Situationskomödien. Auch wenn einige von ihnen recht harmlos zu sein scheinen, sind die darin vorkom-

menden Wertvorstellungen mit ein oder zwei Ausnahmen ziemlich unspirituell.

- Filme für Erwachsene. Diese können zu roh sein und für den kindlichen Geist ganz unverständliche Konflikte und Mißgeschicke schildern.
- Rockmusik-Videos. Reines Chaos: Sie repräsentieren ungefähr all das, was Sie von Ihrem Kind fernhalten wollen.

Es folgt eine Liste der Sendungen, die für ältere Kinder vielleicht gelegentlich akzeptabel sind, die man aber äußerst sorgfältig auswählen sollte:

- Zeichentrickfilme. Die meisten sind nicht geeignet. Zu den möglichen Ausnahmen gehören gut gemachte, intelligente und moralisch einwandfreie Versionen von bekannten Kindergeschichten, Märchen, Mythen und dergleichen. Vermeiden Sie auf alle Fälle den gewalttätigen Superhelden und die High-Tech-Cartoons.
- Unbedrohliche, gewaltfreie Vorabendserien. Ein Teil dieser Sendungen ist zwar alles andere als vollkommen, eignet sich aber für gelegentliches Anschauen.
- Bildungs- und Diskussionssendungen. Diese sind oft harmlos, aber Kinder werden ohnehin schnell von ihnen gelangweilt sein.
- Typische Familienfilme, besonders die aus Jahren vor 1960. Die Abenteuer und Scherze in dieser Gattung sind gute Unterhaltung für ältere Kinder, aber hüten Sie sich vor Problemfilmen: Kriegsstreifen, Gangstergeschichten und ähnlichem.

Schließlich gibt es sogar ein paar Sendungen, von denen Sie vielleicht sogar *wollen*, daß Ihre Kinder sie anschauen:

- Sorgfältig ausgewählte Kindersendungen wie »Sesamstraße«.
- Bestimmte Zeichentrickfilme (siehe oben).
- Bestimmte Kinderfilme. Ganz nach Ihrer persönlichen Wahl. Aber denken Sie daran, daß ein Film noch nicht deswegen gut für Kinder ist, weil er für Kinder gemacht ist.
- Bildungssendungen über Natur, Technik, Reisen. Von dieser Art gibt es glücklicherweise immer mehr.

• Legen Sie sich einen Vorrat an Videos an. Dieses Medium bietet heute sehr gute Unterhaltung für Kinder. Vieles aus dem Angebot ist erschwinglich, und vielleicht hat das Kind Spaß daran, sich eine eigene Filmbibliothek aufzubauen.

5. Schauen Sie sich erst selbst sehr kritisch jede Sendung an, die Sie Ihr Kind sehen lassen wollen. Jawohl. Das bedeutet, daß Sie ein oder zwei Folgen von Lassie aushalten müssen, um zu wissen, was sich demnächst im Kopf Ihrer Kinder abspielen wird. Wenn eine Sendung Ihrer Prüfung standhält, können Sie sie in Ihren Fernseh-Fahrplan aufnehmen. Sind Sie jedoch unbeeindruckt, sollten Sie sie gleich streichen. Haben Sie keine Angst davor, in diesen Dingen zu streng zu sein. Im Zweifelsfalle immer »nein« sagen. Es gibt auch Kinderprogramme, die angeblich von »erzieherischem Wert« sind (das scheint so ein Zauberwort zu sein), die aber den moralischen Ansprüchen engagierter Eltern nicht gerecht werden.

6. Achten Sie genau auf die Reaktionen der Kinder und verfahren Sie entsprechend. Der sechsjährige Roland saß jeden Nachmittag vor einer Zeichentrickgeschichte namens »Belle und Sebastian«. Die Serie war gut gemacht und erzählte die Geschichte von dem Jungen Sebastian, der mit seinem riesigen Hund Belle durch einen merkwürdigen Schicksalsschlag von seiner Mutter getrennt wurde. Nun durchwanderten die beiden von Folge zu Folge die Pyrenäen, um nach der Mutter zu suchen.

Auf den ersten Blick schien diese Sendung Rolands Eltern soweit in Ordnung zu sein. Sebastian war ein wohlerzogener, freundlicher Knirps und der Hund ein Ausbund an Geduld und Zuneigung. Die Bilder waren nett gezeichnet, aber am besten gefiel Rolands Eltern der langsame und gleichmäßige Handlungsablauf – keine hastigen, laserschnellen Bildfolgen.

Als Roland jedoch eine Weile täglich »Belle und Sebastian« gesehen hatte, begann er ängstliche Fragen zu stellen: Warum hat der Metzger Belle mit einem Schlachtermesser aus seinem Laden verjagt? Wieso hat die schöne Frau, die Sebastian für seine Mutter hielt, ihn der Polizei zu übergeben versucht? Die Besorgnis in Rolands Stimme ließ auf mehr als reine Neugier schließen. Also schaute sich die Mutter am nächsten Tag die Sendung einmal genauer an. Und tatsächlich war die Geschichte voller Schrecken, die jedem Kind den Tag verderben

könnten. Sebastian wurde von den Eltern verlassen, von
Freunden und Bekannten verraten, konnte Mördern und herz-
losen Schuften nur knapp entrinnen und wurde rücksichtslos
von einer Polizeibande verfolgt, die Belle für tollwütig hielt.
Die Liste der Alpträume konnte beliebig verlängert werden bis
hin zu der eigenartigen Musik, die immer im Hintergrund
dröhnte. Rolands ängstliche Fragen waren sehr berechtigt. Am
nächsten Tag wurde sein Fernsehplan entsprechend geändert.

7. Nutzen Sie alle positiven Botschaften, die Kinder aus Fernseh-
sendungen erhalten, als Gelegenheiten, über damit zusam-
menhängende moralische Fragen zu sprechen. Die »Sesamstraße« beispielsweise hat zwar wenig religiöses Bewußtsein zu
bieten, macht aber dennoch einen guten Versuch, positive
emotionale Ideale wie Teilen und Fürsorglichkeit zu vermitteln. Knüpfen Sie da an. Wie ist das mit dem Krümelmonster –
es ist tatsächlich sehr komisch. Aber es ist auch gierig. Und du
kannst sehen, wie seine Gier es immer wieder in Schwierigkeiten bringt. Dauernd hat es Bauchschmerzen oder streitet sich
mit einem Freund. Liegt das an der Gier? Wieso wohl? Wir
wollen es herausfinden.

Falls und wenn Kinder tatsächlich beunruhigende Szenen im
Fernsehen mitbekommen, kann man auch diese Erfahrung in
ein Lernereignis umwandeln. Nehmen Sie sich die Zeit, darüber zu sprechen. Was hat dich denn ganz genau an der Art
beunruhigt, wie der TV-Vater den TV-Sohn anbrüllte? Was
meinst du, warum hat er so geschrien? Vielleicht hatte er
Magenschmerzen. Vielleicht war er auch einfach ein gemeiner
Kerl. Kennst du Väter, die sich so aufführen? Hattest du Angst,
als das Hundekind in den Brunnen fiel und Lassie es herauszu-
ziehen versuchte? Manchmal geschehen solche Dinge auch im
richtigen Leben. Unfälle. Wir müssen manchmal sehr vorsichtig sein. Laß uns mal ein bißchen darüber reden . . .

8. Bieten Sie GAFs – Gesunde Alternativen zum Fernsehen.
Einer der Hauptgründe dafür, daß Kinder so an der Matt-
scheibe kleben, ist der, daß ihnen nichts anderes geboten wird.
Das mag für Eltern, die die Zimmer ihrer Kinder mit Spielzeug
und Geräten vollgestopft haben, merkwürdig klingen. Aber
denken Sie daran, daß viele Kinder keine Eigeninitiative entwickeln. Die Spielsachen sind zwar da, aber die schöpferischen
Kräfte des Kindes wissen nicht immer, wie sie am besten ge-

nutzt werden können. Manchmal werden die Kleinen dazu Ihre Hilfe brauchen.

Wenn Ihr Kind bereits fernsehsüchtig ist, muß man vermutlich langsam mit den GAFs anfangen. Mit kleinen Schritten. Beginnen Sie mit einer Sendung, für die es sich nicht übermäßig begeistert. Schlagen Sie ihm vor, daß Sie statt dessen einen Spaziergang machen, eine Ritterburg bauen oder zum Spielplatz gehen. Machen Sie die Alternativen so interessant wie möglich und lassen Sie das Kind wissen, daß Sie auch daran teilnehmen werden. Nächster Schritt: Nachdem Sie sich selbst als Köder angeboten haben und das Kind sich an diese bestimmte GAF gewöhnt hat, können Sie einen Vertrauenssprung wagen. Verkünden Sie, daß Sie sehr gerne mit ihm zusammen ein tolles Projekt in Angriff nehmen würden. Erklären Sie, daß es viel Zeit brauchen, aber auch viel Spaß machen wird.

Was für ein Projekt? Etwas, für das sich das Kind begeistert, und was sich über längere Zeit fortführen läßt. Also zum Beispiel eine Landschaft für die Eisenbahn zu bauen. Oder ein Puppenhaus. Ist Ihr Kind an der Natur interessiert? Kaufen Sie ein einfaches Teleskop und ein Buch über Astronomie und richten Sie an einem geeigneten Fenster ein kleines Observatorium ein. Wenn das Kind Pflanzen und Tiere mag, können Sie ein Mikroskop anschaffen und ein kleines Labor installieren. Kinder, die Pflanzen lieben, kann man einen kleinen Garten anlegen lassen; dafür genügt auch die Fensterbank. Wer ein Grundstück besitzt, kann sogar einen kleinen Golfplatz mit neun Löchern im Garten anlegen. Das klingt sehr teuer und anspruchsvoll, ist es aber nicht. Man braucht nur etwas landschaftsarchitektonisches Gespür und eine Golfausrüstung. Wenn sich Kinder für Musik interessieren und Sie selbst ein Instrument spielen, könnten Sie es ihnen beibringen oder sie in einer Musikschule anmelden und dafür sorgen, daß sie regelmäßig üben. Andere interessante GAFs, die Kinder vom Bildschirm weglocken können:

- Ein Baumhaus bauen.
- Einen eigenen Film machen. Mit einer Video- oder Super-8-Kamera und Ihrer Hilfe kann das Kind ein Drehbuch schreiben, Regie führen und selbst filmen.

- Ein Kinderhaus im Garten bauen.
- Ein Familientheater gründen. Nehmen Sie ein einfaches Stück aus einem Märchenbuch, proben Sie, verfertigen Sie Kostüme und Bühnenbilder und geben Sie schließlich eine Vorstellung für Freunde und Großeltern.
- Einen kleinen Obstgarten anlegen und versorgen.
- Ein Aquarium mit tropischen Fischen anschaffen.
- Eine Voliere bauen und bestücken.
- Passendes Malwerkzeug anschaffen und in einer Ecke des Hauses oder der Wohnung ein »Atelier« einrichten. Dort zusammen zeichnen und malen. Eine Ausstellung im Wohnzimmer planen. Familie und Freunde schriftlich dazu einladen.
- Ein ferngesteuertes Boot oder Flugzeug bauen. Freunde zur feierlichen Jungfernfahrt einladen.
- Eine kleine Schreinerei aufbauen, in der Haushaltsgegenstände repariert oder Bücherstützen und ähnliches gebaut werden können.
- Eine Ecke für Lederarbeiten einrichten, wo Gürtel, Geldbörsen und dergleichen angefertigt werden können.
- Das Kind in einem nahen Reitstall reiten lernen lassen. Geben Sie ihm zu Hause die Möglichkeit, selbst das Geld für die Ausrüstung oder einen eigenen Sattel zu verdienen.
- Einen Webstuhl aufstellen und gemeinsam einen Teppich anfertigen.
- Zu den Pfadfindern gehen.
- Ballettunterricht.
- Handpuppen bauen und eine Familienvorstellung geben.

Was auch immer Sie spontan anspricht, ist der richtige Ansatz. Es geht darum, bei den Kindern Interesse für aktivere Beschäftigungen zu wecken, für Dinge, die sie fortlaufend betreiben können. Und dafür gibt es zwei lockende Belohnungen: die eigentliche GAP und Ihre liebevolle Teilnahme. Eltern müssen verstehen lernen – und dies ist wirklich von entscheidender Bedeutung –, daß Kinder Fernsehen nicht wirklich »brauchen«, um zu überleben, ganz egal, was uns die Sponsoren und Pädagogen sagen.

Schließlich sind sie auch in den letzten Jahrtausenden sehr

gut ohne diese Zerstreuung ausgekommen. Und so können sie es auch heute halten.

Und es ist auch kein Naturgesetz, daß Kinder, die ein bißchen fernsehen dürfen, unbedingt viel schauen müssen. Wie alle Gewohnheiten, kann man auch das Fernsehen unter Kontrolle halten und es sich vielleicht sogar zu einem Freund machen. Aber bevor das der Fall ist, wird jeder in der Familie hart daran zu arbeiten haben.

Achtzehntes Kapitel

Das Heim als sicherer Hafen: Ein Kind vor schädlichen Einflüssen schützen

Kinder von schädlichen Einflüssen fernzuhalten ist heutzutage ungefähr so leicht, wie viele hundert Löcher in einem Damm mit den Fingern zuzustopfen. Irgendwie, irgendwo wird das Wasser durchsickern. Selbst in Anbetracht der Unmöglichkeit, diese Aufgabe vollkommen zu bewältigen, gibt es doch Dinge, die man tun kann, um den Wasserstand zumindest so niedrig zu halten, daß wenigstens noch die Nase herausschaut. Myra, Mutter zweier Söhne und eine alte Freundin aus meiner Lehrer-Zeit auf Hawaii, zog ihre Kinder nach dem von ihr selbst formulierten Motto groß: »Was die Kinder *nicht* wissen, ist ebenso wichtig wie das, *was* sie wissen.«

Myra lebt schon seit einigen Jahren in einer fundamentalistisch orientierten christlichen Gemeinschaft in New Mexico. Die Mitglieder dieser eng miteinander verknüpften Gruppe ziehen die Kinder gemäß einem Kodex von moralischen und religiösen Prinzipien auf und geben sich selbst geradezu heroische Mühe, das zu leben, was sie predigen. Trotz ihrer rigorosen Standards hat der – so Myra – »lange Arm der Gesellschaft und des Fernsehens« Zugriff auf ihr Privatleben gefunden. So sind die Mitglieder mit der Tatsache konfrontiert worden, daß niemand, ob Kind oder Erwachsener, ganz dem Zeitgeist entkommen kann.

Wie haben sich also die Eltern in dieser aufrechten, ringenden kleinen Gemeinschaft den Realitäten der Außenwelt angepaßt? Ich habe mich lange mit Myra darüber unterhalten. Sie machte viele gute Vorschläge, wie man die Integrität des Kindes erhalten und es vor Leid bewahren kann. Einige ihrer Überlegungen könnten überall als allgemeine Prinzipien für die spirituelle Erziehung von Kindern dienen. Hier ein Auszug aus unserem Gespräch, das ich damals auf Tonband aufgenommen habe:

Da ich nicht wollte, daß meine Kinder mit solchen Sachen anfingen, wie die Nachbarskinder sie trieben, etwa Tiere zu jagen, mußte ich mich schon zu einer Zeit, als die Kleinen noch in den Windeln steckten, mit meinem Mann hinsetzen und entscheiden, von was wir sie fernhalten wollten. Wir stellten eine Liste auf und versuchten, uns immer an sie zu halten. Man muß damit beginnen, daß man die diabolischen Kräfte identifiziert, vor denen man sein Kind schützen will, damit man im voraus weiß, welche Schlachten auf einen zukommen.

Wir haben also unsere Liste gemacht und uns den Kopf darüber zerbrochen, wie mit jedem Problem umzugehen sei. Es gab reichlich Punkte: Was ist mit Fernsehen? Mit Messern (viele der Nachbarskinder tragen welche bei sich)? Mit dem Druck, schon in den unteren Klassen zu Rendezvous zu gehen? Mit Drogen, ja, und dann hier in der Gegend ganz besonders mit frühem Alkoholkonsum? Mit Kino und Süßigkeiten? Was ist, wenn sie allein mit einem Haufen Freunde losziehen und sich rumtreiben, Blödsinn anstellen, wie Fensterscheiben einzuschlagen oder aus Garagen zu klauen? Und was ist mit Sex? Richtig, der spielt sogar schon in der fünften oder sechsten Klasse eine Rolle.

Es war schwierig, bei unseren Richtlinien zu bleiben. Aber – hör' zu – es ist sehr wichtig, daß ganz genau klar ist, was in einem religiösen Haushalt erlaubt ist und was nicht. Was die Jungen nach der Schule tun dürfen. Mit wem sie befreundet sein dürfen. Wie lange sie draußen bleiben dürfen. Wann sie ausgehen dürfen. Wir müssen Zeiten und Grundregeln festsetzen. Ob sie bei ihren Freunden diese oder jene Sendung im Fernsehen schauen dürfen (wir haben das Problem zu Hause dadurch geregelt, daß wir keinen Apparat haben). Der beste Weg von allen ist der, sie vor den kritischen Punkten zu beschützen. Was sie nicht wissen, wird ihnen definitiv nicht weh tun. Definitiv.

Ich nenne Ihnen nun drei grundlegenden Schritte – basierend auf Myras Standpunkt und weiteren Gesprächen mit spirituell orientierten Eltern –, mit denen Eltern ihre Kinder zu Hause vor negativen Einflüssen bewahren können:

1. Identifizieren und definieren Sie die ungesunden Kräfte, vor denen Sie Ihre Kinder schützen wollen.
2. Entwickeln Sie eine protektive Strategie.
3. Bleiben Sie dabei und weichen Sie davon nicht ab.

Lassen Sie uns diese Punkte im Detail betrachten.

1. Identifizieren Sie die ungesunden Kräfte, vor denen Sie Ihre Kinder schützen wollen

Der Islam hat ein System hervorgebracht, das Eltern schon seit Jahrhunderten Hilfestellung leistet. Es hilft ihnen zu entscheiden, ob eine Handlung oder eine Situation moralisch und spirituell akzeptabel ist. Die Methode ist einfach und doch bemerkenswert umfassend. Leute, die zum ersten Mal davon hören, fragen sich, warum sie nicht von selbst darauf gekommen sind.

Es funktioniert so: Man benutzt eine Wertskala von eins bis fünf, mit der jeder Mensch, jedes Ding, jede Tat und jeder Zustand eingestuft werden kann. Die fünf Bewertungen auf der Skala lauten:

1. *Zwingend vorgeschrieben.* Die Sache muß unter allen Umständen getan werden.
2. *Empfehlenswert.* Es ist Ihnen sehr recht, wenn sie getan wird.
3. *Neutral.* Weder gut noch böse – es ist egal, ob sie gemacht wird oder nicht.
4. *Nicht empfehlenswert.* Die Sache wird toleriert, aber nicht unterstützt werden.
5. *Unter keinen Umständen erlaubt* – gleichgültig, worum es sich handelt.

Jede moralische Entscheidung, die Eltern zu treffen haben, paßt auf einen Punkt dieser Skala. Jede Vorstellung, jede Person, jede Unterhaltung, jede Mode, jedes Angebot und Unterfangen, mit dem ein Kind ankommen könnte, findet hier den ihm entsprechenden Rang.

Da taucht zum Beispiel die Frage auf, ob ein Elfjähriger einen Film sehen darf, der erst ab sechzehn freigegeben ist. Die Eltern besprechen das und entscheiden, daß Nummer 5 der Skala am besten darauf paßt. Für die nächsten Jahre gilt also: Unter keinen Umständen erlaubt.

Oder sollte man demselben Elfjährigen erlauben, ein Rock-Konzert zu besuchen? Im allgemeinen sind die Eltern dieses Kindes nicht für Rockmusik. In diesem Fall handelt es sich aber um die Geburtstagsfeier eines Klassenkameraden, und alle seine

Freunde werden dort sein. Deshalb machen sie eine besondere Ausnahme. Kategorie vier: Nicht empfehlenswert, aber auch nicht verboten.

Ein weiteres Beispiel: Soll Bernhard mit zwei Jungen aus der Nachbarschaft spielen dürfen, mit Jonas und Max? Jonas ist ein ruhiger Junge, nicht sehr intelligent oder phantasievoll, aber auch kein primitiver Neurotiker. Er erhält Rang drei, weder ein Plus noch ein Minus. Bernhards Eltern werden ihn nicht unbedingt als Freund für ihren Sohn einladen, aber sie werden die Beziehung auch nicht verbieten. Max dagegen ist ein empfindsamer und gutmütiger Junge, laut und äußerst energiegeladen, aber er hat das Herz am rechten Fleck. Er kommt auf Rang zwei: empfehlenswert.

Sie haben schon begriffen, worum es geht. Die Methode mag ein wenig vereinfachend und formelhaft erscheinen, und vielleicht ist sie das auch. Aber spielt das eine Rolle? Entscheidend ist, daß sie funktioniert. Partys, Ereignisse, Veranstaltungen, Einladungen zu Freunden, Spiele, Bücher, Filme, fast alles im Leben eines Kindes kann mit Hilfe dieses alten religiösen Maßstabs eingeordnet und gewertet werden. Versuchen Sie es selbst, Sie werden sehen.

2. Entwickeln Sie eine protektive Strategie, die genau zu dem jeweiligen Problem paßt

Wenn die Wertung erfolgt ist, kann man einen Handlungsplan aufstellen. Wie geht ein solcher Plan mit den wesentlichsten und offensichtlichsten Problemen der heutigen Gesellschaft um – mit Pornographie und Sex, mit Drogen, Filmen und Rockmusik?

Pornographie und Sex
Seit auch die harte Pornographie allerorten sichtbar und zu einem fast »selbstverständlichen« Teil unseres Lebens geworden ist, reagieren auch ansonsten empfindsame Erwachsene eher mit Indifferenz denn mit Verachtung darauf. Wie ist es in Anbetracht dieser Flut von Schmutz und Schund und der allgemeinen Apathie bezüglich deren Einfluß möglich, Kinder vor den vielen negativen Botschaften der Pornographie zu schützen?

Ihr wichtigster Beitrag liegt vielleicht in der Erkenntnis, daß Schutz nur *innerhalb des Bewußtseins Ihres Kindes* stattfinden kann, nicht außerhalb. Zwar können Kinder in unserer sehr permissiven Welt nie ganz von ungesunden Botschaften verschont bleiben, aber wir können ihnen sehr wohl spirituelle und psychologische Schutzimpfungen verpassen. Das heißt (und das sollte sich von selbst verstehen), daß die Eltern ein einwandfreies Vorbild abgeben. *Jede* Art anstößiger Literatur gehört aus dem Hause verbannt. Sie gehört nach dem obigen System ganz eindeutig in die fünfte Kategorie: Verboten.

Die elterliche Einstellung zur Sexualität sollte sich darüber hinaus am besten durch Gleichmut auszeichnen. Wenn Mutter und Vater die Sexualität als eine wohltuende, erfreuliche, aber rein persönliche Aktivität präsentieren, die zwischen verheirateten Menschen und hinter geschlossenen Türen stattfindet; wenn sie selbst bei diesem Thema keine Verlegenheit zeigen oder albern kichern, dann werden es die Kinder ihnen nachmachen. Pornographie beruht auf der Annahme, Sex sei etwas Schmutziges und Unstatthaftes. Eben dieses Unstatthafte macht einen Teil seiner Anziehungskraft aus. In einem spirituell denkenden Haushalt haben Eltern, die frei über Sex sprechen, wenn es angebracht ist, aber nicht lange bei dem Thema verweilen oder es zu stark betonen, gute Chancen, relativ unbefangene Kinder großzuziehen.

Appellieren Sie im Gespräch mit Kindern an ihr natürliches Schamgefühl und ihren gesunden Menschenverstand. Sprechen Sie die Sache aus zwei Perspektiven an. Die eine heißt: Die Sexualität ist die schönste, intimste und erfreulichste Erfahrung, die ein Mann und eine Frau miteinander machen können. Sie ist ein heiliger Akt, den die Menschen zur Freude und Fortpflanzung vom Himmel geschenkt bekommen haben. Sie könnten sogar erwähnen, daß es im Osten spirituelle Disziplinen mit bestimmten Sexualpraktiken für Mann und Frau gibt, bei denen Ehepartner die sexuellen Energien nutzen, um zu einer ekstatischen und transzendenten Vereinigung zu gelangen.

Aber – und das ist die andere Perspektive – Sex ist außerdem eine *persönliche und private* Angelegenheit und etwas, das ein Kind nicht vollkommen verstehen oder genießen kann, bis es erwachsen wird. Außer selbst ein gutes Beispiel zu geben und die jungen Menschen vor suggestivem Material zu schützen, können Sie auch mit vor der Pubertät stehenden Kindern offen über die Gefahren sprechen – Geschlechtskrankheiten, Aids, Promiskuität und ungewollte Schwangerschaften. Versuchen Sie nicht, sich räuspernd dem Thema zu entziehen, und tun sie nicht so, als wären dies keine wichtigen Fragen. Denn das sind sie. Betonen Sie im Gespräch über Pornographie die Tatsache, daß einige Menschen, die einfach viel Geld verdienen wollen, Bücher und Bilder vertreiben, die sexuelle Handlungen zeigen. Diese Dinge können sehr faszinierend sein, zugegeben. »Aber nachdem du sie gelesen hast, wirst du dich vermutlich ziemlich unglücklich fühlen.« Versichern Sie Ihren Kindern, daß sich niemand so fühlen möchte und daß wir bei Bildern von sexuellen Vereinigungen, von nackten Körpern oder sexuellem Sadismus am besten wegschauen und/oder weggehen. Sagen Sie Ihren Kindern, daß sie sich viel besser fühlen werden, wenn sie so handeln. Denn das werden sie.

Schließlich können Eltern ihren Kindern dabei helfen, mit dem Sex- und Pornoproblem klarzukommen, wenn sie ihnen ein einfaches Gebet oder eine kurze Meditation beibringen, die sie dann einsetzen können, wenn sie vor irgendeiner Art von sexuellem Konflikt stehen. Das funktioniert so: Kinder, die in Kontakt mit Pornographie kommen und deshalb verwirrt sind oder sich davon angezogen fühlen, könnten sofort sagen: »Höheres Selbst, bitte hilf mir und beschütze mich!«.

Erklären Sie dem Kind, daß wir alle einen Geist in unserem Inneren haben – einen Schutzengel, wenn Sie so wollen. Wenn wir diesen Engel rufen und ihn bitten, uns zu helfen, uns zu zeigen, was wir tun sollen, uns die Weisheit zu geben, mit der Situation umzugehen, dann tut er das auch. »Wenn du daran glaubst, dann wird er dir auch helfen.«

Kinder können lernen, sich auf einen so einfachen Satz zu verlassen, wann immer sie sich beunruhigt, bedroht oder verwirrt fühlen. Sie sollten sich in solchen Momenten nach innen wenden, ruhig werden und um Hilfe bitten. Sagen Sie ihnen, daß der innere Geist sie hören und ihren Ruf beantworten wird.

Kinofilme

Das Fernsehen und die damit verbundene Menge von Problemen haben wir bereits besprochen. Das meiste davon gilt auch hier.

Bei Kinofilmen ist die Sache jedoch aus mehreren Gründen einfacher unter Kontrolle zu halten:

1. Ins Kino gehen kostet Geld, und Sie sind die Bank.

2. Es ist für die Kinder schwieriger, ins Kino zu gehen, als den Fernseher einzuschalten.
3. Sie können sich durch Rezensionen und mündliche Berichte leichter im voraus über einen Kinofilm informieren. Das heißt, mehr Fakten erleichtern Ihnen die Aufgabe, zu entscheiden, welche Filme Sie erlauben und welche nicht.
4. Die Altersangaben laut FSK dienen, jedenfalls in gewissem Umfang, als Schutzfaktor.

Wachen Sie dennoch genau über die Kinobesuche. Sorgen Sie dafür, daß Sie den Film entweder vor Ihrem Kind gesehen haben oder zumindest etwas darüber wissen. Manche Filme mit harmlosen Titeln entpuppen sich als völlig geschmacklos oder grausam. Verlassen Sie sich nicht nur auf den Titel des Streifens.

Die größte Fallgrube sind vielleicht die Filme, die sich Ihre Kinder auf den Videorecordern Ihrer Freunde anschauen. Das ist ein relativ neues und ungemein ärgerliches Problem. Die neunjährige Lea sah bei einer Geburtstagsfeier mit Übernachtung einen Film mit Erhängten und blutigen Augen, was zu wochenlangen Schlafstörungen führte. Der kleine Patrick, sieben Jahre alt, durfte mit im Zimmer bleiben, während die Familie seines besten Freundes einen Film über Terrorismus im Nahen Osten anschaute. Seine Spiele in den nächsten Wochen drehten sich überwiegend darum, jemand in eine Kiste einzusperren und ihn mit Säure und brennenden Zigaretten zu foltern.

Sprechen Sie direkt mit den fraglichen Eltern, wenn der Videorecorder in deren Haushalt zu einem Problempunkt für Ihr Kind wird. Erklären Sie, daß Ihr Kind auf manche Themen sehr empfindsam reagiert und in der Vergangenheit manchmal Probleme hatte, wenn es sehr beunruhigende Dinge sah. Fragen Sie am Tag des Besuches höflich an, welche Filme sich die Kinder wohl ansehen werden. Wenn die Liste für Sie unannehmbar ist und die Gastgeber dem Problem indifferent oder sogar ablehnend gegenüberstehen (das gibt es erstaunlich häufig), werden Sie einfach den Schwarzen Peter übernehmen müssen, Ihr Kind entschuldigen, und ihm nicht mehr erlauben, dorthin zu gehen.

Drogen
Das beste und vielleicht *einzige* wirkliche Abschreckungsmittel gegen Drogen besteht darin, von vornherein zu verhindern, daß

Kinder damit experimentieren. Denn wenn sie das erste »High« erlebt haben, ist der Krieg schon halb verloren. Wie viele Elfjährige kennen Sie, die dem Gefühl von äußerster Freiheit und Euphorie schlicht aus dem lahmen Grund widerstehen können, daß man ihnen gesagt hat: »Das ist nicht gut für dich«? Hier ist wieder der taoistische Ansatz in der Erziehung gefragt: Verhindern Sie, daß die Kinder sich eine Krankheit einfangen, dann brauchen Sie sich auch keine Sorgen um die richtige Heilmethode zu machen.

Wie können Eltern diese Leistung vollbringen? Es gibt mehrere mögliche Strategien:

1. *Zu Hause ein Beispiel geben.* Wenn Sie nicht wollen, daß Ihre Kinder Drogen nehmen, sollten Sie natürlich auch keine im Haus haben. Das klingt selbstverständlich, aber Sie würden sich wundern, wie viele Eltern eine kleine Schüssel Marihuana für ihre Gäste herumstehen haben oder eine Kokainklinge an der Halskette tragen und dann völlig schockiert sind, wenn ihre Kinder damit zu experimentieren beginnen.

2. *Vermeiden Sie Witze und Andeutungen zum Thema Drogen.* Hüten Sie sich davor, eine »Ha, ha, ha«-Einstellung gegenüber »harmlosen« Drogen wie Hanf zu demonstrieren. Drogen sind ein so normaler Bestandteil des Alltagslebens geworden, daß viele Leute, auch solche, die selbst keine nehmen, ihren Gebrauch mit einem Achselzucken oder einem verschwörerischen Zwinkern billigen. Aber Kinder fangen diese Signale auf und werden selbst diesen »toleranten« Standpunkt übernehmen.

3. *Lassen Sie Ihr Kind genau wissen, wie Sie zu Drogen stehen.* Machen Sie ihm klar, daß Sie definitiv, entschieden und kompromißlos dagegen sind. Als ein Vater oder eine Mutter, die spirituelle Elternschaft praktizieren, haben Sie moralische und ethische Prinzipien. Lassen Sie die Kinder wissen, welche das sind, möglichst ohne allzu priesterlich zu werden. Kinder spüren, wann man ihnen wirklich Ernsthaftes zu sagen hat, und sie werden Ihrem Beispiel nacheifern wollen. Das ist gut.

4. *Sorgen Sie für Drogenaufklärung.* Manche Eltern meinen, es würde Kinder erschrecken oder ihre Unschuld beflecken, wenn sie von der schmutzigen Wirklichkeit der Drogenabhängigkeit erfahren. Das mag in ruhigeren Zeiten richtig gewesen sein oder auch nicht. Aber der gesunde Menschenverstand

sagt, daß man die Lämmer nicht schlafen lassen sollte, wenn ein hungriger Wolf in den Stall eindringt. Die Situation ist brenzlig. Drogen gibt es überall, und Sie dürfen auf keinen Fall kneifen. Sprechen Sie bereits mit kleinen Kindern über das Thema, besonders wenn es in Ihrer Nachbarschaft zu einem Problem geworden ist, was leider wahrscheinlich ist, wenn Sie in einer Großstadt leben. Zählen Sie die verschiedenen gängigen Arten von Drogen auf, erklären Sie, wie sie wirken und wie sie den Geist beeinflussen; beschreiben Sie detailliert, welche Schäden sie anrichten. Sie können diese Substanzen als langsam wirkendes Gift schildern, das sowohl Körper wie Geist zerstört. Sprechen Sie über Abhängigkeit und Sucht und das durch Drogen verursachte soziale Fehlverhalten.

5. *Sprechen Sie über die kriminellen Folgen des Drogenkonsums.* Drogen zu nehmen ist gesetzeswidrig, und auch Jugendliche können eine Menge Ärger bekommen, wenn man sie dabei erwischt. Machen Sie die Kinder mit dieser Tatsache bekannt. Sie müssen Sie nicht mit Details wie Gefängniszellen und Erziehungsheimen konfrontieren, aber es ist gut, wenn sie die Grundregeln kennen. In diesem Fall ist Angst ein wertvoller Abschreckungsfaktor. Setzen Sie ihn getrost ein.

6. *Lassen Sie Ihr Kind selbst sehen, wohin Drogenmißbrauch führt.* Nichts ernüchtert ein Kind schneller als echte Beweise. Wenn Sie mit ihm die Straße entlanggehen und jemanden sehen, der offensichtlich drogenabhängig ist, können Sie folgendermaßen ansetzen: »Siehst du, das richten die Drogen an. Wie entsetzlich für diesen Menschen. Wenn er keine Drogen genommen hätte, könnte er so glücklich und gesund sein wie du und ich.« Kinder werden diese Botschaft schnell verstehen. Es bedarf keiner langen Vorträge. Wenn sie – wie das häufig der Fall ist – über das sprechen wollen, was sie gesehen haben, dann ist jetzt die geeignete Zeit für ausführlichere Aufklärung.

7. *Achten Sie genau auf mögliche Anzeichen für Drogenkonsum.* Eltern müssen dem Verhalten der Kinder gegenüber sehr empfindsam bleiben und Hinweise beachten, die auf Drogen schließen lassen. Zu den Gefahrenzeichen gehören:

- Übermäßig viele Witze über Drogen.
- Die Entdeckung, daß Ihr Kind neue Freunde hat, von denen man weiß, daß sie Drogen nehmen.

- Auffällige körperliche, soziale oder Verhaltensänderungen: glasige oder erweiterte Pupillen, nervöse Ticks, Lethargie, hyperaktives Verhalten, Anzeichen von benommener Marihuanastimmung, das Schneuzen und Schniefen der Kokainisten, die abgeschlaffte Haltung von Heroin-Benutzern.
- Ein ungewöhnlicher Geldbedarf seitens Ihres Kindes. Wofür genau wird das Geld ausgegeben? Stellen Sie das fest.
- Berichte von Lehrern, Freunden oder anderen Eltern, daß sich Ihr Kind merkwürdig verhält. Solche Hinweise sollten Sie nie ignorieren.

8. *Schützen Sie das Kind mit Ihren Gebeten und Ihrer Liebe.* Dazu können Sie das folgende beschützende Gebet einsetzen: Zeichnen Sie in stillen Minuten des Tages im Geist ein Bild Ihres Kindes. Halten Sie das ein Weilchen fest und stellen Sie sich dann vor, daß sich um das Kind herum eine Art übersinnliche Seifenblase bildet. Sie ist hellrot und besteht aus reiner Liebe. Sie ist durchsichtig, aber stark und widerstandsfähig, so daß keinerlei negative oder böse Kräfte in sie eindringen können. Besonders nicht der Dämon der Drogen.

Bilden Sie jeden Tag ein paar Minuten lang dieses Bild des Kindes in der schützenden Blase. Konzentrieren Sie sich darauf und versuchen Sie, die Hülle stark und Ihre eigene schützende Liebe möglichst kraftvoll zu machen. Sagen Sie sich selbst, daß Sie eine unzerstörbare Mauer der Liebe um Ihr Kind bauen, die das Eindringen von Gefühlen wie Wut, Entfremdung, Langeweile und Rebellion unter allen Umständen vereitelt.

Wenn man solche Emotionen daran hindern kann, Eingang in die Seele eines jungen Kindes zu finden und dort wie Krebszellen darauf zu warten, daß sie ihr zerstörerisches Werk beginnen können, ist der halbe Kampf schon gewonnen. Kinder, die sich ihrer Familie und ihres Zuhauses sicher sind, die Sinn darin sehen, gehorsam zu sein und wenig Bedürfnis nach Rebellion verspüren, die psychisch unterstützt und physisch gut beansprucht sind, die den ernsthaften Wunsch haben, zu dienen und das Richtige zu tun, die mit einer Reihe von gesunden Aktivitäten ausreichend gefordert sind, die auf einigen spirituellen Prinzipien aufbauen können – diese Kinder werden, mit ein wenig Glück und viel Segen unversehrt den Drogenmonstern unserer Zeit entkommen.

Rockmusik

Halten Sie Ihre Kinder von dem schlimmsten Heavy Rock fern, besonders der offenkundig wollüstigen und satanischen Sorte. Tun Sie das, so gut Sie können, und so lange es irgend geht. Erlauben Sie den Kleinen nicht, Musikvideos anzuschauen. Überwachen Sie die Hörgewohnheiten zu Hause und bei Freunden. Ich weiß, Kinder mögen Rockmusik. Kinder mögen alles, was glitzert und viel Krach macht. Aber wenn Sie ihnen eine Möglichkeit geben, werden sie auch andere Formen von Musik mögen: Jazz, Ragtime, Chansons, Volksmusik, Lieder und Arien, religiöses und New-Age-Musik – es gibt eine reichliche Auswahl.

Wenn Ihr Kind sich schließlich als Teenager der Rockmusik verschreibt, was heutzutage fast jedes Kind irgendwann tut, dann ist es vielleicht Zeit, Ausnahmen zu machen. Dann ist vielleicht der Moment gekommen, ein wenig nachzugeben.

Aber jetzt, in der Kindheit, in den Jahren, in denen die jungen Menschen am meisten zu beeindrucken sind, haben Sie das Recht und die *Pflicht* zu verhindern, daß die Kleinen von den destruktiven Kräften der schlechten Unterhaltungsmusik gezeichnet werden. Bedenken Sie stets, daß Musik eine phänomenale Überzeugungskraft hat, ein magischer Bote ist, der viel mehr Kontrolle über unser Unbewußtes ausübt, als wir gemeinhin annehmen. Schließlich war es kein Zufall, daß Tyrannen wie Napoleon und Hitler Märsche und Nationalhymnen einsetzten, um ganze Bevölkerungen zu so bestialischen Taten hinzureißen, wie Worte sie nie auslösen könnten. Oder daß andererseits Gottheiten wie Orpheus, Apollo oder Krishna in den religiösen Mythen der Menschheit das Wort Gottes allein durch Musik überbringen.

C. G. Jung hat einmal gesagt, populäre Unterhaltungsformen seien eine Möglichkeit, unsere privaten Neurosen in der Öffentlichkeit auszuleben. Das trifft auf die heutige Musik genau zu. Schützen Sie Ihren Nachwuchs davor, auch wenn Sie zu diesem Zweck gegen den Strom schwimmen müssen. Wenn Ihre Freunde Ihnen sagen, daß Sie es übertreiben, daß nichts gegen einen flotten Beat und eine gute Show spräche, dann erinnern Sie sie an die Worte von Baudelaire, der das Dunkle selbst gut kannte: »Der feinste und verführerischste Trick des Teufels ist der, dich davon zu überzeugen, daß es ihn nicht gibt.«

3. Bestehen Sie auf Ihrer Haltung
und bleiben Sie beharrlich.
Wenn es nicht klappt, versuchen Sie es wieder.

Einerseits werden Sie das Ideal vor sich hertragen, das Kind vor jedem schädlichen Einfluß in diesem Universum zu schützen; andererseits sind Sie sich dessen wohl bewußt, daß Sie diesem lächerlich hochgesteckten Ziel nie gerecht werden können.

Gut. Bravo! So soll es sein. Leben ist Bewegung und Fortschritt, und der Versuch, die Dinge besser zu machen als sie sind, ist Teil des menschlichen Imperativs: kein Schmerz, kein Gewinn. Sie können sich ganz sicher sein, daß Ihre Bemühungen in dieser schwierigen Zeit, in der so viele Fallgruben auf den Vater und die Mutter eines Kindes warten, nie umsonst sein werden, auch wenn sie Ihnen manchmal recht vergeblich vorkommen mögen. Schließlich weisen uns alle heiligen Schriften darauf hin, daß die göttliche Macht unsere Anstrengungen registriert.

Dazu gibt es eine alte christliche Legende, die davon erzählt, wie ein Einsiedler eines Nachts eine Vision hatte. Dieser ehrenwerte Mann sah ein weites Meer, an dessen Ufer ein Mönch stand. Der Mönch sprang hoch in die Luft und glitt mühelos mit hellen Flügeln über das Wasser in ein himmlisches Land auf der anderen Seite des Meeres. Während sich der Einsiedler noch über diese merkwürdige Vision wunderte, erschien ein zweiter Mönch, und auch er breitete seine Flügel aus. Diesmal verlief der Flug weit weniger glatt. Der Mönch erreichte zwar sein Ziel, mußte aber unterwegs sehr aufpassen, daß er nicht in den brausenden Fluten landete.

Schließlich erschien ein dritter Mönch. Sein Flug war so schwach, daß er mehr als einmal in das tosende Wasser hinabstürzte. Nur heldenhafte Anstrengung brachte ihn weiter durch die dunkle Nacht, und er erreichte sehr mühsam, halbtot und völlg durchnäßt die ferne Küste.

Der Einsiedler dachte lange nach und ging schließlich zu seinem Oberen, um ihn nach der Bedeutung des Traumes zu fragen. Dieser interpretierte ihn so: »Der erste Mönch war ein Gläubiger, der in unserer Zeit zum Himmel zu fliegen versucht. Jetzt gibt es überall Religion und gute Menschen, und in den Himmel zu gelangen, ist eine relativ leichte Aufgabe.

Der zweite Mönch steht für diejenigen, die in in den kommenden Jahren versuchen werden, den Himmel zu erreichen. Ihre Reise wird erheblich anstrengender sein.

Der dritte Mönch schließlich ist der Gläubige, der in der sehr fernen Zukunft, in der Religion und Rechtschaffenheit fast gänzlich von der Erde verschwunden sein werden, spirituelle Anstrengungen unternimmt. In diesem dunklen Jahrtausend wird es unvorstellbar schwierig sein, das andere Ufer zu erreichen. Also freue dich, daß du in dieser gesegneten Zeit lebst. Aber vergiß nicht: Die Bemühungen des dritten Mönchs sind viel, viel mehr wert als die der anderen.«

Fünfter Teil

Kindern Werte und Tugendhaftigkeit vermitteln

Neunzehntes Kapitel

Tugendhaftigkeit lehren, ohne Herzen zu brechen

Wenn Sie neuere Bücher über Kindererziehung zur Hand nehmen, werden Sie feststellen, daß mehrere sehr ausführliche Kapitel davon handeln, wie Sie das Selbstvertrauen Ihres Kindes stärken können. Außerdem werden Sie viele Informationen darüber finden, wie man Kindern zu einem guten Selbstbild verhelfen, ihnen nützliche Kommunikationsfertigkeiten beibringen und ihnen vor allem dabei helfen kann, sich wohlzufühlen. All diese Techniken werden natürlich dazu beitragen, sie zu anpassungsfähigen Jugendlichen zu machen. Und sie alle sind absolut notwendig, um einen gesunden, glücklichen Menschen großziehen zu können.

Aber in vielen dieser Bücher, die sich so eingehend mit Techniken für den Aufbau einer leistungsfähigen Persönlichkeit befassen, werden Sie vergeblich nach einem bestimmten Teil suchen: Das Lehren von Tugendhaftigkeit. Wo sind in diesen Büchern die Abschnitte über Mäßigung, Bescheidenheit und Geduld? Oder Würde, Ehrfurcht, Enthaltsamkeit, Verzeihen, Opferbereitschaft, Fleiß, Barmherzigkeit? Diese ganze Parade von Erziehungsbüchern sagt viel darüber, wie man einem Kind das Gefühl geben kann, geliebt zu werden, aber wenig darüber, wie man einem Kind dabei helfen kann *zu lieben*. Es gibt viele Regeln für das Selbst, wenige für die Selbstlosigkeit. Die Psychologin Kendra Smith hat über das moderne psychotherapeutische System geschrieben: »Gesunde Faktoren des Bewußtseins wie Sorgfalt, Selbstlosigkeit, Losgelöstheit, Scham oder Mitgefühl werden (im Buddhismus) so geschätzt wie Geld auf der Bank, als eine Sicherheit gegen karmische Schulden. Diese Faktoren tauchen auf den Bögen mit der Überschrift ›Diagnostische Zusammenfassung‹ ebenso selten auf wie der bei vielen Patienten (in der Therapie) so ergreifend offensichtliche Mut, wie ihr Humor und Idealismus.« Der gesunde Menschenverstand sagt uns, daß das, was gute Männer und gute Frauen ausmacht, gute Charakterzüge sind. Wenn wir liebevolle, anpassungsfähige Menschen großziehen wollen, müssen wir sie von klein auf Tugendhaftigkeit lehren; später wird es nicht mehr so leicht sein.

Spirituelle Lehrer aller Zeiten waren sich darin einig, daß der richtige Pfad zum Glück nicht in der Selbstbestätigung liegt, sondern in der Selbstlosigkeit. »Ich weiß nicht, was euer Schicksal sein wird«, schrieb Albert Schweitzer, »aber eines weiß ich: Wirklich glücklich werden unter euch nur diejenigen werden, die das Dienen gesucht und gefunden haben.«

Die Tugenden auflisten

Nennen wir diese positiven spirituellen Qualitäten ruhig *Tugenden*. Das Wort ist etwas abgegriffen, aber es paßt ganz gut. Ein etwas weltlicheres Wort ist *Werte*, und auch das hat seinen Platz. »Der Hauptzweck des Menschen«, schreibt der amerikanische Kritiker und Schriftsteller Lewis Mumford, »ist das Schaffen und Bewahren von Werten; sie geben unserer Zivilisation Sinn, und die Teilnahme an diesem Prozeß gibt letzten Endes dem individuellen menschlichen Leben Bedeutung.«

Zwar gibt es natürlich viele Werte, die wir alle bei unseren Kindern entwickelt sehen wollen, aber zusätzlich hat wohl jeder Erziehungsberechtigte auch noch bestimmte eigene Ideale.

Wenn Sie noch nie eine Liste Ihrer eigenen Wertvorstellungen gemacht haben, ist jetzt der richtige Zeitpunkt dafür. Schreiben Sie die Charakterzüge auf, von denen Sie sich wünschen, daß Ihre Kinder sie im Laufe der Zeit entwickeln, und kreuzen Sie die an, die Sie für besonders wertvoll halten.

Falls Ihnen die Aufstellung einer solchen Liste Probleme bereitet, so gibt es ein paar traditionelle Modelle, die Ihnen als Anleitung dienen können. Platon hat vier Kardinaltugenden genannt: Klugheit, Mäßigung, Kraft und Gerechtigkeit. Im Christentum kamen drei weitere hinzu: Glaube, Hoffnung und Barmherzigkeit. Philalethes, ein Hermetiker des siebzehnten Jahrhunderts, glaubte, ein Kind müsse, um spirituellen Erfolg zu erlangen, darin unterwiesen werden, »ausdauernd, fleißig, gelehrt, sanft, ausgeglichen« zu sein, ein guter Schüler und weder leicht zu entmutigen noch schlampig. Aber vor allem laßt es ehrlich sein, gottesfürchtig, laßt es beten und fromm sein.« Selbst in unserer Zeit bieten Sentenzen wie der Pfadfindereid wunderbare Ideale: Ein junger Mensch sollte vertrauenswürdig, loyal, hilfsbereit, freundlich, höflich, liebevoll, gehorsam, dankbar, sparsam, tapfer, sauber und andächtig sein.

Solche Ansammlung von Wertvorstellungen repräsentieren natürlich ein Ideal und könnten alle zusammen nur von einem Heiligen verwirklicht werden. Für uns ist jedoch die Erkenntnis wichtig, daß wir Kinder nicht Werte lehren, um sie »heilig« zu machen, sondern um sie zu schützen. »Wenn es darum geht, euch an die religiösen Gesetze zu halten«, hörte ich neulich einen Rabbi einer Gruppe junger Zuhörer erzählen, »müßt ihr erkennen, daß diese Gesetze nicht einfach aus einer Reihe von Verboten bestehen, die dazu erfunden worden sind, euch um euren Spaß zu bringen. Nein. Sie sind eine Sammlung von praktischen Ratschlägen, die weise Männer aufgeschrieben haben, um euch vor den Dingen zu *schützen*, die euch schaden, und euch zu den Dingen zu ermuntern, die euch im Leben echten Vorteil bringen. Tugend ist, wie ihr seht, sowohl eine Rüstung wie reine Güte.«

Tugenden lehren, ohne Herzen zu brechen

Wie kann man Geschöpfe, die schon halbe Heilige, zugleich aber zur Hälfte auch wilde Verrückte sind, Tugenden und Werte lehren? Alle Eltern wissen, daß Kinder eine unglaubliche Mischung aus Einsicht und Ignoranz, in den Wahnsinn treibender Sturheit und geradezu übernatürlicher Nachgiebigkeit, Selbstlosigkeit und Egozentrik, sowohl tief Schlafende wie erwachte Weise sind.

In Anbetracht dieser verwirrenden Mischung bedarf es einer speziellen Medizin. Die folgenden Kapitel werden sich auf diese widersprüchlichen Elemente konzentrieren und Vorschläge enthalten, wie man Kindern diese Arznei am besten verabreichen kann.

Zwanzigstes Kapitel

Ehrlichkeit

Ehrlichkeit ist nicht angeboren. Anders als etwa Mut, den einige Kinder schon in erstaunlich frühen Jahren beweisen, muß der Wunsch, andere Menschen ehrlich und fair zu behandeln, erst anerzogen werden. Um die Sache ein bißchen komplizierter zu machen, hat Ehrlichkeit verschiedene Gesichter.

Es gibt die »Ehrlichkeit des Besitzes«: sich nicht das zu nehmen, was anderen gehört. Und die »Ehrlichkeit des Wortes«: lernen, die Wahrheit zu sagen. Und schließlich die »Ehrlichkeit des Verhaltens«: andere nicht zu betrügen oder zu Opfern zu machen – und die Kehrseite: emotional aufrecht, offen und direkt zu sein.

Stehlen: die Ehrlichkeit von Besitz lehren

Beginnen wir mit der ersten und in mancherlei Hinsicht einfachsten Form, der »Ehrlichkeit des Besitzes«. Fangen wir damit ganz vorne an, beim Kleinkind.

Beginnen wir gleich mit der Mitteilung, daß Kinder zwischen ein und drei Jahren Sie wahrscheinlich vollkommen entgeistert anstarren, wenn Sie ihnen erklären, sie dürften etwas nicht nehmen, weil es ihnen nicht gehöre. Sie verstehen vermutlich überhaupt nicht, worüber Sie sich aufregen. Und wenn doch, dann kümmert es sie nicht sehr. Zur selben Zeit können Sie damit beginnen, die Fundamente für Ehrlichkeit zu legen, indem Sie Kleinkinder mit dem Begriff des Eigentums bekannt machen. Für den Anfang eignen sich dafür gefährliche Ecken im Haus: »Nein! Der Ofen ist heiß!« »Oh ja, das ist ganz scharf!« »Paß auf, das ist glatt!« Diese Warnungen beschützen die Kleinen und schaffen in ihrem Geist eine Assoziation zwischen den Inhalten von »Ja« und »Nein« und bestimmten physischen Objekten.

Wenn die Kinder erst einmal zweieinhalb Jahre alt sind, können

Sie die Anweisung, wertvolle Gegenstände in Wohnzimmer, Schlafzimmer und in der Küche nicht anzufassen, in Kraft treten lassen. Betonen Sie deren funktionelle und persönliche Bedeutung:

>Laß die Vase stehen, Schatz. Sie gehört Omi, und die wäre sehr traurig, wenn sie hinfallen und kaputtgehen würde.<
>Nicht aufs Tischtuch malen, Boris. Mami hat es gerade gewaschen. Wenn es schmutzig wird, muß sie es nochmal waschen.<
>Das sind Papis Stifte; laß sie in dem Becher. Er braucht sie selbst zum Schreiben.<

Nach einer Weile versteht das Kind, daß die Vase wirklich seiner Großmutter gehört und daß es ernste Folgen haben wird, ihre Besitzrechte zu verletzen. Oder daß Tischtücher für das Essen da sind und nicht zum Bemalen: Finger weg! Und daß es Vater wirklich stört, wenn seine Stifte durcheinandergebracht werden. Mit diesen einfachen Vorschriften wird ein Bewußtsein von >mein< und >dein< entwickelt. Bei Dreijährigen können die Eltern dann weiter dieselben Anweisungen geben, aber mehr Betonung auf den Aspekt des *Besitzes* legen:

>Nicht anfassen. Die Schreibmaschine gehört deinem Vater.<
>Paß auf, daß du dich nicht auf den Mantel setzt. Er gehört Frau Küntzel.<
>Wenn du dir diese Schere ausleihen willst, dann bring' sie bitte zurück, sobald du fertig bist. Es ist meine, und ich brauche sie.<

Auch fünf und sechs Jahre sind, was die Ethik von Besitz betrifft, noch eine unsichere Zeit. Die vorherrschende Philosophie des Kindes lautet: >Was mir gehört, gehört mir, und was dir gehört, gehört nicht dir.< Manche Kinder haben wohl eine vage Vorstellung davon, daß sie ihre Finger von fremden Dingen lassen sollen. Aber, ach, dies ferngesteuerte Auto von Thomas! Diese wunderbaren Plätzchen im Supermarkt! Toll, in Omis Portemonnaie sind Groschen!

Diese Gedankengänge unterscheiden sich nicht sehr von denjenigen vieler Erwachsener. Aber bei Kindern haben sie weniger mit Diebstahl zu tun als mit Unkenntnis dessen, wie die sozialen Spiele des Lebens organisiert und gespielt werden.

»In der Art und Weise, wie ein Kind stiehlt, und in dem, was es stiehlt, liegt ein beinahe wehmütiger Charme«, schreiben die Autoren des berühmten Erziehungsbuchs *The Gesell Institute's Child Behavior*. »Mit fünf hat es lieber Pfennige als Fünfziger. Die haben für es mehr Bedeutung. Mit sechs reagiert es auf die Schönheit irgendeiner Kostbarkeit und nimmt sie direkt unter Ihren Augen weg, leugnet aber die Tat, wenn es deren beschuldigt wird. Mit sieben ist sein Verlangen nach Stiften und Radiergummis so groß, daß es immer mehr und mehr und mehr davon haben will – alle, die greifbar sind. Und mit acht ist das im Küchenschrank aufbewahrte Geld eine riesige Versuchung ... Ist der Diebstahl entdeckt, wird das Kind bestraft und ermahnt. Wahrscheinlich entschuldigt es sich, es habe es ›nicht gewollt‹ und verspricht bestimmt, ›es nie wieder zu tun‹.«[1]

Das Radkappen-Syndrom

Wenn gestohlen wird, machen sich Eltern große Sorgen – manchmal zu große. Heute Pfennige, morgen Radkappen oder Mercedes-Sterne. Ich kann Ihnen versichern, daß fast jedermann der Ansicht ist, Stehlen sei eine Phase, die alle Kinder durchmachen, und daß gelegentliche »Mausereien« selten Grund liefern, den Alarmknopf zu drücken. Bei den meisten jungen Menschen ist es ein Versuch, auszuprobieren, wie weit sie gehen können, und nicht Ausdruck dräuender Kriminalität. Es ist ein Teil des uralten Prozesses, durch Versuch und Irrtum zu lernen.

Zugleich dürfen Eltern gewohnheitsmäßigen Diebstahl nicht ungestraft durchgehen lassen, besonders wenn er mit zunehmender Häufigkeit auftritt. In solchen Fällen sei Eltern geraten, diese Aktivität *s-e-h-r* genau zu beobachten, und das aus zwei Gründen. Erstens kann sie sich zu einer Gewohnheit auswachsen. Und zweitens kann der Vorgang, diese Sache zur Sprache zu bringen, ein hervorragendes Mittel sein, das Gefühl des Kindes für Recht und Unrecht zu vertiefen.

Appellieren Sie an das ganze Kind

Appelle an das moralische Empfinden eines Kindes in bezug auf Diebstahl sollten zweigleisig laufen: über die Emotionen und über den Verstand. Eltern bedienen sich oft nur des ersten Ansatzes, selbst wenn sie mit Vorschulkindern verhandeln, die noch gar nicht viel Gewissen haben, an das man appellieren könnte.

Natürlich sollten im Falle von Diebstahl Gefühle angesprochen werden. Doch ohne gleichzeitige intellektuelle Einsicht ist dieses Heilmittel unvollständig. »Ich habe noch nie gesehen, daß sich jemand verläuft oder verlorengeht«, meinte eine Mutter zu ihrem Kind, »der dem richtigen Weg gefolgt ist.« Dies ist die Botschaft, die Eltern am deutlichsten vermitteln wollen. Hier sind ein paar Beispiele dafür, wie das vor sich gehen kann:

Erster Fall
Alexanders Eltern haben einen Swimming-Pool im Garten, und er hat am Nachmittag drei Freunde zum Schwimmen eingeladen. Die Kinder planschen ein paar Stunden tüchtig herum und werden gegen Abend von ihren Eltern abgeholt. Eine Stunde später entdeckt Alexander, daß seine Flossen und sein Schnorchel verschwunden sind. Offensichtlich hat einer der Buben sie mitgenommen. Aber welcher?

»Das ist das Problem mit dem Stehlen«, sagt Alexanders Mutter. »Einer von den Jungen wird heute abend eine neue Tauchausrüstung haben. Und sich darüber freuen. Aber ein anderes Kind – in dem Fall du – wird sie vermissen. Wenn etwas gestohlen wird, leidet ein Unschuldiger. Darum ist Stehlen so gemein.«

Alexanders Mutter ruft daraufhin die Eltern der Gäste an, und es wird schnell klar, wer der kleine Dieb war. Dessen Eltern bestrafen ihn entsprechend, und Alexanders Mutter berichtet ihrem Sohn davon: »Sebastian hätte besser zweimal überlegt, bevor er etwas nahm, was ihm nicht gehörte.« Ihr Ton ist vertrauensvoll und vertraulich. »Wenn jemand etwas nimmt, das ihm nicht gehört, wird er dafür bestraft. Soweit ich das sehen kann, gewinnt letztlich keiner etwas bei einem Diebstahl.«

Zweiter Fall
In Ninas Schule sind mehrere Unbekannte nachts in das Gebäude eingedrungen, haben ein Klassenzimmer demoliert und drei

Computer gestohlen. Am nächsten Tag brachte Ninas Lehrerin die ganze Klasse gezielt an den Ort des Verbrechens. Sie zeigte den Kindern, wie die Diebe die Fensterscheibe eingeschlagen hatten. Überall lag Glas auf der Erde. Die Wände und Böden waren zerkratzt, das Aquarium umgestürzt. Daneben lagen mehrere tote Fische – unschuldige Geschöpfe, die leiden mußten, weil die Diebe so niederträchtig waren. Und da sie die Geräte mitgenommen hatten, würde nun auch der bei allen Klassen sehr beliebte Computer-Kurs ausfallen müssen, bis neue angeschafft werden konnten.

»Nur weil ein paar Leute unehrlich und gierig waren«, meinte Ninas Lehrerin, »ist unsere ganze Klasse, sogar die ganze Schule, schlechter dran. Stehlen ist gemein. Es tut allen weh. Selbst die, die es tun, fühlen sich später meist unwohl in ihrer Haut. Niemand gewinnt etwas, und alle verlieren.«

Dritter Fall
Die fünfjährige Sandra war in das Zimmer ihrer Mutter geschlichen und hatte sich eine Rolle Fünfziger von der Kommode stibitzt. Sandras Eltern merkten schnell, wohin das Geld verschwunden war. Beim Abendessen teilte Sandras Mutter ganz ruhig mit, die Rolle mit den Geldstücken sei verschwunden.

»Das ist aber sehr schade«, antwortete der Vater. »Ich brauchte diese Münzen. Ich wollte sie dem neuen Tierheim geben, damit die Hunde und Katzen Futter bekommen können. Nun werden sie hungern müssen.« Mehr wurde zu dem Thema nicht gesagt, aber am selben Abend lag die Rolle wie von Zauberhand wieder auf der Kommode. Am nächsten Tag brachte der Vater mit Sandra das Geld zum Tierheim, und danach kauften sie sich noch von ein paar Münzen, die der Vater aus der Rolle genommen hatte, ein Eis.

Vierter Fall
Julia, ein neues Kind in Marias Klasse, kam eines Nachmittags zum Spielen zu ihr nach Hause, und als sie wieder ging, steckte der Kühlschrank aus Marias Puppenhaus in ihrer Hosentasche. Maria wandte sich an ihre Mutter und erzählte ihr von dem Diebstahl. Die meinte, sie würden Julia wahrscheinlich nicht wieder einladen, da man ihr nicht trauen könne. »Wenn jemand etwas stiehlt, das wir gern haben, dann *vertrauen* wir diesem Menschen nicht

mehr. Wir glauben nicht mehr, was er uns erzählt, und wir wollen nicht mehr sein Freund sein. Ich bin stolz, daß du deine Freunde nicht bestiehlst. Deswegen vertrauen sie dir auch alle so.«

Der Gedanke, daß Stehlen allen weh tut, kann auch beim Fernsehen oder Vorlesen verstärkt werden. Betonen Sie jedesmal, wenn der Dieb erwischt und bestraft wird, die Tatsache, daß diese Person die Konsequenzen ihrer Handlungen erlebt: Karma. Wenn diese Vorstellung einmal fest verwurzelt ist, wenn das Kind sieht, daß es keinen Vorteil bringt, anderen das zu nehmen, was rechtmäßig ihnen gehört, dann ist bereits ein guter Teil des Kampfes um die Ehrlichkeit gewonnen.

Appellieren Sie schließlich auch an das Gewissen

Machen Sie deutlich, daß Sie sich schlecht fühlen, wenn gestohlen wird. Werden Sie nicht wütend, sondern traurig. Teilen Sie mit, daß Diebstahl Ihren Glaubenssätzen widerspricht. Sie persönlich halten es weder spirituell noch moralisch oder menschlich für richtig, etwas wegzunehmen, das einem anderen gehört. »Stehlen ist etwas, worüber ich weinen muß«, sagte eine Mutter, als sie entdeckte, daß ihr Kind ihr Münzen aus dem Portemonnaie gestohlen hatte. Und eine andere: »Stehlen bricht mir fast das Herz.«

Einundzwanzigstes Kapitel

Das Kind lehren,
die Wahrheit zu sagen

Das Schicksal eines jeden Menschen wird nach buddhistischem Glauben allein von drei Handlungen bestimmt: Von dem, was wir denken, dem, was wir sagen, und dem, was wir tun. In dieser Reihenfolge. Beachten Sie, daß das, was wir sagen, Priorität vor dem hat, was wir tun. So sagt schon ein Sprichwort: »Wenn die Zunge spricht, bewegt sich die ganze Welt.« Worte spielen eine bedeutende Rolle, und dies ist eine der wichtigsten Einsichten, die Eltern einem Kind vermitteln können. Was wir sagen, beeinflußt andere Menschen. Worte rufen Veränderungen hervor. Sie setzen die Mühlen von Freud und Leid in Bewegung. Sie erreichen, daß uns andere lieben oder hassen. Sie bestimmen unser Karma. Sie zählen.

Leonards Vater, ein Hebräischlehrer und Talmudgelehrter, zitiert gern jüdische Sentenzen über die Bedeutung von Worten, wenn sein Sohn seine Zunge nicht in Zaum halten kann. Bei Widerworten warnt er, daß »ein falsches Wort zu einem Krieg führen kann.« Wenn Leonard wütend ist und häßliche Dinge sagt, erinnert ihn sein Vater: »Ein Mensch kann eine Ohrfeige vergessen, aber nie ein böses Wort.« Als sie im Fernsehen einer politischen Debatte folgen: »Einen Narren erkennt man daran, daß er viele Worte braucht, um wenig zu sagen.« Wenn Leonard sich davor drücken will, Geld zurückzuzahlen, belehrt ihn sein Vater: »Worte decken keine Schulden ab.« Wenn er von einem Lehrer zurechtgewiesen oder von Freunden verspottet wird, tröstet der Vater: »Gott ist denen am nächsten, die voll Kummer sind.« Und wenn Leonard sich über sein Leben beschwert, sagt der Vater: »Wenn die Menschen Gott für all die guten Dinge danken würden, hätten sie keine Zeit, sich über die schlechten zu beklagen.«

Dem Kind helfen, nicht zu lügen

Die Schwindeleien kleiner Kinder wirken auf die Eltern oft geradezu grotesk und unentschuldbar. Der Junior läßt der Mutter einen Teller auf den Fuß fallen und leugnet dann entschieden, für die Scherben verantwortlich zu sein. Seine Schwester behauptet, sie habe sich nicht daran beteiligt, dem Baby im Körbchen die Decken wegzuziehen, obwohl sie eine davon noch in der Hand hält. Eltern können so schamlose Lügen nicht verstehen. Und sie setzen entsprechende Strafen ein. Sie erkennen nicht immer, daß der Realitätssinn von Kindern im Alter von vier, fünf, sechs oder sogar sieben Jahren vielleicht noch nicht ganz entwickelt ist. Was Erwachsenen eine moralisch offensichtliche Tatsache zu sein scheint, existiert in der kindlichen Wahrnehmung nur in embryonalen Umrissen. Die Kleinen leben noch in einer magischen Traumwelt, die eine gedachte Sache zu etwas Realem werden läßt. Sie sind möglicherweise von der Entwicklung her noch nicht in der Lage, komplizierte Inhalte von wahr und unwahr oder gut und böse zu verarbeiten. So glauben sie ganz ernsthaft, daß ihre Lügen wahr sind. Darüber hinaus ist es für Kinder nicht immer einfach, den Unterschied zwischen einer Lüge und einer Redewendung oder einem Witz, einer Stichelei, einer Höflichkeitsfloskel, einer Übertreibung oder einer Einschätzung zu erkennen.

Ein sechsjähriger Junge hörte den Wetterbericht für den nächsten Tag. Der Sprecher kündigte wolkenlosen Himmel und Sonne an. Am nächsten Morgen goß es aber in Strömen; und der Junge erklärte seiner Mutter sehr verärgert, der Mann habe gelogen.

»Das war nicht wirklich eine Lüge«, meinte die Mutter.

»War es doch!« erwiderte der Sohn indigniert. »Er hat gesagt, daß es heute schön werden würde. Das hat er sich ausgedacht!«

»Nein, das hat er sich nicht ausgedacht. Er hat gedacht, daß das, was er sagte, wahr wäre. Eine Lüge ist es, wenn man etwas sagt, von dem man weiß, daß es nicht wahr ist, und es dann trotzdem sagt.«

»Aber warum hat er gesagt, die Sonne würde scheinen?« fragte das nach wie vor nicht überzeugte Kind.

»Aus all den Informationen, die er in dem Moment hatte, schloß er, daß es heute schön werden würde. Er hat gesagt, was er wirklich glaubte. Aber er hatte unrecht. Also war das, was er gesagt hat, keine Lüge. Es war ein Fehler.«

Viele Kinder haben besondere Probleme mit der Forderung, die Wahrheit zu sagen – oder nicht zu sagen. Typische Überlegungen sehen dann so aus: »Papi nervt mich damit, daß ich immer die Wahrheit sagen soll. Aber wenn ich sage, daß Omi Mundgeruch hat oder Onkel Ralf darauf anspreche, daß seine Zähne schmutzig sind, oder wenn ich antworte, daß mir das Essen nicht schmeckt, werden alle böse. Dabei sage ich nur die Wahrheit.« Der Bedeutungsunterschied zwischen Not- oder Höflichkeitslügen und echten Lügen ist für Kinder nur sehr schwer nachvollziehbar. Es gibt zwar keine narrensicheren Formeln, aber man kann ihnen Erklärungen geben, die diese und andere nebulöse Angelegenheiten für sie einsichtiger werden lassen. Zum Beispiel so:

- Betonen Sie die Tatsache, daß Worte, die anderen Menschen weh tun, am besten oft ungesagt bleiben, auch wenn sie wahr sind. Appellieren Sie an das angeborene Mitgefühl von Kindern. Erinnern Sie sie daran, daß jemand, der nur einen Arm oder ein lahmes Bein hat, dieses Handicap wahrscheinlich ohnehin spürt. Dann ist es höflich und nett, den Mund zu halten, damit sich dieser Mensch nicht noch schlechter fühlt. Als Faustregel können Sie dem Kind einprägen: Wenn du nicht sicher bist, ob deine Worte nicht jemandem weh tun werden, dann schluck' sie hinunter. Wie Klopfer, der Hase, in »Bambi« sagt: »Wenn du nichts Nettes sagen kannst, dann sag' lieber gar nichts.«
- Betonen Sie die Tatsache, daß die Art von »Wahrheit«, die dazu führt, daß sich andere wegen ihrer physischen oder psychischen Probleme schlecht fühlen, nicht notwendigerweise wirklich wahr ist. »Du bist eigenartig!« »Du riechst scheußlich!« »Ich mag dich nicht!« – solche Aussagen sind schließlich Meinungen, nicht Tatsachen. So lassen wir nur unsere negativen Gedanken und Impulse darin zum Ausdruck kommen. Sie können dem Kind erklären, daß es besser ist, diese zunächst für sich zu behalten, und ihm anbieten, später mit ihm allein darüber zu sprechen. Aber nicht vor dem anderen Menschen. Es tut ihm zu weh.
- Betonen Sie die Tatsache, daß wir aus Höflichkeit auch Dinge sagen müssen, die wir überhaupt nicht so meinen. Wieso? Weil es manchmal wichtiger ist, nett zu sein als ehrlich. Beispielsweise sagen wir auch dann freundlich »danke«, wenn uns je-

mand ein Geschenk überreicht hat, das uns gar nicht besonders gefällt. Das ist höflich und dankbar. Es bewirkt, daß der Schenkende sich wohl fühlt. Oder wir versichern Eltern mit einem Neugeborenen, ihr Baby sei wirklich süß, obwohl wir insgeheim finden, daß es aussieht wie eine Kröte. Das ist vielleicht eine Art Lüge, aber aus Mitgefühl. Wir bedienen uns ihrer aber, weil es die Eltern sehr verletzen würde, wenn wir es nicht täten. Wenn man also lügt, um anderen zu helfen oder sie glücklich zu machen, ist das etwas anderes als Lügen, mit denen man andere betrügen, täuschen oder übervorteilen will. Solche Höflichkeits- oder Notlügen sind manchmal notwendig.

Machen Sie die Kinder durch Märchen mit Ehrlichkeit und Unehrlichkeit bekannt

Für Kinder, die oft schwindeln, gibt es eine wunderbare Geschichte von einem gelangweilten Hirtenjungen, der sich dadurch Unterhaltung verschafft, daß er den Leuten im Dorf zuruft, ein Wolf würde seine Herde angreifen. Die braven Bürger reagieren sofort auf den Schrei »Wolf! Wolf!« und kommen ganz umsonst mit Speeren und Hacken angerannt. Als der Wolf aber eines Tages wirklich erscheint, glaubt keiner mehr den Hilferufen, und die Schafe werden alle gefressen. »Wer einmal lügt, dem glaubt man nicht, und wenn er auch die Wahrheit spricht.«

Eine andere Geschichte, die zeigt, wie töricht es ist zu lügen, ist der »Rattenfänger von Hameln«. Der Stadtrat versichert dem Rattenfänger, er werde fürstlich belohnt werden, wenn es ihm gelänge, die Ratten aus der Gegend zu vertreiben. Doch nach vollbrachter Tat hält der Rat nicht Wort, und das Geld bleibt aus. Da straft der Rattenfänger die Räte für ihre Lüge, indem er die Kinder weglockt. Weil einige unaufrichtig waren, müssen alle in der Stadt leiden. Eine ganze Anzahl der beliebtesten Märchen machen sich den Kampf zwischen Ehrlichkeit und Falschheit zum Thema. Die Lebkuchen, die an dem Hexenhaus in »Hänsel und Gretel« angebracht sind, und der pseudo-freundliche Empfang der Hexe sind schmutzige Tricks, die einem selbstsüchtigen Ziel dienen. Genauso wie die angeberische Aussage des Schneiderleins, er habe »sieben auf einen Streich« erledigt. In der Geschichte von Aladin versucht ihn sein angeblicher Onkel über die wahre Macht der magischen Lampe hinwegzutäuschen. In »Rotkäppchen« belügt der Wolf sowohl das kleine Mädchen als auch die Großmutter. In »Des Kaisers neue Kleider« ist es die Ehrlichkeit eines Kindes, die schließlich die Leute zur Vernunft bringt.

Besonders interessant ist der Spiegel an der Wand in »Schneewittchen«: Er kann nie lügen. Als also der Spiegel der bösen Königin sagt, Schneewittchen sei die Schönste im Land, geschehen guten Leuten entsetzliche Dinge; der Spiegel scheint also nur dazu gedient zu haben, Schneewittchens Tod herbeizuführen. Aber so *scheint* es nur zu sein. Nach vielen Aufregungen und Prüfungen sind am Ende Schneewittchen und der Prinz glücklich vereint, und so brachte der Spiegel durch seine Ehrlichkeit schließlich die Ereignisse doch zu einem guten Ende. Moral: Die Wahrheit muß an den Tag. Ähnliche Geschichten über Ehrlichkeit und Betrug finden sich auch in der Bibel, wobei die von Joseph und seinen Brüdern und die von Samson und Delila für Kinder wohl am interessantesten sein dürften. Auch in beliebten Kinderbüchern wie *Pippi Langstrumpf*, *Der kleine Hobbit* und *Die Schatzinsel* wird diese Problematik aufgegriffen.

Wenn Sie Märchen und Geschichten erzählen, können Sie das Thema Lüge und Wahrheit besonders herausstreichen, auch wenn Sie dazu manchmal etwas weiter ausholen müssen. Sprechen Sie danach mit den Kindern über die Geschichte. Stellen Sie Fragen: Warum sind die Leute aus dem Dorf nicht gekommen, als der Junge »Wolf!« geschrien hat? Warum hat der Junge solche Lügen erzählt? Warum hat der Rattenfänger die Leute von Hameln so schwer bestraft? Welche Fragen würdest du einem magischen Spiegel stellen, wenn er an deiner Wand hinge? Was würdest du machen, wenn dir der Spiegel wie der alten Königin eine Wahrheit sagen würde, die du nicht hören möchtest?

Betonen Sie die Unterschiede zwischen Phantastereien und Lügen

Im allgemeinen ist es besser, Kinder nicht gleich zu korrigieren, wenn sie erzählen, sie hätten ein Zebra in der Badewanne oder den Weihnachtsmann an ihrem Bett gesehen. Vielleicht war es ja so, wer weiß? Jedenfalls sind erfundene Berichte und Lügen nicht dasselbe, und Eltern zumindest sollten den Unterschied begreifen. Eine Lüge ist ein eindeutiger Versuch, irrezuführen und falsche Informationen zu liefern. Eine phantastische Geschichte zeugt von Erfindungsgabe und Vorstellungskraft; sie erfüllt geheime Wünsche. Wieder magisches Denken, aber diesmal in Bildern. Lassen Sie es auf sich beruhen.

Wenn das ausgedehnte Phantasieren jedoch im Alter von acht oder neun Jahren noch zuzunehmen scheint und Kinder Probleme damit haben, zwischen Einbildung und Wirklichkeit zu unterscheiden, ändert sich die Sachlage vollkommen.

Oft kann man das Problem dadurch lösen, daß man Kindern hilft, zwischen echter Wahrheit und eingebildeter Wahrheit zu unterscheiden. Thomas Lickona erzählt in seinem Buch von einem Vater, der auf besonders geschickte Weise mit den erdichteten Erlebnissen seiner Tochter umging. Er machte das Kind mit dem Gedanken bekannt, es gebe »wahre-wahre Geschichten« und wahre-falsche-Geschichten«. Eine wahre-wahre Geschichte ist wirklich wahr. Sie ist tatsächlich passiert. Eine wahre-falsche Geschichte ist eine, von der man *wünscht*, sie wäre wahr, die es aber nicht ist. Wann immer der Vater den Verdacht hatte, die Phantasie ginge mit seiner Tochter durch, fragte er sie: »Ist das eine wahre-wahre oder eine wahre-falsche Geschichte?« Indem er diese Etiketten verwendete und damit das Kind dazu zwang, selbst diese Unterscheidungen zu treffen, half er ihm dabei, das Problem selbst aus der Welt zu schaffen.[1]

Lickonas Methode läßt sich Ihrer speziellen Situation anpassen. Weisen Sie beim Fernsehen auf den Unterschied zwischen einer Dokumentation und einem erdachten Film hin. Oder auf den zwischen Zeichentrick- und Spielfilmen mit echten Darstellern. Zeigen Sie dem Kind wunderliche Zeichnungen von Tieren und erklären Sie, daß sie der Vorstellungskraft des Künstlers entsprungen sind. Vergleichen Sie sie mit Photographien dieser Tiere. Ist das ein wahres-wahres Tier oder ein wahres-falsches? Bitten Sie das Kind, Ihnen eine Phantasiegeschichte zu erzählen, und erklären Sie ihm, wieso sie das Produkt seiner Vorstellungskraft ist. Dann bitten Sie es, eine »richtige« Geschichte über etwas zu erzählen, das wirklich passiert ist. Besprechen Sie die Unterschiede.

Mißbilligen Sie Lügen,
aber werden Sie nicht wütend

Kinder im Alter von fünf oder sechs Jahren lügen oft aus Angst, und wütende Reaktionen seitens der Eltern können diese Angst in eine sich selbst erfüllende Prophezeiung verwandeln. Im allgemeinen sind Schimpfen und Strafen keine erfolgreichen Heilmittel gegen Lügen, und wenn die Kinder sich der Unterschiede zwischen falsch und wahr noch nicht sicher sind, können Sie damit die Situation sogar noch verschärfen. Ein wenig humorvolle Körpersprache verdeutlicht unter Umständen besser, worum es geht, als harte Worte. Versuchen Sie es mit den folgenden Antworten auf Lügen:

- Einem ausgedehnten »Hmmmmm«
- Einem festen, fixierenden Blick mit einem leisen Lächeln
- Ironisch hochgezogenen Augenbrauen
- Einem verwirrten, leicht amüsierten Ausdruck
- Einem bestürzten Augenrollen und verblüfften Kopfkratzen
- Einem zweifelnden Ausdruck, der wortlos sagt: »Du willst mich wohl verkohlen.«

Wiederholen Sie eine dieser Techniken jedesmal, wenn das Kind etwas Zweifelhaftes zum Besten gibt. Nach einer Weile wird das visuelle Zeichen für sich selbst sprechen, und das Kind wird wissen, wann es zu weit gegangen ist. Lügen korrigieren sich oft selbst, wenn sie dem Lügenden als Spiegel vor Augen gehalten werden, besonders wenn das in humorvoller und nicht anklagender Weise geschieht.

Älteren Kindern kann man sanft aber entschlossen mitteilen, daß Sie Lügen aus moralischen und spirituellen Gründen ablehnen und daß das, was sie eben gesagt haben, einfach nicht die Wahrheit ist. Typische Erklärungen könnten etwa so lauten:

»Was du sagst, klingt so, als wäre es schön, wenn es wahr wäre. Aber ich fürchte, das ist es nicht. Der Teller ist kaputt, und ich habe gesehen, wie er dir hingefallen ist. Also komm, laß uns zusammen die Scherben wegkehren. Wenn wieder so etwas passiert, sagst du es mir. Die Wahrheit ist mir wichtiger als mein Geschirr.«

Bei neun- bis zehnjährigen Kindern sollte die elterliche Reaktion
auf Lügen nachdrücklicher sein, sich aber dennoch an die Regeln
von Humor und höflicher Direktheit halten. Außer wenn es sich
um eine bösartige Lüge handelt, die anderen Schmerz zufügt, ist
es besser: (1) dem Kind bewußtzumachen, daß Sie um seine Lüge
wissen; (2) klarzustellen, daß Sie das nicht billigen; (3) ihm alternative Methoden aufzuzeigen, mit deren Hilfe es künftige Lügen
vermeiden kann.

Als Jan einen wertvollen alten Silberfüller zerbrochen und allen
versichert hatte, er habe nicht das geringste damit zu tun gehabt,
nahmen ihn seine Eltern beiseite. Sie erklärten ihm, wenn er einen
Fehler machen würde – wie etwa einen Füller zu zerbrechen –
solle er zu ihnen kommen. Er solle ihnen sagen, er habe etwas
Wichtiges zu berichten, daß sie ihm aber erst versprechen müßten, nicht wütend zu werden. »Unsere Aufgabe wird es sein, nicht
böse zu werden«, meinten die Eltern. »Wir werden dich vielleicht
bitten, das, was du getan hast, irgendwie wieder gutzumachen.
Wenn es etwas Schlimmes war, wirst du vielleicht auch bestraft
werden müssen. Aber die Strafe wird erheblich geringer ausfallen,
wenn du die Wahrheit sagst. Und du wirst dich außerdem viel
besser fühlen.«

Versuchen Sie herauszufinden, warum das Kind gelogen hat –
aus Angst, Bequemlichkeit, Wut oder aus Phantasie –, und
sprechen Sie diese Motivation dann direkt an. Laut Dr. Allan
Fromme, dem einstigen Chefpsychologen der Kinderklinik des
St. Luke's Hospital in New York, lügen Kinder vornehmlich aus
vier Gründen:

Um Lob und Zuwendung zu erhalten.
Um ihre Schuld zu verbergen.
Um ihrer Strafe zu entgehen.
Als Akt allgemeiner Feindlichkeit.

»Wenn man einem Kind beibringen will, nicht zu lügen«, sagt Dr.
Fromme, »ist der erste Schritt der, ihm so viel Sicherheit zu
geben, *daß es nicht das Gefühl hat, es müsse lügen.* Wir machen mit
anderen Worten den Fehler, unsere Kinder allzu stark mit unserer
moralischen Autorität zu beeindrucken. Wenn sie sich im tiefsten
Inneren unserer Liebe ganz sicher wären, hätten unsere Kinder
viel weniger Grund zu lügen. Sie haben oft den Drang, uns anzu-

lügen, weil sie Angst davor haben, uns die Wahrheit zu sagen. Diesen Ratschlag können wir dadurch in die Tat umsetzen, daß wir sie daran erinnern, daß wir auf ihrer Seite stehen.«[2]

Und schließlich: Schaffen Sie nie Situationen, in denen Kinder in Versuchung geführt werden zu lügen.

SCHLECHT: Eltern fragen ihren Sohn: »Hast du deine Jacke wieder bei Bernhard vergessen?« Der Beschuldigte muß mit »Ja« oder »Nein« antworten. Wenn er Angst vor den Konsequenzen hat und bereits gewöhnt ist zu lügen, wird er vermutlich schwindeln, um seine Haut zu retten.

BESSER: Eltern sagen: »Deine Jacke ist nicht da. Sie ist vermutlich bei Bernhard. Ruf mal eben an und frage.« Die Versuchung zu lügen entsteht nicht, weil anstelle einer Frage eine direkte Aussage tritt. Und wenn die Eltern zufällig falsch liegen und die Jacke nicht bei Bernhard ist, wird ihr Sohn ihnen sagen, wo er sie gelassen hat, ohne daß irgend jemandes Gefühle verletzt werden.

SCHLECHT: Eltern sagen zu einem Kind: »Der ganze Boden ist voll Wasser! Hast du schon wieder geplanscht, obwohl ich dich gebeten hatte, das zu lassen?« Wenn das Kind zuletzt im Bad war, ist es offensichtlich, daß es auch die Überschwemmung zu verantworten hat. Die Tatsache spricht für sich selbst. Warum also daraus eine Angst einflößende Szene mit einer konfrontativen Frage machen? Sagen Sie statt dessen:

BESSER: »Das halbe Badezimmer steht unter Wasser, weil du so geplanscht hast. Wisch' es bitte sofort auf.«

Zweiundzwanzigstes Kapitel

Ehrliches Verhalten lehren

In gewisser Weise verlangt das, was wir die »Ehrlichkeit des Verhaltens« nennen können, größere Reife, als einfach von einem Diebstahl oder einer Lüge Abstand zu nehmen. Wenn man darüber nachdenkt, merkt man, daß viele von uns ein Leben lang daran arbeiten, diese Fertigkeit weiter auszubilden.

Kein großes Wunder also, daß es Kindern zwischen vier und sieben Jahren an der moralischen Ausstattung dafür mangelt zu verstehen, wieso Menschen in fairer und gerechter Weise miteinander umgehen sollten. Sie sehen *ehrlich* keinen Sinn in Kooperation und Fair play, verstehen wirklich nicht, warum sie nicht in die Karten der Mitspieler schauen oder warum sie ein anderes Kind auch durch ihr Fernglas gucken lassen sollen. In mancher Weise scheinen Kinder sogar Freude daran zu finden, einander auszubeuten. Das damit einhergehende Machtgefühl ist berauschend, und in der Tat sind das Gesetz des Hammurabi und »Hund-frißt-Hund« auf dem Spielplatz als Glaubenssätze beliebter und verbreiteter als das Goldene Gesetz. Wieso sollte ich damit aufhören, meinem besten Freund sein Taschengeld abzugaunern, nur weil Vati das nicht gut findet? Oder weil Mutti denkt, es sei falsch, mein Wort nicht zu halten? Was hab' ich denn davon, daß ich fair bin?

Was hab' ich denn davon, fragen sich Kinder. Nicht viel, soweit sie das beurteilen können. Aber sie haben doch etwas davon – mehrere wichtige Dinge –, und je früher Kinder diese erkennen, desto glatter wird ihr Leben verlaufen.

Kindern helfen, die Logik
ehrlichen Verhaltens zu erkennen

Der gerade Weg ist auch der kluge Weg, und Kinder, die diese Tatsache erkennen, sind anderen im Leben einen Schritt voraus. Das Kind mag fragen: »Wieso ist das der kluge Weg?« »Weil«, antworten die Eltern, »dich andere genauso fair und gerecht behandeln wie du sie, manchmal sogar noch mehr so. Beschwindele sie, und sie werden dich auch beschwindeln. So läuft es nun einmal. Die Welt ist ein Spiegel, der uns unser Verhalten und unsere Absichten reflektiert.«

»Ja, es gibt schon Ausnahmen«, erklären die Eltern. »Denn manchmal treffen wir auf Leute, die uns betrügen, obwohl wir fair sind. Aber das ist ungewöhnlich. Meist behandeln uns andere Leute ungefähr so gut, wie wir sie.«

Und so weiter. Versuchen Sie also, den Kindern klarzumachen, daß Ehrlichkeit nicht einfach eine mit erhobenem Zeigefinger von erwachsenen Musterschülern vorgetragene Regel ist, sondern vielmehr ein praktischer und effizienter Mechanismus, der ihnen dabei hilft zu bekommen, was sie sich wünschen – und der bewirkt, daß sie selbst und alle anderen sich wohlfühlen: eine Strategie, bei der es nur Gewinner gibt.

Ehrlich zu handeln hat auch andere Vorteile, von denen Sie den Kindern berichten könnten. Ehrlichkeit sorgt dafür, daß unser Leben glatt verläuft. Ohne sie werden selbst die einfachsten Transaktionen wie der Kauf eines Spielzeugs (wir *vertrauen* darauf, daß das Geld echt ist) oder die Verabredung mit einem Freund (wir *vertrauen* darauf, daß er sie einhält) unmöglich. Ehrlichkeit führt dazu, daß Menschen uns bewundern und respektieren. Sie führt dazu, daß andere uns mögen, vielleicht sogar lieben. Das beste daran aber ist die Tatsache, daß wir zu uns selbst gerecht und freundlich sein können, wenn wir es auch anderen gegenüber sind. Ehrlichkeit ist eine spirituelle Handlung, eine andachtsvolle Art, durch die Welt zu gehen, und ein Zeichen unseres Respekts vor Gott. Garantiert. »Versuche es und sieh selbst.«

Mit solchen Argumenten, die man mit Beweisen untermauern kann (darüber gleich mehr), können Eltern die Neigung eines Kindes zur Selbstsucht in eine integre und liebevolle Haltung verwandeln. Das ist eigentlich eine List, aber sie ist dienlich und zuträglich. »Wie macht man aus jemandem einen ehrlichen Menschen?« hat ein Reporter einmal Mahatma Gandhi gefragt. Die realistische Antwort lautete: »Indem man ihm zeigt, daß sich Ehrlichkeit auszahlt.«

Hier sind ein paar Vorschläge:

Zeigen Sie dem Kind, daß der Betrüger
selbst der Betrogene ist

Erfahrungen sind das Beste im Leben. Bedienen Sie sich ihrer, wann immer Sie können. Ihr Kind ist gerade hintergangen oder übervorteilt worden? Ergreifen Sie die Gelegenheit, um darauf hinzuweisen, daß dieses Verhalten dem Betrüger genauso schadet wie dem Betrogenen.

Nehmen wir den Fall des achtjährigen Tobias. Er tauschte mit einem Klassenkameraden Fußballbilder und machte dabei ein gutes Geschäft: Hundert von Tobias' Bundesligabildern gegen fünfundsiebzig vom Europapokal.

Prima. Die Jungen zählten die Karten in getrennten Haufen ab und tauschten sie aus. Aber zu Hause entdeckte Tobias, daß sein Kamerad mindestens zwanzig falsche Karten sowie ein paar wertlose doppelte dazwischen gemogelt hatte. Es hätte ein Versehen sein können, wenn der Junge nicht so ein Aufhebens um die Zählerei gemacht und angekündigt hätte, er würde die Pokalgewinner ganz obenauf legen. Die fehlten aber.

»Der Kerl hat mich betrogen«, beschwerte sich Tobias bei seinem Vater. »Ich habe ihm vertraut. So eine Ratte.«

»Klingt so, als hätte er sich mies benommen«, meinte der Vater. »Meinst du, daß du nochmal mit ihm tauschst?«

»Sicher nicht!«

»Das kann ich verstehen. Wenn uns jemand übers Ohr haut, dann wollen wir ihn auch betrügen. Mir ist aufgefallen, daß dies genau das ist, was Betrügern passiert – sie werden selbst übers Ohr gehauen. Wenn du diesen Jungen das nächste Mal siehst, kannst du ihm sagen, daß du von seinem Betrug weißt. Sag ihm, daß du ihm nicht mehr vertraust und nicht mehr mit ihm tauschen wirst. Schließlich will keiner mit einem Betrüger spielen. Und mach' ihm ruhig klar, daß sein Betrug nun dazu führt, daß keiner von euch beiden die Karten kriegen wird, die er gerne hätte. Sag' ihm, daß du wirst leiden müssen, weil er nicht fair gespielt hat.«

Tobias' Vater geht es nicht wirklich darum, daß der andere Junge diese Botschaft erhält. Er spricht etwas in Tobias selbst an, der ein paar Probleme damit hatte, immer den geraden Weg zu gehen. Der Vater benutzt Tobias' Gefühl, betrogen worden zu sein, als Mittel, seinen Sohn sehen zu lassen, daß Betrug schmerzt,

daß niemand einen Betrüger mag und daß alle verlieren, wenn
betrogen wird.

Betonen Sie den Wert gegenseitigen Vertrauens

Bauen Sie das Wort *Vertrauen* in Ihre Alltagsgespräche ein. Verwenden Sie es in vielen verschiedenen Zusammenhängen:

»Sarah, ich *vertraue* darauf, daß du daran denkst, jeden Morgen
die Fische zu füttern.«

»Ich habe darauf *vertraut*, daß du mir heute Abend die Angel
zurückgeben würdest, denn so hatten wir es besprochen. Ich bin
enttäuscht, Frank.«

»Wir hatten abgemacht, daß du dein Zimmer vor dem Abend-
brot aufräumen würdest. Du hast es immer noch nicht gemacht.
Du hast unser *Vertrauen* mißbraucht. Bitte streng' dich das nächste
Mal mehr an.«

»Ich *vertraue* dir jetzt dieses Tonband an, aber bring es bitte
gleich zu Petra. Ich weiß, daß ich dir *vertrauen* kann. Du wirst
mich nicht enttäuschen.«

Kultivieren Sie mit Ihrem Kind eine Atmosphäre gegenseitigen Vertrauens

Kinder, und zwar besonders ältere Kinder, die mit acht oder neun
Jahren bereits das Gerüst eines sozialen und moralischen Gewis-
sens entwickelt haben, reagieren positiv auf ihnen entgegenge-
brachtes Vertrauen. In diesem Alter werden sie sich geehrt fühlen,
daß die Eltern an sie glauben, obwohl sie »nur Kinder« sind, und
dies Gefühl wird sie dazu inspirieren, den elterlichen Erwartun-
gen gerecht zu werden.

Lassen Sie den Geist von Vertrauen und Anerkennung in Ihrem
Heim herrschen. Ihre Kinder sollen wissen, daß Sie ihre Motive
für echt und ihre Herzen für gut halten. Gewähren Sie ihnen auch
in den Fällen, in denen ihr Verhalten Ihnen fragwürdig zu sein
scheint, so lange die Gunst des Vertrauens, bis eine Schuld eindeutig erwiesen ist. »Man ist glücklicher, wenn man manchmal betrogen wird«, schreibt Samuel Johnson, »als wenn man nicht vertraut.« In den meisten »gesunden« Situationen des Menschen
bringt Vertrauen neues Vertrauen hervor.

Konfrontieren Sie das Kind mit Geschichten, in denen fair gespielt wird

Bevor unsere Kultur sich den neuen Fetisch des »Realismus« zulegte, ging es in den meisten Märchen, Romanen, Schauspielen und selbst Filmen darum, aufzuzeigen, daß Fair play zu Erfolg führt. Diese moralische Einstellung war natürlich in der viktorianischen Ära, wo die Belohnung der Tugend und die Bestrafung des Lasters zentrale Themen jeder Art von Unterhaltung bildeten, unangefochten. In gewissem Umfang herrschte sie auch danach noch eine Zeitlang vor, und selbst Anfang der sechziger Jahre durften die Figuren in einem Kinofilm nicht ungestraft mit einem Verbrechen davonkommen. Diese Ethik lebt in einigen Formen von Kinderunterhaltung tapfer weiter, aber nur auf einer freiwilligen Ebene – Drehbuchautoren können nun einer Geschichte jede beliebige Moral unterlegen, von: »Verbrechen-zahlt-sich-nicht-aus« bis zu »Verbrechen-lohnen-sich-doppelt«.

Diejenigen, die damals dafür verantwortlich waren, daß der Moralkodex abgeschwächt wurde, hatten das Gefühl, die inhärente Behauptung »Verbrechen-zahlt-sich-nicht-aus« sei scheinheilig und unrealistisch; das Publikum solle mit dem Leben, so »wie es wirklich ist«, konfrontiert werden. Sie haben jedoch einen offensichtlichen Punkt übersehen: Wenn man zeigt, daß Verbrecher ungestraft davonkommen, werden bestimmte Zuschauer dazu ermutigt, sich selbst an einer ähnlichen Tat zu versuchen. Das »Verbrechen-zahlt-sich-nicht-aus«-Ende war nach Ansicht vieler Menschen eine wertvolle, sozial schützende Maßnahme, deren Aufhebung zu einer radikalen Neubewertung von »richtig« und »falsch« einlud. Es gibt dafür natürlich keine Beweise, aber vielleicht ist es kein Zufall, daß die Verbrechensrate in den USA in der Zeit zwischen 1960 und 1970, der Zeitspanne also, in der die Moralvorschriften im Filmgeschäft ihre Gültigkeit verloren, um fast zwanzig Prozent gestiegen ist.

Aber sei dem, wie es wolle: Wenn Eltern ihrem Nachwuchs die Regeln der Ehrlichkeit vermitteln wollen, müssen Sie ihnen Geschichten und Spiele anbieten, die zu Fair play ermuntern. Das heißt zweierlei. Eltern können:

(1) Kindern Geschichten, Spiele, Literatur, Filme und Unterhaltungen bieten, in denen das Gute über das Böse siegt und Fair play eine legitimer Weg zum Erfolg ist.

(2) Kinder von Büchern, Comics, Computerspielen und Fernsehprogrammen fernhalten, in denen antisoziales Verhalten gepriesen und Betrügereien, Ausbeutung, Lügen, Gerissenheit, Rücksichtslosigkeit und Diebstahl als Verhaltensmodelle angeboten werden. Sie müssen nach solchen Beispielen nicht weit suchen. Viele von den Sendungen für Teenager (die oft genug auch Kinder sehen), Filme über Verbrechen und schnell verdientes Geld, Comicbücher und selbst einige Kinderromane zeigen, wie ihre Protagonisten (überaus geschickt) auf Kosten anderer profitieren.

Setzen Sie Scherze, Phantasie und lebhafte Bilder ein

Ein Vater aus meinem Bekanntenkreis spielt mit seinen Töchtern gern »Stell' dir vor . . . «. Zusammen mit den üblichen Ideen wie »Stell' dir vor, alle Bücher wären aus Bananen, und wir könnten sie aufessen, wenn wir sie ausgelesen haben«, lieferte er den Mädchen auch ethische Botschaften. »Stellt euch vor, jeder auf der Erde würde jedem anderen vertrauen«, schlug er einmal vor. »Wir würden keine Polizei mehr brauchen, weil niemand mehr ein Verbrechen begehen würde. Wir müßten unsere Türen nicht verriegeln, weil jedes Haus sicher wäre. Wir würden keine Alarmanlagen oder Safes für das Geld oder Schlösser für unsere Räder mehr benötigen. Wir müßten unsere Kellertüren nicht vergittern. Wir müßten nicht mal sagen ›ich verspreche‹, weil wir ohnehin immer nur die Wahrheit sagen würden.« Dann ließ der Vater die Töchter erzählen, wie *sie* sich eine Welt vorstellten, in der alle kooperieren und in einem Zustand des Vertrauens leben.

Eine Mutter, die ich durch gemeinsame Freunde kennengelernt habe, läßt ihre Kinder gelegentlich eine Welt ausmalen, in der es gar kein Vertrauen gibt:

»Stellt euch vor, ich würde der Milchfirma nicht trauen«, hieß einer ihrer Vorschläge. »Dann müßte ich jedesmal, wenn ich eine Tüte Milch kaufe, erst hineinschauen, um zu überprüfen, ob nicht Apfelsaft darin ist.«

»Stellt euch vor, ich würde der Zahnpastafirma nicht trauen. Ich müßte an jeder Tube riechen, um sicher zu sein, daß sie nicht Schlagsahne hineingetan haben.«

»Stellt euch vor, ich würde den Leuten nicht trauen, die die

Fähre gebaut haben. Dann müßte ich statt dessen auf die Insel schwimmen.«

Und so weiter. Bitten Sie das Kind, Ihnen ein paar *eigene* Beispiele zu nennen. Und besprechen Sie dann, wie wichtig es in dieser Welt ist, daß wir alle lernen, fair miteinander umzugehen.

Belohnen Sie das Kind,
wenn es Ihr Vertrauen rechtfertigt

Loben Sie Ihre Kinder immer, wenn sie ein Versprechen halten oder in einer schwierigen Situation fair bleiben. Im Haus des sechsjährigen Bobby hängt in der Küche eine »Vertrauensliste«. Seine Eltern sagen ihm, daß sie darauf vertrauen, daß er sein Zimmer in Ordnung hält, ohne extra dazu aufgefordert zu werden. Daß sie darauf vertrauen, daß er jeden Morgen den Hund ausführt und abends den Müll hinausträgt. Jedesmal, wenn Bobby dies Vertrauen rechtfertigt, macht er selber ein Kreuzchen an der entsprechenden Stelle auf der Vertrauensliste. Wenn er fünfzig Kreuzchen erreicht hat, geht die ganze Familie zusammen auswärts essen und feiert.

Lassen Sie das Kind entdecken, wieviel berechtigter
Stolz und Friede daraus erwachsen können,
einen Fehler zuzugeben

Die katholische Kirche hat schon lange verstanden, daß es nicht nur spirituell befriedigend ist, einer wohlwollenden Autoritätsfigur die eigenen Vergehen zu beichten und dann eine angemessene Buße zu absolvieren, sondern auch therapeutisch wirksam. Besonders Kinder profitieren von solchen Entlastungen, aber viele fürchten sich aus Angst vor harten Strafen, ihren Eltern unehrliche Handlungen einzugestehen. Statt ihre Schuldgefühle abzuladen, internalisieren sie sie und bleiben gewissermaßen »darauf sitzen«. Später werden diese Gefühle zum Webmaterial für Wut und Selbsthaß.

Diesen Prozeß können Eltern, die die Rolle der wohlwollenden Beichtväter übernehmen, schon im Keim ersticken. »Um unnötige Schuldgefühle zu vermeiden«, schreibt Dr. Haim Ginott, »sollten Eltern mit den Vergehen von Kindern so umgehen wie ein guter Mechaniker mit einem Auto, das zusammenbricht. Er

macht dem Eigner keine Vorwürfe; er erklärt, was repariert werden muß. Er weist dem Ächzen, Schnaufen und Quietschen des
Autos keine Schuld zu; er benutzt diese Geräusche für die Dia-
gnose. Er fragt sich: ›Was ist die wahrscheinlichste Quelle des
Versagens?‹«[1]

Das Kind hat ein Problem. Es möchte darüber sprechen und das
schlechte Gefühl loswerden, das das Problem verursacht. Auf
diese Eingeständnisse hin wahren die Eltern das Gleichgewicht
zwischen der klaren Aussage, daß das Kind falsch gehandelt hat
(wenn das wirklich der Fall war) und positiver Anerkennung dessen, daß der Akt der Beichte mutig war und in keiner Weise ihre
Liebe für das Kind gefährden wird.

Michaels Eltern haben es sich zur Gewohnheit gemacht, sich
immer mit ihrem Sohn zusammenzusetzen, wenn er ihnen schuld-
bewußt vorkommt. Sie fragen ihn, was los ist, ermuntern ihn,
offen zu sprechen, hören sehr genau zu und geben angemessene
Kommentare zu seiner Beichte ab. Dann fragen sie, was seiner
Meinung nach geschehen müsse, um die Sache zu bereinigen; und
Michael bringt oft sehr vernünftige Vorschläge für seine eigene
Strafe. Auf diese Weise löst sich das Problem von selbst. Wenn sie
diese Unterhaltung hinter sich haben, ist das ganze Haus von
einem Geist der Vergebung erfüllt (auch das ist wichtig), und
Michael wird mehrfach dafür gelobt, daß er die Wahrheit gesagt
hat. Am Ende der ganzen Angelegenheit fühlt er sich sauber und
stark und ist voller Stolz, daß er sich in einer so heiklen Situation
rechtschaffen benommen hat. »Du bist gut«, sagt seine Mutter.
»Du hast gelernt, wieviel Kraft man daraus schöpfen kann, gegen
den Strom zu schwimmen.«

Weisen Sie darauf hin, daß es sich gut anfühlt, ehrlich zu sein

»Tugendhaftigkeit belohnt sich selbst.« Wieso? Vielleicht, weil
sich diejenigen, die sie ausüben, dabei so gut fühlen. »Ein Augenblick, an den ich mich aus meiner Kindheit erinnern kann«,
schrieb Franz Kafka einmal, »war der, als ich meiner Schwester
ein Bonbon gab, das ich damals besonders schätzte. Dann spürte
ich, wie eine Art freudiger Wärme durch meinen Körper floß, und
ich brannte mit köstlichem inneren Licht. Ich sehe jetzt, und
ahnte vielleicht damals schon, daß dies der erste Moment war, in

dem ich bewußt erkannte, daß der gute Glaube an andere das eigene Herz auf die angenehmste und unvorstellbarste Weise bewegt.«

Wenn sich die Kinder das nächste Mal eine Lüge verkneifen oder sich bemühen, ehrlich zu sein, könnten Sie sie nach einem Lob darauf hinweisen, wie gut sie sich jetzt fühlen. Erklären Sie, daß dies die Art ist, in der unsere Seele uns dafür lobt, daß wir etwas gut gemacht haben, daß ein tieferer, spiritueller Teil von uns immer zu Ehrlichkeit drängt und daß sie diesen Teil nicht enttäuschen sollen.

Ein Versprechen ist heilig

Brendas Mutter gibt ihrer Tochter nicht oft ein Versprechen, aber wenn, dann löst sie es auch *immer* ein. Sie glaubt daran, daß es ein heiliger Akt ist, jemandem sein Wort zu geben, selbst wenn es eine Menge Mühe macht, es zu erfüllen. Ich habe in ihrem Haus folgendes gehört:

»Ich habe dir versprochen, daß wir heute an den Strand gehen. Wenn du es trotz Regen immer noch willst, können wir hinfahren. Ein Versprechen ist schließlich ein Versprechen, oder?«

»Ich habe dir mein Wort gegeben, daß ich morgen nicht ins Büro gehen, sondern zu Hause bleiben und mit dir spielen werde. Ich habe ein Versprechen gegeben, und jetzt werde ich mich daran halten, komme, was da wolle, nicht wahr?«

»Ich weiß, daß du dich ärgerst, daß wir nicht zum Kasperletheater gehen können, aber ich verspreche *dir ganz fest, daß wir statt dessen nächste Woche den Film im Gemeindehaus anschauen. Und du weißt: Bei uns ist ein Versprechen wirklich ein Versprechen.*«

Seien Sie nicht zu schüchtern, wirklich Aufhebens davon zu machen. Ein Versprechen ist ETWAS WIRKLICH GROSSES, etwas *g-a-n-z* Besonderes und *g-a-n-z* Erhabenes.

Diese überaus nachdrücklich vorgebrachten Worte werden beeindrucken. Die Tatsache, daß es zwischen Menschen ein voll-

kommen zuverlässiges und sicheres Abkommen geben kann, wird
sie trösten.

Um diesen Gedanken noch weiter zu betonen, können Sie
Ihren Kindern Märchen erzählen, die diese goldene Regel, daß
man ein Versprechen auf alle Fälle halten muß, zum Inhalt haben.
Kinder sind oft davon gefesselt, daß die Königin in »Rumpelstilzchen« nicht einfach ihre neue Position nutzt und den kleinen
Mann hinauswerfen läßt, als er kommt, um ihr Erstgeborenes zu
holen. Schließlich ist sie ja nun die Königin. Statt dessen hält sie
sich treu an ihr Gelübde und will schon fast das Kind aufgeben, als
Rumpelstilzchen nachgibt und seinerseits verspricht: Wenn die
Königin in drei Tagen seinen Namen erraten kann, wird er sie von
ihrem Schwur entbinden. Weitere Märchen mit gebrochenen und
gehaltenen Versprechen sind unter vielen anderen »Der Frosch-
könig«, »Der Rattenfänger von Hameln« und »Aladin und die
Wunderlampe«.

Wenn Kinder fünf oder sechs Jahre alt werden, sollten Eltern
einen Schritt weiter gehen. Sie können nun den Prozeß umkehren
und das Kind seinerseits etwas versprechen lassen. Fangen Sie mit
Geheimnissen an. Erzählen Sie dem Kleinen ein Geheimnis und
sagen Sie, daß es nun die Pflicht hat, es nicht zu enthüllen. Wenn
das Kind es dennoch ausplaudert, und das passiert fast immer,
verweisen Sie darauf, daß das nicht richtig ist. Schließlich ist eine
Abmachung eine Abmachung. Nächstes Mal erwarten Sie mehr.
Seien Sie unbedingt großzügig, wenn Kinder versagen, was sie
natürlich tun werden, und setzen Sie sich nicht mit drakonischen
Maßnahmen durch. Andererseits müssen Sie in der Sache festblei-
ben. Machen Sie im Falle eines gebrochenen Versprechens ganz
deutlich, daß Sie dies nicht billigen. Sagen Sie dem Kind, Sie
erwarteten von ihm, daß es sich das nächste Mal mehr Mühe gibt –
es soll spüren, daß dies für Sie eine ernste Angelegenheit ist. Dann
geben Sie ihm eine zweite Chance. Sie könnten sogar erwähnen,
daß ein Geheimnis zu wahren etwas Magisches hat; wenn Kinder
sich etwas wünschen und ihren Freunden nicht davon erzählen,
kann schon der Akt der Geheimhaltung dazu beitragen, den
Wunsch in Erfüllung gehen zu lassen. Deswegen soll man nie
erzählen, was man sich beim Ausblasen der Kerzen auf dem Ge-
burtstagskuchen gewünscht hat. »Wenn dein Geheimnis in deinem Herzen begraben ist«, schrieb der persische Dichter Rumi,
»wird dein Wunsch schneller erfüllt werden.«

Bleiben Sie dabei zu betonen, daß Versprechen etwas ganz Besonderes sind. Selbst gewöhnliche Versprechen, wie das die Buntstifte aufzuheben oder den Teller leer zu essen, Versprechen, die leicht zu halten sind und sichtbare Ergebnisse für Eltern und Kinder zeitigen. Machen Sie deutlich, daß ein Versprechen etwas anderes ist als alle anderen Formen von Vereinbarungen, daß es dem gleicht, was man im Angesicht seines Gottes gelobt und daher unbedingt befolgen muß. Kinder, die im Heranwachsen all das hören, werden mit dieser Vorstellung vollkommen vertraut werden. Es wird sich in ihre Köpfe, wenn nicht gar in ihre Herzen einprägen, daß ein Versprechen eine Verpflichtung ist, der wir unter allen Umständen nachkommen müssen. Dies ist in Wirklichkeit eine Art Aufwärmphase für spätere Jahre, in denen sie sich selbst, ihrem spirituellen Lehrer oder Gott heilige Versprechen geben.

Seien Sie selbst ein Beispiel

»Kinder«, schrieb der französische Schriftsteller Joseph Joubert, »brauchen dringend Vorbilder als Kritiker.« Und tatsächlich ist es – was das Lehren von Integrität angeht – von essentieller Bedeutung, welche Beispiele die Eltern durch ihr eigenes Verhalten geben. Als Eltern sind wir daher gut beraten, wenn wir:

Vor dem Kind das tun, was wir ihm predigen. Verhalten Sie sich fair und vermeiden Sie es, Kinder anzulügen. Schummeln Sie nicht bei Spielen, nicht einmal aus Spaß. Halten Sie sich an einmal getroffene Vereinbarungen, auch wenn sie albern oder lästig sind. Entschuldigen Sie sich, wenn Sie dabei versagen, und geben Sie zu, daß Sie einen Fehler gemacht haben. Entschuldigungen zum richtigen Zeitpunkt können bei Kindern einen tiefen Eindruck hinterlassen. Sie werden ihnen helfen, eine Vorstellung davon zu entwickeln, was Reue und Bescheidenheit sind.

Tun, was wir sagen, und sagen, was wir tun. Halten Sie Wort, wenn Sie angekündigt haben, Sie würden heute nachmittag mit Ihrem Kind auf den Spielplatz oder heute abend ins Kino gehen. Sonst werden Kinder Ihre Meinungsänderung als Lüge ansehen und sich entsprechend getäuscht fühlen. Bald sagen sie sich dann: »Wenn Mami und Papi lügen können, dann kann ich das auch.«

Wenn diese Maschinerie der Ausflüchte aber erst einmal in Bewegung gesetzt ist, wird sie ein Leben lang laufen.

Auf Halbwahrheiten achten. Erwachsenen sind ihre alltäglichen sozialen und geschäftlichen Schwindeleien oft so selbstverständlich, daß sie ganz vergessen, daß Kinder zuhören. »Die eine Hälfte der Welt weiß nicht, wieviel die andere lügt«, heißt es. Die Mutter sagt: »Ich habe mich so über dein Weihnachtsgeschenk gefreut.« Aber das Kind hat gehört, wie sie zuvor darüber geschimpft hat, daß es sich dabei um einen vollkommen unnützen Gegenstand handelt. »Ich wäre zu gern zu deinem Essen am Freitag gekommen«, sagt der Vater am Telefon zu Frank. Aber das Kind hat genau registriert, daß der Vater zuvor sagte, er würde Franks Haus mit Sicherheit nie und nimmer betreten. Und so fort.

Auf Ungereimtheiten achten. Richards Eltern legen viel Wert auf ihre Aussage, es sei falsch, sich fremdes Eigentum zu nehmen. Aber Richard ist verwirrt. Er hat gesehen, wie Vati beim Friseur ausliegende Zeitschriften einsteckt, wenn es gerade niemand sieht. Und manchmal schleicht sich Mutter in Nachbars Garten, um ein paar Äpfel zu holen. Der Großvater gibt Richard manchmal als jünger aus, um Busgeld zu sparen. Und Richard hat schon erlebt, wie sein Vater über eine rote Ampel gefahren ist, obwohl er immer sagt, man müsse die Gesetze achten. Denken Sie daran, wie unrealistisch es ist zu erwarten, daß die Prinzipien von Kindern höher sind als die eigenen.

Dreiundzwanzigstes Kapitel

Geduld

»Vielleicht gibt es nur eine Todsünde«, meint Franz Kafka: »Ungeduld. Ungeduld hat uns die Vertreibung aus dem Paradies gebracht; aus Ungeduld können wir nicht zurück.« Fast alle spirituellen Autoritäten sind sich darin einig: Geduld ist der Boden, in dem alle anderen Tugenden wurzeln. »Nimm das Tempo der Natur an«, sagte Ralph Waldo Emerson. »Ihr Geheimnis heißt Geduld.«

Was Kinder betrifft, so brauchen beide Seiten diese besondere Tugend. Das Kind muß sie lernen, die Eltern müssen sie üben. »Zweifellos ist ein großes Maß an Geduld erforderlich, um die Betreuung eines Säuglings zu übernehmen«, schrieb Hazrat Inayat Khan. »Geduld ist jedoch nie verschwendet; Geduld ist ein Prozeß, den die Seele durchläuft und wodurch sie wertvoll wird . . . Die Arbeit, ein Kind großzuziehen, für es zu sorgen, es zu erziehen und sich selbst in seinen Dienst zu stellen, ist genauso wertvoll wie die Arbeit eines Eingeweihten; denn ein Eingeweihter vergißt sich selbst in der Meditation, und eine Mutter vergißt sich selbst, indem sie ihr Leben für ihr Kind gibt.«[1]

Kinder lehren zu warten

Kinder erwarten von Natur aus stets eine sofortige Befriedigung ihrer Wünsche, und es ist Sache der Eltern, diesen Drachen früh zu zähmen. Selbst Kinder unter einem Jahr kann man eine kleine Weile warten lassen, bevor man sie füttert oder auf den Arm nimmt. Kleinkinder werden ihren Stoffhasen, ihre Decke oder die Mandarine genau dann haben wollen, wenn sie danach verlangen: jetzt! In solchen Momenten können Sie es mit der Vorstellung von Geduld vertraut machen, indem Sie die Antwort auf die Äußerung des Wunsches einen Augenblick hinauszögern. Ein Vater, der mit seiner Tochter und ihren Klötzen spielt, fragt sie, welche Klötze sie gern hätte, und wartet dann einen Moment, bevor er sie ihr reicht. Während dieser kurzen Wartezeit sitzt er sehr still, wie nach innen lauschend. Dann kehrt er zum Leben zurück und gibt ihr den gewünschten Klotz. Nach einiger Zeit dreht er den Prozeß um. Er sagt ihr, sie solle ihm einen Klotz geben, aber einen Moment warten, einen Augenblick *geduldig* sein, bevor sie ihn überreicht. So wird das Kleinkind auf sehr unauffällige Weise mit dem Begriff des Wartens bekannt gemacht.

Im Laufe des Tages ergeben sich weitere Möglichkeiten, geduldiges Warten zu lehren. Bei den Mahlzeiten sollte das Kind warten, bis alle am Tisch sitzen. Aufstehen darf es erst, wenn alle Mitglieder der Familie mit dem Essen fertig sind. Kleine Sachen summieren sich. Lassen Sie Kinder nach dem Essen zehn Minuten warten, bevor Sie den Nachtisch bringen. Sagen Sie: »Ja, ich spiele Domino mit dir, aber nicht gleich jetzt. Geh' fünfzehn Minuten lang in deinem Zimmer spielen, dann komme ich.«

Wenn Kinder wissen wollen, wie lang fünfzehn Minuten sind, dann sagen Sie ihnen, das sei ungefähr so lang wie es dauert, eine Mahlzeit zu essen. Geduld und Zeitgefühl sind verwandt, und in der Kindheit, in der Uhren so wenig Bedeutung haben, werden die Kleinen es genießen, ihre Stunden in natürlichen Intervallen zu messen. Bitten Sie sie, ungefähr so lange still zu warten, wie das Anziehen morgens dauert oder wie man braucht, um zur Bushaltestelle zu laufen. Warten soll die Regel werden, nicht die Ausnahme. Dabei werden Sie natürlich auf jede Menge Widerstand stoßen, aber um so richtiger ist es, darauf zu bestehen. Sagen Sie dem Kind, daß es sehr wohl eine Stunde fernsehen darf, aber erst, wenn die Hausaufgaben gemacht, alles herumliegende Spielzeug aufgeräumt oder die Decken ordentlich im Schrank verstaut sind. Zögern Sie es nicht zu sehr hinaus, aber gewähren Sie es auch nicht sofort. Lassen Sie zwischen dem Wunsch und der Erfüllung eine geraume Zeitspanne verstreichen. Auf diese Weise wird die Impulskontrolle gestärkt und stillschweigend eine Lektion erteilt: Man muß im Leben arbeiten und geduldig warten, bis die Vergnügungen gewährt werden.

Bedienen Sie sich körperlicher Arbeit, um Geduld zu lehren

Es gibt mentale Geduld, emotionale Geduld und körperliche Geduld. Lehren Sie alle drei, aber besonders die körperliche Geduld. Dies geht besonders leicht, wenn Sie Kinder dazu ermuntern, mit den Händen zu arbeiten, da dadurch sowohl ihre innere Hartnäckigkeit wie ihre manuellen Fertigkeiten gefördert werden. Setzen Sie Kindern bei ihrem Hobby oder bei einem Projekt ein festes Ziel, und helfen Sie ihnen dabei, es auch wirklich zu erreichen. Vergessen Sie aber nicht, daß es darum geht, die Kleinen Ausdauer und Konzentration zu lehren, und nicht darum, sie die weltbeste Mausefalle konstruieren zu lassen. Betonen Sie die Wichtigkeit des Prozesses, nicht das Ergebnis.

Ermutigen Sie Kinder, die über ihrem Projekt ungeduldig werden und in einem Anfall von Frustration ganz aufgeben wollen, eine Pause zu machen und es später weiterzuführen. Schlagen Sie ihnen vor, ins Freie zu gehen, zu laufen, neue Eindrücke zu suchen, etwas zu essen oder zu trinken und dann zurückzukommen und es fertig zu machen. Lassen Sie einfach nicht locker. Auch die Botschaft, daß man ein forderndes Problem vorübergehend zurückstellen, sich ausruhen, erfrischen und dann zu ihm zurückkehren kann, ist eine wertvolle Lektion in Sachen Geduld.

Lassen Sie schließlich Ihre Kinder Zeugen Ihrer eigenen Geduld angesichts einer schwierigen Klebearbeit oder eines komplizierten Strickmusters werden. Sie sollen miterleben können, wie Sie Ihre Frustration mit geduldiger Entschlossenheit überwinden. Psychologische Untersuchungen zeigen, daß die meisten Kinder die Fähigkeit haben, sich manuelle Fertigkeiten einfach dadurch anzueignen, daß sie Erwachsenen bei der Arbeit *zuschauen*. Die jungen Beobachter ahmen dann auch die Art nach, in der Erwachsene an die Aufgabe herangegangen sind. Ein Kind beobachtet die sorgfältigen zen-mäßigen Handbewegungen der Mutter beim Gemüseschneiden. Ein anderes sieht den Vater mit gut berechneten, eleganten Schwüngen Holz hacken. Ein drittes registriert den ruhigen, meditativen Zustand des Onkels an der Töpferscheibe. Die implizite nonverbale Botschaft heißt, daß langsam, sorgfältig, gewissenhaft zu arbeiten schon in sich selbst eine Art meditativer Akt sein kann.

Lebensbejahung

»Bei Kindern«, schrieb mir die Geistliche und Kinderpsychologin Diane Lyric in einem Brief, »heißt das Ziel, ihnen zu zeigen, wie sie mit dem glücklich sein können, was sie im gegenwärtigen Moment haben. Ihnen zu zeigen, daß die Freude daher kommt, nicht *mehr* zu wollen – das zu genießen, was einem selbst serviert wird, und nicht auf den Teller des Nachbarn zu schielen. Ihnen die himmlische Behaglichkeit zu demonstrieren, die mit dieser Bejahung einhergeht. Ich mag das Zitat von Albert Einstein: ›Sei bereit, es so sein zu lassen. Das anzunehmen, was geschehen ist, ist der erste Schritt zur Überwindung eines jeden Ungemachs.‹ In der heutigen Zivilisation verbringen wir unser ganzes Leben damit, darauf zu warten, was als nächstes kommt, welche materiellen Dinge oder sinnlichen Erfahrungen wir morgen haben werden. Es ist ein Jammer, daß unsere Schulen und Elterngruppen so wenig Wert darauf legen, das Kind zu lehren, mit dem zufrieden zu sein, was Gott uns bis heute beschert hat, und dafür dankbar zu sein. Ich halte dieses Annehmen mittlerweile für eine der letzten Stadien der spirituellen Reise. Sie liegt, glaube ich, nur ein paar Schritte vor dem echten Frieden.«

Wie lehrt man ein Kind wahre spirituelle Bejahung? Hier sind ein paar Vorschläge:

● *Umgeben Sie Ihr Kind nicht mit zu vielen materiellen Dingen.* »Die Ironie an der Sache ist doch«, so eine Mutter von zwei Kindern, »daß sie immer mehr erwarten, je mehr sie bekommen, und um so unglücklicher mit dem werden, was sie bereits haben.« Halten Sie sich mit Geschenken und Spielzeug, mit Gegenständen, die jeden Winkel des Schranks füllen, aber das Herz leer lassen, zurück. Wenige, dafür aber gut ausgewählte Sachen zu besonderen Gelegenheiten werden mehr geschätzt werden als ein endloser Strom von Geschenken.

Besonders alleinerziehende Eltern neigen dazu, ihre Sprößlinge mit großzügigen Geschenken zu verwöhnen, um ihre Trauer und ihre Schuldgefühle wegen der Scheidung aufzuwiegen. Aber das Kind erhält die negative Botschaft: Heile deine Wunden durch Konsum. Dabei ist elterliche Gesellschaft ein bedeutend besseres Angebot. Ein Besuch im Museum, gemeinsame Gartenarbeit, zusammen ein Fotoalbum anzulegen, Wäsche aufzuhängen, schwimmen zu gehen, im Wald Pilze zu suchen, einfach zu reden und zu lachen und sich gemeinsam zu amüsieren, wird ein Kind erheblich zufriedener machen als ein gekauftes Spielzeug. Zugleich werden Sie ihm dadurch die Lektion vermitteln, daß das, was uns im Leben wirklich zufrieden macht, sich nicht in materiellen Objekten findet, sondern im engen Kontakt mit Menschen, die wir lieben und denen wir vertrauen.

- *Dank sagen.* Sorgen Sie dafür, daß Ihr Kind abends Dankgebete sagt, die menschliches und göttliches Geben anerkennen. Manche Eltern machen noch eine »Danke-Liste«, wenn das Licht schon aus ist. Fragen Sie Kinder, wofür sie heute dankbar sind. Sie werden so antworten, wie es ihnen in den Sinn kommt, was oft sehr unterhaltsam ist. In meinem eigenen Kinderzimmer konnte ich zum Beispiel hören:
  Danke, Gott, daß du mich beschützt hast, als ich heute früh auf den Asphalt gefallen bin. Ein aufgeschrammtes Knie ist besser als der Tod.
  Danke, Erde, für Gänseblümchen und Blütenblätter.
  Danke, Mami, daß du mich zu Benjamin gebracht und nachher wieder abgeholt hast, obwohl ich so frech war.
  Danke, Sonne, daß du heute geschienen hast, als ich dich darum gebeten habe.
  Danke, Strom, daß du gekommen bist und all die Weihnachtslichter angemacht hast, die letztes Jahr kaputtgegangen sind.

- *Betonen Sie die Vorstellung von sozialer Dankbarkeit.* Kümmern Sie sich darum, daß die Kinder sich bei anderen zu bedanken lernen und alle Freundlichkeiten anerkennen. Undankbarkeit ist ein häßlicher Zug; ein undankbares Kind ist nie zufrieden, und ein unzufriedenes Kind ist nie glücklich. Bestehen Sie darauf, daß Kinder sich für Aufmerksamkeiten und Geschenke schriftlich oder auch telefonisch bedanken. Fragen Sie den Nachwuchs, was er tun könnte, um sich erkenntlich zu erweisen.

- *Vermeiden Sie das »Wenn-Syndrom«.* »Wenn es nicht geregnet hätte, hätten wir zum Karneval gehen können.« »Wenn sie dieses Sonderangebot länger aufrechterhalten hätten, hätten wir uns eine neue Klimaanlage leisten können.« »Wenn Norma die Teamleiterin wäre, würde alles viel besser über die Bühne gehen.« Wie einmal ein ägyptischer Freund von mir sagte, der ein Jahr lang hier lebte und lehrte: »Ihr überlebt mit drei Formulierungen: »Wenn«, »ich hoffe«, und »in der Zukunft«. In meinem Land werden solche Begriffe abgelehnt. Sie gelten als Beleidigungen Gottes, der am besten weiß, was wir brauchen.«

- *Preisen Sie die Zufriedenheit als lobenswerten und nachahmenswerten Wesenszug.* Till ist vom Pferd gefallen, hat sich den Knöchel verstaucht und muß das heiß ersehnte Handballturnier absagen. Er leidet mit stiller Würde, und seine Eltern loben seine Tapferkeit. »Wenn du an einem Problem etwas ändern kannst, dann tu' das«, hatte ihm sein Vater geraten. »Wenn nicht, dann nimm mit Anstand an, was Gott dir gibt.« Und er zitierte dann Reinhold Niebuhrs berühmtes Gebet: »Gott, gib uns die Gelassenheit, hinzunehmen, was wir nicht ändern können, den Mut, das zu ändern, was wir ändern können, und die Weisheit, das eine vom anderen zu unterscheiden.«

- Weisen Sie deutlich auf die Tatsache hin, daß in jedem Problem eine verborgene Chance steckt und daß Geduld im Unglück unvermeidlich Belohnungen nach sich zieht.

- John F. Kennedy hat oft gesagt, die Eigenschaft, die er an anderen am meisten bewundere, sei die, auch in schwierigen Lebenssituationen die Würde zu wahren. Richard Wilhelm zitiert in seinem Vorwort zum *I Ging* ein brillantes Beispiel für diese Eigenschaft. Der Vorfall ereignete sich, erklärt Wilhelm, im Ersten Weltkrieg bei der Belagerung der chinesischen Stadt Tsingtau. Wilhelm leitete dort die Arbeit des Chinesischen Roten Kreuzes, und zwischen den Angriffen vertiefte er sich in alte chinesische Schriften. »Am glücklichlichsten aber«, schreibt er, »war ein alter Chinese, der in seine heiligen Bücher so versunken war, daß er auch durch eine Granate, die neben ihm niederging, nicht aus der Ruhe gebracht werden konnte. Er faßte nach ihr – sie war ein Blindgänger –, dann zog er die Hand zurück und sagte, sie sei sehr heiß, um sich dann wieder seinen Büchern zuzuwenden.«[2]

Natürlich können sich nur wenige von uns einer so hochgradigen Losgelöstheit rühmen, aber schon kleine Anstrengungen in dieser Richtung werden uns weiterhelfen. Nehmen wir den Fall von Uli, der seinen dreizehnten Sommer damit verbrachte, sich für die Fußballmannschaft fit zu machen. Er strengte sich unglaublich an, um in dieser Mannschaft aufgestellt zu werden. Aber in der Woche vor dem ersten Spiel verletzte er sich beim Training beide Handgelenke, und der Arzt erklärte ihm, er werde mindestens einen Monat lang nicht spielen könne.

Ulis erste Reaktion war schiere Verzweiflung. Seine Mutter blieb bei ihm und vertrat beharrlich die Meinung, daß sich das, was wie ein Problem aussieht, oft genug in einen Segen verwandelt, wenn wir es nur aus der richtigen Perspektive betrachten. Sie drängte Uli, stillzusitzen und über das Problem zu meditieren. »Bitte nicht darum, daß deine Handgelenke schneller heilen«, riet die Mutter. »Bete um den Mut, das zu akzeptieren, was dir widerfahren ist, und um die Fähigkeit, daraus das Richtige zu lernen.«

Vier Wochen später waren Ulis Verletzungen ausgeheilt. Mittlerweile war er in die Photo-Arbeitsgemeinschaft der Schule eingestiegen und hatte beschlossen, den Fußball an den Nagel zu hängen. Seiner Mutter vertraute er an, daß er viel mehr Spaß daran haben würde, Bilder zu machen, als um den Ball zu kämpfen, und daß er diese ganze Freude ohne seine Verletzung wohl nicht entdeckt hätte. Seine Mutter konnte nur zustimmen.

Sie hätte ihren Standpunkt noch deutlicher machen können, wenn sie Uli gleich nach dem Unfall eine bestimmte chinesische Geschichte erzählt hätte, die der alte Gelehrte bei Wilhelm sicher auswendig kannte. Ich habe sie über die Jahre immer wieder in verschiedenen Fassungen gelesen, und jedesmal versetzt sie mir denselben spirituellen Schlag. Vielleicht gibt es keine andere Erzählung dieser Art, die so lebhaft beschreibt, wie wichtig es ist, anzunehmen, was einem widerfährt – und wieviel Frieden darin liegt, sich einem höheren Willen zu beugen:

Ein alter Mann lebte mit seinem Sohn und seinem Pferd auf einem kleinen Stück Land. Eines Tages lief das Pferd davon, und die Nachbarn kamen herbei, um den alten Mann zu trösten. »Welch eine Schande«, sagten sie. »Ohne das Pferd wirst du nicht pflügen können, und ohne Pflügen gibt es keine Ernte. Du hast wirklich großes Mißgeschick erfahren.«

»Vielleicht ja, vielleicht auch nein«, erwiderte der alte Mann.
Die Nachbarn schauten einander verwirrt an. »Welch eine selt-
same Antwort«, murmelten sie leise und gingen nach Hause.
Aber einen Tag später kehrte das Pferd zurück. Nun trug es
einen mit Edelsteinen und Gold besetzten Sattel. Keiner wußte,
wo er herkam, aber als sie ihn verkauft hatten, waren Vater und
Sohn reich.
Wieder kamen die Nachbarn des alten Mannes. »Welch großes
Glück ist dir von den Unsterblichen beschieden worden«, sag-
ten sie alle auf einmal. »Du bist wirklich ein Begünstigter.«
»Vielleicht ja, vielleicht auch nein«, antwortete der alte Mann.
»Was für ein undankbarer Kerl!« Mehr sagten die Nachbarn
nicht und gingen wieder.
In der nächsten Woche versuchte der Sohn des Mannes das
zurückgekehrte Pferd zu besteigen, aber das Tier war gereizt
und warf ihn ab. Er fiel auf die Erde und brach sich beide Beine.
»Wie entsetzlich«, klagten die Nachbarn nun. »Du hast einen
verkrüppelten Sohn. Keiner wird sich um deine Felder küm-
mern. Dein Glück hat sich zum Schlechten gewendet.«
»Vielleicht ja, vielleicht auch nein«, erwiderte der alte Mann.
Einige Wochen später marschierte ein Trupp Soldaten vor sei-
ner Tür auf. Ein imposanter Offizier teilte ihm mit, ganz in der
Nähe werde eine große Schlacht stattfinden, und die kaiserliche
Armee sei gekommen, um alle jungen Männer im Tal einzuzie-
hen. Wo der Sohn des alten Mannes sei? Der Junge kam hervor.
Aber als der Offizier sah, daß seine beiden Beine geschient
waren, rümpfte er entsetzt die Nase. »Daraus wird nie ein
Soldat«, erklärte er und zog mit seiner Armee ab.
»Was du für ein Glück hast«, riefen nun die Nachbarn aus. »All
unsere Söhne mußten zur Armee, und einige werden vielleicht
nie wiederkommen. Nur der deine bleibt und kann dich im
Alter versorgen. Die Unsterblichen verachten uns und halten
dich in Ehren.«
»Vielleicht ja, vielleicht auch nein«, entgegnete der alte Mann.
Diesmal verstanden die Nachbarn. Sie lächelten stumm.

Seien Sie selbst geduldig

Vergessen Sie nicht, daß jedes Kind in seinem eigenen Tempo wächst und daß Eltern mit Sicherheit irgendwann dazu aufgerufen sind, den Unzulänglichkeiten ihres Nachwuchses mit Geduld zu begegnen. Manche Kinder werden schlechte Esser sein. Andere werden spät sprechen, laufen oder sauber werden. Manche werden geizig sein, Lernschwierigkeiten haben oder wasserscheu sein. Jedes Kind wird auf irgendeinem Gebiet eine Achillesferse aufweisen, und wenn dieser Moment kommt, muß die elterliche Toleranz reichlich fließen. Ihr Kind mit anderen zu vergleichen ist bestenfalls ein gefährliches Spiel, das sowohl den Eltern wie dem Kind das Gefühl geben kann, Versager zu sein. Je mehr die Eltern ihr Kind so akzeptieren, wie es ist, desto stärker wird sich das Kind akzeptiert fühlen; und als Erwachsener wird dieses Kind dann andere ebensosehr akzeptieren können.

Vierundzwanzigstes Kapitel

Manieren und Nachsicht

Zwei in einem: Manieren und Nachsicht

Gute Manieren sind Ausdruck von *Liebenswürdigkeit*. Sie geben anderen Menschen das Gefühl, respektiert zu werden, sie machen ihre Last leichter, und im Laufe dieses Prozesses beschneiden sie unsere Selbstsucht und Eigenliebe. Manieren sind eine Möglichkeit, uns selbst spirituell zu helfen, indem wir anderen helfen.

In vielen Ländern, besonders im Mittleren und Fernen Osten, sind die Manieren und das Benehmen stark formalisiert und wirken für das westliche Auge oft reichlich übertrieben. Aber darin liegt Methode. Menschen neigen dazu, selbstsüchtig zu sein. Und damit sie die Rechte der anderen nicht völlig aus den Augen verlieren, muß man sie beständig daran erinnern.

Wohlerzogenheit dient als Kontrolle gegen diese negative Tendenz, selbst wenn sie von außen vollkommen routinemäßig und ritualisiert wirkt. Wenn man einen japanischen Haushalt besucht, stellt der Vater seine Familie vielleicht so vor: »Dies ist meine frivole, mißratene Tochter. Das ist meine einfache, unwürdige Frau. Das ist mein starrköpfiger, närrischer Sohn.« Vermutlich meint er in seinem Innern nichts von dem, was er sagt. Aber irgend etwas an dieser uralten Form der Vorstellung erinnert ihn tief in seinem Unbewußten daran, daß es spirituell wichtig ist, bescheiden zu sein. In diesem Fall ist das Medium die Botschaft; Manieren sind erprobte Formeln, die Erwachsene und Kinder auf irgendeine Weise daran erinnern, daß die höchste Verhaltensform die ist, anderen zu dienen. Es folgen einige Vorschläge, wie man diese Prinzipien in jungen Köpfen verankern kann:

Bezeugen Sie dem Kind gegenüber Dankbarkeit
Beginnen Sie damit, daß Sie schon zu Vorschulkindern *bitte* und *danke* sagen, wenn sie Ihnen etwas reichen. Aber sagen Sie es aus ganzem Herzen. Lassen Sie das Kind spüren, daß Sie wirklich

dankbar sind für das, was Ihnen gegeben wurde. Lassen Sie positive Emotionen in den Vorgang einfließen. Wenn solche Momente durch echte Gefühle lebendig werden, erhalten sie für junge Menschen eine tiefe Bedeutung. Viele Kinder werden von allein anfangen, selbst *danke* zu sagen, weil es sich so gut anfühlt.

Vor vielen Jahren unternahm ich eine Reise in das vor-russische Afghanistan und wohnte mehrere Wochen lang in einem kleinen Hotel in Kabul. Da ich einige Monate mit einem Koffer, der kaum noch zusammenhielt, durch den Osten gereist war, ging ich auf den örtlichen Basar und erstand ein funkelnagelneues chinesisches Modell mit Messingschließen und einem Kombinationsschloß. Ich war gerade wieder in mein Hotel zurückgekehrt und wollte eben den alten Koffer an den Empfang bringen, um ihn loszuwerden, als es an die Tür klopfte. Es war der Hausdiener, der das Zimmer machen wollte.

Dieser Hausdiener war ein älterer Mann, der wie seine Landsleute Pyjamahosen, ein braunes Hemd und einen Turban trug. Es war für mich als einen Außenstehenden unmöglich, seine sozialen und finanziellen Verhältnisse einzuschätzen, aber ich beschloß, das Risiko, ihn vor den Kopf zu stoßen, einzugehen und ihm den Koffer anzubieten. Ich hoffte natürlich, er würde nicht durchschauen, daß dies ein spontaner Versuch war, mir den Weg nach unten zu ersparen.

Zunächst schien er sprachlos, wie ein Mann, dem plötzlich ein Thron angeboten wurde. Er sagte nichts, sondern nahm den Koffer einfach auf und ging damit aus dem Zimmer. An der Tür drehte er sich um, legte eine Hand auf sein Herz und machte eine kurze dankbare Verbeugung. Dann war er weg.

Ich weiß bis heute nicht, was mich an diesem Augenblick so gerührt hat. Da war nichts als ein einfaches Kopfnicken und ein schneller, brennender Ausdruck in den Augen, weder unterwürfig noch abwehrend. Aber weder vorher noch nachher in meinem Leben habe ich so von Herzen kommenden Dank erhalten. Die Zeichen der Freude dieses alten Hausdieners – seine verschwiegene Geste der Anerkennung und des Dankes – schienen buchstäblich in meinen Körper einzugehen. Ich konnte sie in mir fühlen, als ob etwas Greifbares in mein Herz gelegt worden sei. Und dieses Gefühl kann ich noch heute, fünfundzwanzig Jahre später, spüren.

Nutzen Sie Alltagserfahrungen
Erziehen Sie Ihre Kinder dazu, bei Tisch mit dem Essen zu
warten, bis alle da sind. Erklären Sie ihnen, daß es höflich ist, den
Mund beim Kauen geschlossen zu halten; schließlich mag sich
keiner bereits zerkaute Speisen anschauen. Weisen Sie Kinder
darauf hin, daß Sie andere nicht beim Sprechen unterbrechen
sollten. Ermuntern Sie sie, herumliegende Dinge wegzuräumen.
»Wieso?« fragt Jakob. »Weil es freundlich ist zu helfen, und weil
wir deine Hilfe *brauchen*.« Fordern Sie Kinder auf, hilfreiche
Dienste zu leisten, etwa der Großmutter bei Tisch den Stuhl
zurechtzurücken. »Warum?« will Sophie wissen. »Weil Großmutter Probleme mit ihrem Bein hat und du es ihr damit viel leichter
machen kannst. Ich bin stolz auf dich.«

Helfen Sie Kindern dabei, Dinge zu tun,
die ihnen gegen den Strich gehen
Kinder beschweren sich, sie würden Frau X. »hassen«. Warum
sollen sie also höflich zu ihr sein? Die Eltern antworten: »Weil es
eine freundliche Geste ist. Und weil es eine hervorragende Übung
ist, gegen die eigenen negativen Gefühle anzugehen und uns
höflich gegenüber Menschen zu benehmen, die wir nicht besonders mögen.«
     Was heißt das in der Praxis? Nun, ein Lächeln auf unser Gesicht
zu zwingen, wenn in unserem Herzen keines ist. Ein warmer
Händedruck, wenn die Hand unseres Gegenübers kalt und unfreundlich ist. Jemandem vom Stuhl aufzuhelfen, den wir eigentlich lieber niederschlagen würden. Einem uns unangenehmen
Menschen ohne Groll in die Augen zu schauen. Gegen die innere
Stimme anzugehen, die sagt: »Ich kann diese Person auf den Tod
nicht ausstehen.« Diese Person, das sollten die Eltern klarstellen,
ist ein menschliches Wesen. Er oder sie ist ebenso sehr ein Teil
von Gottes Schöpfung wie wir, und als solchem schulden wir ihm
Respekt. Kinder sollten lernen, diesen Respekt zu zollen, auch
wenn es schwerfällt. Ist es scheinheilig, zu Menschen, die wir nicht
mögen, höflich zu sein? Vielleicht. Aber nur, wenn wir es sind, um
sie auszubeuten oder zu übervorteilen. Ansonsten ist es einfach
eine Technik, gegen die eigene Negativität anzugehen und Frieden zu halten.
     Darüber hinaus machen Kinder, die bereits in jungen Jahren
den Impuls unterdrücken lernen, die Zunge rauszustrecken, zu

murren oder Schimpfworte zu benutzen, große Schritte in Richtung Selbstkontrolle. Ihre frühen Bemühungen können später sowohl das Material für echte Güte und Nachsicht wie für innere Willenskraft abgeben. »Du bist traurig oder besorgt, empört, eifersüchtig oder mißtrauisch«, schreibt A. R. Orage. »Versuche diesem Impuls genau in dem Moment, in dem du eine dieser Emotionen erfährst und sie gerade unfreiwillig zum Ausdruck bringen willst, zu widerstehen. Verhindere, daß deine Muskeln sich deiner Stimmung anpassen. Sorge wenigstens dafür, daß sie stillhalten. Wenn man sich genau in dem Augenblick um die Unterdrückung solcher Gefühle bemüht, in dem unser Körper eifrig bestrebt ist, unser Geheimnis auszuposaunen, wird das lohnende Ergebnisse bringen ... Ein Mensch, der seinen Muskeln den gewohnheitsmäßigen Luxus untersagen kann, automatisch seine Stimmungen und Emotionen zum Ausdruck zu bringen, ist auf dem besten Weg, große Macht zu erlangen.«[1]

Seien Sie höflich zu Kindern

In manchen östlichen Ländern sind Respekt und Höflichkeit gegenüber Kindern ein integraler Bestandteil des Familienlebens, auch wenn das manchen Leuten im Westen befremdlich erscheint. Im alten China verneigte sich ein Sohn vor dem Vater und dann der Vater vor dem Sohn. Das Kind in der Wiege wurde mit besonderer Ehrfurcht angesprochen, da man glaubte, Neugeborene seien für besonders wohlgesetzte Worte empfänglich. Kinder erhielten an der Festtafel Ehrenplätze, und die Eltern gaben sich große Mühe, mit ihrem jungen Nachwuchs ausgesucht höflich umzugehen.

Heutzutage können Eltern diese Methoden in moderne Anwendungsformen übersetzen:

Vermeiden Sie es, Kinder öffentlich zu maßregeln, insbesondere, wenn Freunde oder wichtige Erwachsene dabei sind. Sollten Kinder sich in der Öffentlichkeit ungebührlich aufführen, können Sie sie beiseite nehmen und mit ihnen reden; üben Sie nie vor anderen harte Kritk an ihnen. Die Erinnerung an scharfe Verweise in der Öffentlichkeit kann bleibende Narben hinterlassen.

Reden Sie mit Kindern in einem normalen Ton. Vermeiden Sie den Singsang und herablassenden Tonfall, dessen sich so viele Erwachsene im Umgang mit Kindern bedienen: »Na, Mäuschen, wie geeehts denn heute? Du siehst schon sooo viel besser aus. Das ist aber schööön!«

Gewähren Sie Kindern psychisch Raum und physisch Platz. Lassen Sie ein Kind in Ruhe, wenn es allein gelassen werden will. Locken oder belästigen Sie es nicht. Kindern für ihre private Welt Raum zu lassen, ist mit das Anständigste, was Eltern tun können.

Helfen Sie ihnen, wenn Sie können. Seien Sie da, wenn es etwas zu helfen gibt. Gehen Sie aber genauso willig darauf ein, wenn Kinder die Aufgabe selbst bewältigen wollen. Manchmal liegt die Höflichkeit ebenso in den Dingen, die wir für das Kind *nicht* tun, wie in denen, die wir tun.

Bestehen Sie darauf, ihnen Manieren beizubringen, die von Bedeutung sind. Es ist letzten Endes nicht so wichtig, ob Kinder einen Handkuß beherrschen. *Wichtig* ist aber, daß sie andere nicht schubsen, niemandem ins Ohr brüllen und die Finger nicht am Tischtuch abwischen. Und genau diesen Unterschied erkennen Kinder auch selber.

Michael Shulman und Eva Mekler weisen in ihrem Buch über Kinder und Moral darauf hin, daß eine Gruppe von Psychologen bei der Beobachtung Dutzender von Schulklassen zu interessanten Ergebnissen kam: Alle Kinder zwischen zweieinhalb Jahren und der Adoleszenz verstehen ganz deutlich den Unterschied zwischen Anweisungen, die auf bürokratischen Forderungen beruhen, und solchen, bei denen es um echte menschliche Werte geht.

Sie haben festgestellt, daß die jungen Leute den menschlichen Regeln – keine Tiere schlagen oder töten, nicht stehlen oder unfair sein – viel eher folgen als den konventionellen – beispielsweise in welchem Teil der Wohnung man ißt und in welchem die Hausaufgaben gemacht werden sollen. Die meisten Kinder waren der Meinung, einem Klassenkameraden zu schaden sei falsch, auch wenn es keine dementsprechende Schulregel gäbe. »Dieses Ergebnis ist deswegen besonders wichtig«, folgern Shulman und Mekler, »weil es erklären hilft, wieso sich Kinder gewöhnlich nicht gegen moralische Regeln sträuben, obwohl sie sich gegen die konventionellen mit aller Macht zur Wehr setzen.«[2]

Eltern sollten diesen Hinweisen folgen und nur auf der Form von Höflichkeit wirklich bestehen, die anderen Menschen hilft, sie beschützt oder beruhigt. Alle übrigen unterliegen mehr oder weniger dem Diktat der jeweiligen Mode.

Bauen Sie in die täglichen Gespräche viele unterschiedliche unterstützende Sätze ein, die dem Kind das Gefühl von Wertschätzung und

Anerkennung vermitteln. Die Kleinen hungern oft nach Lob, aber Eltern übersehen häufig diesen relativ einfachen Weg, ihnen zu Wohlbefinden zu verhelfen. Hier einige typische Beispiele:

»Da hast du ganz recht, Franz. Die Idee ist prima.«
»Da weist du auf einen wichtigen Punkt hin, Vanessa. So habe ich das noch nie gesehen.«
»Danke, daß du mich daran erinnert hast. Ich hätte das doch glatt vergessen.«
»Wie lieb von dir, Fabian! Du hast mir wirklich den Tag gerettet.«
»Du bist wirklich prima, Jenny. Bei dem Regen hätten die meisten nicht so lange gewartet.«
»Darin bist du wirklich besonders geschickt. Ich bin beeindruckt.«

Wenn Kinder Fehler machen, sollten Eltern ihnen aus Höflichkeit dabei helfen, ihr Gesicht zu wahren:

KIND: Ich habe mein Heft in eine Pfütze fallenlassen, Mami. Es ist klatschnaß.
MUTTER: O jemine! Naja, es ist heute wirklich naß draußen. Du bist wahrscheinlich ausgerutscht, nicht wahr? Schauen wir mal, wie wir das Heft bis morgen trocken kriegen.

KIND (schüttet Saft über sich selbst und den Eßtisch): Ach Mist, ich mach aber auch nie was richtig.
VATER: Wieso machst du dich selbst schlecht? Das Glas war ganz glitschig von dem Saft. Ich hab's gesehen. Jedem geht mal was daneben. Mir jedenfalls passiert sowas auch manchmal.

Wenn Sie zu einem Kind höflich sind, wird das Kind allmählich auch höflich zu Ihnen sein. Kinder sind Spiegel für ihre Eltern. »Wenn ein junger Mensch flucht«, meinte Martin Luther King einmal, »sollte man die Eltern bestrafen, nicht das Kind.«

Erklären Sie die Logik hinter den Benimmregeln
Dag Hammarskjöld hat es recht klar auf den Punkt gebracht: »Sei zu allen Menschen höflich. Nicht weil sie Gentlemen wären, sondern weil du selbst ein Gentleman bist.« Kinder müssen unbe-

dingt begreifen, daß Manieren keine willkürlichen Vorschriften sind, sondern vielfach erprobte und bewährte Techniken repräsentieren, die über die Jahre entwickelt wurden, um anderen zu helfen und das eigene Karma zu verbessern.

Wenn Kinder die Füße auf den Tisch legen, erklären Sie ihnen, daß dadurch Keime und Bazillen auf den Tisch gelangen, die Krankheiten auslösen können. Wenn Kinder nach dem Essen grapschen, erklären Sie, daß eine solche Gier ein Zeichen von fehlendem Respekt für den Koch ist, der die Mahlzeit zubereitet hat, und für Gott, der die Grundstoffe dafür hat wachsen lassen. Wenn Kinder sich in der Schlange vordrängeln, stellen Sie klar, daß wir uns, indem wir andere vorlassen, an unsere Verantwortung erinnern, unsere Mitmenschen mit Achtung zu behandeln. Jemanden mit einem freudigen »Hallo« zu begrüßen, bringt unsere freundschaftlichen Gefühle für diesen Menschen zum Ausdruck – und er wird sie erwidern. Eltern können ihren Kindern erklären, das Gute an Manieren sei, daß man Gefühle ohne Worte kommunizieren könne. Manchmal hat man keine Worte für Gefühle, kann sie aber durch Taten demonstrieren.

Lehren Sie Manieren auf höfliche Weise

Dr. Haim Ginnot weist darauf hin, daß viele Eltern ihren Sprößlingen auf bemerkenswert unhöfliche Weise Manieren beizubringen versuchen. Wilhelms Vater knurrt seinen Sohn zum Beispiel recht unhöflich an: »Wilhelm, du sollst dich entschuldigen, wenn du gerülpst hast!« Miras Mutter schreit ihre Tochter an: »Um Himmels willen, Mira, wie oft habe ich dir schon gesagt, du sollst ›Guten Tag‹ sagen, wenn du jemandem die Hand gibst.«

Solche barschen Befehle entfremden nur, statt die Kinder zu ermuntern, und sie geben auch negative Beispiele. »Die beste Art, die Jungen zu erziehen«, heißt es bei Platon, »ist die, dich gleichzeitig selbst zu erziehen; sie nicht zu ermahnen, sie dich aber nie Dinge tun sehen lassen, für die du sie ermahnen würdest.«

Lehren Sie Kinder Respekt für Erwachsene, besonders für Eltern und Großeltern

Zum Propheten Mohammed kam einst ein Jüngling und erklärte, er wolle der Lehre des Propheten folgen und bei ihm bleiben. Aber er sei noch so jung, und seine Eltern bräuchten ihn zu Hause. Was er tun solle? Der Prophet erwiderte, der Jüngling solle ihm jetzt noch nicht folgen, sondern zu Hause bleiben und seiner Familie dienen. Das wäre viel besser. »Warum wies der Prophet jenes Ideal zurück, warum schickte er ihn nach Hause?« fragt der Sufilehrer Hazrat Inayat Khan, der diese Geschichte berichtet. »Weil der Prophet das für das erste Ideal hielt. Wenn er nicht zu jenem ersten Ideal gelangte, wie könnte er dann das zweite Ideal erreichen? Wenn er nicht für seine Eltern sorgte, sie nicht achtete oder sich ihnen gegenüber nicht dankbar fühlte, wie könnte er den Propheten würdigen?«[3]

Respekt für die Älteren ist in vielen Ländern des Ostens immer noch ein fundamentaler Bestandteil des Lebens. Unsere eigene Gesellschaft dagegen hat den Prozeß umgekehrt, verbannt die Alten aus den Gedanken und dem Blickfeld und betet die Jugend an. Um so mehr sollten wir darauf bestehen, zu Hause diese Art von Respekt zu fordern. Wenn man Kindern beibringt, ihre Eltern als geachtete Freunde zu behandeln, werden sie diese Einstellung mit sich in die Welt hinaustragen. Respekt vor dem Gesetz, Respekt vor guten Menschen, Respekt vor Weisheit und Respekt vor Gott, all das sind Lehren, die Kinder aus dem respektvollem Umgang mit Älteren ziehen können.

Wie macht sich ein Mangel an Respekt bei Kindern bemerkbar? Jeder erkennt ihn, wenn er ihn sieht. Die Neigung zu argumentieren, zu schlagen, Widerworte zu geben, loszubrüllen, zu hänseln, nicht zuzuhören, frech und ungehorsam zu sein, ohne Bedauern Gleiches mit Gleichem zu vergelten. Manche Eltern lachen über solche Reaktionen und schreiben sie der Unreife zu: »Es ist ein kleines Kind, was können wir denn von ihm erwarten?« Aber Hazrat Inayat Khan meint, Verhalten solchermaßen zu beurteilen, sei nicht gut für das Kind: »... alle respektlosen Tendenzen in der Kindheit nehmen mit den Jahren zu. Wir glauben nicht, daß sie irgendeine Bedeutung haben; aber wenn sie wachsen, dann wachsen sie als Feinde, die unerbittlichsten Feinde jedes Kindes... Das Fehlen dieser Neigung (zu Respekt) ist ein Unglück für den Menschen. Außerdem hat der Mensch, der keine Achtung vor einem anderen hat, auch keine Achtung vor sich selbst. Er kann sie nicht haben, er hat nicht den Sinn dafür. Selbst-Achtung kommt nur zu dem Menschen, der Respekt vor anderen hat; in einem respektlosen Menschen werden wir immer einen Mangel an Selbst-Achtung finden.«[4] Noch ein paar Vorschläge, wie man Respekt lehren kann:

- Junge Leute sollten von frühester Kindheit an lernen, hohes Alter, Gelehrsamkeit, Geschicklichkeit, Religion, Bescheidenheit, gute Menschen, Fleiß, Charakterstärke und das Göttliche zu respektieren. Kinder werden auf alle Fälle Helden und Rollenmodelle suchen. Da ist es besser, wenn die Eltern ihnen die *richtigen* Helden und Heldentaten nahebringen. Wir werden zu dem, was wir bewundern.

- Wenn Sie sehen, daß sich Ihr Kind in der Öffentlichkeit einem Erwachsenen gegenüber – etwa einer Kellnerin, einem Hausmeister oder einem älteren Nachbarn – unhöflich benimmt, müssen Sie diesen Verstoß gegen die Etikette genauso streng bestrafen, wie wenn es beispielsweise Ihnen gegenüber frech gewesen wäre. Machen Sie deutlich, daß Menschen anständig behandelt werden *müssen*, unabhängig von ihrem Beruf, ihrer Rasse oder ihrem Platz im Leben. Bieten Sie selbst im Bus älteren Menschen ihren Sitzplatz an, und fordern Sie Ihr Kind auf, es Ihnen gleichzutun. Bitten Sie das Kind aufzustehen, wenn ein älterer Mensch das Zimmer betritt. Lassen Sie es den Stuhl zurechtrücken oder den Spazierstock reichen. Letztlich ist wirklich gutes Benehmen eine Form göttlicher Bruderliebe.

- Als Faustregel: Ein Kind sollte seine Eltern nie – *und zwar absolut nie* – schlagen dürfen. Solche Angriffe müssen strikt abgelehnt und sofort bestraft werden. Zu schlagen ist der schlimmste Akt der Respektlosigkeit. Ein Vater bestrafte seinen Sohn, der auf ihn eingeschlagen hatte, damit, daß er ihn eine Woche lang täglich fünfundzwanzig Liegestütze und zwanzig tiefe Kniebeugen machen ließ – Schmerz um Schmerz. Eine Mutter verbot ihrer Tochter, zu einer freudig erwarteten Party mit Übernachtung zu gehen, weil sie die Hand gegen ihre Großmutter erhoben hatte. Lassen Sie so etwas nie ungestraft durchgehen.

- Kinder sollten Erwachsene mit »Herr« oder »Frau« beziehungsweise »Onkel« oder »Tante« ansprechen. Wenn Zehnjährige zu Neunzigjährigen »Elli« oder »Gustav« sagen, paßt das nicht zu einem Haushalt, in dem Respekt herrschen soll. Betonen Sie die Tatsache, daß dies Ehrenbezeugungen sind, die wir als Zeichen unserer Achtung verwenden. Der geehrte Erwachsene ist älter, hat mehr gesehen, mehr getan, mehr gelitten, weiß daher mehr und steht auf der Pyramide der Lebensweisheit über dem Kind. Schon allein deswegen gebührt ihm absoluter Respekt. Bestehen Sie darauf, daß Ihre Kinder sich daran halten, ganz egal, was die anderen Kinder tun.

• Betonen Sie die Notwendigkeit des Respekts vor der Natur und allen lebendigen Wesen in Gottes Schöpfung. Sie können gar nicht oft genug fragen: »Was hast du heute Schönes gesehen?« Sagen Sie Kindern, daß in der Natur jeder Tag ein heiliger Tag ist und daß alles, was wächst, von göttlichem Geist beseelt ist, der sich schweigend in den »Zeichen« der Natur äußert. Lassen Sie Kinder bei Umwelt-Säuberungsaktionen mitsammeln und mehr über das Gleichgewicht der Natur lernen, an Naturkundegruppen teilnehmen und Wanderungen mit Übernachtungen im Freien machen.

Ein Vater, der oft mit seinem Sohn im Wald spazierenging, forderte ihn auf, ganz stillzustehen und der Bewegung der Blätter zu lauschen. Dann erklärte er ihm, daß es vor langer, langer Zeit im alten Griechenland weise Menschen gab, die in den Wäldern lebten. Es hieß von ihnen, sie könnten die Sprache verstehen, die die Blätter sprechen, wenn sie im Wind rauschen. Zu diesen Weisen kamen Ratsuchende aus aller Welt, um sie zu befragen. Dann hat man eigens zu diesem Zweck in heiligen Hainen besondere Tempel gebaut.

• Lehnen Sie Grausamkeit gegenüber allem Lebendigem ab. Erklären Sie, daß Menschen die Pflicht haben, zur gesamten Schöpfung höflich zu sein, nicht nur untereinander, und daß wir den Tieren und Insekten, den Fischen, Pflanzen, Bäumen, selbst den Steinen und der Erde ein besonderes Maß an Respekt und Freundlichkeit schulden. Wenn Sie Ihr Kind einen Ameisenhaufen zerstören oder einer Pflanze sinnlos die Blätter abrupfen sehen, ist es an der Zeit, es die Ehrfurcht vor allem Leben und Respekt vor der Schöpfung zu lehren. »Bis du selbst einen Fliegenflügel machen kannst, zupfst du besser keinen ab.«

»Die Kinder der Crow-Indianer lernen, daß alles, was man sehen kann, in dieser Welt einen Sinn hat und etwas zum Leben beiträgt«, schreibt Henry Old Coyote in den Erinnerungen an seine Kindheit auf den Great Plains. »Alles hat einen Sinn; da draußen ist eine Macht, und diese selbe Macht ist für alles verantwortlich, was dich umgibt. Das gilt selbst für die Jagd. Wir lernen, wenn wir jagen gehen und Fleisch erbeuten, einen Teil davon für die fleischfressenden Tiere und Vögel zurückzulassen. Normalerweise sagen wir allem da draußen, daß wir dieses Fleisch liegenlassen, damit die fleischfressenden Tiere es mit uns teilen können . . . Wir werden immer gelehrt, unsere Umgebung zu respektieren.«[5]

- Seien Sie im Umgang mit Ihren eigenen Eltern ein gutes Vorbild. Wenn sie noch am Leben sind, können Sie Ihre Kinder sehen lassen, wie Sie ihnen dienen. Sprechen Sie respektvoll mit Ihren Eltern. Kritisieren Sie sie nicht vor den Kindern. Widersprechen Sie ihnen nicht öffentlich, streiten Sie nicht und seien Sie nicht herablassend – all das würde dem Kind signalisieren, es könnte sich Ihnen gegenüber genauso benehmen.

- Merken Sie sich, daß Kinder nicht von allein respektvoll sind. Respekt ist eine erlernte Tugend, und Eltern müssen so lange darauf bestehen, daß sie geübt wird, bis sie zu einem festen Teil der Weltanschauung des Kindes geworden ist, was gewöhnlich in der Zeit kurz vor der Adoleszenz der Fall ist.

Fünfundzwanzigstes Kapitel

Freundlichkeit und Güte

Vor etlichen Jahren war ein Mönch aus Burma zu Besuch in New York. Er wohnte mehrere Wochen lang bei einer Gruppe von Schülern und gab dort täglich Audienzen. Zu einer dieser Sitzungen kam eine Frau Mitte dreißig in Begleitung ihrer beiden Söhne von acht und elf Jahren, die ebenfalls den hoch geschätzten Besuch kennenlernen sollten.

Es war Sommer, und die Fenster standen weit offen. Der Mönch und die Frau unterhielten sich, während die Jungen desinteressiert dabeisaßen. Während des Gespräches landete eine Mücke auf dem Arm des Mönchs und begann Blut zu saugen. Irgend jemand wollte sie verscheuchen, aber der Mönch schüttelte den Kopf. »Sie nimmt so wenig«, sagte er leise.

Diese Szene riß die beiden Knaben aus ihren Tagträumen, und sie betrachteten den Mönch mit unverhohlener Neugier. Offensichtlich war ihnen noch nie der Gedanke gekommen, eine Mücke *nicht* umzubringen. Der Mönch spürte ihr Interesse und wandte sich direkt an sie: »Alles, was lebt, möchte glücklich sein«, sagte er. »Wenn ihr groß seid, werdet ihr das auch sein wollen. Wißt ihr, was ihr tun müßt, um glücklich zu sein?« Die Jungen schüttelten den Kopf.

»Ihr müßt lernen, zu jedem gütig und freundlich zu sein«, hieß die Antwort. »Selbst zu Jungen, die euch schikanieren. Zu Lehrern, die unfreundlich zu euch sind. Jedesmal, wenn ihr zu jemandem nett seid, der gemein zu euch war, werdet ihr stärker werden. Immer stärker. Bis ihr eines Tages wissen werdet, daß das, was alle auf der Welt glücklich macht, Güte und Freundlichkeit ist.« Und mit einem Augenzwinkern: »Selbst Mücken mögen das.« Dann rezitierte er ein Gedicht:

Wenn du anderen
Nicht hilfst . . .
Verschwendest du deine Gebete.

»Freundlichkeit gebiert Freundlichkeit«, schrieb schon Sophokles, und das ist mit Sicherheit ein Teil der Lektion, die der Mönch in den Herzen der Kinder verankern wollte. Mut, Geduld, Bescheidenheit, Höflichkeit, sie alle sind im Leben notwendig – aber freundliche Güte ist Liebe, und Liebe ist die spirituelle Energie, um die alle anderen Tugenden kreisen wie Planeten um eine Sonne. Wenn Eltern ihre Kinder die Bedeutung dieser strahlenden Kraft lehren, werden sie ihnen schon den halben Weg zum Himmel gepflastert haben.

Legen Sie besonderen Wert auf Großzügigkeit

Selbst Kleinkinder kann man schon dazu ermutigen, ihr Spielzeug mit anderen Kindern zu teilen. Wenn die Sprößlinge sich dagegen sträuben, ihre Sachen zu verleihen, sollte man sanft insistieren. Großzügigkeit ist eine wunderbare erste Lektion in Güte und Freundlichkeit.

Diese Art von Übung zahlt sich später aus, wenn man sieht, wie Schulkinder einen Teil ihres Taschengeldes in den Hut eines Bettlers werfen oder ihrer kleinen Schwester einen heiß begehrten Luftballon kaufen. Mit zunehmender Einsicht und wachsendem Wissen entdecken Kinder, daß die Freude eines anderen sie genauso glücklich machen kann wie die eigene. Sie lernen, daß Großzügigkeit einen unbeschreiblichen Ansturm von guten Gefühlen bewirkt.

Bringen Sie Ihren Kindern bei, wie wichtig es ist zu teilen, und helfen Sie ihnen, den Unterschied zu wahllosem Schenken zu entdecken. Vor ein paar Jahren zog eine Gruppe von Hindufamilien in den Westen, wo sie bald mit der hiesigen Geschenkmanie konfrontiert wurde. Es dauerte nicht lange, bis ihre Kinder sich zu erkundigen begannen, was sie denn wohl zu Weihnachten bekommen würden oder warum sie keine großen Geburtstagspartys feiern dürften. Die älteren Mitglieder der Gruppe setzten sich zusammen und zerbrachen sich den Kopf darüber, was sie diesem aus ihrer Sicht unreligiösen Konsumverhalten entgegensetzen könnten. Schließlich beschlossen sie zu versuchen, den Prozeß umzukehren. An den westlichen »Geschenktagen« sollten die Kinder Präsente machen, statt welche zu bekommen.

Zu Weihnachten wurde ein Fest für die jungen Leute der Gemeinschaft veranstaltet. Jedes Kind sollte ein Geschenk mitbringen, das an die Armen weitergegeben werden würde. Man spielte traditionelle Spiele, aß Eis und Kuchen, und alle hatten ihren Spaß. Zum Schluß wurden die Geschenke in eine schöne Schachtel verpackt, die die Kinder selbst in einem nahen Waisenhaus abgaben. So wurde der vielbeschworene »Geist der Weihnacht« wirklich in die Praxis umgesetzt, und die Kinder wurden mit einer entscheidenden Botschaft »geimpft«: Geben ist seliger denn Nehmen. Daraus, daß Geben in Ihrer Familie immer ein Thema sein sollte, folgt nicht, daß das Nehmen deswegen abzulehnen wäre. Die Neigung des Kindes zum Geiz wird nicht notwendigerweise dadurch überwunden, daß man ihm sagt, es solle großzügiger sein, sonst . . . ! Versuchen Sie lieber, den Mangel an Großzügigkeit zu ignorieren und das Gegenteil hervorzuheben, als das Kind direkt mit seinem Geiz zu konfrontieren. Zum Beispiel so:

Die kleine Donata hat zu Weihnachten einen Plattenspieler bekommen. Ihre ältere Schwester Marga wollte einige von ihren eigenen Platten darauf hören, aber Donata erklärte, niemand auf der Welt außer Mama, Papa und sie selbst dürften das Gerät auch nur berühren. Statt nun eine Predigt über die Bedeutung des Teilens zu halten, beschlossen die Eltern, das Problem in Ruhe anzugehen. Sie sagten Marga (in Donatas Anwesenheit), ihre Schwester sei wirklich ein sehr großzügiges Mädchen, nur jetzt mit ihrem neuen Geschenk noch sehr besitzergreifend. Und sie versicherten ihr, daß Donata sicher ihre Meinung ändern und ihren neuen Besitz mit der Schwester teilen würde, wenn sie das Gerät erst eine Weile für sich gehabt hätte.

Das Problem mit dem Plattenspieler tauchte in den nächsten Tagen immer wieder auf, und jedesmal gaben die Eltern die gleiche Antwort, lobten Donatas Großmut und versicherten Marga, ihre Schwester werde bald nachgeben. Was in der Tat geschah. Bald verkündete sie ihren Eltern stolz, sie sei sehr großzügig, denn nun habe *sie selbst* beschlossen, mit ihrer Schwester zu teilen.

Was geschieht, wenn diese Methode versagt, wenn die Donatas dieser Welt ihre Meinung nicht ändern? Eltern haben verschiedene Optionen, die alle wirkungsvoller sind, als ein Machtwort zu sprechen.

Zum einen könnten die Eltern Donata das nächste Mal, wenn sie durchaus geizig sein will, mitteilen, daß sie mit diesem Verhalten Mutter, Vater und Marga traurig macht. »Ich liebe dich und

Marga sehr«, erklärt die Mutter, »aber es macht mir das Herz schwer, in unserem Haus solchen Mangel an Großzügigkeit zu sehen.«

Ein Spiel mit Schuldgefühlen? Nicht wirklich. Die Eltern sprechen mit *beiden* Kindern darüber. Die direkten Anreden werden auf ein Minimum beschränkt. Richtige Schuldgefühle bewirken jedoch, daß Kinder sich wegen etwas schlecht fühlen, von dem sie nichts verstehen und über das sie keine Kontrolle haben. Hier handelt Donata ja wirklich falsch, sie hat selbst die Kontrolle über das fragliche Problem, und sie verdient entschieden ein emotionales »Zurechtrücken«. Also beschließen ihre Eltern, an Donatas Gewissen zu appellieren, statt ihr eine intellektuelle Abreibung zu verpassen. Nicht schlecht.

Dann gibt es die Methode von Tausch und Kooperation. Der Plattenspieler gehört Donata, sicher. Aber Marga hat einen wunderbaren Puppenherd, auf den Donata schon seit Monaten ein Auge geworfen hat. Die Eltern schlagen ein Geschäft vor. Donata läßt Marga ihre Platten hören, Marga läßt Donata mit dem Herd spielen. »Ihr seid beide so großherzig«, freut sich die Mutter über ihre zufrieden spielenden Kinder.

»Wenn ein Kind erst einmal entdeckt hat, daß Geben genauso befriedigend ist wie Nehmen«, heißt es in einem Lexikon über Kindererziehung, »ist seine Großzügigkeit zuweilen eine rechte Freude. Auch Geben ist Teil seines Wachstums. Es betont die Tatsache, daß manche Dinge wirklich sein eigen sind, daß es mit ihnen machen kann, was es will. Gelegentlich bereut ein Kind irgendeine spontane Großherzigkeit, aber so lernt es, das Geben genauer einzuschätzen. Manchmal müssen Eltern eingreifen und ihm helfen, bessere Urteilskraft zu entwickeln.«[1]

Durch das Versorgen von Tieren lernen

Man kann den Wunsch der Kinder unterstützen, Haustiere zu halten, sie zu füttern, mit ihnen zu spielen und sie vor allem zu beschützen. Meist brauchen sie auf diesem Gebiet nur wenig Ermutigung. Die meisten Kinder scheinen eine natürliche Zuneigung zu kleinen, pelzigen Wesen zu haben. Zugleich sind Eltern oft überrascht, wie grausam Kinder zu ihren Tieren sein können. Eine Mischung aus natürlicher Neugier, Machtkitzel und einem

Anflug von kindlichem Sadismus ist bei den jungen Besitzern durchaus nichts Ungewöhnliches, und auch hieraus ergibt sich eine Gelegenheit zur Belehrung. Beachten Sie:

- Beim Kauf eines Tieres sollten Sie klarstellen, daß es die Verantwortung des Kindes sein wird, sich um das Tier zu kümmern, und daß das wichtigste dabei ist, es *freundlich und gütig* zu behandeln. »Wenn du vergißt, Carlo zu füttern oder ihm Wasser zu geben, ist das soweit in Ordnung«, meinte ein Vater zu seinem Kind im Gespräch über den neuen Kater. »Jeder macht mal Fehler. Aber wenn ich sehe, daß du ihn mißhandelst, ist das etwas anderes. Für Grausamkeit gibt es keine Entschuldigung.«
- Machen Sie einen leicht zu beachtenden Plan für die Versorgung des Tieres. Setzen Sie eine bestimmte Uhrzeit für das Füttern, für die Pflege, für das Spielen fest. Zwar kann die Freude am Besitz eines Tieres erheblich reduziert werden, wenn die Eltern die Frage mit der Verantwortung zu stark betonen, aber Kinder sollten dennoch erkennen, daß das Wohlergehen des Geschöpfes von ihrer Fürsorge abhängt und daß es ihre Aufgabe ist, seine Bedürfnisse selbstlos zu erfüllen.
- Manche Eltern setzen sich anfangs während der »Pflege-Zeit« zu ihren Kindern und zeigen ihnen, wie man das Tier auf liebevolle Weise füttert und seine Behausung säubert. Lassen Sie das Kind mit dem Tier sprechen, auch wenn es ein Fisch oder eine Schildkröte ist. Stellen Sie dem Tier Fragen, die das Kind an seiner Stelle beantworten kann. Dadurch entwickelt sich Mitgefühl. Machen Sie deutlich, daß das Tier kein Mensch ist, daß es auf einer niedrigeren Schöpfungsstufe steht als die Menschheit, daß es aber ein empfindendes Wesen mit eigenen Gedanken und Gefühlen ist. Machen Sie dem Kind Mut, dafür ein eigenes Gespür zu entwickeln.
- Wenn der Reiz des Neuen nachläßt, beginnen Kinder vielleicht den einst so verhätschelten Hund zu ignorieren. Das ist eine natürliche Reaktion. Aber völlige Vernachlässigung sollte nicht erlaubt werden, und dieser unvermeidliche Rückgang an Zuneigung wird eine gute Gelegenheit sein, das Kind daran zu erinnern, daß es immer eine Vollzeitbeschäftigung ist, sich um etwas zu kümmern.
- Bei Kindern im Schulalter kann die Verantwortung für ein Tier ein guter Ausgangspunkt für eine Begegnung mit der Realität

von menschlicher Güte und Grausamkeit sein. Gerade hat er an einem kalten Abend mit einem warmen, jungen Hund geschmust, da hört der Viertkläßler, daß solche Tiere in manchen Gegenden der Welt gegessen werden. Das Kind, das sich ein Kätzchen aus dem Tierheim geholt hat, erfährt, daß es von seinem früheren Besitzer ausgesetzt wurde und daß jeden Tag viele andere Tiere in dem Heim eingeschläfert werden. Tagelang hat das Kind einen kranken Hund gepflegt, da hört es, daß stündlich mehr als fünfhundert Hunde und Katzen bei Tierversuchen sterben. Nachdem es ein Steak gegessen hat, lernt es, daß das Fleisch von einer warmen, braunäugigen Kuh stammte, daß Koteletts von Ferkeln oder putzigen Lämmern stammen und daß das Ei in der Pfanne vielleicht zu einem Küken geworden wäre.

Viele kleine Kinder sind entsetzt, wenn sie mit der Tatsache konfrontiert werden, daß die Menschheit grausam zu Tieren ist, und hier können Eltern eine Unart in eine Tugend verwandeln. Erklären Sie dem Kind, daß Sie beide sich besondere Mühe geben werden, gut zu Tieren zu sein, weil manche Leute so grausam sind. Da manche Menschen Tiere töten, werden Sie sie beschützen. Viele friedliebende, sozial engagierte Erwachsene haben es sich infolge einer in Kindheitstagen gefällten Entscheidung, kein Fleisch zu essen, sich um streunende Katzen und Hunde zu kümmern, die Rechte von Tieren zu achten und die Grausamkeit der Welt dadurch wettzumachen, daß sie zu allen lebendigen Geschöpfen gut und rücksichtsvoll sind, zum Anliegen gemacht, öffentliche Verantwortung im Gemeinwesen zu übernehmen.

Betonen Sie die Goldene Regel

Konfuzius wurde einst von einem Schüler gefragt, woraus echte Menschlichkeit bestehe. Der Meister antwortete: »Was der vortreffliche Mensch nicht selbst angetan bekommen möchte, das tut er auch anderen nicht an. Und so werden sowohl im Staat wie im Haus die Menschen überall zufriedengestellt.«

Das entsprechende deutsche Sprichwort lautet bekanntlich: »Was du nicht willst, das man dir tu', das füg' auch keinem andern zu.« Die Goldene Regel. Schreiben Sie sie in Großbuchstaben.

Rahmen Sie sie ein. Hängen Sie sie dem Kind ins Zimmer. Schlagen Sie ihm vor, seinen Freunden Kopien davon zu machen. Zitieren Sie sie abends, bevor das Kind schlafen geht, so prägt sie sich schnell dem Gedächtnis ein. Sagen Sie dieses geflügelte Wort schon kleinen Kindern und erklären Sie ihnen, was damit gemeint ist. Ausführlich. Erinnern Sie Ihre Kinder, wann immer sie bösartig sind, daran, daß sie selbst auch nicht so schlecht behandelt werden wollen – warum also selbst so sein?

Verwenden Sie die Worte *gütig* und *freundlich* so oft wie möglich

Statt Kindern zu sagen, sie seien »brav« oder hätten sich »prima benommen«, versichern Sie ihnen lieber, wie »gütig« oder »freundlich«, liebevoll, fürsorglich oder großzügig sie seien.

BEISPIEL: *Robert teilt seine Spielzeugautos mit einem Freund.*
VATER: »Ich habe gesehen, wie du Franz mit deinen Autos hast spielen lassen. Ich weiß, wieviel sie dir bedeuten. Du hast dir sicher viel Mühe gegeben, so nett zu sein.«

BEISPIEL: *Nadine und ihre Mutter sehen fern.*
MUTTER: »Das ist erstaunlich. Er wußte, daß er vielleicht sterben würde, wenn er in das brennende Haus ginge, um das Kind zu retten. Einen solchen Akt von Güte habe ich selten gesehen.«

BEISPIEL: *Pauls Schwester Laura, ein Jahr alt, wirft auf Pauls Schreibtisch eine Flasche Klebstoff um.*
MUTTER: »Ich weiß, wie du dich fühlst, glaub' mir, Paul. Aber Laura ist nur ein Baby und weiß es wirklich nicht besser. Sei so freundlich wie möglich und werde nicht sauer auf sie. Wenn sie eines Tages groß ist, wird sie sich daran erinnern, wie liebevoll du mit ihr warst, und dann wird sie mit dir genauso sein.«

Loben Sie alle Versuche eines Kindes, gütig, nett und freundlich zu sein

Lassen Sie Kinder Ihren Beifall spüren, wenn sie sich warmherzig benehmen. Halten Sie mit dem Applaus nicht zurück. Geben Sie den Kleinen das Gefühl, sie würden für ihre Nettigkeit belohnt. Lassen Sie die ganze Welt wissen, wie sehr Sie solches Verhalten schätzen. Erzählen Sie stolz dem Lehrer, anderen Eltern oder Freunden davon, Verwandten und Spielkameraden, also allen Menschen, auf die es Ihnen und Ihrem Kind ankommt.

Die Zuhörer werden an all dem natürlich nicht interessiert sein, aber sie werden so tun als ob – und außerdem ist es nicht von Bedeutung, was sie denken. Wichtig sind die guten Assoziationen, die sich beim Kind bilden.

Lehnen Sie jede Form von Grausamkeit ab

Zeigen Sie, wie haßgeprägtes Verhalten nicht nur dem Betroffenen, sondern auch dem Handelnden schadet. Bei Märchen, in denen ein Geizhals oder ein Schurke vorkommt, können Sie darauf verweisen, daß das Verhalten dieses Bösewichts andere Menschen davon abhält, ihn zu mögen. Besprechen Sie das mit dem Kind. Wenn sich herausstellt, daß sich einer seiner Freunde neulich unfreundlich benommen hat, können Sie dem Kind verdeutlichen, wie es sich fühlt: »Ich kann mir denken, daß du ziemlich wütend auf Klaus bist, weil er dich so angeschrien hat, nicht wahr? Ich kann das gut verstehen. Wenn Menschen zu mir häßlich sind, habe ich auch unfreundliche Gefühle für sie. Ich bin sicher, daß das bei dir so ähnlich ist.«

Machen Sie Freundlichkeit und Güte zu einem Vergnügen

»Ein Abenteuer ist eine ins rechte Licht gerückte Unannehmlichkeit«, schrieb G. K. Chesterton, und dasselbe ließe sich über freiwillige Freundlichkeit sagen: Ein Akt der Freundlichkeit ist eine in ein Abenteuer verwandelte Unannehmlichkeit.

Machen Sie es zu einem vergnügten Unternehmen, nette Dinge

für andere zu tun, und lassen Sie gute Taten zu einer Art von
Unterhaltung werden. Fragen Sie Kinder, was X wohl helfen und
über welche Geschenke sich Y freuen würde oder welche Aufgaben man wohl übernehmen könnte, um die Last von Z etwas zu
erleichtern. Und dann handeln Sie entsprechend. Fragen Sie Kinder, was Onkel Josef aufmuntern könnte. Lassen Sie sie raten,
welche Art von Blumen Mutter wohl gern bekommen würde.
Planen Sie eine Überraschung: »Du machst das Bett deines Bruders und sagst nicht, wer es war.« Oder: »Versucht mal zu raten,
was Papis Lieblingsessen ist, und dann kochen wir es gemeinsam.«
Lassen Sie Kinder so tun, als seien sie ein anderes Familienmit-
glied oder ein Freund, und spüren, wie es sich anfühlt, dieser
Mensch zu sein. Definieren Sie gemeinsam, was einen bestimmten Menschen glücklich macht und was traurig. Dann kann das
Kind den Versuch unternehmen, ihm eine Freude zu machen.

Mutter und Tochter sitzen samstags zusammen beim Frühstück
und planen ihren Tag. »Was können wir heute nachmittag Nettes
für jemanden tun?« fragt die Mutter.

»Vielleicht Großvater besuchen?« schlägt das Kind vor.

»Das ist ein guter Anfang«, erwidert die Mutter. »Was könnten
wir für ihn tun, wenn wir dort sind?«

»Wir könnten ihm Blumen mitbringen.«

»Prima, ja, das ist sehr lieb. Was noch?«

»Wir könnten ihm helfen, seinen Keller aufzuräumen. Das
haben wir doch letztes Jahr auch gemacht. Das hat ihm sehr
gefallen.«

»Das ist auch eine tolle Idee. Wie wär's, wenn wir uns heute
Nachmittag heimlich in sein Haus schleichen, während er noch
arbeitet, und daraus eine Überraschung für ihn machen?«

Nach einigen derartigen Gesprächen werden die Kinder beginnen, mit Vorschlägen zu Ihnen zu kommen: »Gute-Taten-tun«
wird ein gemeinsames Unternehmen. »Bringen Sie Kindern bei«,
schreibt Thomas Lickona, »daß Liebe sich gewöhnlich nicht in
großen Gesten, sondern in kleinen Taten zeigt. Den Tisch zu
decken, ohne darum gebeten worden zu sein. Der kleinen Schwester eine Geschichte vorzulesen, wenn man lieber gerade etwas
anderes täte. Sofort zu gehorchen. Seinen Ärger unter Kontrolle
zu halten, wenn der Bruder einen beschimpft. In der Schule mit
einem Kind zu spielen, das keine Freunde hat.«[2] Wie Martin
Buber sagte: »Wer liebt, bringt Gott und die Welt zusammen.«

Unterstützen Sie Vergebung

Auf der Skala der menschlichen Werte sind wenige Impulse höher anzusiedeln als Vergebung, und für Kinder gibt es kaum eine wichtigere Tugend zu lernen. »Gott kann in jeder Minute jedem Menschen seine neuntausendundneunundneunzig Sünden vergeben«, schrieb der christliche Mystiker William Law. »Wieso können wir einem anderen Menschen nicht auch nur *eine* vergeben?« Zu dem protestantischen Reformator John Wesley hat einmal ein General gesagt: »Sir, ich vergesse nie.« »Dann hoffe ich sehr«, antwortete Wesley, »daß Sie nie etwas Falsches tun.« Diese Sache ist Kindern natürlich nicht so einfach klarzumachen. Sie werden nicht gerade auf Vergebung aus sein, wenn ihr bester Freund mit ihrem neuen Sturzhelm abmarschiert oder den Bollerwagen über ihre Zehen rollen läßt. Und erzwingen können Sie eine entsprechende Haltung auch nicht. Aber Sie können ein Klima der Vergebung schaffen, indem Sie selbst oft verzeihen.

Stellen Sie Vergebung als ein nachahmenswertes Modell und erstrebenswertes Ziel dar. Führen Sie Geschichten und Schriften als Beispiel dafür an: Christus hat seinen Feinden und Mördern vergeben. Mohammed hat dem Koresh vergeben, der ihn in Mekka so bösartig verfolgt hat. Buddha hat sogar dem Teufel vergeben. Und belohnen Sie das Kind unbedingt, wenn es wirklich den Versuch unternimmt, anderen zu vergeben. Machen Sie ihm klar, daß ein langgehegter Groll wie schleichendes Gift ist. »Vergebung«, sagte William Blake, »ist die größte aller Tugenden, denn sie erträgt bescheiden *alle* Laster.«

Lehren Sie ein Kind die Bedeutung von Mitgefühl und Liebe

»Güte liegt in unserer Macht«, meinte Samuel Johnson, »aber Zuneigung nicht.« »Lehren Sie Kinder den Unterschied zwischen Liebe als *Tugend* und Liebe als *Gefühl*«, schlägt dementsprechend Lickona vor. Er weist darauf hin, daß man seine Mitmenschen nicht heiraten oder bewundern muß, um sie zu lieben. Man muß sie nicht einmal besonders mögen (und schon gar nicht die, die man für ziemliche Dummköpfe hält). Was Kinder *tun können*, ist: bei jedem die beste Seite zu sehen, gleichgültig, wie schwierig es ist, diesen Anblick zu erhaschen; nicht hinter seinem Rücken über diesen Menschen zu reden; ihm alles Gute zu wünschen; ihm keinen Schaden zuzufügen und ihm beizustehen, wenn er Schmerzen haben sollte. Wenn auch die Forderung, »Liebe deinen Nächsten« für die meisten von uns, ob jung oder alt, ein bißchen zu anspruchsvoll sein dürfte, so können wir doch alle einen anderen Satz gut verstehen: »Betrachte deinen Nächsten als einen ebenso leidenden, bedürftigen Menschen wie du selbst es bist.«

Und schließlich gibt es noch eine andere Art von Liebe, die Liebe der Menschen für das Unaussprechliche. Wieder einmal fällt die echte Aufgabe, die letztlich spirituelle Botschaft – Liebe zum Göttlichen – zu lehren, den Eltern zu. Vermitteln Sie sie mit Güte und sanftem Nachdruck, mit Gebet und gutem Beispiel. Nutzen Sie dazu all die in diesem Buch und anderen Quellen genannten Mittel.

Aber bedenken Sie auch: Ein Kind großzuziehen, das höflich und bescheiden ist, das anderen dienen möchte, das nicht faul ist und an eine höhere Macht glaubt – das ist eine ganze Menge, eine riesige Herausforderung, besonders in unseren schwierigen, unspirituellen Zeiten.

Eltern, die so etwas geschafft haben, können stolz auf ihre Leistung sein. Denn der Schritt von menschlicher Liebe zu spiritueller Liebe vollzieht sich auch bei einem Kind, bei dem ein fruchtbarer Boden dafür geschaffen worden ist, nicht automatisch und nicht leicht, aber er wird zu etwas konkret Vorstellbarem.

Die Wahl liegt letztlich beim Kind. Aber die Fundamente sind gelegt. Und zwar von Ihnen. Betrachten Sie diese Zeit als lohnend und Ihre Bemühungen als edel. Manche meinen, es sei die edelste Anstrengung, die Eltern überhaupt unternehmen könnten.

Sechster Teil

Kinder in Meditation unterweisen

Sechsundzwanzigstes Kapitel

Kinder Gebet und Meditation lehren

Ein junges Paar aus einem Vorort von San Francisco entdeckte vor etlichen Jahren sein Interesse am Buddhismus. Es fand ein Zentrum in der Nähe seines Wohnortes und begann dort buddhistische Meditationskurse und abendliche Vorträge zu besuchen. Leiter des Zentrums war ein älterer chinesischer Mönch, Repräsentant eines der letzten überlebenden Zweige des chinesischen Chan-Buddhismus. Unter seiner Anleitung lernte das Paar verschiedene Meditationsmethoden, und innerhalb eines Jahres hatten beide das Gefühl, auf dem Weg zu spirituellem Fortschritt zu sein.

In einem privaten Gespräch mit dem Mönch kam eines Tages das Thema Kinder zur Sprache. Der Mönch war überrascht zu hören, daß das Paar einen sechsjährigen Sohn hatte. Warum sie ihm nicht schon längst von dem Kind erzählt hätten?

»Wir dachten nicht, daß dies im Rahmen unserer eigenen Meditationspraxis von Bedeutung wäre«, meinte der Vater. »Also haben wir hier nie mit jemandem darüber gesprochen.«

Der Mönch war hartnäckig. »Wieso habt ihr nicht von eurem Sohn erzählt? Warum kommt er nicht mit ins Kloster zur Meditationsschule? Wieso meditiert er zu Hause nicht gemeinsam mit Mutter und Vater?«

»Aber dafür ist er zu jung«, protestierte der Vater. »Er ist doch erst sechs.«

»Jung!« schnaubte der Mönch. »In den alten Zeiten in China hätte er noch viel früher angefangen, vielleicht mit zwei. Euretwegen ist er nachlässig und hat schon zwei Jahre seines Lebens verschwendet. Zwei Jahre, die er sonst hätte nutzen können, um der Erleuchtung näherzukommen.«

Lassen Sie Kinder früh beginnen – jetzt

Die meisten Kinder können die Grundlagen von Meditation und Gebet schon vor dem Schulalter erlernen. In Tibet, wo vor der chinesischen Machtübernahme die Hälfte der Bevölkerung aus Nonnen und Mönchen bestand, wurden die Kinder teilweise schon im Alter von zwei oder drei Jahren in ein Kloster gebracht. Die Eltern wohnten in der Nähe, aber diese Kinder wurden von den Mönchen schon in so jungen Jahren in Meditationstechniken unterwiesen, daß sie bereits als Jugendliche außergewöhnlich gut dafür gerüstet waren, den Pfad zum Nirwana zu beschreiten.

Chögyam Trungpa, ein tibetischer *tulku* (reinkarnierter Lama), der schließlich mehrere buddhistische Meditationszentren und sogar ein College in den USA gründete, schrieb sehr anschaulich über seine in Kindheitstagen erfolgte Ausbildung zum Mönch. Im Alter von fünf Jahren mußte er verschiedene Mantras auswendig lernen und rezitieren; tagsüber las und schrieb er, und abends folgten noch Konzentrationsübungen und rituelle Gesänge. Später wurde er in ein Zentrum oberhalb einer Höhle namens *Dorje Kyungdzong* gebracht. Dort waren mehr als vierzig junge Mönche, so Trungpa, damit beschäftigt, vollkommen isoliert vier Jahre lang Tag und Nacht zu meditieren.

Mit acht lernte der junge Novize, verschiedene Tempelriten auszuführen und sich im Gebrauch von Glocken, Trommeln und anderen heiligen Instrumenten zu üben. »Mit acht Jahren«, schreibt Trungpa, »ist ein Kind sehr empfindsam, und das ist die richtige Zeit, Vorstellungen in es zu pflanzen, die es sein Leben lang begleiten sollen. Also zog ich mich am Ende dieses Jahres zurück, um eine einfache Form von Meditation zu praktizieren. Sie war auf den *nyendrup* von Manjushri ausgerichtet, den Bodhisattva der Weisheit. Ich wurde mit anderen Worten darin unterwiesen, ihn mit seinen verschiedenen symbolischen Attributen zu visualisieren, über seine transzendentale Weisheit zu sinnieren, seine *mantras* oder klanglichen Verkörperungen zu wiederholen und die Verse, die ihnen vorausgingen und auf sie folgten, aufzusagen. Ich legte ein Gelübde ab, daß ich drei Monate einsam und ohne alle Kontakte außer zu meinem Lehrer und zu dem, der mir das Essen brachte, leben würde.«[1]

Es geht darum, keine Zeit zu verlieren, denn Gebet und Meditation sind das Herz aller Andacht. Kinder sollten diese Techniken so früh wie möglich erlernen, und ihre Eltern können ihnen dabei als Führer dienen.

Zwar haben die vielen in diesem Buch dargestellten spirituellen Vorstellungen ihren Platz in der Erziehung, aber die meisten von ihnen gehören zur äußeren Welt des Kindes. Es sind spirituelle Werte und moralische Praktiken, die, so sie befolgt werden, die Reinheit des Herzens bewahren und Kinder auf die anspruchsvolleren Aufgaben ihres Erwachsenenlebens vorbereiten. Mit der Meditation wird jedoch ein anderer Teil des kindlichen Wesens geschult, die Seele. Hier sitzt das Potential für höheres Bewußtsein, und hier kann das Herz erweckt werden. Genau hier beginnt die *wirkliche* spirituelle Reise: Alles andere ist Vorbereitung und Unterstützung.

Die großen spirituellen Traditionen der Welt bestätigen die Bedeutung der Meditation. »Im Leben des Indianers«, schreibt Ohiyesa, ein Sioux-Indianer und Medizinmann, »gab es nur eine unausweichliche Pflicht: die Pflicht zum Gebet – die tägliche Anerkennung des Unsichtbaren und Ewigen. Die tägliche Andacht war für ihn notwendiger als die tägliche Nahrung.« Der hinduistische Weise Swami Sivananda sagt etwas Ähnliches: »Du bist auf der Welt, um deine Gedanken auf Gott zu konzentrieren ... das ist deine wichtigste Pflicht. Du vergißt diese Pflicht über der Illusion – in Form von Familie, Kindern, Geld, Macht, Stellung, Ehre, Name und Ruhm.« »Lebe in der Welt«, warnte der Hindu-Heilige Ramakrishna, »aber halte den Krug ruhig auf dem Kopf: das heißt, bleibe im Geist fest auf Gott ausgerichtet.« »Meditation«, meinte Al-Muhasibi, ein Sufi-Heiliger aus der alten Stadt Bagdad, »ist der eigentliche Besitz des Gnostikers.«

Was ist Meditation?

Der Versuch, exakt zu bestimmen, was Meditation sei, hat im Laufe der Jahre schon ganze Bände gefüllt. Statt uns in Definitionen zu verlieren, werden wir im folgenden ein paar beschreibende Aussagen betrachten, die hoffentlich klärend wirken und es uns erlauben, direkt zu dem zu kommen, worum es hier geht: der

Technik der Meditation und wie Kinder sie nutzen können. Hier
ein paar wesentliche Fakten und Beobachtungen zum Thema
Meditation:

Meditation ist eine Methode, den
alltäglichen Belangen des Lebens zu entfliehen
und sich nach innen zu wenden

In Thailand ist es noch heute üblich, daß Soldaten, Geschäfts-
leute, Ladenbesitzer und viele Intellektuelle jedes Jahr mindestens
einen Monat freinehmen, sich den Kopf kahlscheren lassen und in
ein buddhistisches Kloster gehen. Während dieser Periode der
Zurückgezogenheit verbringen die »Teilzeit-Kontemplativen«
den Tag damit, ihre Alltagssorgen abzuwerfen, religiöse Texte zu
studieren und durch tägliche Meditation spirituelle Fortschritte
zu erzielen.

Die Sache ist die: Wenn diese Zeit für die Kontemplation
gewährt wird, so übernimmt der Meditationsprozeß den Meditierenden und führt ihn zu einem Grad von innerem Wissen und
Frieden, den er sonst vermutlich nicht erreichen könnte. Das ist
ganz eindeutig einer der zentralen Vorteile der Meditation. Sie
hilft den Menschen, die Belange des Alltags hinter sich zu lassen
und sich nach innen zu richten – sich auf die Teile des Selbst zu
konzentrieren, die in der Hektik des täglichen Lebens in Vergessenheit geraten.

Meditation ist eine Methode,
den Geist ruhigzustellen

Was wir im Westen normalerweise als unseren Geist ansehen –
den Verstandes- und Denkapparat – ist für den Meditierenden
eine diskursive Gedanken produzierende »Maschine«, die sich
weitgehend unserer Kontrolle entzieht; selbst nachts ist sie unruhig und von Träumen belagert; sie steht selten still, nicht einmal
eine Minute lang.

Dieser Geist ist wie eine Leinwand, auf die ununterbrochen ein
Film aus mentalen Bildern projiziert wird. Aus dem Projektions-
raum betrachtet sieht das so aus: Ein Gedankenbild erscheint. Es
bleibt einen Moment konstant und verändert sich dann zu einem
anderen Gedankenbild, dann noch einem und noch einem, eine

Welt ohne Ende. Wir haben nicht wirklich viel Kontrolle über diesen Strom von mentalen Bildern. Sie werden ganz von allein durch einen Prozeß der mentalen Bewegung projiziert – ein Bild ruft das nächste hervor, dieses wieder das nächste und so fort. Wenn man so will, denkt der Geist *uns*.

William James hat dazu wieder einmal Relevantes zu sagen. Er nennt diesen Prozeß »mentale Assoziation«:

> ... unser Sinnieren folgt einem erratischen Kurs, schwankt fortlaufend in eine neue Richtung, die dem Spiel des Interesses folgt, wenn es auf einen bestimmten Gegenstand fällt... So habe ich beispielsweise gerade eben (1879) nach einem Blick auf meine Uhr festgestellt, daß ich dabei an einen jüngst gefaßten Beschluß des Senats über unsere gesetzlichen Zahlungsmittel gedacht habe. Die Uhr beschwor das Bild des Mannes herauf, der ihren Gong repariert hat. Dieser wiederum erinnerte mich an den Juwelierladen, in dem ich ihn zuletzt gesehen hatte; dieser Laden an die Manschettenknöpfe, die ich dort gekauft hatte; die an den Wert des Goldes und dessen kürzlichen Preissturz; letzteres an den gleichen Wert in Papiergeld und das natürlich an die Frage, wie lange er sich wohl halten würde... Das ist der gewöhnliche Prozeß der Gedankenassoziation, wie er spontan in durchschnittlichen Köpfen abläuft. *Man kann sie gewöhnliche oder gemischte Assoziationen nennen.*[2]

Moderne Psychologen meinen, dieser ewigfließende Strom von Gedanken, Vorstellungen, Einbildungen, Erinnerungen und Wünschen sei ein normales Phänomen, an dem man nicht herumpfuschen solle oder dürfe. Aber in vielen (vielleicht sogar allen) spirituellen Disziplinen heißt es, dieser »normale« Prozeß bilde einen milchigen Schleier zwischen uns selbst und unserer höheren Natur. Er wird daher häufig als ein Zustand des »spirituellen Schlafs« bezeichnet. Georg Gurdjieff äußert sich dazu durch seinen Schüler P. D. Ouspensky: »(Der Mensch) kann den Fluß seiner Gedanken nicht anhalten, kann seine Vorstellungen, seine Gefühle und seine Aufmerksamkeit nicht beherrschen. Er lebt in einer subjektiven Welt von ›ich liebe‹, ›ich liebe nicht‹, ›ich habe gern‹, ›ich habe ungern‹, ›ich will‹, ›ich will nicht‹; das heißt, was er meint, daß er gern hat, was er meint, daß er nicht gern hat, was er meint, daß er will, oder was er meint, daß er nicht will. Er sieht

nicht die wirkliche Welt. Die wirkliche Welt ist durch einen
Schleier von Einbildungen vor ihm verborgen. *Er lebt im Schlaf.* Er
schläft. Was man ›klares Bewußtsein‹ nennt, ist Schlaf, und ein viel
gefährlicherer Schlaf als der Schlaf nachts im Bett.«[3]

Wie stellt man es an, dieses Netz von Gedanken und Vorstellungen zu zerreißen? Indem man den Geist ruhigstellt – durch
Meditation.

Meditation fokussiert den Geist
– auf nur einen Gedanken,
ein Bild oder eine Vorstellung

Wenn Meditierende ihre Aufmerksamkeit auf einen einzigen
mentalen Punkt konzentrieren, findet im Geist ein Prozeß des
Ruhigwerdens statt. Dieser »Punkt« kann viele Formen haben. Es
kann ein Bild oder eine Statue sein (hinduistische Gläubige konzentrieren sich auf eine Vishnu- oder eine Shiva-Figur). Es kann
ein geistiges Bild sein (tibetische Mönche visualisieren Gottheiten
in verschiedenen Gestalten, sowohl wohlmeinende wie bösartige).
Es kann eine spirituelle Vorstellung sein (Christen können über
den Kreuzweg nachsinnen). Es kann ein Lautgebilde oder eine
Beschwörungsformel sein (die Sufis wiederholen in einer als *Zikr*
bekannten Meditation verschiedene Namen Gottes). Es kann eine
bestimmte Art von Körperbewegung sein (wer Tai Chi praktiziert,
macht eine Reihe von fließenden, rhythmischen Bewegungen und
fokussiert dabei das Bewußtsein auf die Arme, die Beine und den
Atem). Es kann der eigene Atem sein (einige buddhistische Meditierende lernen die Grundlage der Meditation dadurch, daß sie
ihre Atemzüge zählen). Es kann sogar eine schwierige Frage oder
ein spirituelles Rätsel sein. Die Meister des Zen-Buddhismus stellen ihren Schülern merkwürdige Fragen oder *koans*, über die sie
nachgrübeln können. Etwa: »Was war dein ursprüngliches Gesicht, bevor du geboren wurdest?« oder »Du tust eine Gans in
eine Flasche, und sie wird jeden Tag größer. Wie bekommst du sie
wieder heraus?«

Hinter diesen verschiedenen Konzentrationstechniken steckt
in allen Disziplinen mehr oder weniger derselbe Gedanke: die
unaufhörliche Bewegung des Geistes dadurch zu einem Stillstand
zu bringen, daß man ihn auf einen einzigen Aufmerksamkeits-
punkt fixiert.

Wenn Meditierende lange genug in
einem Zustand konzentrierter Aufmerksamkeit
zu bleiben vermögen, kann der Durchbruch
in einen veränderten Bewußtseinszustand erfolgen

Wenn der Geist für eine gewisse Zeitspanne ohne Gedanken auf
einen einzigen Gegenstand ausgerichtet bleiben kann, werden
höhere Bewußtseinszustände erreicht. Wie lange das dauert, ist
umstritten, aber einige Leute behaupten, selbst zwei oder drei
Minuten ohne Gedanken würden ihnen spirituelle Belohnungen
bringen. Im Hinduismus heißt dieser Zustand *samadhi*, im Christentum *Kontemplation*.

Meditation und Gebet sind immer ähnlich
und oft dasselbe

Wenn es sich um ein Bittgebet handelt – wenn der Betende die
göttlichen Mächte um Hilfe ersucht –, bedarf es einer gewissen
Konzentration, um die Gedanken davon abzuhalten, daß sie abschweifen. Diese Übung ist eine Form von auf einen Punkt ausgerichteter Konzentration, wenngleich gewissermaßen eine Vorstufe, die sich damit vergleichen läßt, daß man ganz vertieft mit
einem Freund spricht. Geht man einen Schritt über die einfache
Bitte hinaus und versucht, das Gebet auf einen Aspekt des Göttlichen zu lenken, direkt mit ihm zu kommunizieren oder sich ganz
leer zu machen, damit die höheren Energien ins Herz fließen
können, dann werden Gebet und Meditation ein und dasselbe.

Meditation schult die geistige Vorstellungskraft und
verbessert die Konzentrationsfähigkeit

Eine der schönen Seiten der Meditation ist die, daß sie die Aufmerksamkeits- und Vorstellungskraft eines jungen Menschen
schärft. Mit deren Hilfe lassen sich dann viele tägliche Aufgaben
besser bewältigen. Viele Eltern haben bemerkt, daß ihre Kinder
sich in der Schule besser konzentrieren und bei ihren täglichen
Pflichten mehr Aufmerksamkeit für Details aufbringen können,
nachdem sie meditiert haben.

Über die Meditation lernt man am besten
dadurch etwas, daß man sich einfach darin versucht

Unter den vielen hervorragenden Büchern zum Thema gibt es
auch mehrere über Meditation für Kinder. Zwar ist es sicher
lohnenswert, diese sorgfältig zu studieren (siehe Bibliographie),
aber am besten und schnellsten kann man lernen, worum es bei
der Meditation geht, wenn man Kinder meditieren läßt und als
Mutter oder Vater mitmacht. Das geht so:

Vorbereitung auf die Meditation

Es folgen zehn Meditationstechniken, die zunehmend anspruchs-
voller und für immer ältere Kinder gedacht sind. Die ersten sind
Aufwärmtechniken für Kinder im Vorschulalter, die mittleren für
Kinder etwa zwischen sechs und neun Jahren, die letzten für
Zehnjährige und Ältere. Bei jeder Übung wird angegeben, für
welches Alter sie am besten geeignet ist.

Vorneweg noch ein paar Worte darüber, wie Sie sich und Ihr
Kind auf dieses aufregende Abenteuer vorbereiten können:

Suchen Sie einen stillen Ort abseits allen Trubels
und etwaiger Störungen

Wenn Sie erst meditieren, werden Sie und Ihre Kinder nicht
gestört werden wollen. Hängen Sie zur Meditationszeit das Telefon aus, schließen Sie die Haustür ab und schicken Sie den Hund
hinaus. Suchen Sie sich einen Platz, an dem es keine Unruhe und
unerwartete Störungen geben kann. Manche Leute haben einen
Teil ihrer Wohnung oder ihres Hauses ausschließlich für die Meditation reserviert. Dieser Ort wird für sie zu einem sicheren und
besonderen Platz der Kontemplation im Herzen ihres Heims.

Manchmal dekorieren meditierende Familien ihren Gebetsort
mit inspirierender Kunst, die ihren jeweiligen spirituellen Interessen entspricht: Wandbildern und Plakaten, Kunstdrucken und
Abbildungen von heiligen Objekten, Statuen, Gebetsteppichen,
Gedichten, kalligraphischen Gebeten, Weihrauchgefäßen, Photos
des spirituellen Lehrers. Man kann ein Regal für Ikonen, Rosenkränze, Gebetsmühlen, schöne Funde aus der Natur oder ähnli-

ches freihalten. Heilige Schriften können in eine besondere Ecke
gestellt werden. Moslems sorgen beispielsweise dafür, daß der
Koran am höchsten Platz im Zimmer liegt. Taoisten verwahren
ihre Ausgaben des *I Ging* an einem hohen Platz und wickeln sie in
besondere Seidentücher ein.

Überlegen Sie, ob Sie am Eingang zu Ihrem Gebetsort die
Schuhe ablegen wollen – als Zeichen dafür, daß Sie heiligen
Boden betreten. Kindern wird es Spaß machen, bei den Vorberei-
tungen mitzumachen und den Gebetsplatz zu dekorieren. Manche
möchten selbst einen Beitrag zur Ausstattung leisten: Tonfiguren,
Bilder, Zeichnungen zu spirituellen Themen. Ich kenne eine Fa-
milie, die die Tür zu ihrem Meditationszimmer mit einem großen,
inspirierenden Gemälde geschmückt hat. Eine andere hat den
Fußboden mit Teppichen und Kissen bedeckt, die aus schadhaften
Persern gefertigt wurden.

Planen Sie, gemeinsam mit Ihren Kindern zu meditieren

Sie werden zunächst als Lehrer, dann als freundlicher Mit-Medi-
tierender gebraucht. Irgendwann werden die Kinder dann allein
meditieren wollen, aber das kommt meist erst später. Das während der Meditationszeit spürbare Gefühl von Gemeinsamkeit ist
eine ganz besondere Emotion, auf die keine spirituell orientierte
Familie verzichten sollte.

Seien Sie konsequent, damit die Kinder es nicht vergessen und das Interesse verlieren

Meditieren Sie, wenn möglich, jeden Tag mit Ihren Kindern.
Halten Sie die Sitzungen zunächst kurz. Einem Vier- oder Fünfjährigen kommen fünf Minuten schon wie eine kleine Ewigkeit
vor. Ältere Kinder können länger sitzen, fünfzehn bis dreißig
Minuten, je nachdem, was sich richtig anfühlt. Das Wichtigste
daran ist, die Meditation zu einem Teil des täglichen Lebens zu
machen. Wenn sie in jungen Jahren zur Gewohnheit wird, dann
wird sie es auch bis ins Erwachsenenleben bleiben.

Setzen Sie sich bequem hin

Kinder sind gelenkig und werden Spaß daran haben, in der halben
Lotosstellung (ein Bein auf dem anderen ruhend, Schneidersitz)

zu meditieren. Prima. Wenn ihnen das gefällt, um so besser. Aber zwingen Sie den Kindern am Anfang keine feste Haltung auf. Es wird ohnehin schwierig genug werden, sie dazu zu bringen, still zu sitzen. Darauf zu bestehen, daß sie eine bestimmte gymnastische Figur ausführen, wird eher mehr Ärger mit sich bringen. Meine Tochter meditiert am liebsten liegend, flach auf dem Rücken, vorzugsweise im Bett. Das ist sicher nicht ideal, aber besser als gar nichts. Dann kenne ich Kinder, die gerne neben Vater oder Mutter auf dem Bett sitzen, knien oder einen bestimmten Stuhl oder ein Gebetskissen bevorzugen. Nehmen Sie es, wie es kommt. Wenn die Meditation nach einer Weile täglicher Brauch geworden ist, können Sie anspruchsvollere Haltungen einführen.

**Machen Sie ein paar Minuten Tiefenatmung,
bevor Sie anfangen**

Tiefes Atmen beruhigt den Geist. Warum das so ist, haben westliche Wissenschaftler noch nicht gründlich erforscht, aber jeder, der es ausprobiert, entdeckt, daß es stimmt. Sobald Sie und Ihr Kind bequem sitzen, holen Sie mehrmals langsam und tief durch die Nase Luft und konzentrieren sich ganz auf den Atem. Vergessen Sie am Anfang so anspruchsvolle Übungen wie abwechselnd durch die beiden Nasenlöcher zu atmen und dergleichen. Elaborierte Atemtechniken sind in diesem Stadium unnötig und können sogar schaden, wenn man sie nicht bei einem qualifizierten Lehrer lernt. Bleiben Sie bei einfachem, tiefem Einatmen und langem, langsamem Ausatmen. Fünf- bis zehnmal genügt. Nun sind Sie bereit, mit der eigentlichen Meditation zu beginnen.

Zehn grundlegende Meditationstechniken
für Kinder

ERSTE MEDITATION:
STILL SITZEN

Alter: Vier bis sechs Jahre
Zweck: Kinder mit entspanntem Sitzen und innerem Schweigen bekannt zu machen.

Technik: Diese Meditation ist zwar für blutige Anfänger gedacht, aber es tut jedem (auch Erwachsenen) gut, sie gelegentlich auszuführen.

Setzen Sie sich still neben das Kind und erklären Sie, daß Sie beide nun eine »stille Zeit« miteinander genießen wollen. Erläutern Sie, wie gewöhnlich Lärm in unserem Inneren herrscht – Reden, Denken, Erinnern, Vorstellungen. Nun werden wir etwas anderes und sehr Angenehmes lernen: innendrin ruhig zu werden. Vielleicht möchten Sie erklären, daß manche Menschen innen so leise werden können, daß sie die Stimme Gottes zu ihnen flüstern hören können. Oder daß manche Leute während der Meditation an entfernte Orte gehen, weit weg von dieser Welt, an denen alles ruhig und schön ist.

Bitten Sie das Kind, sich zu entspannen, die Augen zu schließen, und dann tun Sie es ebenfalls. Lassen Sie alle Spannungen und Sorgen los, während Sie die einstimmende Atmung durchführen. Je entspannter Sie sind, desto entspannter wird das Kind sein.

Nun sagen Sie dem Kind, es solle seinen Kopf völlig ausleeren, bis es sich innerlich ganz, ganz friedlich fühlt. Sagen Sie, daß es wichtig ist, ganz still zu sitzen und sich nur auf die innere Ruhe zu konzentrieren. Fragen Sie, ob es so still werden kann, daß innen drin nichts bleibt als es selbst und Gott.

Bleiben Sie gemeinsam so lange so sitzen, wie das Kind es aushält. Erzwingen Sie nichts, aber unterbrechen Sie auch nicht. Zwei bis drei Minuten ist fein für den Anfang. Wenn das Kind sich an das Sitzen gewöhnt, können Sie die Zeit ausdehnen.

Mögliche Probleme: Manche Kinder werden albern und befangen, wenn sie mit dieser Übung anfangen. Nicht schimpfen! Sie wollen ja, daß dies eine durch und durch positive Erfahrung wird. Bleiben Sie einfach still und meditieren Sie weiter. Im allgemeinen wird das Kind es Ihnen dann nachmachen. Wenn nicht, können Sie aufhören und es am nächsten Tag wieder versuchen. Sie haben reichlich Zeit.

Still zu sitzen ist für die meisten Kinder eine neue und merkwürdige Idee, und sie können sich davon bedroht fühlen oder sich albern vorkommen. Wenn Sie ein bis zwei Wochen geübt haben, geht die Kicherphase vorüber, und Sie beginnen zu begreifen, worauf es ankommt. Bleiben Sie einfach dabei.

ZWEITE MEDITATION:
ZÄHLEN

Alter: Fünf bis sieben Jahre
Zweck: Auf einen Punkt gerichtete Konzentration zu lehren
Technik: Es kann Jahre dauern, bis man diese bestimmte Technik meistert, aber sie sieht für die meisten Kinder leicht aus und macht ihnen Spaß. Im Kindergarten und in den ersten Schuljahren sind die Kleinen ohnehin damit beschäftigt, die Zahlen zu lernen, und wenn man mit dieser Methode richtig umgeht, kann sie sowohl eine Ergänzung zur Schularbeit als auch eine Hilfe beim Fokussieren der Gedanken sein.

Setzen Sie sich bequem hin. Atmen Sie ein paarmal tief durch, schließen Sie die Augen und entspannen Sie sich. Erklären Sie dem Kind, daß Sie nun laut von Eins bis Zehn zählen werden und daß es mitzählen soll. Bitten Sie es, jede einzelne Zahl zu visualisieren. Wenn Sie die Zahl Eins sagen, soll es sich ein Bild davon machen. Es könnte lustig sein, diese Zahl in der Verkleidung eines Clowns zu sehen, oder als Seiltänzer, der seine Kunststücke über einer Schar anderer Zahlen aufführt. Jedes Bild, das ihm einfällt, ist recht, auch wenn es ziemlich verrückt ist. Aber vielleicht möchte Ihr Kind auch nur die Zahl selbst sehen. Auch gut. Wichtig ist, ein geistiges Bild von der Zahl im Sinn zu halten und dabei an nichts anderes zu denken.

Zählen Sie langsam und lassen Sie das Kind mitzählen. Machen Sie zwei bis drei Runden von Eins bis Zehn, und sprechen Sie dann darüber, wie die einzelnen Zahlen aussehen:

Welche Zahlen magst du am liebsten?
Wie kleidet sich eine Sechs?
Welche Farbe hat eine Zehn?
Wie groß ist eine Sieben?
Hat eine Neun ein Gesicht? Wie sieht das aus?
Sind Dreien eher jung oder eher alt?
Was macht Frau Null so dick?

Dies mag auch ein guter Anlaß sein, sich der spirituellen Implikationen zu bedienen, die unter der Oberfläche dieses Spaßes liegen. Erklären Sie dem Kind, wie eine religiöse Gruppe im alten Griechenland, die Pythagoräer, glaubten, man könne durch das Studium der Zahlen das gesamte Universum verstehen. Sie waren der Überzeugung, jede Zahl hätte ihre eigene Seele und könnte spirituelle Botschaften vermitteln, wenn man sich mit ihr anfreunden würde.

Wenn Kinder dann acht oder neun Jahre alt sind, können sie diese Zahlenmeditation ganz nach Belieben mit oder ohne »Verkleidungen« durchführen. Wenn es ihnen gelingt, den Geist für einen relativ ausgedehnten Zeitraum auf eine einzige Zahl gerichtet zu halten, wird das die Konzentrationsfähigkeit steigern und Kindern helfen, dem Unterricht aufmerksamer zu folgen.
Mögliche Probleme: Zählen Sie nicht zu schnell. Lassen Sie den Kindern Zeit, ihre Bilder zu formen. Manche Eltern beschreiben während des Zählens, wie die Zahl in ihrem eigenen Kopf aussieht. Manche Kinder empfinden das als hilfreich, aber andere lenkt es zu sehr ab. Sie wollen es lieber selbst machen. Versuchen Sie es auf beide Arten.

DRITTE MEDITATION:
EINE MAGISCHE REISE

Alter: Fünf bis zehn Jahre
Zweck: Die Aufmerksamkeit eines Kindes auf eine bestimmte längere Abfolge von Ereignissen fixiert zu halten und seine visionäre Vorstellungskraft zu trainieren
Technik: Setzen Sie sich mit dem Kind hin, schließen Sie die Augen und atmen Sie tief. Sagen Sie dem Kind, daß Sie nun miteinander im Kopf eine magische Reise antreten werden. Erklären Sie, daß Sie diese Reise Schritt für Schritt laut beschreiben werden. Das Kind muß nichts anderes tun, als zuzuhören und im Geiste mitzugehen. Hier ein typisches Beispiel für das, was auf Ihrer magischen Reise passieren könnte. Mit der Zeit werden Sie Ihre eigenen Szenarien entwickeln:

Komm, wir machen einen Spaziergang hinaus auf eine offene Wiese. Auf geht's. Es ist Sommer, und die Wiese ist voller Blumen. Da, beug' dich mal hinab und schnuppere an einer. Wie riecht sie?
Siehst du den Baum dort drüben? Er hat unten eine große Tür im Stamm. Das wollen wir doch mal untersuchen.

Da wären wir. Machst du bitte die Tür auf? Für mich ist sie zu
schwer. Danke. Aha! Schau mal hier unten. Eine lange Treppe.
Gehen wir mal los.

Es ist dunkel hier drinnen. Wünsch' dir doch mal ein Licht. Sag'
einfach zu dir selbst: »Ich wünsche mir ein Licht in dieser
Dunkelheit.« So, das ist viel besser! Jetzt können wir auf dieser
Treppe sehen, wo es langgeht.

Immer weiter hinunter, Stufe für Stufe. Es ist so schön und so
still hier drin! Noch eine Stufe und noch eine.

Hörst du das? Es klingt wie ein rauschender Fluß. Steig' immer
weiter diese Treppe runter. Das wollen wir doch mal erforschen. Da ist er ja, der Fluß. Und, meine Güte, das ist ein Fluß
aus silbernem Licht. Wie wunderbar! Was meinst du, wo der
herkommt? Da ist auch ein Boot. Das nehmen wir uns und
schauen mal, wo es uns hinträgt.

Schon unterwegs. Wir gleiten auf dem strömenden, silbernen
Fluß dahin. Sieht so aus, als ob wir in eine Art Höhle kommen.
Schau dir diese Felswände an, die sind voller Diamanten und
Rubine – wundervoll! Kannst du die Hand aus dem Boot hin-
ausstrecken und einen pflücken? Ja, prima. Ich hab' auch einen
erwischt. Sieht aus wie ein Diamant. Den nehmen wir mit,
wenn wir wieder in unser normales Leben zurückkehren.

Jetzt fährt unser Boot um eine Kurve. Da ist noch eine schöne
Höhle. Diese hat merkwürdige Zeichnungen und Worte an den
Wänden. Wie sehen sie aus? Beschreib' sie mir. Ich glaube, das
ist eine Art Geheimsprache. Ich lese dir ein bißchen davon vor.
Da steht: »Willkommen im Lande des Zwergenkönigs. Ihr seid
heute seine Gäste. Morgen müßt ihr in seinen Palast kommen.
Ich möchte euch ein magisches Geheimnis verraten und euch
einen besonderen Gegenstand geben, den ihr immer verwenden könnt, wenn ihr Angst habt. Bis dahin ist es Zeit, zu eurem
normalen Leben zurückzukehren. Wir sehen uns morgen.«
Unterschrift: Der Zwergenkönig.

Lassen Sie sich von Ihrer Phantasie von einem Ort zum nächsten
führen. Spirituelle Gedanken können Sie ganz nach Belieben in
die Erzählung einbauen, solange sie ein integraler Bestandteil der
Geschichte bleiben. Beschreiben Sie unbedingt die visuellen Details jeder Szene, und geben Sie genaue und lebhafte Schilderungen. Lassen Sie das Kind an der Handlung teilnehmen. Es kann

die Blumen riechen, den Stein pflücken, die magische Schrift lesen. Wenn Sie diese Meditation ein paarmal gemacht haben, können Sie sogar dem Kind die Kontrolle über die Handlung überlassen – dann hören Sie seiner Geschichte zu.

Wenn es Ihnen passend erscheint, können Sie sich dieser Meditation über eine magische Reise auch bedienen, um die Probleme eines Kindes anzusprechen. Nehmen wir an, das Kind hat Angst davor, nachts allein zu sein. Seine Mutter wird ihm daher morgen erzählen, wie der Zwergenkönig dem Kind ein besonderes Schwert gibt. Der König wird das Kind anweisen, wann immer es Angst hat, das Schwert zu ziehen und seine Angst damit zu zerschneiden. Er wird dem Kind sagen, daß es dieses Schwert für den Rest seines Lebens bei sich tragen und es benutzen kann, wann immer es nötig ist.

Mögliche Probleme: Wenn Sie nicht zu den geborenen Märchenerzählern gehören, sollten Sie sich vorher ein paar Gedanken über die Handlung, den Zweck und die Abfolge Ihrer imaginären Reise machen. Sonst laufen Sie Gefahr, die Kinder so zu langweilen, daß sie unruhig werden. Manche Eltern lassen ihre Kinder gewisse Passagen der Geschichte körperlich ausagieren – einen Schwertkampf mit dem Seeungeheuer führen oder den Schatz des schlafenden Riesen fortschleppen. Das ist eine hervorragende Technik für Imaginationsspiele, aber für Meditation ist sie nicht geeignet. Die Szenen so auszuleben, würde die Kinder animieren und ihre Säfte schneller fließen lassen; damit ginge die meditative und introspektive Dimension der Sache verloren. Man läßt diese Sitzungen daher besser ruhig verlaufen und beschränkt sich nur auf die Vorstellungskraft.

VIERTE MEDITATION:
CHANTING – DER HEILIGE TON

Alter: Ab fünf Jahre
Zweck: Kinder mit der Vorstellung von heiligen Lauten/Wörtern bekannt zu machen und ihnen dabei zu helfen, sie in ihrem eigenen Körper zu spüren
Technik: *Chanting*, rhythmischer, sich ständig wiederholender Gesang, ist eine alte spirituelle Technik, mit der man den Geist still werden lassen und das höhere Selbst anrufen kann. Alle spirituel-

len Wege kennen besondere Gebete, die laut gesungen werden, und es sind sich alle darin einig, daß der Laut und die Vibration eine individuelle Kraft haben, die einen in höhere Bewußtseinszustände versetzen können.

Für welchen Chant Sie sich entscheiden, hängt von Ihrem eigenen religiösen Interesse ab. Christen möchten vielleicht, daß ihre Kinder die Bitte »Herr, erbarme dich« wiederholen.

Manche werden »Jesus, Jesus, Jesus« oder einfach »Gott, Gott, Gott« singen wollen. Moslems sagen oft den heiligen Namen Allahs, während Menschen, die keiner besonderen Religion angehören, ihren Kindern vorschlagen können, einfach Wörter wie *Liebe*, *Glück* und *Frieden* zu wiederholen.

Für unsere Zwecke ist das Sanskrit-Wort *OM* (Aaaa-uuuuuuu-mmmmm gesprochen) ein hervorragender erster Chant. Die Hindus glauben, dies sei der Urlaut, der alle anderen Laute enthalte. Zudem heißt es, OM wirke bei Erwachsenen wie Kindern gleichermaßen beruhigend auf den Geist. Kinder schätzen seine tiefen, runden Resonanzen. Wenn eine Gruppe von Leuten es gemeinsam singt, scheint es buchstäblich als Echo im Raum herumzuwandern, was Kinder sehr genießen. Spaß macht den Kleinen auch das Wort *Shanti* (Frieden) zusammen mit dem OM zu singen: »OM, Shanti; OM, Shanti; OM, Shanti.«

Erklären Sie den Kindern, daß sie sich bei dieser Meditation auf das OM konzentrieren und sich bewußt werden sollen, wie es in ihrem ganzen Körper vibriert und Echos auslöst, und daß sie es in ihrer Brust, in ihrem Hals und ihrem Herzen fühlen sollen. Sagen Sie ihnen, sie sollten mit dem »inneren Ohr« auf das OM lauschen und versuchen, seine geheimen Botschaften zu hören. Lassen Sie sie visualisieren, wie das OM in ihrer Vorstellung aussieht, und versuchen, seine Form *zu sehen*, wenn es aus ihrem Mund strömt.

Zum Chanten setzen Sie sich mit dem Kind an Ihren Meditationsplatz, atmen ein paarmal tief durch, entspannen sich und schließen die Augen. Sitzen Sie ein paar Minuten lang still, um Ihren Geist zur Ruhe zu bringen, und beginnen Sie dann mit dem Chant.

Wenn Sie einige Minuten miteinander OM gesungen haben, halten Sie ein, atmen Sie ein paarmal tief durch und wahren Sie einen Augenblick die Stille. Dann fangen Sie wieder an. Wiederholen Sie diesen Zyklus von Anfangen und Aufhören so oft, wie es Ihnen und dem Kind angenehm ist.

Mögliche Probleme: Kinder können den tiefen, hohlen Ton des OM anfangs komisch finden und Probleme haben, dabei ernst zu bleiben. Aber wenn sie erst einmal seinen beruhigenden Rhythmus aufgenommen haben, werden sie gewöhnlich fast wider Willen davon gefangengenommen und schwingen bald mit. Dieser Laut ist in der Tat ziemlich machtvoll, und Anfänger sollten jeweils nicht länger als ein paar Minuten dabeibleiben.

FÜNFTE MEDITATION: DIE UNS UMGEBENDEN GERÄUSCHE HÖREN

Alter: Ab sechs Jahre

Zweck: Konzentration zu lernen, das Bewußtsein zu erweitern und die Sinnesempfindungen zu schärfen

Technik: Erklären Sie dem Kind, daß Sie nun miteinander eine Meditation des »Lauschens« durchführen werden. Erzählen Sie, daß die Welt mit einer Vielzahl von Tönen klingt, die wir meist nicht hören, weil wir so abgelenkt sind. Wenn wir jedoch unsere Aufmerksamkeit auf die Geräusche in unserer unmittelbaren Umgebung richten, können wir uns bewußt werden, daß die Welt ein viel aktiverer Ort ist, als wir eigentlich denken.

Diese Meditation geht so: Nach ein paar tiefen Atemzügen schließen Sie die Augen und entspannen sich. Sie sitzen ganz still beieinander und stimmen sich auf die verschiedenen Geräusche in der Umgebung ein. Versuchen Sie, nicht über sie nachzudenken, sondern einfach nur zuzuhören. Setzen Sie Ihre Ohren ein, nicht Ihren Verstand. Es kommt nicht darauf an, auf welche Eindrücke Sie sich einstimmen – einen Vogel, ein Auto, ein Flugzeug, den Wind in den Bäumen, eine Sirene, fernes Donnern, verschiedene Küchengeräusche, einen Fahrstuhl, der neben Ihrer Wohnung hinauf- und hinunterfährt. Lassen Sie die Geräusche einfach in sich eindringen, ohne über etwas anderes nachzudenken. Bleiben Sie einige Minuten dabei und besprechen Sie dann miteinander die Ergebnisse. Manchmal werden Ihre Gedanken abschweifen. Bringen Sie Ihre Aufmerksamkeit, sobald Sie sich dessen bewußt werden, zurück zur äußeren Welt und lauschen Sie weiter.

Mögliche Probleme: Es ist nicht leicht, diese Meditation durchzuhalten, und Kinder können relativ schnell ins Tagträumen geraten. Wenn Sie das merken, lassen Sie das Kind vielleicht lieber auf ein bestimmtes Geräusch achten als auf mehrere. Versuchen Sie es mit einem Metronom, auf dessen regelmäßiges Ticken das Kind lauschen soll. Oder lassen Sie einen Wasserhahn tropfen, damit sich das Kind auf das Plitsch-Platsch-Geräusch konzentrieren kann. Eine solche Ausgerichtetheit auf nur eine Sache kann Kindern leichter fallen als die »offene« Konzentration. Probieren Sie beides aus.

SECHSTE MEDITATION:
ZU DEN GRENZEN DES HIMMELS REISEN

Alter: Sechs bis zwölf Jahre
Zweck: Sich zu konzentrieren, ein Gefühl der inneren Erweiterung zu erfahren und sich des Begriffs der Unendlichkeit bewußt zu werden
Technik: Still hinsetzen, entspannen, atmen, die Augen schließen. Sagen Sie dem Kind, daß Sie heute miteinander den Himmel erforschen und in wenigen Minuten das ganze Universum besuchen werden. Unmöglich? Versuchen wir's einfach:

Stell' dir vor, du könntest fliegen. Du machst einen gewaltigen Sprung nach oben und steuerst direkt auf die Sterne zu.

Nun sind wir im äußeren Weltraum gelandet. Wir sind gemeinsam hier oben im Himmel, in dem es keine Mauern, keinen Boden, keinen Gipfel, keinen Tiefpunkt gibt. Keine Seiten, kein Oben, kein Unten, keinen Anfang und kein Ende. Einfach der unendliche Raum und als Gesellschaft nur die Sterne. Schau' direkt geradeaus, so weit wie möglich, und fliege dann in diese Richtung. Erforsche sie, so weit wie du kommst. Schau', was es zu sehen gibt. Halte nicht an, gehe aufs Ganze. Dann dreh' um und fliege in die entgegengesetzte Richtung, wieder so weit, wie du kommst. Betrachte unterwegs alles genau. Geh bis zum Ende – wo immer das sein mag. Kehre nun zu deinem Ausgangspunkt zurück. Diesmal fliege abwärts. Und wenn es dort nicht mehr weitergeht, wendest du dich wieder steil nach oben.

Wenn du die Tiefen von Oben und Unten ergründet hast, kehrst du wieder an den Ausgangspunkt zurück. Laß dir einen Augenblick Zeit, in unsere Welt zurückzukehren.

Besprechen Sie dann mit Ihrem Kind, was Sie auf Ihrer kurzen Reise ins Universum gesehen haben.

Mögliche Probleme: Diese Meditation erfordert Phantasie. Kinder wissen vielleicht nicht, wonach sie Ausschau halten sollen, wenn sie im »Weltraum« schweben, und fragen Sie vielleicht, was sie sehen sollten. Aber lassen Sie sie selbst Vorstellungen entwickeln. Es geht darum, Kinder mit der Vorstellung von Unendlichkeit, von Zeit- und Raumlosigkeit bekannt zu machen. Dabei sollten sie von ihren eigenen Bildern geführt werden, nicht von Ihren.

SIEBTE MEDITATION:
DER GRÖSSER WERDENDE LICHTPUNKT

Alter: Sechs bis zwölf Jahre
Zweck: Sich zu konzentrieren und die Emotionen direkt an einer meditativen Erfahrung zu beteiligen
Technik: Sitze einen Moment still und denke dabei an ein paar Menschen, die du liebst. Nur gute Gedanken. Jetzt schließe die Augen und stelle dir vor, in der Mitte deines Herzens säße ein kleiner Lichtpunkt. Dieses Licht ist Liebe. Es ist die Zuneigung, die du für deinem Herzen nahestehende Menschen empfindest.

Stelle dir vor, daß dieses Licht größer wird. Es wächst und wird heller. Wiederhole still: »Größer und heller, heller und heller.« Mehr und mehr Liebe.

Nun ist das Licht so groß wie dein ganzer Brustkorb . . . Wie dein ganzer Körper . . . Jetzt ist es so groß wie das Zimmer . . . Nun dehnt es sich zur Größe eines Hauses oder einer Wohnung aus. Größer und heller, heller und heller. Spüre, wie das Licht deinen ganzen Körper durchflutet und jede Ecke des Zimmers ausfüllt. Spüre, wie es dich warm und glücklich macht. Alles um dich herum ist Teil dieses Lichts geworden. Jeder in deiner Nähe wird davon berührt und durch deine Liebe glücklich gemacht. Es ist wie das Sonnenlicht, das auf alles Lebende scheint, wer oder wo auch immer es sein mag. Größer und heller, heller und heller, mehr und mehr Liebe.

Nun stelle dir vor, daß das Licht wieder kleiner wird. Es ist schon so klein wie das Zimmer . . . So klein wie dein Körper . . . Jetzt ist es wieder in deinem Brustkorb. Schließlich kehrt es an den winzigen Fleck in deinem Herzen zurück.

Sagen Sie den Kindern, daß sie in ihr Herz schauen, dieses Licht sehen und sich daran erinnern können, daß es Liebe ist, wann immer sie wollen. Sie können das Licht in ihrem Brustkorb wachsen lassen, wann immer sie ruhig sitzen. Wann immer sie meditieren, können sie erfahren, wie das ist, richtige Liebe für ihre Nächsten zu empfinden.

Mögliche Probleme: Drängen Sie bei dieser Übung nicht. Besprechen Sie jeden Schritt einzeln, ohne jede Eile. Wenn es den Kindern Probleme bereitet, das Licht wachsen zu lassen, dann sollen sie es bei der Größe belassen, die ihnen angenehm ist. Dies ist eine hervorragende Meditation, die bei richtiger Durchführung die Gefühlsfähigkeit der Kinder erweitern und sie mit der Vorstellung von Liebe als einer dynamischen, aktiven Kraft im Universum vertraut machen kann.

ACHTE MEDITATION:
ANDEREN LIEBE SCHICKEN

Alter: Sechs bis zwölf Jahre

Zweck: Eine Fortsetzung der siebten Meditation, bei der die Kinder versuchen, in sich selbst Liebe wachsen zu lassen *und* sie zu anderen in die Welt hinauszuschicken

Technik: Still sitzen, atmen, entspannen. Lassen Sie das Kind an einige Leute denken, die es besonders gern hat. Es soll ihnen nur positive Gedanken entgegenbringen und ihnen Gutes wünschen.

Das Kind soll sich ganz auf den Lichtpunkt in seinem Herzen konzentrieren, der wie bei der siebten Meditation größer und größer werden soll. Wenn es das Gefühl hat, daß er sich ausweitet, soll es entweder an jemanden denken, den es sehr gern hat, oder an einen unglücklichen Menschen, von dem es weiß, daß er Zuneigung braucht, an einen Kranken oder jemanden in Not. Dem soll es die Liebe aus seinem Herzen schicken. Sagen Sie ihm, es soll visualisieren, daß das Licht eine Brücke von seinem eigenen Herzen zu dem des Empfängers schlägt. Über diese Brücke fließen Mitgefühl und Fürsorglichkeit und überfluten den Menschen am anderen Ende mit guten Gefühlen, Gesundheit und innerer Kraft.

Wenn das Kind ein paar Minuten lang den Fluß des Lichts nach außen dirigiert hat, konzentriert es sich darauf, ihn wieder zurückzuholen. Es kann sich vorstellen, daß das Licht seine Aufgabe erledigt hat und nun in sein eigenes Herz zurückkehrt, daß es sich wieder zusammenzieht und schließlich wieder zu einem kleinen

Punkt in seinem Herzen wird. Danach soll es einige Male tief durchatmen, still sitzen und das angenehme »Nachglühen« der Übung genießen.

Mögliche Probleme: Wenn diese Übung richtig ausgeführt wird, bewirkt sie eine beachtliche Ausschüttung subtiler Energien. Man sollte die Meditationszeit daher am Anfang kurz halten. Kinder können von dieser Übung manchmal vollkommen »vereinnahmt« werden. Sie können Lichter sehen, Töne hören oder die Gegenwart von etwas Übersinnlichem spüren. Das kann gut oder schlecht sein, je nach Veranlagung des Kindes. Wenn es besonders empfindsam ist und während der Übungen allzu erregt zu werden scheint, schaltet man vielleicht besser auf die eher zerebralen Meditationen um, etwa die fünfte, sechste oder neunte.

NEUNTE MEDITATION:
SICH AUF EIN MEDITATIONS-DIAGRAMM KONZENTRIEREN

Alter: Ab sechs Jahre

Zweck: Die Konzentrationsfertigkeiten und die optische Wahrnehmungsfähigkeit zu schärfen

Technik: Meditations-Diagramme werden schon seit vielen Jahrhunderten verwendet. Manchen von diesen Bildern, etwa den tibetischen Mandalas oder den hinduistischen Yantras, werden ganz eigene okkulte Kräfte zugesprochen. Für unsere Zwecke wird ein einfaches, selbstgemachtes Kreisdiagramm den Kindern alles bieten, was sie brauchen, um ihren Geist auf direkte und anspruchsvolle Weise zu beschäftigen.

Fertigen Sie zunächst eine Meditationstafel an: Zeichnen Sie auf eine Pappe einen Kreis von fünfzehn bis zwanzig Zentimeter Durchmesser und malen Sie mit einem dicken Filzstift einen Punkt in die Mitte. Größere Kinder können einen Zirkel nehmen und sich ein eigenes Diagramm anfertigen. Dann sollten Sie diese Tafel an einer Wand befestigen, sich davorsetzen, tief atmen und entspannen. Ziel dieser Meditation ist es, sich auf den Punkt in der Mitte zu konzentrieren und andere Gedanken auszuschalten. Es gibt nur den Punkt, sonst nichts.

Das Kind soll etwa zwei oder drei Minuten seine Aufmerksamkeit auf diesen einen Punkt gerichtet halten und sie dann auf den äußeren Kreis verlagern. Auch hierbei soll es einige Minuten bleiben. Mit der Zeit kann es zwischen diesen beiden Polen des Gewahrseins, dem Punkt und dem Kreis, beliebig wechseln und zu dem jeweils anderen zurückkehren, wenn seine Aufmerksamkeit von irgendwelchen Gedanken abgelenkt wird.

Wenn es das versucht hat, lassen Sie es die Augen schließen und sich denselben Punkt und den Kreis vor seinem inneren Auge vorstellen. Es soll sich einige Minuten lang darauf konzentrieren, dann die Augen wieder öffnen, tief durchatmen und sich entspannen. Diese Übung kann es so oft wiederholen, wie es mag.

Mögliche Probleme: Anders als die meisten Meditationen führt man diese mit offenen Augen durch. Das heißt, daß Kinder dabei besonders leicht abgelenkt werden können. Hängen Sie die Tafel daher an eine leere Wand oder einen ähnlich uninteressanten Ort, so daß es ein Minimum an Reizen für das Auge gibt.

ZEHNTE MEDITATION:
GEDANKENKONTROLLE

Alter: Ab acht Jahre

Zweck: Diese Übung ist eine eher fortgeschrittene Technik des südlichen Buddhismus, die darauf abzielt, dem Meditierenden zu helfen, in tiefere Zustände der Konzentration zu gelangen und dem allmächtigen Zugriff des gewöhnlichen, Gedanken produzierenden Verstandes zu entfliehen. Sie eignet sich besser für ältere Kinder, die Interesse an Meditation zeigen und schon mindestens ein Jahr lang an ihrer Konzentrationsfähigkeit gearbeitet haben.

Technik: Still sitzen, entspannen, atmen und die Augen schließen. Mutter oder Vater werden ihr Kind die ersten paar Male sorgfältig durch diese Übung führen müssen:

Richte zunächst die Aufmerksamkeit auf deinen Atem. Es ist nicht notwendig, die Atmung in irgendeiner Form zu verändern. Lasse ihn einfach ganz natürlich fließen und achte auf den ständigen Rhythmus – ein, aus, ein, aus.

Wenn deine Gedanken von der Atmung abschweifen:

1. Nimm zur Kenntnis, daß du aufgehört hast, dich auf die Atmung zu konzentrieren und in Wirklichkeit an etwas anderes denkst.

2. Beschreibe dir selbst, woran du gerade denkst, und zwar in einem einzigen, knappen Satz. Nehmen wir an, Du hättest deinen Konzentrationspunkt verloren und würdest statt dessen über einen kleinen Imbiß nachdenken. Dann würdest du zu dir selbst sagen: »Ich denke über einen Imbiß nach.« Wenn du daran denkst, zum Briefkasten zu gehen und die Post zu holen, würdest du das mit einem kurzen »Ich denke daran, die Post zu holen« in Worte fassen.

3. Wenn du dir den Bruch in der Konzentration bewußtgemacht und den ablenkenden Gedanken bestimmt hast, führe deine Aufmerksamkeit wieder zur Atmung zurück: ein, aus, ein, aus. Wenn deine Konzentration wieder nachläßt, kehrst du wieder zu Schritt eins und zwei zurück.

Ziel dieser Meditation ist es, den Geist nicht mit Gewalt von Ablenkungen »wegzureißen«, sondern diese ohne großes Interesse zur Kenntnis zu nehmen und sich dann sofort wieder auf die Atmung zu konzentrieren. Je besser man seine Aufmerksamkeit darauf fokussiert halten kann, desto tiefer wird die Meditation werden.

Mögliche Probleme: Dies ist, wie gesagt, eine relativ fortgeschrittene Technik, und einem Kind wird sie zunächst vielleicht Schwierigkeiten bereiten. Es kann extrem frustrierend sein zu erkennen, daß man sich einfach nicht sehr lange ausschließlich auf den Atem konzentrieren kann und daß die Gedanken immer wieder auf Abwege geraten und manchmal sehr lange in die Irre laufen (Meditierende merken manchmal erst nach fünf bis zehn Minuten, daß ihre Aufmerksamkeit längst ganz woanders ist). Aber eben diese Erkenntnis ist sehr wertvoll: Sie wird Kindern die wahre Natur ihres sprunghaften Denkens zeigen, ihnen deutlich machen, wie ihr Geist immer von einem Punkt zum nächsten hüpft und nie stillsteht. Jeder spirituell orientierte Mensch, besonders ein Kind, muß sich dieser Tatsache bewußt werden, die ihn zu weiterer spiritueller Arbeit motivieren kann.

Der Atem ist darüber hinaus in jeder Meditation ein hervorragendes Konzentrationsobjekt; und die sanfte, »un-kritische« Art dieser speziellen Übung wird Kindern Selbstvertrauen schenken und sie nach mehr fragen lassen. Sprechen Sie aber am Anfang viel mit ihnen dabei. Die Prinzipien dieser Meditation sind etwas komplizierter als die der anderen, und die Kinder müssen sich erst langsam daran gewöhnen. Wenn sie sie aber einmal begriffen haben und diese Meditation regelmäßig durchführen, kann sie wunderbar beruhigend auf den Geist wirken.

Letzte Gedanken

Wenn man Kinder meditieren lehrt – oder sie überhaupt spirituell erziehen will – muß man stets im Auge behalten, daß es nicht die Aufgabe der Eltern ist, die Kinder zur Erleuchtung zu führen, sondern nur, sie in die grundlegenden spirituellen Gedanken und Techniken einzuführen. Es geht darum, daß die Meditation für die jungen Leute zur *Gewohnheit* wird, daß sie mit den Mechanismen ihres eigenen Bewußtseins, den Freuden der Stille und des Sitzens vertraut gemacht werden. Maria Montessori hat Inayat Khan einmal beschrieben, wie sich die Kinder in ihrer Klasse anfänglich dagegen wehrten, sich die Zeit dafür zu nehmen, still zu sitzen und ihren Geist zu leeren. Aber als sie eine Weile das Meditieren geübt hatten, begannen sie sich auf die Sitzungen zu freuen, und schließlich baten sie sogar um längere Meditationszeiten.

Das genau ist im wesentlichen die Rolle der Eltern: die Kleinen mit dem Prozeß bekanntzumachen und sie zu ermutigen, dabeizubleiben, so daß sie mit den Jahren von allein den Wert der inneren Aufmerksamkeit erkennen. Übernehmen Sie in dieser Sache keine weitere Verantwortung und belasten Sie sich nicht, wie es manche Eltern tun, mit der Vorstellung, es sei Ihre Aufgabe, das Kind zur göttlichen Erleuchtung zu führen. Das kommt, hoffentlich, später, wenn die jungen Menschen ihren eigenen spirituellen Weg und ihren eigenen Lehrer gewählt haben. Bis dahin bereiten Sie den Boden vor. Denken Sie an den buddhistischen Aphorismus: »Jeder Mensch lebt, stirbt und meditiert allein.«

Gebet und Meditation sind zwar das wahre Herz und die Seele jeder spirituellen Praxis, aber welche Art von Übungen Sie für Ihr Kind wählen, sollte von Ihrem persönlichen Glaubenssystem und der Art von spiritueller Nahrung abhängen, die Sie für Ihr Kind wünschen. Wichtig ist vor allem, daß Sie etwas tun und daß Sie es jetzt tun, während der Boden noch gut zu bearbeiten ist und der Geist aufnahmefähig. Und tun Sie es von ganzem Herzen. Wenn Kinder wissen, daß Sie es mit Ihren Glaubenssätzen ernst meinen, werden sie auch ihre eigenen ernst nehmen. Aber tun Sie es –

solange das Kind noch offen und unschuldig und von Erinnerungen an den göttlichen Ort geprägt ist, von dem wir alle kommen und an den wir alle wieder zurückkehren.

»Die Geschichte von Adams Vertreibung aus dem Garten Eden«, meint Inayat Khan in einer der bewegendsten Passagen, die je über das spirituelle Leben des Kindes geschrieben wurden, »zeigt, daß es eine gewisse Zeit im Leben eines Menschen gibt, in der er im Garten Eden ist. Nach dieser Zeit muß er von dort weg und kann nicht mehr die Freude und das Glück und die Freiheit erfahren, die die Seele einst besaß. Auf dieser Welt gibt es nicht eine Seele, die nicht den Garten Eden erlebt hätte; und dieser Garten Eden ist die Säuglingszeit.«[4]

Anmerkungen

1. Kapitel

1. Bukkyo Dendo Kyokai, *L'Enseignement du Buddha*. Tokio: Kosaido Printing Co., 1981, S. 222.
2. Unveröffentliche Aufzeichnungen von A. E. Orage.

2. Kapitel

1. Carlos Castaneda, *Der Ring der Kraft*. Frankfurt am Main: Fischer Taschenbuch Verlag, 1978, S. 223 ff.
2. Norbert Glas, *Lebensalter der Menschen, Band 1*. Stuttgart: Mellinger, 1981, S. 41.
3. Deborah Jackson, *Drei in einem Bett*. Reinbek: Rowohlt Taschenbuch Verlag, 1991.
4. Frederick Leboyer, *Geburt ohne Gewalt*. München: Kösel, 6. Aufl. 1990.
5. Charles Morris, *Psychology: An Introduction*. Englewood Cliffs, N. J.: Prentice Hall, 1976, S. 75.
6. Joseph Chilton Pearce, *Die magische Welt des Kindes*. Köln: Diederichs, 1977, S. 65f.
7. W. S. Condon, »Neonatal Movement Is Synchronized with Adult Speech«, *Science*, 183 (1974), S. 99–101.
8. A. Meltzoff und M. K. Moore, »Newborn Infants Imitate Facial Gestures«, *Child Development*, 54 (1983), S. 702–9.
9. Eileen Shiff (Hrsg.), *Experts Advise Parents: A Guide to Raising Loving, Responsible Children*. New York: Delacorte, 1987, S. 6.
10. Wilhelm zur Linden, *Geburt und Kindheit*. Frankfurt a. M.: Klostermann, 13. Aufl. 1992, S. 95.
11. Karlfried Graf Dürckheim, *Hara. Die Erdmitte des Menschen*. München: O. W. Barth, 15. Aufl. 1991, S. 24.
12. Norman Garmezy und Michael Rutter (Hrsg.), *Stress, Coping*

and Development in Children. New York: McGraw-Hill, 1984, S. 55, 140–52, 163.

13. Glas, S. 42.
14. zur Linden, S. 95f.
15. A. Thomas, S. Chess und H. G. Birth, »The Origin of Personality«, *Scientific American*. August 1970, S. 102–9.
16. Alison Clarke-Steward, *Child Care in the Family: A Review of Research and Some Propositions for Policy*. New York: Academic Press, 1977, S. 25.
17. Clarke-Steward, S. 15.
18. Margaret Ribble, *The Rights of Infants, Early Psychological Needs, and Their Satisfaction*. New York: Columbia University Press, 1947, S. 4–7.
19. Ashley Montagu, *Körperkontakt*. Stuttgart: Klett, 6. Aufl. 1990. S. 54.
20. Montagu, S. 94.
21. Montagu, S. 107.
22. Polly Berrien Berends, *Whole Child / Whole Parent*. New York: Harper, 1983, S. 169.
23. Glas, S. 89f.
24. Inayat Khan, *Erziehung*. Berlin: Schickler, 1977, S. 15ff.
25. zur Linden, S. 104.
26. Khan, S. 20f.
27. Khan, S. 17.

3. Kapitel

1. Norbert Glas, *Frühe Kindheit*, S. 93f.
2. Inayat Khan, *Erziehung*, S. 29ff.
3. Elizabeth G. Hainstock, *Teaching Montessori in the House*. New York: Random House, 1968.

4. Kapitel

1. Zitiert nach Elizabeth Manwell und Sophia Fahs, *Consider the Children: How They Grow*. Boston: Beacon, 1961, S. 111.
2. Allan Fromme, *The Parent's Handbook*. New York: Simon & Schuster, 1956, S. 90.

5. Kapitel

1. Joseph Campbell, *Der Heros in tausend Gestalten*. Frankfurt am Main: Suhrkamp, 1978, S. 13.
2. Sylvester M. Morey und Olivia L. Gilliam (Hrsg.), *Respect for Life: The Traditional Upbringing of American Indian Children*. Spring Valley, N. Y.: Anthroposophic Press, S. 53.
3. Henning Nelms, *Magic and Showmanship: A Handbook for Conjurers*. New York: Dover, 1969.

6. Kapitel

1. Sylvester M. Morey und Olivia L. Gilliam (Hrsg.), *Respect for Life*, S. 54.
2. Peggy Jenkins, *A Child of God: Activities for Teaching Spiritual Values to Children of All Ages*. Englewood Cliffs. N. J.: Prentice-Hall, 1984.
3. Thomas Merton, *The Seven Storey Mountain*. New York: Harcourt, 1948, S. 53 (Deutsch: *Der Berg der sieben Stufen*. Köln: Benziger. Vergriffen).
4. Peter Occhiogrosso, *Once a Catholic*. Boston: Houghton Mifflin, 1987, S. 104.
5. George Gurdjieff, *Meetings with Remarkable Men*. New York: Knopf, 1980, S. 39 (Deutsch: *Begegnungen mit bemerkenswerten Menschen*. Freiburg: Aurum. Vergriffen).

7. Kapitel

1. Stella Chess und Alexander Thomas, *Know Your Child: An Authoritative Guide for Today's Parents*. New York: Basic Books, 1987, S. 41.

8. Kapitel

1. Eileen Shiff (Hrsg.), *Experts Advise Parents: A Guide to Raising Loving, Responsible Children*. New York: Delacorte, 1987, S. 18.
2. Shiff, S. 149.

3. Fitzhugh Dobson, »How to Discipline Effectively«, in Shiff, S. 125.
4. Charles Shaefer, *How to Influence Children*. New York: Van Nostrand, Reinhold, 1978, S. 29.
5. Marie Shedlock, *The Art of the Story Teller*. New York: Dover, 1951, S. 102.
6. »Teaching Responsibility«, in Shiff, S. 180.

9. Kapitel

1. Gerald E. Nelson und Richard W. Lewark, *Who's the Boss? Love, Authority and Parenting*. Boston, Shambala, 1985.
2. Thomas Gordon, *Familienkonferenz. Die Lösung von Konflikten zwischen Eltern und Kind*. Hamburg: Rowohlt Taschenbuch-verlag, 1980.

13. Kapitel

1. Inayat Khan, *Erziehung*, Seite 32.

14. Kapitel

1. Platon, *Der Staat*. Zürich: Artemis 1950, S. 183.
2. The Muslim Student's Association of the United States and Canada, »Parent's Manual: A Guide for Muslim Parents Living in North America«. Indianapolis: American Trust Publications, 1976, S. 132–35.
3. Polly Berrien Berends, *Whole Child/Whole Parent*. New York: Harper, 1983, S. 124, 132.
4. C. N. Getman, *How to Develop Your Child's Intelligence*. Wayne, Pa.: Research Publications, 1971, S. 60.

15. Kapitel

1. Sylvester M. Morey und Olivia L. Gilliam (Hrsg.), *Respect for Life*, S. 117.

20. Kapitel

1. Frances Lillian und Louise Bates Ames, *The Gesell Institute's Child Behavior Guide*. New York: Dell, 1979, S. 308.

21. Kapitel

1. Thomas Lickona, *Raising Good Children*. New York: Bantam, 1985, S. 97
2. Allen Fromme, *The Parent's Handbook*, S. 149.

22. Kapitel

1. Haim Ginott, *Between Parent and Child*. New York: Macmillan, 1980.

23. Kapitel

1. Inayat Khan, *Erziehung*, S. 44.
2. *I Ging. Das Buch der Wandlungen*. Aus dem Chin. übertr. v. Richard Wilhelm. Köln: Diederichs, 1972, S. 5f.

24. Kapitel

1. A. E. Orage, *Psychological Exercises and Essays*. London: Janus Press, 1965, S. 76.
2. Michael Shulman und Eva Mekler, *Bringing up a Moral Child: A New Approach for Teaching Your Child to Be Kind, Just, and Responsible*. Reading, Mass.: Addison-Wesley, 1985, S. 227.
3. Inayat Khan, *Erziehung*, S. 74.
4. Khan, S. 81.
5. Sylvester M. Morey und Olivia L. Gilliam (Hrsg.), *Respect for Life*, S. 117.

25. Kapitel

1. Parent's Institute, *Encyclopedia of Child Care and Guidance*. New York: Doubleday & Co., 1959, S. 226.
2. Thomas Lickona, *Raising Good Children*, S. 334.

26. Kapitel

1. Chögyam Trungpa, *Born in Tibet*. New York: Penguin, 1971, S. 50 (Deutsch: Ich komme aus Tibet, Walter-Verlag Solothurn, vergriffen).
2. William James, *The Principles of Psychology*. New York: Holt, 1890, Bd. 1., S. 573.
3. P. D. Ouspensky, *Auf der Suche nach dem Wunderbaren*. München: O. W. Barth, 1966, S. 207.
4. Hazrat Inayat Khan, *The Sufi Message*, Bd. 3. London: Barrie and Jenkins, 1971, S. 14.

Bibliographie

Armstrong, Thomas. *The Radiant Child*. Wheaton, Ill.: Theosophical Publishing House, 1985 (dt. Ausg. in Vorb. im Synthesis Verlag).

Berends, Polly Berrien. *Whole Child/Whole Parent*. New York: Harper, 1983.

Campbell, Joseph. *Der Heros in tausend Gestalten*. Frankfurt a. M.: Suhrkamp, 1978.

Chess, Stella und Alexander Thomas. *Know Your Child. An Authoritative Guide for Today's Parents*. New York: Basic Books, 1987.

Dürckheim, Karlfried Graf. *Hara. Die Erdmitte des Menschen*. München: O. W. Barth, 15. Aufl. 1990.

Furlan, Elisabeth. *Komm, wir spielen Yoga*. Freiburg: Verlag Hermann Bauer, 1991.

Ginott, Haim. *Between Parent and Child*. New York: Macmillan, 1978.

Glas, Norbert: *Lebensalter des Menschen, Bd. 1*. Stuttgart: Mellinger, 1981.

Gordon, Thomas. *Familienkonferenz*. Hamburg: Rowohlt Taschenbuch Verlag, 1980.

Govinda, Lama Anagarika. *Grundlagen tibetischer Mystik*. München: O. W. Barth, o.J.

Grollmann, Earl. *Mit Kindern über den Tod sprechen*. Konstanz: Christl. Verlagsanstalt, 1991.

Gurdjieff, George. *Begegnungen mit bemerkenswerten Menschen*. Freiburg: Aurum, vergriffen.

Hainstock, Elizabeth G. *Montessori zu Hause*. Freiburg: Hyperion, o.J.

Jackson, Deborah. *Drei in einem Bett*. Reinbek: Rowohlt Taschenbuch Verlag, 1991.

Jung, C. G. *Von Vater, Mutter und Kind*. Heitersheim: Walter, 1989.

Kapleau, Philip. *Die drei Pfeiler des Zen*. München: O. W. Barth, 1979.

Khan, Inayat. *Erziehung*. Berlin: Schickler Verlag. 1977.

König, Karl. *Die ersten drei Jahre des Kindes*. Stuttgart: Verlag Freies Geistesleben, 1989.

Leboyer, Frederick. *Geburt ohne Gewalt*. München: Kösel, 6. Aufl. 1990.

Lewis, C. S. *Pardon, ich bin ein Christ*. Gießen: Brunnen, o. J.

Lickona, Thomas. *Raising Good Children: From Birth Through the Teenage Years*. New York: Bantam Books, 1985.

Meister Eckehart. Bibliothek des Mittelalters, Bd. 20. Frankfurt a. M.: Deutscher Klassiker Verlag, o.J.

Merton, Thomas. *Der Berg der sieben Stufen*. Köln: Benziger, vergriffen.

Montagu, Ashley. *Körperkontakt*. Stuttgart: Klett, 6. Aufl. 1990.

Nasr, Seyyed Hossein. *Die Erkenntnis und das Heilige*. München: Diederichs, 1990.

Ouspensky, P. D. *Auf der Suche nach dem Wunderbaren*. München. O. W. Barth, 1966.

Pearce, Joseph Chilton. *Die magische Welt des Kindes*. Köln: Diederichs, 1978.

Ramana, Maharshi. *Gespräche des Weisen vom Berge Arunchala*. Interlaken: Ansata, 1989.

Rozman, Deborah. *Meditationen für Kinder*. Freiburg: Verlag Hermann Bauer, 1991.

Suzuki, D. T. *Leben aus Zen*. München: O. W. Barth, 1987.

Trungpa, Chögyam. *Aktive Meditation*. Heitersheim: Walter, 1982.

Zimmer, Heinrich. *Indische Mythen und Symbole*. München: Diederichs, 1991.

Zimmer, Heinrich. *Philosophie und Religion Indiens*. Frankfurt a. M.: Suhrkamp Tabu Wissenschaft 26, o. J.

Verlag Hermann Bauer · Freiburg im Breisgau

Erika J. Chopich und Margaret Paul

Aussöhnung mit dem inneren Kind

2. Auflage, 251 Seiten, gebunden; ISBN 3-7626-0455-X

Das innere Kind: Ein Thema, dem sich viele Ärzte, Psychologen und Autoren zugewandt haben – inzwischen ein Begriff, mit dem viele Therapeuten arbeiten. Es geht nicht um das »Kind im Manne«, sondern um das traurige, lachende, weinende, verrückte – und doch so weise Kind in jedem von uns, ob Mann oder Frau. Wie können wir den Kontakt zu dem Kind in uns herstellen,
– seine Stimme hören,
– alte Verletzungen heilen,
– Süchte und Einsamkeit auflösen,
– unserem inneren Kind ein liebevoller Erwachsener werden
– und damit die Voraussetzung für gute Beziehungen schaffen?
Die Autorinnen Chopich und Paul machen überzeugend klar, daß der erste Schritt zu geglückten Beziehungen im alltäglichen Leben die Aussöhnung mit unserem inneren Kind ist. Uns die Quelle von Lebensfreude und Kreativität zu erschließen und dem Kind in uns ein liebevoller Erwachsener zu werden – dazu gibt dieses auch von vielen Therapeuten bereits mit großer Spannung erwartete Buch eine Fülle von Anregungen und Einsichten.
Eine weitere wichtige Botschaft dieses hochaktuellen Buches: Nur durch die Integration des inneren Kindes können wir die Verletzungen aus unserer Kindheit heilen, unseren Eltern vergeben und mit dem wachsenden Bewußtsein für das eigene innere Kind selbst bessere Eltern werden. So kann die von Generation zu Generation weitergegebene Wunde geheilt werden.
Geben Sie Ihrem inneren Kind eine Chance! Erschließen Sie sich die Quelle von Lebensfreude und Kreativität!
Ein mit Einfühlung und Sachwissen geschriebener Ratgeber für alle, die innere Ganzheit anstreben oder Menschen in Krisen beraten.

Verlag Hermann Bauer · Freiburg im Breisgau

Verlag Hermann Bauer · Freiburg im Breisgau

Deborah Rozman

Meditation für Kinder

215 Seiten mit 3 s/w-Abb. und 13 Zeichn., gebunden;
ISBN 3-7626-0434-7

Dieses Familienbuch gibt Eltern Ratschläge und Anregungen an die Hand, wie sie Kinder an Meditation heranführen können. Dabei wendet es sich an solche Eltern, die ein offeneres, harmonischeres und freieres Gemeinschaftsleben innerhalb der Familie anstreben und zu ihren Kindern auf diesem Weg besonders intensive Bindungen aufbauen wollen.

»Meditation macht Spaß!« Dieser Gedanke steht im Vordergrund, wenn gezeigt wird, wie Eltern und Kinder gemeinsam meditieren. Das Buch selbst gibt Auftrieb und schenkt dem Leser ein Gefühl von Leichtigkeit und Vergnügen an der Meditation.

Die Autorin geht auf jede Familienform ein, spricht auch Eltern an, die keine Meditationserfahrung haben, räumt Bedenken aus und erläutert, was Meditation eigentlich ist.

Da für sie die Praxis im Vordergrund steht, ist das Buch eine Übungsfundgrube. Die einzelnen Übungen sind hinsichtlich des Alters und der Ansprechbarkeit der Kinder genau gestaffelt. Es gibt Yoga-Übungen, Fantasiereisen, Rollenspiele und natürlich eine Fülle von Anregungen zu den verschiedenen Meditationen. Darüber hinaus beschreibt Deborah Rozman, wie Eltern ihren Kindern Hilfen geben, wie kleine Kinder in die Familienmeditation einbezogen werden und wie Eltern mit den Kindern das Erlebte diskutieren sollen.

Der Leser erfährt auch, wie solche Übungen auf das Kind wirken und gerade nervöse und unruhige Kinder positiv beeinflussen. Es wird gezeigt, daß die Erfahrungen günstig für das Selbstbild des Kindes sind und die Möglichkeit zum kreativen Austragen von Konflikten bieten.

Verlag Hermann Bauer · Freiburg im Breisgau

Verlag Hermann Bauer · Freiburg im Breisgau

Elisabetta Furlan

Komm, wir spielen Yoga

2. Auflage, 141 Seiten mit 73 Abb., 101 Zeichn. und
einem Poster; kartoniert; ISBN 3-7626-0398-7

Dieses Buch ist in erster Linie ein Buch für Kinder, wendet sich
aber ebenso auch an Eltern und Lehrer. In einfacher und leicht
verständlicher Form sowie mit Hilfe vieler hübscher Zeichnungen
erklärt die Autorin die Grundpositionen und die Philosophie des
Yoga. Sie beschreibt Yoga, indem sie ein Spiel erfindet, das den
Kindern die ersten Schritte in diese Disziplin auf neue und freu-
dige Weise nahebringt. Unter anderem werden die klassischen
Positionen durch Tier- und Pflanzennamen in anschaulicher Bild-
haftigkeit bezeichnet. Darüber hinaus wird die Atemtechnik, aber
auch die zum Yoga gehörende Lebenshaltung auf kindgerechte
Weise vermittelt.
Im körperlichen Bereich unterstützt Yoga bei Kindern ein gesundes Wachstum der Wirbelsäule und hilft, etwaige Störungen
auszugleichen. Außerdem kräftigt es die Muskulatur sowie den
Atmungsapparat und beugt den im Kindesalter häufigen Erkäl-
tungskrankheiten vor. Im seelischen Bereich sorgt es bei unruhigen oder aggressiven Kindern für mehr Ausgeglichenheit und
vermag als kommunikatives Spiel, Ängstlichkeit und Kontakt-
scheu abzubauen. Für Eltern und Lehrer eröffnet das Buch ganz
neue Möglichkeiten im Zusammensein mit Kindern, ob zu Hause
oder in der Schule.

Verlag Hermann Bauer · Freiburg im Breisgau

Verlag Hermann Bauer · Freiburg im Breisgau

Maureen Murdock

Dann trägt mich meine Wolke...

Wie Große und Kleine spielend leicht lernen

5. Auflage, 175 Seiten mit 32 s/w-Abb., kart.;
ISBN 3-7626-0367-7

Dieses Buch bietet ein Bündel neuartiger Methoden an, mit denen man leicht kreativ und ohne Streß lernt. Unser traditionelles Erziehungssystem fördert vorrangig die Kinder, die logisch analytisch denken und sich klar ausdrücken können, die in das Beurteilungsraster passen, das auf mündliche, schriftliche und mathematische Aufgaben und auf ein Tatsachengedächtnis eingestellt ist. Dabei wissen unsere Kinder viel mehr, als wir ihnen zutrauen. Hunderttausende jedoch verlernen wieder, was sie schon wissen, weil wir ihr Wissen nicht ernstnehmen. Sie verlieren ihre eigene, ganz persönliche Lernmethode, weil beispielsweise manche Lehrer glauben, sie mogeln, wenn sie sich zu leicht an das Gelernte erinnern.

Was unser einseitig auf logisches und analytisches Denken abgestelltes Erziehungssystem verhindert, können die von Maureen Murdock entwickelten zahlreichen praktischen Übungen zur Entfaltung bringen. Eltern und Lehrer, die mit diesem System unzufrieden sind, werden sich von diesem Buch ebenso angesprochen fühlen wie alle, die den Reichtum der ihnen innewohnenden Kreativität und Weisheit entdecken wollen.

Verlag Hermann Bauer · Freiburg im Breisgau